Table

Us et Coutumes de la mer

Double de F. 2612

11582

VS,
ET COVSTVMES
DE LA MER,

DIVISE'ES EN TROIS PARTIES.

I. De la Nauigation.   II. Du Commerce
Naual,& Contracts Maritimes. III. De
la Iurisdiction de la Marine. 456

Auec vn Traicté des termes de Marine,
Reglemens de la Nauigation des Fleuues
& Riuieres.

ΤΗΝ ΓΗΝ ΚΑΙ ΘΑΛΑΣΣΑΝ ΥΠΗΚΟΟΝ ΕΚΩΝ

Vndarum Terraque Potens.

A BOVRDEAVX,
Par GVILLAVME MILLANGES Imprimeur
Ordinaire du Roy. 1647.

F

11582

A LA REYNE.

ADAME,

    Ces anciennes pieces de la Nauigation &
du Commerce Maritime, tant Françoises
qu'Estrangeres, reconnoissent qu'elles sont
obligées naturellement, & par leur plus puis-
sante Loy, de se prosterner aux pieds de
VOSTRE MAIESTÉ, pour y
faire les soumissions de l'Ordonnance, &
requerir humblement leur Congé, & le
Passe-port necessaire, auant qu'entreprendre la nauigation qu'elles se proposent de faire en l'estime & au seruice de vos sujets.
    La connoissance qu'elles ont des obserua-

tions de la Marine les asseure, que la superieure partie du Ciel, & principalement L'ESTOILE DE LA MER, est tousiours fauorable aux Nauigans : *Que* tous les orages, & les tempestes qui les peuuent pousser en desastre sont sublunaires, & tiennent de la partie inferieure de l'Vniuers.

De sorte que *VOSTRE MAIESTE*' estant au monde (tant par illustre Naissance, par merite sans pair, que par entiere possession en proprieté de toutes les vertus & fortunes Royales au supreme degré) esgale en comparaison, & en tous sens à l'Estoile salutaire de la Mer, *qui* tient le *Piuot* & le *Timon du Monde*, souz laquelle les *Astres*, & les plus hautes Constellations s'inclinent tous les iours, pour luy rendre continuellement leurs soumissions, & les homages ordinaires.

Cette obseruation a donné courage à ces pieces d'entreprendre l'adresse de leur route souz l'aspect de l'*Astre* fauorable de *V. M.* souz la direction duquel elles ne peuuent s'escarter, & n'ont à creindre les mauuais vents, ou dangers, & les trauerses inferieures.

Que si aux rencontres, & sur les passages,
Messieurs les Iuges Souuerains *en aman-*
dẽt, ou redressent quelques articles, c'est ce qu'il
leur faut, qu'elles desirent, & qu'elles rece-
uront à faueur, comme grand grace & gros
profit. De telle correction elles viendront plus
espurées, & plus capables de seruir au pu-
blic: Leur venerable Antiquité rajunira;
elles en acquerront de la creance & de l'au-
thorité, & ne passeront plus pour Estrangeres
ou mesconnues.

Aduouant franchement qu'à ce premier
abord elles en ont besoin, d'autant qu'elles
s'exibent fort mal equipées: leurs Decisions
paroistront Apocrifes, leur langage trop an-
cien ressentant l'air de la Marine semblera
brut, barbare & mal-sonnant; les Notes &
les humbles raisonnemens qui les accompa-
gnent pour Trucheman, ne sont pas à la pro-
portion, ny capables de leur fournir le lustre
ou l'Authorité conuenable.

Mais à considerer que c'est la condition
& l'ordinaire des gens de mer fils de Neptu-
ne d'estre à l'abord mal vestus, de paroistre

groſſiers & meſpriſables aux fils de la Terre,
leur excuſe ſera trouuée legitime, ſi elles n'ont
peu s'exhiber autrement , meſmement pour
eſtre en l'eſtat de pouuoir receuoir la politeſſe
de la correction qu'elles deſirent & demandent.

Et pour les Notes, leur Interprete qui les
a rapellées des Prouinces eſtrangeres, qui leur
a fourni ce leger equipage d'explication, con-
ſent fort volontiers & de bon cœur que quelque eſprit plus releué & plus habile entrepre-
ne de les habiller à la mode.   Qu'il s'employe
à faire mieux ſur la meſme, ou ſur diſſembla-
ble route : la Felicité du Siecle, la Regence &
le Regne les inuite à l'entrepriſe , la paix le
deſire , le ſujet en eſt digne, l'eſtude de la Nauigation & du Commerce eſt excellent : ſon
objeſt eſt la juſtice & le droiſt des gens , l'entretien de la ſocieté de tous les diuers peuples
de la terre, & la communication reciproque
& pacifique entre eux des graces & des richeſſes que DIEV leur a departi en particulier. La pratique ou les operations pour en faire la queſte , ou pour les joindre eſt commander
à la nature, tirer ſeruice de tous les elemens,

dispoſer à profit du temps, des vents, & des
marées, prendre les proportions du Ciel, de la
Terre & des Mers, & les ranger au petit
pied ſur vne carte ; exiger & contraindre le
Soleil de deſigner luy meſme ſes hauteurs &
ſa declinaiſon ſur le rond & l'Alidade d'vn
Aſtrolabe ; obliger tout le Ciel d'aider & con-
courir à fauorablement & certiuement dreſſer
les Routes des Nauigans ; ajuſter punctuel-
lement ſur la Regle de l'Arbaleſtille, ou Baſton gradué Aſtronomic les diſtances, & les
approches d'entre l'Horizon ou le Zenith, auec
le Soleil, les Lignes & le Pole : & principalement obſeruer la Majeſté de L'ESTOILE
DE LA MER, à l'exemple de l'Eſguille
Marine, laquelle quoy qu'in animée ſe dreſſe,
& ſe regle naturellement à l'aſpect de cet aſtre
Royal.

Mais ce qui releue ce noble eſtude plus hau-
tement, & qui fait reconnoiſtre auec plus d'eſ-
clat ou d'aduantage ſon excellance eſt, qu'il
agréé, & qu'il a trouué grace enuers la plus
Illuſtre & la pius accomplie Reyne du Monde, laquelle en a reſerué, & prins à ſoy la pro-

tection & l'Intendence. Tout ce qui plaist a
son ame Royale, tout ce qu'elle iuge digne de
soy & de ses soins particuliers ne peut estre
qu'admirable, tres-parfait, & souueraine-
ment bon.

C'est ce qui fait esperer a l'Autheur de ce
Receuil des Vs & Coustumes de la Mer, que
V. M. approuuera l'adresse, & la petite
offrande de son Labeur: & qu'auec ce il ob-
tiendra la liberté de prendre port au lieu de
son Reste, & de son bon-heur qui consiste en
l'acquisition de l'occasion a se pouuoir dire, &
faire reconnoistre que veritablement il est

De Voltre Majesté

Le tres-humble, tres-fidelle
& tres-obeissant sujet
CLEIRAC.

DE L'ISLE D'OLERON

ET DES REGLEMENS

SVRNOMMEZ D'OLERON, DES

ORDONNANCES DE VVIS.BVY, ET DES

Reglemens de la Hanze-theutonique.

'ISLE d'Oleron giſt à dix & ſept degrez de longitude, quarante ſix de latitude, ſuiuant l'obſeruation de Theuet : elle eſt ſciſe en la Prouince de Guyenne, au Dioceſe de Xaintes, à la hauteur & ſur le trauers de la Riuiere de Charante. Pline la nomme *Vliarus*, le manuſcrit du College de Foix à Tholoſe *Vlarus*, Sidonius Apollinaris *Olarion*. Cette Iſle eſt riche en bon & ſalubre terroir, lequel produit quantité de bleds, & d'aſſez bon vin : elle foiſonne en gibier & venaiſon, principalement de lapins, & de lievres grandement ruſez de fort plaiſante chaſſe : la peſche y eſt copieuſe, & ſur tout elle eſt feconde en bon ſel. De ſorte que ce fut iadis lieu de recreation aux Ducs de Guyenne, leſquels firent baſtir vn chaſteau qui ſubſiſte encor ſus bout,

A

& le Roy y entretient bonne garnison ordinaire.

La Reyne Eleonor Duchesse de Guyenne conceda de beaux & grands priuileges aux habitans du Bourg & de l'Isle, inserez aux Registres conseruez au Tresor des Chartres de la Comptablie de Bourdeaux, au liure cotté A, feuillet 191.

Cette Princesse estant de retour du voyage de la Terre Saincte, au mesme temps que les Coustumes de la mer du Leuant, incerées au liure *du Consulat*, furent en vogue & en credit par tout l'Orient, elle fit dresser le premier project des Iugemens lesquels furent intitulez Roole d'Oleron, du nom de son Isle bien aimée, pour seruir de loy en la mer du Ponant, à juger toutes questions sur le fait de la Nauigation. A suite son fils Richard Roy d'Angleterre & Duc de Guyenne, reuenant d'vn semblable voyage de la Terre Saincte, augmenta la piece soubs le mesme titre de Roole d'Oleron ; laquelle piece ne tient rien le l'Anglois, le Texte en est conceu en vieux termes François ressentans le Gascon, & nullement le Normand ou l'Anglois. Toutes les hypotheses sont formées pour le voyage de Bourdeaux, pour la charge de vins & d'autres marchandises audit lieu, & pour le transport & descharge à Sainct Malo, à Caen, à Rouën, Ports de France : & ne dit rien pour la Tamise, pour l'Angleterre, ou pour l'Irlande.

De sorte que la piece soit par son intitulation

de Roole d'Oleron, par son langage, ou par ses hypotheses l'aduouë Françoise, & natiue de Gascogne : en quoy le sçauant Seldenus Anglois se flate & se mesconte en son traitté *De Dominio maris*, attribuant la gloire à sa Nation de la composition de cette piece, sans considerer que ce fut vne Duchesse & ses fils Ducs de Guyenne, lesquels la composerent en Guyenne, pour la Guyenne, & non en leur Royaume d'Angleterre. Le sieur Morisot de Dijon personnage de grand merite, & d'excellente erudition, a fort accortement refuté & retorqué au grand aduantage des François, tous les argumens d'iceluy Seldenus, & notamment celuy cy en son Histoire generale de la marine, au liure 2. chap. 18.

Ces Iugemens estans reconnus, furent approuuez par les gens de bien qui mettoient à la mer, & suiuant la nature des anciennes & loüables coustumes ils s'insinuerent doucement, & prindrent pied en la Iustice ; les François les receurent, & les obseruerent comme naturels François, ainsi qu'apert au troisiesme volume des Ordonnances Royaux, compilées par Maistre Antoine Fontanon, soubs le titre *de l'Admiral*, Rubrique *Des Droicts & Preeminences de Monsieur l'Admiral de France*, §.19. pag 865. Au siecle dernier le sieur de Bois-Gelin de la Toisle gentilhomme Breton, dressa des Commentaires sur iceux, qu'il promet en son Traité *Du*

droiɛt de bris, *& des Bref*, *ou Sceaux*, de mettre en lumiere.   Mais, ou la mort a preuenu & deſtourné
l'effet de ſon loüable deſſein, ou bien les miſeres
des troubles de ſon ſiecle en ont eſtouffé, & deſro-
bé la memoire.

Les Bourgeois de la magnifique ville de VViſbuy en l'Iſle de Gothland ſur la mer Baltique, dreſ-
ſerent ſur iceux les Ordonnances & Reglemeas
qu'on nomme de VVisbuy : leurs Hiſtoriens Olaus
Magnus, & Ioannes Magnus ne l'accordent pas:
ils le portent plus haut, & diſent que les Ordonnances de VVisbuy auoient force de Loy par tous
les Ports, Plages & Mers de l'Europe, juſques au
deſtroit de Gibaltar, qui eſt à l'extremité de l'Europe & d'Afrique.

Mais à conſiderer la ſuitte du temps, & que les
jugemens d'Oleron furent en credit ſoubs les regnes de la Reyne Eleonor, & de Richard ſon petit
fils : quand meſme il faudroit prendre & rabaiſſer
la datte de la compoſition d'iceux au temps de la
deliurance de la coppie imprimée à Roüan, laquelle eſt dattée de l'an 1266. (ce qui ne ſe doit, comme
a fort bien remarqué le ſuſdit Seldenus en ſon traité *De Dominio Maris*, *cap.* 24.) toutefois à le prendre
au plus bas & au plus proche, il eſt euident que depuis cette année 1266. & en l'an 1288. la magnifique ville de VVisbuy n'eſtoit pas encor erigée en
forme de ville, ny ceinte de murailles, flanquée de

tours où de baftioms. Que les habitans d'icelle n'e-
ftoient pour lors qu'vne peuplade d'eftrangers ra-
maffez, lefquels tant s'en faut qu'ils euffent de la
domination au dehors, qu'au contraire ils n'e-
ftoient pas abfolus en leur ville: mais eftoient en
queftion, à l'efpée & aux coufteaux, comme on
dit, contre les originaires habitans de l'Ifle de
Gothland, defquels ils vfurpoient les terres. Que
le Roy de Suede *Magnus* les aduoüa, & les print en
affection & foubs fa protection, & leur permit de
faire Corps de Ville, quelque temps apres ladite
année 1288. *Ioannes Magnus lib.* 20. *Hiftor. cap.* 9. Et
d'abondant que depuis l'eftabliffement de la Mo-
narchie Françoife, les Goths & les Suedes n'ont
eu quoy quereller, ny l'authorité de fe faire obeïr
fur les coftes de France. Il eft euident par toutes ces
confiderations que les Suedois font nos debiteurs
de leurs Reglemens de marine, & qu'ils les tiennent par emprunt du Duché de Guyenne.

En l'an 1597. les Deputez des villes Hanzeati-
ques, qui font villes franches & maritimes de l'Empire, drefferent leurs Reglemens de la nauigation à
Lubek fur le mefme modele, lefquels ont quelque
legere matiere de plus que les Ordonnances de
VVisbuy, comme auffi celles de VVisbuy en ont
quelque peu plus que le Roole d'Oleron, ce qui
marque l'ancienneté, car le moderne eft toufiours
plus ample que l'ancien, par la facilité d'adjoufter

ſter aux choſes inuantées.

Ces trois pieces qui ont ſerui de modelle aux Reglemens & aux Ordonnances d'Eſpagne ſur le fait de la marine, & qui ſont dreſſées ſur l'Ordre, l'Oeconomie, & la Police des Nauires, & des Equipages (ſans laquelle la nauigation ne peut ſubſiſter) s'aduancent à preſent pour faire la premiere partie des couſtumes de la mer, laquelle s'aſſeurant de ſon fauorable paſſeport parmi les gens de bien, eſt accompagnée de la ſeconde partie dreſſée pour le Commerce naual & les Contraꝺs maritimes : & de la troiſieſme au ſujet de la Iuriſdiꝺion de la marine, tant pour la paix que pour la guerre. Et finalement d'vn traitté auec les reg'emens de la nauigation des Fleuues & Riuieres. Ces trois ſœurs, ne ſe preſentent pas veſtuës de pourpre, pour commander & faire la loy, mais comme ſimples ſeruantes s'exhibent pour la receuoir & pour ſeruir au public : elles ſe reconnoiſſent puiſnées de naiſſance & d'authorité, & de beaucoup inferieures au Droiꝺ Ciuil Romain, aux Ordonnances Royaux, & aux Arreſts des Cours ſouueraines. Les Empereurs Auguſte & Antonin les ont ſoubſmiſes à cette condition, comme dit le I. C. *Voluſius Macianus*, en la loy neuſieſme *De lege Rhodia.* D'abondant elles ont prins pour interprete, & pour leur tenir compagnie, certaines humbles & legeres notes empruntées pour la pluſpart des pieces eftrangeres peu connuës, lefquelles pieces y font citées auec les Ordonnances de l'Admirauté de France, quelques Textes du Droiɔt, & des Arrefts & Refolutions du Palais, pour plus facilement auec cét equipage s'infinuer, & paroiftre moins eftrangeres: Et auec ce ne pretendent paffer que pour raifon efcrite foubs l'adueu & la banniere de la feule equité, ô la deuë foumiffion, de laquelle elles n'entendent fe deuoyer ou departir, non plus que du deffein de plaire & de profiter au public, qui eft leur but & le lieu de leur refte.

PIECES CITE'ES OVTRE LES
Autheurs communs, aux nottes des Vs & Couftumes de la mer.

1. *Les Regiftres de la Comptablie de Bourdeaux, contenant l'ancien Eftat & la Notice des affaires du Duché de Guyenne.*

2. *Le liure des Boüillons, contenant partie des anciens Priuileges de la ville de Bourdeaux & Pays de Guyenne.*

3. *L'ancienne Couftume de Bourdeaux en langage Gafçon.*

4. *Leges Rhodiæ,* incerées à la fin du fecond & dernier Tome, *Iuris Græco-Romani,* compilé par *Leonclauius.*

5. *Les Basiliques* du mesme *Leonclauius.*

6. *Libre de Consolat traćtant des faits Maritims*, composé en langage Cathalan, duquel fait mention Mornac sur la loy 9. *De lege Rhod.*

7. *El ordinamento Real que mandaron recopilar los Reyes Catholicos Don Fernando y Doña Isabel de gloriosa memoria*, surnommé *Leyes de la Recopilacion.*

8. *Leyes de Partida.*

9. *Ordenanças y Cedulas Reales de la nauigacion de Indias.*

10. *Fuero Real de España.*

11. *Laberinto de Commercio Terrestre y Naual*, Autore *Ioan de Heuia Bolaño.*

12. *Tboech der zee-rechten*, qui est à dire, *Liure des Statuts ou Loys de la mer*, contenant ce qui s'obserué en *Suede, Gothie, Dannemarc & Alemagne*, auec les Ordonnances de l'Empereur *Charles V.* de l'an 1551. & de *Philippe second Roy des Espagnes* de l'an 1563. données à Bruxelles pour le Pays-Bas.

ROOLE

ROOLE
DES IVGEMENS
D'OLERON.

I.

V A N D on fait vn homme Maiſtre d'vne Nef ou autre Nauire , & ladite Nef ou Nauire appartient à pluſieurs compagnons, ladite Nef s'en va & depart du pays dont elle eſt, & vient à Bourdeaux ou à Roüen, ou en autre pays , & ſe frette d'aller en Eſcoſſe ou en autre pays eſträge. Le Maiſtre ne peut mie vendre la Nef, s'il n'a procuration ou mandement ſpecial des Seigneurs de ladite Nef : mais s'il a meſtier d'argent pour les deſpens de la Nef, il peut mettre aucuns des apparaus en gage par le conſeil des mariniers de la Nef.

1. *Le titre de Maiſtre eſt titre d'honneur, d'experience, & de bonnes mœurs.*

2. *Le Maiſtre n'a le pouuoir de vendre le vaiſſeau ou*

B

les apparaus, mais seulement peut les engager en cas de necessité attestée.

3. Maistre Combourgeois, & Maistre Postif.

4. En cas d'abus ou de maluersation le Maistre Combourgeois peut estre chassé.

5. Commandement du Maistre, & l'experience qu'il doit auoir en l'art de piloter.

6. Commandement du Contre-maistre.

7. Ordre des personnes de commandement en l'armée nauale.

8. Ordre des Officiers dans les Nauf oneraires, ou Nauires en marchandise.

9. Le Gouuernail du Nauire est piece sacrée, qui ne doit estre maniée par les Garçons ou Gourmetes.

1. *M*AISTRE, le titre de Maistre est titre d'honneur, d'experience & de bonnes mœurs, *Reuerendum honorem sumit quisquis Magistri nomen acceperit, quia hoc vocabulum semper de peritia venit, & in nomine cognoscitur, quid sit de moribus estimandum, Cassiodor. lib. 9. Variarum, Epistola 6.* C'est pourquoy par l'Ordonnance de l'Admirauté 1584. article 86. & 87. les maistres de Nauire auant pouuoir prendre cette qualité, doiuent estre examinez & jugez capables d'estre receus à ce commandement, *El Maestre de la Naue, para serlo, ha de ser marinero y examinado. Cedula Real del año de 1576. impressa con las de Indias quarto tomo.* Les Ordonnances & Reglemens de la Hanze-theutonique, ne desirent pas seulement l'experience ou la capacité, mais aussi les bonnes mœurs; de façon que par icelles il est inhibé aux Bourgeois d'introduire, ou prendre dans

leur bord vn Maiſtre ſans luy faire exhiber ſon titre, ou
l'enſeignement par eſcrit de ſa reception : & d'abondant
il doit juſtifier comme quoy il a fidelement traité de
temps en temps continué, les autres Bourgeois qu'il a ſerui depuis ſa reception.

2.   Le Maiſtre ou Patron du nauire, *quem Græci πιϛικòν
appellant, cuius fidei nauis concreditur*, a toute la diſpoſition &
le commandement en iceluy , *l. 1. D. exercitoria actione l.
cui præcipua D. verborum ſignificat.* Par tel ſi neantmoins, que
le Maiſtre ne peut vendre valablement le corps du vaiſſeau, ny aucuns apparaus ſans le conſentement ou procuration & ſpecial mandement des Bourgeois proprietaires,
comme il a eſté jugé par Arreſt du Parlement de Bourdeaux de l'an 1619. cité par Maiſtre Bernard Automne
ſur l'article premier de la Couſtume de Bourdeaux, & ce
par la raiſon du §. dernier de la loy *Contra iuris D. Pactis*
& la doctrine de Mornac ſur la loy *60. D. Procuratoribus.*
Mais en cas de neceſſité, & en pays loingtain, le Maiſtre
peut engager aucuns des apparaus, ou prendre deniers
au change & à la groſſe aduenture, ſur le corps & quille
du nauire, par la raiſon de ſa loy premiere, *& toto Titulo
C. ſi aliena res pignori data ſit. Minùs autem alienat qui pignori dat,
quàm qui vendit. l. cum non ſolum. §. 5. C. Bonis quæ liberis :* toutesfois il le doit faire par le conſentement ou conſeil des
autres Officiers & mariniers de ſon equipage. Ordonnance de VVisbuy article 13. & 15. Ordonnance de Philippe ſecond Roy des Eſpagnes de l'an 1563. article 12.
Les Ordonnances de la Hanze theutonique, prohibent
au Maiſtre, quoy que Bourgeois ou proprietaire en partie du nauire, non ſeulement de vendre, mais auſſi de
faire aucune ſorte de reparation, achapt d'apparaus, ou
de victuailles au deſceu des autres Bourgeois, ſi ce n'eſt
en pays eſtranger, & en cas de neceſſité bien & deüement atteſtée, article 3. 4. 5. & ſuiuans.

3. Par la lecture defquelles Ordonnances & autres couftumes de la mer apert, qu'il ne fe doit commettre de Patron ou Maiftre Poftif, c'eft à dire à gages ou loüage, mais il eft plus affeuré que le maiftre foit Combourgeois, & qu'il ait quelque part en la proprieté du vaiffeau. Confulat, chap. 47. 50. & 56. La raifon en eft declarée au Guydon titre des Delais, & au titre des Affeurances fur corps de Nef: car le maiftre eftant intereffé à la proprieté eft d'autant plus enclin à la conferuation d'icelle. *l. Merito D. pro focio.*

4. Cependant en cas d'abus ou de maluerfation & pour caufe legitime, le maiftre Combourgeois peut eftre chaffé & mis hors par les autres Bourgeois, en luy payant fa part qu'il a audit nauire, & le rembourçant du prix qu'il l'a acheté, Ordonnance de la Hanze-theutonique article 14. Et d'abondant fi tel maiftre parfonnier pour faire déplaifir à fes Combourgeois, fuppofe vn acheteur auquel il feint d'auoir vendu fa part du nauire plus qu'elle ne vaut: les autres Bourgeois la peuuent faire eftimer, & ferôt preferez à la prendre fuiuant l'eftimation qui en fera faite, fans eftre tenus de fuiure le marché feint & fuppofé. Hanze-theutonique, article 53. *l. 1 .l. Ad officium. C.communi diuidundo.*

5. Ordinairement le Maiftre prend foin de commander les manœuures depuis la pouppe jufques à l'arbre ou le grand maft iceluy comprins, & fi doit entendre l'art de piloter ou nauiger, pour feruir de controole au Pilote, & pour furueiller à fon faict, *y fi el Maeftre no fuere Piloto, es obligado à lleuar vn marinero dieftro en la nauigacion, tal que pueda regir la naue à falta de Piloto*, fuiuant les ordonnances d'Efpagne.

6. Le commandement du Contre-maiftre *Proreta* eft defpuis l'efperon ou la prouë jufques au maft de mifaine iceluy comprins.

7. Aux armées nauales le General eſt le chef, l'Admiral, Viſadmiral, & le Capitan major qu'on nomme
chef d'eſquadre, & dans chaſque nauire de guerre le Capitaine eſt le premier, le Pilote eſt le ſecond, lequel pour
l'honneur des ſciences qu'il profeſſe & pratique, eſt touſ-
jours la ſeconde perſonne dans le bord, ſoit en guerre ou
en marchandiſe, à ſuite le Maiſtre qui a le commandement ſur l'equipage, & le Capitaine & ſon Lieutenant ſur
les ſoldats.

8. Aux Naufs oneraires, ou Nauires en marchandiſe,
le Maiſtre eſt le premier, le Pilote eſt ſecond, à ſuite le
Contre-maiſtre, le Facteur ou premier marchand, le ſecond Marchand, l'Eſcriuain, deux Chirurgiens, deux
Deſpenſiers qui ont l'œconomie des viures, quatre Compagnons de quartier, leſquels ſont tout ainſi que les Co-
poraux au corps de garde, les Cuiſiniers, Canoniers, les
Boſmans leſquels ont la charge & le ſoin à bien plaſſer,
bien mettre, & remettre les ancres, ce qui eſt dit *boſſer
l'ancre*. Mais au demeurant les Canoniers & Boſmans ſont
le quart & trauaillent aux manœuures comme les autres
Matelots, toutefois pour cette fonction particuliere, ils
ont quelques gages de plus : apres tous leſquels viennent
le reſte des Matelots, parmi leſquels eſt le Maiſtre de
Chaloupe, & le Gardien qui commande aux Gourmetes ou Garçons, leſquels Garçons *Meſonaute* ſeruent les
Matelots, ſeruent à la cuiſine, remuent l'oſſec ou tirent à
la pompe, nettoyent le vaiſſeau, & en effet ſont employez
à tout le trauail, ſauf manier le gouuernail, *cum nauis ra-
pitur vento. Liuius lib. 4. Decadis tertiæ.* Et finalement les Pages
qui ſont jeunes garçons moindres de dixhuict ans, leſquels ſeruent pour faire les proclamats, & à porter les
commandemens du Maiſtre & des autres Officiers.

II.

ITtem si vne nef est en vn havre, & elle demeure pour attendre son fret & son temps, quand vient à son departir, le maistre doit prendre conseil auec ses compagnons & leur dire : Seigneurs que vous haiste ce temps, *que vous semble de ce temps*, aucuns y aura qui diront, ce temps n'est pas bon, car il est nouuellement venu, & le deuons laisser r'asseoir : & les autres diront, le temps est bel & bon, Lors le maistre est tenu de soy accorder auec la plus grande partie des opinions de ses compagnons ; & s'il faisoit autrement & la nef se perdoit, il est tenu de rendre la nef, ou la somme qu'elle sera prisée s'il a dequoy.

1.   *Le maistre ne doit rien entreprendre de consequence sans assembler son equipage en conseil, & doit suiure la resolution de la majeure partie.*

1.   C'Est vne maxime ou loy generale de la mer, que le Maistre ne doit faire sortir le Nauire du Port, faire ject, couper mast ou chables par bout, ny rien entreprendre qui soit de consequence en quelque grand danger qu'il se trouue engagé ou surprins, si ce n'est par l'aduis & conseil de la majeure partie de l'equipage & des marchands, s'il en y a dans le bord. Le maistre doit tout assembler pour y deliberer, Consulat chap. 99. & cent vnze, VVisbuy article 14. Ordonnance du Roy des Es-

pagnes Philippe fecond au titre des Auaries, article 4.
Mornac *ad legem fecundam.* §. *fi conferuatis D. lege Rhodia.* La
raifon eft, *quia judicium integrum eft quod plurimorum fententys
comprobatur, ibi enim falus, vbi multorum confilia.* Clementina 1.
de Sententia Excommunicat.

III.

ITem, fi vn nauire ou nef fe perd par fortune en
aucunes terres en quelque lieu que ce foit: les
Mariniers font tenus de fauuer le plus qu'ils pourront des biens de ladite nef & des denrées : & s'ils
aydent à les fauuer, le maiftre eft tenu de leur bailler leur couft raifonnablement à venir en leurs terres : & s'ils ont tant fauué pourquoy le maiftre ce
puiffe faire, lors ledit maiftre peut bien engager
des chofes qui feront fauuées à aucun preud-hom-
me pour les pouruoir. Que s'ils n'aydent à fauuer
lefdites chofes, lors ledit maiftre n'eft en rien tenu à les pouruoir, ainçois il les doit mettre en fauuegarde, jufques à tant qu'il fçache la volonté du
Seigneur, & le doit faire le plus loyaument qu'il
pourra, & s'il faifoit autrement il eft tenu à l'amander s'il a dequoy.

*En cas de periclitation ou naufrage les Matelots font
tenus de trauailler à leur pouuoir à la faluation des
marchandifes.*

LEs compagnons font tenus de faire tout deuoir
pour fauuer & colliger les chofes naufragées, & ce
à peine des gages comme on dit, *Toto tit. Nauta caupônes.l.*
quo naugragium §. 8. *l. ne quid ex naufragio. D. incendio ruina*
naufragio, & ceux qui les empefchent, ou les detour-
nent viennent feuerement puniffables. Ce qui eft bien
expliqué par l'Ordonnance du Roy des Efpagnes Philippe fecond, de l'an 1563. dreffée fur ce jugement d'Oleron, au titre des Auaries, article 12. Par laquelle eft ftatué : Que les Matelots feront tenus de fauuer tout tant
qu'ils pourront du naufrage ; & le Maiftre eft obligé de
payer en ce cas leurs loyers, & en outre les recompenfer
du trauail des marchandifes fauuées. D'abondant fi les
Matelots refufent d'affifter, ils n'auront aucuns gages ny
recompenfe, Hanze-theutonique article 44. mais ce
faifant feront les matelots payez & non autrement,
VVisbuy article 15. & 16. *l. quidam* §. *illo.* C. *Neceffarys fer-*
uis.

I V.

ITem fi vne nef fe depart de Bourdeaux ou d'autre
lieu chargée, il aduient aucune fois que la nef
s'empire, l'on fauue le plus qu'on peut des denrées
les marchands & le maiftre font en grand debat, &
demandent les marchands d'auoir leurs danrées au
maiftre? Ils les doiuent bien auoir en payant le fret,
pour autant que la nef aura fait du voyage, veuë
par veuë, cours par cours, s'il plaift au maiftre.
Mais fi le maiftre veut, il peut adouber fa nef, fi
tant eft qu'il le puiffe faire preftement, & fi non, il
peut

peut louër vne autre nef pour acheuer le voyage,
& aura le maiſtre ſon fret deſdites denrées ſauuées,
pour eſtre compté le tout libre à libre , & les denrées payeront les couſts qui auront eſté mis à les
ſauuer : & ſi ainſi eſtoit que le maiſtre & les marchands promiſſent aux gens qui les aideroient à
ſauuer la nef & leſdites denrées qui pourroient
eſtre ſauuées , la tierce partie ou la moitié pour le
peril où ils ſont : la juſtice du pays doit bien regarder quelle peyne & quel labeur ils auront mis
à les ſauuer, & ſelon icelle peine les guerdonner,
nonobſtant la promeſſe que leſdits maiſtre ou le
marchand leur auroit faite.

1. *Le Maiſtre ne pouuant acheuer le voyage, entreprins,*
par le defaut ou manquement de ſon nauire , doit
rendre les marchandiſes aux Marchands , & les
Marchands luy doiuent payer ſon fret à proportion
de ce qui eſt auancé du voyage.

2. *Si le Marchand n'a pas d'argent , le Maiſtre en ce cas*
eſt tenu de prendre en payement de la marchandiſe au
prix que la ſemblable ſera venduë.

3. *Si le Maiſtre peut racoutrer ſon vaiſſeau en trois iours,*
ou s'il veut freter d'autres barques pour parſaire le
voyage , le marchand ne le peut empeſcher.

4. *Le ſecond fret des Barques & alleges en cas que le*
Maiſtre ne ſoit pas en coulpe , & que ſon vaiſſeau
ne ſoit pas rendu inutile par ſa faute, eſt Auarie groſſe.

C

5. *Frais de la saluation des marchandises est auarie sim-*
ple pour le Marchand ou proprietaire d'icelles.

6. *Que c'est liure à liure, & au sold la liure.*

7. *Promesses extorquées dans le peril nulles.*

8. *Frais du sauuement grandement priuilegiez.*

1. CE jugement ne parle pas de l'entier naufrage, mais du nauire endommagé, entrouuert, ou tellement empiré, qu'il ne peut paracheuer le voyage entreprins sans radoub ; auquel cas s'il y a grand retardement ou longue besongne, les marchands peuuent retirer leur marchandise en payant le fret au *Pro rata* & à proportion de ce qui est aduancé du voyage. C'est ce que signifie *veuë par veuë, cours par cours.*

2. Que si le marchand n'a pas d'argent pour payer au comptant, & que le maistre ne le veuille pas crediter, doit ledit maistre prendre en payement de la marchandise au prix que le reste sera vendu. VVisbuy article 33. Ordonnance de l'Empereur Charles V. article 40.

3. Que si le maistre peut en peu de temps racoutrer son vaisseau, & le rendre promptement estanc, & capable de nauiger à sa route (c'est à dire en trois jours pour le plus. Hanze-theutonique article 1. *l. sententijs C. errore Aduocatorum*) ou bien si le maistre veut recharger la marchandise en autres nauires pour la voiturer au lieu destiné, faire le peut. Et si l'accident ou le detourbier n'est pas arriué par son defaut ou du nauire, le fret luy sera payé, *lege Rhodia, num. 42. Secundo & vltimo temo Iuris Graco-Romani in fine.* VVisbuy article 16. 37. & 55. Ordonnance du Roy des Espagnes Philippe second au titre des Auaries, article 3.

4. Et le second fret des Alléges ou autres vaisseaux, en cas qu'il n'y ait point de defaut du maistre, est auarie

groſſe qui ſe doit ſupporter, ou payer aux deſpens du nauire & Marchandiſe, en toutefois par les Maiſtres &
Matelots le purgeans moyennant ſerment qu'ils ont fait,
ce ſecond fret par neceſſité & en bonne intention pour
ſauuer le nauire & marchandiſes. *VVisbuy art.* 55.

5. Et au regard des frais de la ſaluation des marchandiſes, c'eſt auarie ſimple & particuliere pour le Marchand
ou le proprietaire d'icelles·

6. LIVRE A LIVRE. Les Iuriſconſultes conſiderent
vn Tout, par exemple vne heredité compoſée de diuerſes
pieces faiſans enſemble vn total ou maſſe d'heredité de
quelque importance qu'elle ſoit, ample ou petite, comme
ſi le tout de cette heredité faiſoit vne liure *As hæreditatis*,
cette liure diuiſible en douze parties égales nómées vnces.

Les Marchands chargeurs & les Maiſtres de nauire, en
cas de ject, d'auaries groſſes, ou contribution ont la meſme viſée, ſçauoir que la cargaiſon & le nauire conſiderez
enſemblement en bloc, font vne liure: & d'autre part ils
conſiderent la perte ou le cumul des auaries, ou dommages tout enſemble pour vne autre liure, de façon que celuy qui en la liure de la cargaiſon a vn dixieſme, quinzieſme, ou autre telle partie, celuy-là ſupportera vn dixieſme,
quinzieſme ou autre telle partie en la liure du ject ou des
auaries, & cette raiſon ou proportion d'vne liure à l'autre
eſt icy nommée *liure à liure, & au marc la liure par le Guidon.*

Les modernes nomment cette partition de proportion
au ſol la liure, d'autant que rarement les Marchands qui
font la cargaiſon ſe reglent à fournir quelque partie aliquote, *quæ aliquoties repetita totum efficit*, comme ſeroit la
moitié, le tiers, ou le quart de la cargaiſon: ordinairement chaſque Marchand y met ce qu'il peut, ou ce qui
luy plaiſt: mais quand il conuient reduire le tout en vne
maſſe, & qu'il en faut faire vne liure ou vn tout de l'entiere cargaiſon & du nauire, le pied de la liure de France

eſt beaucoup plus aiſée à la partition que l'*As* Romain, à cauſe qu'elle eſt diuiſible & ſubdiuiſible en plus
grand nombre de fractions, ſçauoir en vingt ſols, chaſque ſol en douze deniers. Ce qui rend la ſuppuration
des fractions & nombres rompus, & la reduction d'iceux
en entiers plus exacte & plus facile : car l'*As* & la liure Romaine eſt ſeulement diuiſible en douze onces, & l'once
en huict gros, le gros en trois deniers, ou bien en demis,
tiers, & quart, demy quart d'once : ce qui ne ſuit pas ſi auāt
les menuës fractions ou nombres rompus, comme la liure
compoſée de vingt ſols, & le ſol de douze deniers.

Le jargon des Traitans ou Partiſans des fermes du Roy
eſt, que ceux d'entre eux qui ſont pour vn tiers au party
ou autre telle portion, ils diſent que celuy ou ceux qui
ont vn tiers, y ſont pour ſix ſols huict deniers au pied de
vingt ſols, c'eſt à dire pour ſix vingtieſme & deux tiers
d'vn vingtieſme de l'entier party, conſideré comme faiſant vne liure, de laquelle ſix ſols & huict deniers font la
troiſieſme partie.

Les Arithmeticiens font cette repartition ou diſtribution de proportion *au ſol la liure*, par la regle de trois ou
de proportion, qu'ils nomment *Regle de compagnie, le fort
portant le foible*, compoſée de l'operation des Regles de
Multiplication & de *Diuiſion*. C'eſt à ſçauoir la liure compoſée du prouenu des choſes ſauuées d'vne part, & la liure
des choſes iettées d'autre, eſtant chacune arreſtée & cognuë : il conuient multiplier la liure des choſes iettées
par la ſomme que chacun des Marchands ſera intereſſé en
particulier en la liure du jet, & le produit de cette multiplication ſera diuiſé par la liure du prouenu des choſes
ſauuées : le quotient de cette diuiſion donnera, ou dira
certainement la ſomme que le Marchand, pour lequel
l'operation eſt faite, doit retirer ſur la liure du ſauué.
Ou pour faire tout à vn, & par vne ſeule operation

pour tous les intereffez, il conuient prendre vne fomme laquelle faffe quelque partie aliquote de la liure des
chofes fauuées, enfemble du jet. Par exemple *cent liures*,
auec laquelle fomme de cent liures, il conuient multiplier la liuré du jet ou des auaries, & ce qui viendra de cette multiplication, faut le diuifer par la liure des chofes
fauuées; le quotient de cette diuifion dira iuftement ce
que chafque centaine de liures du fauué doit contribuer
en la liure du jet, ou des auaries. Ce qui eft fondé ou de-
monftré par la fixiefme definition du cinquiefme Liure
d'Euclide, & c'eft ainfi que la regle de trois fe pratique au
departement des gains ou de la perte. Les Maiftres de nauire, aufquels appartient de procurer la contribution,
(Iugement d'Oleron 8. nombre 15.) doiuent eftre bien
verfez, & bien entendre les Mathematiques, & particulierement l'Arithmetique qui les gouuerne toutes, & les
operations de laquelle font grandement regulieres, iuftes
& fort certaines.

7. ET SI TANT EST, Les promeffes que le malade
fait à fon Medecin, Chirurgien, Apothicairé & autres, defquels il efpere du foulagement ou faluation, font de droict
nulles & caffables, comme extorquées par fraude & par
force. *l. Archiatri. C. Profefforibus & Medicis. l. Medicus. D. Variis*
& extraord. la raifon eft, *quia periclitantes pro falute repromit-*
tunt. La mefme raifon conuient & milite pour annuller
toutes promeffes & donations faites par le Maiftre de nauire ou Marchand, aux Pilotes de Riuiere, Lamaneurs,
Plongeurs, & Sauueurs, en cas de periclitation ou naufrage, foit pour fauuer fa perfonne, fon vaiffeau, ou les
marchandifes; veu notamment que telles gens font naturellement & ciuilement obligez d'affifter preftement &
fans marchander, ceux qui font en danger; autrement ils
font homicides, & comme tels viennent puniffables.
l. Quo Naufragium §. 8. D. Incendio, Ruina, Naufragio.

8. Car quoy que les frais du ſauuement ſoient grandement priuilegiez , *lege Rhodia ſecundo tomo Iuris Græco-Ro-*
mani num. 45. *& 47. Harmenopúlus in Promptuario Iuris. lib.* 2.
tit. 6. que par ce droict il ſoit adiugé aux Plongeurs &
Sauueurs, la moitié , le tiers, ou le dixieſme des choſes
ſauuées, & ce ſuiuant la profondeur de l'eau qu'elles ſont
peſchées , de quinze , de huict , ou d'vne coudée : comme
auſſi la dixieſme pour *le droict de trouuailles* ſur le riuage , & le quint à celuy qui ſe ſauuant, porte & ſauue quelque piece auec luy : & que par l'Ordonnance de l'Admirauté 1543. article 11. & par le Reglement de la Cour de
Parlement de Paris du dixieſme Mars audit an 1543. il
ſoit taxé ou adiugé aux Vrinateurs & Sauueurs le tiers
des marchandiſes peſchées & ſauuées ; toutesfois l'effet
des promeſſes extorquées dans le peril pour ce ſujet, doit
eſtre reglé à l'egard de Iuſtice auec raiſon & proportion, ſans s'arreſter aux termes de la promeſſe exigée dans
la periclitation, ainſi qu'en diſpoſoit l'ancienne Couſtume de Bretagne rapportée par Garcie de Ferrande en ſon
Routier, laquelle adiuge aux Sauueurs le loyer ſuiuant
qu'ils ont deſerui, en ces termes, *S'ils vont à l'aduanture de la*
mer loin pour querir & ſauuer les biens , ils ont le tiers ; &
s'ils ne perdent terre , ils n'auront que ſalaire competent à
l'eſgard de Iuſtice : à quoy l'Ordonnance de l'Admirauté de l'an 1584. article 89. eſt formelle, laquelle prohibe aux Lamaneurs toute paction, & de prendre autre
choſe que ce qui leur ſera taxé, & l'Arreſt de la Cour de
Parlement de Paris rapporté par Mornac ſur la Loy premiere *D. Depoſiti.*

V.

ITem ſi vne neſſe depart d'aucune contrée chargée, ou vuide, & eſt arriuée en autre part : les

mariniers ne doiuent point iſſir hors ſans le congé du Maiſtre ; car ſi la nef ſe perdoit, ou s'empiroit par aucune meſauanture, ils ſont tenus de l'amender : mais ſi la nef eſtoit en lieu où elle ſeroit ancrée, ou amarrée de deux ou de trois ancres, ils peuuent bien iſſir ſans le congé du Maiſtre, en laiſſant vne partie des compagnons mariniers pour garder le bord & les denrées, & eux en reuenir par temps à leur nef : & s'ils eſtoient en demeure, ils le doiuent amender, s'ils ont dequoy.

1. **L**Es Mariniers font obligez de foigner affiduellement à la confervation du nauire & des marchandifes, *toto titulo Nautæ, caupones, ftabularij. Confulat* chap. 169. VVisbuy art. 47. à caufe de quoy ils ne doiuent defcendre ou defemparer le bord, fans permiffion du Maiftre, ou Contre-Maiftre.

2. Et s'ils le font, font tenus en tous les dommages qui arriuent au nauire & marchandifes, pendant leur abfence. *Confulat* chap. 154. & 155. VVisbuy article 17. Ordonn. de l'Empereur Charles le quint de l'an 1552. article 9. & 10. conforme à la Loy de Rhodes *fecundo tomo Iuris Græco-Romani num.* 26. Les Reglemens de la Hanze-Theutonique article 40. ordonnent que fi quelque matelot eft forty à terre fans licence, & que pendant fon abfence le nauire vienne à fe perdre à faute de matelots, ledit abfent fera apprehendé, & tenu vn an en prifon au pain & à l'eau ; & s'il arriue que quelqu'vn fut tué ou fubmergé

mergé pendant son abfence, & à caufe d'icelle, doit eftre
puny corporellement.

3. Que fi les Mariniers couchent ou paffent la nuict
dehors, ils font declarez defloyaux, & coupables de par-
jure. *Confulat* chap. 174. Et l'Ordonnance de VVisbuy
les condamne en tout le dommage, & en outre en deux
deniers d'amende, chafque denier valant vne Reale.
Didacus Couarruuias, in tractatu veterum numifmatum cap. 2.
num. 6. & 7.

4. Comme auffi la *Hanze theutonique* article 22. & 23.
les punit d'amende & d'emprifonnement : à quoy s'accorde le raifonnement de *Mornac ad legem* 15. *D· Officio Prafidis.*

5. Cette obligation eft fi eftroite, que mefme il ne
leur eft pas licite de fe des-habiller pour dormir dans les
draps, mais doiuent coucher veftus. *Confulat* chap. 170. Et
ceux qui font mariez, ne peuuent, ou ne doiuent coucher
auec leurs femmes dans le bord. *Hanze theutonique* article
32. La raifon eft, afin qu'ils foient toufiours plus à deliure,
& plus prefts au fecours.

6. L'obligation du Matelot enuers le Maiftre commence dés l'inftant que le marinier s'eft loüé, & que le
prix eft accordé, *Lo Mariner es tengut à Senyor de nau o de legny*
que pufque fera accordat ab lo Senyor e donarà palmada, es mefter que
li mariner vaia ab ell, axi be com fip hauia feta carta de notari : e lo
mariner daqueli iorn auant que fera accordat ab lo Senyor de la nau,
no pot anar en alguna part fens voluntat del Senyor. *Confulat* chap.
154.

7. L'obligation des Mariniers enuers les Marchands
eft des le commencement de la charge. *Confulat* chap.
171. & font tenus les Mariniers efuenter & remuer la
marchandife, fi par fit elle eft dangereufe à fe gafter,
comme font les grains, noix, chaftaignes, & autres fruicts,
bien rumer & ranger, aux fins que le vaiffeau foit bien
en eftiue, c'eft à dire fus bout & à plomb. *Confulat* chap.

D

180. Et s'ils refusent de ce faire, & la marchandise à cête occasion se gaste & se deperit, ils sont tenus de payer le dommage, au dire du Maistre & du Pilote. *VVisbuy* article 48. *Philippe second* article 19.

8. Sont aussi tenus les Matelots enuers le Marchand au *Paleage*, qui est descharger & mettre hors le vaisseau, les grains, le sel, & autres telles marchandises auec la Pale, ensemble au *Maneage*, qui est descharger auec les mains les planches, le mesrain, le poisson verd & sec, & autres : & pour ces deux manœuures, qu'ils ne peuuent refuser, ne leur est deu aucun salaire, s'il ne plaist au Marchand par honnesteté : Mais pour le *Guindage* & *Reguindage* doiuent les matelots estre salariez. *Guydon au titre Des Auaries*, *article* 17.

9. Contre les Matelots qui manquent tout à fait apres s'estre loüez, & le marché conclud, les Ordonnances sont grandement seueres & rigoureuses. Aux Nauires de guerre, les mariniers & soldats defaillans, qui se dérobent, qui retardent le voyage, & ne se rendent pas au Nauire le iour & heure assignée, doiuent estre punis de peine de mort, confiscation de biens, dommages & interests de ceux qui ont equippé, ou armé. *Ordonnance de l'Admirauté* 1584. *art.* 66. *& 68.*

11. Aux naufs oneraires ou nauires qui vont en marchandise, les mariniers qui rompent, ou qui quittent sans cause le voyage commencé, pour la premiere fois sont condamnez au foüet, & s'ils recidiuent, en autre plus grand peine, sans en pouuoir estre dispensez par les Iuges : ausquels est enjoint d'y tenir la main. *Ordon. de l'Admirauté* 1584. *article* 67. Par les Reglemens de la *Hanze theutonique* tels deserteurs sont flestris & marquez à la face d'vn fer chaud, aux fins qu'ils soient recognus, & dans l'opprobre le reste de leur vie.

12. Sur quoy vient à remarquer le temps auquel les matelots & soldats quittent, & se dérobent apres le mar-

ché fait & arresté, si c'est auant commencer le voyage,
ou bien pendant qu'ils y sont engagez: & d'autre part le
Maistre congedie & se deffait du marinier arresté auant
ou pendant le voyage.

13. Si le marinier arresté, quitte auant le voyage, il
doit rendre tout ce qu'il a receu, & en outre payer la moitié autant que le Maistre luy aura promis pour faire le
voyage: Et si le Matelot se loüe à deux Maistres, le premier le peut vendiquer, & pour la perfidie, ne sera tenu
luy payer aucuns gages, s'il ne luy plaist. *VVisbuy* article
1. *Laberinto de Comercio lib. 3. cap. Nauegantes, num.* 37. Excepté si le Maistre le mal-traite, & ne luy garde les pactes &
conuenans; *si no es que dexe al Maestre por su culpa entratarle
mal, o no le alimentar, ny guardar el concierto deuido.*

14. Comme aussi le Maistre qui aura suborné, ou dé-
bauché aucun Matelot arresté par vn autre Maistre,
doit estre condamné en vingt-cinq liures d'amende, & le
Matelot corrompu payera au premier Maistre la moitié
des gages que le second luy aura promis. *Hanze theutonique*
art. 48. Par l'Ordonnance du Roy des Espagnes *Philippe second* de l'an 1563. art. 3. le Maistre qui prend sciemment
vn Matelot loüé par vn autre Maistre, paye d'amende le
double des gages qu'il a promis, & le Matelot est tenu de
suiure & seruir le premier Maistre.

15. Neantmoins les Mariniers peuuent demander, &
doiuent receuoir leur congé & la *Mission honorable*, soit
auant ou pendant le voyage, & ce pour quatre causes.

16. La premiere, pour entrer Patron ou Contre-
Maistre en autre Nauire. *VVisbuy* art. 63. *Ne videantur qui
loco patris honorantur, alieno iuri esse subiecti. l. vltima.* C. *Consu-
libus.*

17. La seconde, si le Matelot se marie, *Mort & Mariage
rompt tout loüage persónel. VVisbuy article* 63. Ausquels cas ledit Matelot est tenu de rendre, ou remettre tout ce qu'il

aura receu, & qu'il n'a pas encor merité. *Hanze theutoniquē* art. 42.

La troisiesme, si par le marché lors que le marinier s'est loüé, il a esté conuenu qu'il pourra quitter; car les pactes sont des loys. *Confulat* chap. 155. Le mesme Confulat adiouste au chap. 156. Pour cas de mission honorable, Si le Marinier veut aller en Pelerinage effectuer quelque vœu de deuotion qu'il aura fait,*Per anar en Romiatge , e qu'en hagues fet vot.*

18. Finalement, apres la perfection du voyage, que le Nauire est desarmé, deschargé, & lesté, les voiles defrelées, les garnitures ostées, & serrées. *Confulat* chap. 150, *VVisbuy* article 54. *Philippe second Roy des Espagnes* 1563. article premier.

19. Si le Maistre congedie le Marinier sans cause legitime & pour son plaisir; si c'est auparauant le voyage commencé, estant encor dans le haure du depart, il luy doit payer la moitié de ce qu'il luy a promis pour tout le voyage: & s'il le congedie apres qu'il est forty du havre, il luy doit payer tous les gages entiers. *VVisbuy* art. 3. Toutefois en ce cas, & auant partir, la *Hanze theutonique* article 41. le modere au tiers des gages promis: ce que neantmoins le Maistre ne peut porter en compte à ses Bourgeois : & en l'article suiuant 42. il est dit, Si le Maistre congedie vn matelot en voyage, sans sujet legitime, il est obligé de luy payer ses gages entiers, & le defrayer de son retour; mais ne le peut congedier pour prendre à sa place vn sien parent, ou pour en trouuer vn autre à meilleur marché. *Confulat* chap. 126. & 127.

10. Que si apres le marché fait, le voyage est rompu ou empesché à l'occasion des guerres suruenues, ou des pirates, ou pour autre sujet legitime, les Matelots seront recompensez du quart des salaires promis pour tout le voyage. *Philippe second art.* 9. Et le Maistre aura des mar-

chands la moitié du fret, *Guidon au chap. Du Barat & Baraterie artic.* 11.

21. Le Maiſtre peut congedier le marinier, ſi en faction il le trouue ignorant & incapable de faire ſa charge entrepriſe, particulierement le Pilote, auquel en ce cas il ne ſera tenu de payer aucuns gages, & au retour, le peut faire punir pour ſa temerité, ſelon l'exigence du cas. *Hanze-theutonique* art. 27. *Ordonnance du Roy des Eſpagnes Philippe ſecond* art. 7. & 8. au Titre *Des Nauires qui ſe font dommage.*

22. Et en cas qu'il ne le puiſſe congedier lors qu'il découure ſon ignorance, le Pilote ignorant, ou Marinier doit, à ſon retour, rendre tout ce qui luy a eſté aduancé, & en outre payer au Maiſtre la moitié de ce qui luy a eſté promis, enſemble ſa deſpenſe. *Conſulat* chap. 325. *VVis-buy* article 2. *Hanze-theutonique* article 42. *l. Si ſeruus ſeruum.* §. *penultimo. D. ad legem Aquiliam. l. Iulianus.*§. *qui tamen, D. Actionibus empti & venditi.*

23. Et ſi l'Officier, par exemple le Pilote, declare le premier qu'il eſt en doute, qu'il ſe recognoit mal aſſeuré, qu'il s'eſt eſcarté, & n'entend pas bien ſon fait : ſi c'eſt en allant, il ſera payé de la moitié des gagés qui luy ont eſté promis : ſi en venant, il aura le tout. *Ordonn. de l'Empereur Charles quint de l'an* 1551. *article* 14. Et ſi c'eſt au ſujet d'augmentation, ou changement de voyage, reſolu en plaine mer, le Pilote qui ſe declare incapable, aura tout autant de gages que le Contre-Maiſtre. *Charles quint article* 13.

24. Si le Maiſtre découure que l'Officier ou Matelot eſt entaché de quelque maladie contagieuſe, comme ladrerie, verole, teigne, & autre telle, qui ſe prend de l'vn à l'autre : *propter quos morbos ægri expelluntur de ciuitate. Baldus & Paulus de Caſtro, ad legem ſecundam, C. De Summa Trinitate,* il le pourra deſcendre, & le laiſſer à la premiere terre, ſans eſtre obligé de luy payer aucun loyer ; ce que toute-

fois le Maiſtre doit verifier au retour, par deux ou trois perſonnes de ſon equipage.

25. Comme auſſi le Maiſtre peut chaſſer le matelot larron, quereleux & riotus, qui luy ſera deſloyal, rebelle, ou refuſant d'obeyr & de trauailler. *Conſulat* chap. 125. *Hanze theutonique* art. 29. & 41. *Iugemens d'Oleron* 6. l. *Si connenerit, in fine. D. Pro ſocio. Rebuff. in l. Iudices. De Annonis & Tributis.lib.* 10. *Cod.*

26. Toutefois le Maiſtre doit auoir quelque patience auant que venir à cette extremité, & voir ſi le marinier rebelle ſe remettra promptement à ſon deuoir, & s'il vient à recognoiſtre ſa faute. *Iugement d'Oleron* 13. *VVisbuy* article 25. Le *Conſulat* deſire que le Maiſtre ait patience iuſques à la cinquieſme faute. *Chap.* 125. *Pœnitentibus delicti venia non debet denegari. cap. Si quis Epiſcopus. De Hereticis Extra.*

V I.

I Tem, Si les Mariniers ſe loüent auec leur Maiſtre, & y en a qui iſſent (*ſortent*) ſans congé de leurdit Maiſtre, & s'enyurent, & font contemps, debats, & meſlées, eſquels y en a aucuns qui ſont navrés: le Maiſtre n'eſt mie tenu à les faire guerir, ny à les pouruoir en rien, ains les peut bien mettre hors la nef, eux & leur ſecours; & s'ils comptent, ils ſont tenus à payer le plus au Maiſtre : mais ſi le Maiſtre les enuoye en aucun ſeruice pour le profit de la nef, & ils ſe bleſſoient, ou l'on leur fit choſe greuante, ils doiuent eſtre gueris & penſez ſur le couſt de ladite nef.

1 *Le Maiſtre peut chaſſer, & mettre hors les Matelots quereleux, notamment l'agreſſeur & ſes complices.*

2 *Matelot bleſſé en faiſant ſeruice au Nauire, ou au Maiſtre doit eſtre bien traitté, penſé & medicamenté aux deſpens du Nauire.*

3 *Si le Matelot eſt bleſſé combatant pour la conſeruation du Nauire & marchandiſe, le traitement d'iceluy ſera Auarie groſſe.*

4 *Arreſt de la Cour de Parlemēt de Bourdeaux en la cauſe de Fiton prins & mené captif par les Turcs en faiſant ſeruice à ſon Maiſtre.*

1. SI les Matelots s'enyurent, font des querelles, ſe battent & ſe bleſſent, le Maiſtre peut chaſſer & mettre hors les riotus, notamment l'agreſſeur & ſes adherans ou complices, que ce iugement nomme *Son ſecours.* l'Agreſſeur eſt *princeps delicti, & ei omnia imputantur. l. quoniam multa facinora. C. ad legem Iuliam, De vi publica.* Et en ſortant leur doit faire rendre tout ce qu'ils ont receu: en outre, il leur fera rembourſer ce qu'il luy faudra bailler de plus que leurs gages, aux autres qu'il prendra en leur place. *VVisbuy* art. 18. *Charles quint article* 23. *& ſuiuans,* leſquels ſtatuent & ordonnent certaines peines proportionnées à la grauité des peccadilles, & fautes commiſes par les Matelots.

2. Que ſi le Matelot faiſant ſon deuoir, & rendant ſes ſeruices au Maiſtre & au nauire, eſt bleſſé & reçoit dommage, il doit eſtre penſé, medicamenté, bien traité & du tout indemniſé aux deſpens du Nauire. *VVisbuy* article 18. *Hanze theuton.* art. 39. *Charles quint* art. 27. & 28. *Philippe ſecond Roy des Eſpagnes* art. 16. Et ſi le Matelot faiſant ſeruice eſt prins par les fourbans, le Maiſtre eſt tenu de

le redimer, & en outre luy payer son loyer tout ainsi que s'il auoit continué de seruir pendant sa captiuité. *Consulat* chap. 182.

3. Et si en se defendant, ou combatant contre l'ennemy ou les fourbans, il est mutilé ou rendu perclus & inhabile à trauailler le reste de sa vie ; outre les pensemens, il aura du pain tant qu'il viura aux despens du Nauire & de la cargaison, & c'est *Auarie grosse.* *Hanze-theutonique* art. 35. *Charles quint* article 27. & 28. *Argumento legis secundum Iulianum, & ibi Bartholus, & l. cum duobus.* §. *quidam, D. Pro socio.*

4. En l'an 1621. Gilles Steben, Bourgeois & Marchand de Bourdeaux, chargea vne barque de trente-six thonneaux de vin pour Calais, & proposa à la conduite son seruiteur nommé Fiton : la barque estant sortie hors la riuiere de Bourdeaux, en pleine mer fut rencôtrée d'vn Nauire fourban Turc, qui leur court sus, les contraint d'ameyner, & enfin les ayant prins, les Pirates laissent la barque & le vin, d'autant que, par religion, les Turcs ne boiuent pas de vin, quoy que ce soit, n'en font pas marchandise, l'Alcoran leur defend : ou à l'aduenture que les fourbans estoient d'intelligence auec le Maistre de la barque lequel estoit Escossois, car les Tucs ne luy firent point d'autre outrage, ny à son equipage, mais ils se saisirent du seul Fiton, & l'emmenerent captif en Barbarie, où c'est qu'il fut vendu, & demeura quatre ans & demy en esclauage à grand misere & pauureté : enfin Fiton est racheté d'aumosnes en l'an 1625. & fut payé pour son rachapt, ou rançon la somme de sept cens quatre vingt liures.

Fiton reuenu à Bourdeaux, trouue que son Maistre Gilles Esteben estoit decedé, il fait action à sa veufue deuant les Iuges & Consuls de la Bourse, & demande ses salaires, tant pour le temps precedét à sa captiuité, que pour le temps qui a couru pendant sa detention & son esclauage : en uage, en outre le rembourſement de ſa rarçon, & ſes dommages & intereſts: la veuſue d'Eſteben decline & demande ſon renuoy deuant les Iuges Preſidiaux de Guyenne ; les Iuges Conſuls l'en deboutent, appel en la Cour, & Requeſte en euocation du principal.

La Cour ouy Corbies pour l'appellante, Du Mantet pour Fiton inthimé, a mis l'appel, & ce dont a eſté appellé au neant : euoquant & retenant le principal de la cauſe, & faiſant droict aux parties, a condamné & condamne la partie de Corbies payer à la partie de Mantet pour tous ſalaires, rachapt, & rançon, deſpens, dommages & intereſts, la ſomme de mille liures, ſans autres deſpens, le dernier Auril 1630. Monſieur Daffis Preſident.

Ce qui eſt conforme aux Arreſts du Parlement de Paris citez par Mornac *ad legem. inter cauſas.* §. *non omnia. D. mandati,* & contre l'opinion de Rebuffe *in Bulla Cœnæ Domini.*

VII.

ITem, quand il aduient qu'aucune maladie prend vn des Mariniers de la nef en faiſant le ſeruice de ladite nef, le Maiſtre le doit mettre hors de ladite nef, & luy doit querir hoſtel, & luy bailler lumiere, comme graiſſe ou chandelle, & luy doit bailler vn varlet de ladite nef à le garder, ou luy donner vne femme qui prenne garde de luy : & ſi luy doibt pourueoir de telle viande comme on vſe en la nef : C'eſt à ſçauoir autant comme il prenoit quand il eſtoit en ſanté, ne rien plus, s'il ne plaiſt au Maiſtre : & s'il veut auoir viandes plus delicates ; le Maiſtre n'eſt

E

pas tenu les requerir, si n'eſt à ſes deſpens: Et ſi la
Nef eſtoit preſte à s'en partir, elle ne doibt point
demeurer pour luy; & s'il guarit, il doibt auoir ſon
loyer tout comptant, en rabatant les frais, ſi le Maiſtre luy en a fait : Et s'il meurt, ſa femme & ſes prochains le doiuent auoir pour luy.

1   *Du Marinier malade.*

2   *Pour la conſideration des Mariniers malades portez &*
   deſcendus à terre, le voyage ne doit eſtre retardé.

3.   *Les biens du Marinier decedé en voyage doiuent eſtre*
   conſeruez à ſes heritiers.

4.   *Loyers du Marinier decedé, conſeruez à ſes heritiers.*

5.   *Vſage des nauires qui vont en long cours.*

1.   **L**Es Ordonnances de VVisbuy, article 19. De la
   Hanze theutonique, article 45. De Charles V.
article 27. Et de Philippe ſecond, article 16. pour les
Pays bas, compoſées ou extraites ſur ce jugement ſont
entierement ſemblables, pour le Marinier tombé malade, ſoit qu'il reuienne en conualeſcence, ou qu'il decede
en voyage. Les Caſtillans en vſent autrement en leur nauigation des Indes Occidentales : car en cas de maladie,
le Marinier infirme doit ſubſtituer vn autre en ſa place,
autrement il perd ſon loyer pour le temps qu'il ne pût
pas trauailler, *El marinero enfermo mientras lo eſtuuiere no ga-*
na la ſoldada. Si no es dando en ſu lugar otro tan idoneo como el.
Leye de Partida 9. *circa finem. tit.* 8. *pag.* 5. *Laberinto de comercio*
lib. 3. *cap. Nauegantes. num.* 38. Ce qui eſt contraire à la diſpoſition du droict Romain, *l. qui operas l. ſed addes. D. lo-*
cati.

2. Si le Marinier malade eſt par ſon infirmité contraint de demeurer à terre, le voyage ne doit eſtre retardé à ſon occaſion. Hanze-theutonique article 45. Philippe
ſecond article 16.

3. Si le Marinier meurt en voyage, les Ordonnances
de France conſeruent ſes biens à ſes heritiers en termes
generaux, ſans parler preciſement comme fait ce jugement des loyers ou gages meritez ou à meriter: c'eſt l'Ordonnance de l'Admirauté 1584. art. 76.

4. Les Ordonnances de l'Empereur Charles cinquiefme, font vne diſtinction pour les loyers: ſçauoir eſt,
ſi le Marinier meurt en allant, ſa vefue ou ſes heritiers
auront la moitié du ſalaire & ſes hardes: s'il meurt en venant, ils auront tout le loyer entierement, les frais de
l'enterrement neantmoins, s'il en y a, defduits, ou prins par
prealable ſuiuant la difpoſition du Conſulat chap. 128.
& 129. Que ſi le Marinier eſt accordé à temps, & par
mois, ſes heritiers ſeront payés pour tout autant de temps
qu'il aura ſerui. Conſulat chap. 130.

5. L'vſage ou practique des nauires de guerre qui
vont en expedition ou voyage de long cours, remarqué
par *François Pyrar de Laual*, en ſon Traité ou *Aduis pour aller
aux Indes Orientales*, eſt plus fauorable aux vefues & aux heritiers des decedez en voyage, *En chaſque nauire de guerre*
(dit il) *il y a touſiours deux Officiers d'vn meſme Office: comme deux
Pilotes, deux Eſcriuains, deux Facteurs ou Marchands, deux Chirurgiens, & ainſi des autres, afin que ſi le premier meurt, le ſecond
entre en ſa place: c'eſt toutesfois ſans hauſſer les gages, ains l'honneur ſeulement, car les gages ne hauſſent ny ne diminuent iamais:
& ſi vn homme mouroit des le premier jour, ſes heritiers ſeront payez
pour tout le long du voyage.* A quoy ſont conformes les loix, *Si
vehenda. D. lege Rhodia, l. Petitionem. §. quando autem. l. poſt duos.
C. Aduocatis diuerſorum iudiciorum.*

E 2

VIII.

ITem ſi vne nef eſt chargée pour aller de Bourdeaux à Caen, ou en autre lieu, & il aduient que
la tourmente la prend en la mer, & qu'elle ne peut
eſchapper ſans jetter des danrées & marchandiſes
pour faire aller ladite nef, & pour ſauuer le demeurant & le corps de la nef: lors le Maiſtre doit
dire, *Seigneurs il faut ietter vne partie de ceſte marchandiſe.* Et s'il n'y a nuls marchands qui reſpondent à
leurs volontez, & greent (*ont agreable*) le jet par
leur taiſement, lors le maiſtre doit faire ce qui ſera
en luy & faire iet : & s'ils n'ont agreable le iet, &
contrediſent, non pourtant le maiſtre ne doit pas
laiſſer qu'il ne iette tant qu'il verra que bien ſoit:
iurant luy & le tiers des compagnons ſur les *Sainɛts
Euangiles,* que quand ils venoient à la droite route,
ils ont ietté pour ſauuer leurs corps, & la nef, & les
autres denrées qui encor y ſont : & les vins ou autre marchandiſe qui ſera iettée, doiuent eſtre pri-
ſées au fur de ceux qui ſont venus à ſauueté. Et
quand ils ſeront vendus, ſi les doit on departir liure à liure entre les marchands, & le maiſtre y doit
partir ou compter la nef ou le fret à ſon choix : &
pour recouurer le dommage les mariniers doiuent
auoir vn thonneau franc, & l'autre doit partir au
fret ſelon qu'il y aura, s'il le defend comme bon

homme en la mer, & s'il ne le defend il n'aura rien de franchife, & peuuent bien les marchands charger le maiftre par fon ferment.

1   *De deux maux ineuitables qui fe prefentent, le choix doibt eftre fait du moindre.*

2   *Auant faire iet, le Maiftre eft tenu de le propofer, & le refoudre par le plus fort aduis de ceux qui font dans le bord.*

3   *Quoy que quelqu'vn infifte, toutesfois le jet doibt eftre fait, s'il eft par les autres iugé neceffaire.*

4   *Quelles chofes doiuent eftre iettées les premieres ?*

5   *Priuilege du Maiftre du Nauire en cas de jet.*

6   *Le Marchand doit ietter le prémier quelque chofe du fien.*

7   *Les chofes les plus inutiles feront iettées les premieres.*

8   *Aux Naos, ou Carraques de Portugal venans des Indes ne s'y fait pas de contribution apres le iet.*

9   *Aux Nauires Caftillans en cas de jet la contribution a lieu.*

10   *Ordre tenu dans les Naos, ou Carraques de Portugal a faire le jet.*

11   *Priuilege du Maiftre, & des Officiers de ne ietter pas le leur, qu'à toute extremité, & apres tout.*

12   *L'Efcriuain doit tenir, & faire regiftre des chofes iettées.*

13   *A quel prix doiuent eftre eftimées en la repartition, ou contribution, les marchandifes iettées,*

& les ſauuées.

14 *Obſeruation des Leuantins pour l'eſtimation des mar-*
chandiſes.

15 *Maiſtre du nauire eſt tenu de procurer la repartition*
du ieƐt, toutesfois il ne reſpond pas de l'inſoluabilité
des contribuables.

16 *Au Leuant le maiſtre n'entre en la contribution que*
pcur ſon fret, ou pour la valeur de la moitié du na-
uire.

17 *En la nauigation des riuieres, le Patron renonçant à*
ſon bateau & hardes dans trois iours, demeure quit-
te enuers le marchand.

18 *Le maiſtre compte en la contribution tout ſon fret, tant*
pour les marchandiſes jettées, que pour les ſauuées.

19 *Au Ponant le maiſtre entre en la contribution pour la*
valeur de tout le nauire, ou pour tout ſon fret à ſon
choix.

20 *Si le maiſtre a trop chargé ſon vaiſſeau, le ieƐt de la*
ſurcharge vient tout à ſon compte, ſi ce n'eſt que le
marchand l'ait obligé de le faire.

21 *Au Leuant ce n'eſt pas au maiſtre de prendre ſoin à re-*
gler la cargaiſon, lequel peut & doit refuſer la ſur-
charge.

22 *Marchandiſes non manifeſtées à l'eſcriuain eſtant jet-*
tées ne viennent pas en la contribution : & recon-
nuës au deſcharger payent le fret tel qu'il plaiſt au
maiſtre.

23 *Maiſtre qui a promis de porter plus que ſon vaiſſeau*

n'eſt capable de receuoir , eſt tenu de fournir vn autre vaiſſeau.

24 En chargeant le marchand eſt tenu de manifeſter au maiſtre ou à l'eſcriuain toute ſa marchandiſe.

25 Le corps des perſonnes libres n'entre ou ne vient pas en la contribution. *

27 Ce que toutesfois n'eſt pas obſerué par tout.

28 L'acceſſoire n'eſt autrement conſiderable que comme ſon principal.

29 Pour l'enfant nay dans le nauire n'eſt deub de naulage.

30 Les victuailles ne doiuent eſtre iettées , ny ne viennent en contribution , ny pareillement les armes ou munitions de bon ſeruice.

31 Loyers des mariniers ne doiuent eſtre portez en la contribution.

35 Priuilege des mariniers pour leurs pottées ou leur ordinaire.

34 En quelles façons les matelots loüent leur ſeruice.

1. DE deux maux ou dãgers ineuitables, qui s'oppoſét & ſe preſentent, par l'vn ou l'autre deſquels il cóuient neceſſairement paſſer, ſans qu'il y ait d'eſchapatoire, le choix ou l'acceptation du moindre afin d'euiter le plus grand , eſt le conſeil & la reſolution de la nature meſme, *canone Duo 13. diſtinctione , cap. ex parte 2. de corpore vitiatis*, l'exemple en eſt notoire au Caſtor & aux mariniers, quand pour ſauuer leurs perſonnes & partie de leurs biens ils ſont contrains de faire iet.

Decidere iacta

Cepit cum ventis imitatus Caflora qui fe
Eunuchum ipfe facit cupiens euadere damno
Tefliculorum, dit Iuuenal, *fatyra* 12.

De forte que quand le nauire fe trouue à bon efcient engagé en grand fortune de temporal, aux termes d'eftre englouti, & de perdre vies & biens, le jet eft le moindre danger, & la loy de neceffité qui doit auoir fon cours, par la faueur duquel le grand peril eftant efquiué, l'equité vient apres faire fa partie, afin de foulager ou diminuer le dommage, elle commande que ce qui eft fauué ou garanti du naufrage qui eft paruenu au port, contribue à l'indemnité ou defdommagement des chofes jettées, *l. prima. 2.& paffim toto titulo. D.lege Rhodia.*

2.　C'eft pourquoy ce jugement & l'equité d-firent, lors qu'à l'extremité du danger le naufrage eft imminent que le maiftre propofe à tous ceux qui font dans le bord marchands, paffagers ou mariniers, que la neceffité de faire jet fe prefente, & fuiuant leur confeil il fe doit refoudre au plus fort aduis, *lege Rhodia,fecundo Tomo juris Græco-Romani num. 9. Confulat chap.* 99. *&* 296. *VVisbuy article* 20. 21. & 38. *Philippe fecond au titre des Auaries article* 3.

Le plus fort aduis eft du plus grand nombre *l.nulli & l. plane:D.quod cuiufque vniuerfitatis nomine,* toutesfois ce jugement d'Oleron fe contente du tiers de l'equipage.

3.　Que fi les feuls marchands refufent ou reprouuent la propofition, s'ils n'ont pas agreable le jet, fera neantmoins jetté, fi les autres qui ont leur vie & biens à perdre y confentent & le trouuent expedient, & que le tiers des matelots auec le maiftre reuenus à terre, fe purgent moyennant ferment, en faifant leur rapport, que pour le mieux ils ont efté contrains faire le jet: que ça efté par neceffité ne pouuant fe fauuer autrement, & que ce fut leur aduis, *VVisbuy art.*20. & 38. *Ioannes Faber §.fi plures inftitut.de fideicommiff.Automnus ad legem primam.D.lege Rhodia.*

4. Et

4 Et d'autant qu'il eſt bien rude & grief de ietter ſon bien, pour conſeruer l'autruy ; & que naturellement il eſt permis de perdre l'autruy pour ſauuer le ſien, lors qu'il ne ſe peut faire autrement, *l. Quiſeruandarum. D. Præſcriptis verbis.* C'eſt pourquoy la grande queſtion eſt ſur ce qui doit commencer, & qui doit eſtre ietté le premier.

5 Le Maiſtre du Nauire peut refuſer de ietter le premier ce qui luy appartient, eſtant priuilegié pour ne le faire pas. *Silueſtro in Summa. quæſtione* 12. *verbo, Commodatum. Gregorius Lopes leye* 4. *Recopilat. gloſſa* 8. *tit.* 3. *parte* 3.

6 En la mer du Leuant la couſtume eſt, que le Faƈteur ou le Marchand ictte le premier quelque choſe du ſien. *Conſulat* chap. 95. mais c'eſt par miſtere, pour éuiter & preuenir les procez, que le repentir poſtume au danger peut faire naiſtre entre le Marchand & le Maiſtre. *Paſſato lo pericolo, beffato lo Santo,* dit l'Italien.

7 Le Guidon au titre des Auaries dit, qu'il conuient premierement ietter les vtanciles de la Nef, comme vieil chable, fougon, *qui eſt le foyer a tenir feu,* ancres, & artillerie, qui ſont de peu de ſeruice, & peſent neantmoins beaucoup : & ſecondement les coffres & les hardes des gaçons, comme les moins precieux. Le ſemblable eſt ſtatué par l'Ordonnance du Roy des Eſpagnes Philippe ſecond au titre *Des Auaries.* Ce qui eſt tres iuſte, que les choſes de moindre prix, & qui peſent le plus, ſoyent iettées les premieres. *Diligens Nauta proïjcit viliora, vt ſaluet prætioſiora. Bartolus traƈt. de Tyrannia. num.* 34.

8 *Iean Hugues de l'Inſchot* au chap. 93. de ſon Hiſtoire de la Nauigation rapporte, que dans les Naos, ou Carraques de Portugal quand il a eſté fait iet, il ne ſe fait pas de contribution : mais les particuliers auſquels les choſes iettées appartenoient ſouffrent, & ſupportent la perte. A cauſe de quoy les biens du plus foible, & les plus mal plaſſez ſont ordinairement depeſchez, & iettez les premiers : Soit

F

IVGEMENS

d'autant que le corps du vaiſſeau, & le plus important de
la carguaiſon appartient au Roy & à la Reyne, & que
leurs Majeſtez ne ſçauent que c'eſt de iouer au par, ou
d'entrer en deſconfiture *in tributum*, auec leurs ſujets. *Mor-*
nac Ad legem qnintam. §. in tributum. D. Tributoria actione. Les
ſujets n'ont point de plus grande gloire, ou plus grand intereſt que d'expoſer leurs vies, & prodiguer leurs biens
pour la conſeruation des intereſts de leur Roy.

9 Mais aux autres Nauires non-Royaux, ou qui ne
ſont chargez pour le Roy, la contribution eſt obſeruée
en cas de jet, *Leye ſecunda, tit. De los Nauios. lib. 4. Del Fuero*
Real de Eſpaña.

10 Par le rapport & les auditions des Mariniers de la
Carraque ſainct Barthelemy qui fit naufrage ſur la coſte
de Guyenne en Medoc au lez *S. Helene de l'Eſtang,* le mois
de Ianuier de l'an 1627. renduës deuant feu Monſieur de
Fortia Maiſtre des Requeſtes, Commiſſaire par Sa Majeſté deputé à la recherche & conſeruation du bris de ce
naufrage, eſt rapporté, qu'en cas de iet, les marchandiſes &
biens des Marchäds vont les premieres. 11. Celles de leurs
Majeſtez Catholiques vont apres, & le priuilege du Maiſtre des Officiers & compagnons mariniers, eſt que leurs
denrées ſont jettéesles dernieres : comme de fait, le poiure qui appartenoit entierement au Roy & à la Reyne (nul
autre qu'eux n'en pouuant faire porter des Indes) & les
autres marchandiſes vindrent à terre eſparſſes ſans eſtre
embalées, la pierrerie meſme, & les *biſails* de diamans
ſortirent & gagnerent le large, ſe rendirent en partie
au riuage, ſuportez par les enuelopes de coton & par
les cachets de cire rouge ; mais les cuirs & ſacs de
canele qui appartenoient entierement aux mariniers,
vindrent au riuage pour la plus part entiers, attendu
qu'ils les auoient jettés à la derniere main & proche de
la terre.

12 De toutes les choses jettées, l'Escriuain de la nef doit charger son manifest & faire regiftre, & en cas qu'il n'y ait pas d'efcriuain dans le bord, il en conuient faire atteftation au premier port par le tefmoignage des mariniers *Confulat chap. 99. VVisbuy* article 38.

Outre lefquelles chofes jettées, la deterioration & l'empirance qu'ont fouffert à l'occafion du jet les autres marchandifes gardées, enfemble le nauire (eu efgard à ce que lefdites marchandifes fe vendront moins qu'elles n'ont coufté) fera compris en la libre des auaries pour entrer en la contribution, *ne duplici damno Mercator afficiatur. l. Nauis §. cum autem D. lege Rhodia.*

13 Suiuant ce iugement, les marchandifes jettées font comptées à faire la repartition ou contribution auec le nauire & les marchandifes fauuées, & ce au prix qu'elles euffent valu au lieu du refte le fret payé, *VVisbuy* article 20. & 38. eft femblable comme puifé en mefme fource. Mais le *Guidon* au titre *des Auaries* fuit la commune decifion du droit Romain, *in l. 2. §. portio D. lege Rhodia*, fçauoir eft les jettées au prix de la carguaifon, & de telles qui reftent au prix qu'elles valent, *quia in iactu non habetur ratio lucri fed tantum damni*: *Petrus Santerna de affecurationibus in tertia parte num. 40. & fequentibus*, ce qui eft fort iufte & bien raifonnable, *Idque ideo vt detrimentum in exiguum coarctetur & lucrum dilatetur. Harmenopulus in Promptuario. titulo de collatione, & titulo de iactu.*

14 En la mer du leuant font vne diftinction? Si le jet a efté fait auant que d'eftre a demy voyage du lieu deftiné, pour dernier refte, les marchandifes jettées font contées à la repartition fuiuant le prix, & tout ainfi qu'elles furent acheptées au depart? Si au contraire la nef auoit plus fait que de la moitié du voyage, le calcul fera fait fuiuant qu'elles fe vendront, ou qu'elles vaudront au lieu du refte, mais à ce regard la decifion du droit Romain fem-

F 2

ble plus equitable.

15 Le maiſtre du nauire eſt tenu de procurer & faire
la repartition du jet. *l. 2. D. lege Rhodia, Franciſcus Duarenus*
Tit. ad legem Rhodiam. Cuiacius lib. 3. obſeruat cap. 2. & iuſques
à ce le maiſtre peut receuir les marchandiſes à l'equipo-
lent & valeur pour y ſatisfaire, *dicta lege ſecunda D. lege Rho-*
dia. Conſulat chapitre 98. attendu que de droit les marchands
n'ont pas d'action ou de prinſe l'vn contre l'autre. *l. qui*
ſeruandarum D. Præſcriptis verbis, l. ſi quis fumo §. quod dicitur D.
Ad legem Aquiliam. Touteſfois le maiſtre n'eſt pas reſponſa-
ble de l'inſoluabilité des marchands, leſquels n'ont pas
moyen de payer ou fournir leur cotte part à la contribution, *dicta lege 2. §. ſi quis ex vectoribus D. lege Rhodia.*

16 En la mer de Marſeille, le Patron n'entre en la
contribution, que ſeulement pour autant que vaut la moitié de la nef ou ſon nolit, qui eſt le fret, par la raiſon de la
loy, *ex conducto §. ſi vis tempeſtatis D. Locati. ne ſupra damnum*
ſeminis amiſſi, &c. Le maiſtre de la nef a perdu aſſez quand
aura conſommé ſa perſonne & ſon temps, & les deſpens
qu'il aura fait : De façon que s'il ne demande ſon nolit ou
ſon fret il n'eſt tenu de contribuer. *Conſulat* chap. 98. &
au chap. 248. il eſt dit. *Lo Mariner aſſats bi pert, pus que y pert*
ſon temps, e y aura rotes ſes veſtidures & conſumades, ey aura
conſumada ſa perſona : Crudelitatis enim genus eſt vltra naufra-
gium velle deſæuire. Caſſiodorus lib. 4. variarum Epiſtola 7. Furor eſt
poſt omnia perdere naulium Iuuenalis Sat. 5.

17 Surquoy l'Ordonnance des riuieres de l'an 1615.
article 17. rapportée par *M. Saintyon au liure premier des Eaus*
& foreſts titre 19. donne trois iours de deliberation ou d'a-
uis au Patron du batel tombé en meſaduanture, pour renoncer à ſon bateau, & aux hardes qu'il auoit en iceluy,
& ce faiſant il demeure quitte enuers le Marchand,
par la raiſon de la loy *Prætor ait §. hoc edictum. D. Dam-*
no infecto.

18. Mais en cas que le Maiftre vueille contribuer, il fera payé, ou tiendra en compte tout fon fret, auffi bien pour les marchandifes jettées que pour les fauuées. *Confulat* chap. 98.

19 En la mer du Ponant, le Maiftre contribue iufques à concurrance de la valeur de tout le Nauire, fuiuant la l. 2. §. *cum in eadem D. lege Rhodia*, ou pour tout fon fret à fon choix, il fait contribuer l'vn des deux la valeur du Nauire ou fon fret ; Que fi le Maiftre eftime fon Nauire a non-prix & a fort peu, le Marchand eft receuable à le prendre au mot, & le payer fuiuant l'eftimation que le Maiftre l'aura eualué. *VVisbuy article 38. Philippe 2. Roy des Efpagnes, titre des Auaries article 6.*

20 Si le Maiftre par auarice & pour plus grand profit furcharge fon Nauire, & qu'à cette occafion il conuien' faire jet, c'eft au Maiftre d'en refpondre & l'amander entierement. *Lege Rhodia, Secundo tomo iuris Græco-Romani. num. 22.* D'autant qu'il ne doit abufer ny mettre à l'hazard temerairement le bien d'autruy. *l. vnica C. ne quid oneri publico imponatur. Harmenopulus in promptuario. tit. de nauigij impedimento. Philippe fecond des Efpagnes, titre des Auaries article 8.* à quoy vient la loy 27. §. *& fi malum D. ad legem Aquiliam.* Toutesfois l'Ordonnance de *VVisbuy article 46.* excepte, fi ce n'eft que la furcharge ait efté mife à la requifition, & du confantement des Marchands chargeurs, auquel cas le droit commun de la contribution eft obferué. *fi voluntate vectorum l. fecunda §. fi conferuatis D. lege Rhodia.*

21 En la mer du Leuant, le Patron ne fe mefle pas de la carguaifon, car c'eft du deuoir particulier & le foing de l'Efcriuain, auquel les Marchands font tenus de manifefter toutes les denrées qu'ils font porter à bord, tant auant qu'apres le depart, dont la recognoiffance ou la verification doit eftre faite, & le chartulaire ou le papier de

l'Efcriuain doit eftre chargé. *Confulat chap.* 100. En cas que les Marchands en faffent plus porter, que ne defire ou ne permet la capacité du vaiffeau, l'Efcriuain le peut refufer, & laiffer le furplus ou l'exces à terre, au dommage de laquelle marchandife delaiffée le Patron n'eft aucunement tenu, pourueu toutesfois que l'Efcriuain n'en ait pas chargé fon Regiftre. *Confulat chap.* 114. *l. fed ita. verbo. femel receperint D. Nauta caupones.*

22   Que fi au jet il fe trouue des marchandifes non manifeftées lefquelles auront chargées a cachetes, elles feront perduës pour le Marchand chargeur en cas de jet: & en cas de profpere nauigation eftant recognuës au defcharger, il eft au pouuoir du Patron de prendre, & fe faire payer tel nolis ou fret pour icelles qu'il luy plaira. Que le Marchand eft tenu de payer fans procez ou contradiction. *Confulat chap.* 115. & 257.

23   Si tant eft que le Maiftre faffe marché, ou promete de porter plus que fon Nauire n'eft capable, il ne doit toutesfois le furcharger: Mais eft tenu de fournir autre vaiffeau pour porter le furplus. *Confulat chap.* 154. Et en cas que ne le puiffe faire, pour l'indemnité & le defdommagement du Marchand, il doit porter gratuitement, ou rabattre tout autant du fret des marchandifes qu'il voiturera, comme il luy en faudroit pour celles qu'il laiffe en arriere. *Confulat chap.* 185.

24   La couftume en l'vne & l'autre mer eft? Que fi le Marchand ou Paffager, ou le Marinier ont de l'argent, ou autres befognes precieufes dans les coffres ou caffetes, ils le doiuent dire & manifefter au Maiftre ou à l'Efcriuain, autrement arriuant la neceffité du jet, ils ne porteront en la contribution que la valeur du coffre feulement, & de ce qu'ils auront manifefté eftre en iceluy. *Lege Rhodia Secundo tomo iuris Græco Romani num.* 13. *Confulat chap.* 100. & 257. *VVisbuy article* 43. *Philippe fecond titre des Auaries article* 5.

Et les marchandifes jettées feront payées où comptées au
prix qu'elles valent, & de l'argent deux deniers pour vn.
VVisbuy art. 41. C'eſt à dire que l'argent doit eſtre bien
conſerué, & ne doit eſtre jeſté qu'à toute extremité, comme eſtant vne eſpece de victuaille, le nerf & le maintien
de la nauigation & du negoce.

25 Les perſonnes fianches & de libre condition n'entrent pas en la contribution. *L. 2. §. cum in eadem D. lege
Rhodia. Si algunos anduuieren en el Nauio e no truxeren ſi no ſus
cuerpos, no ſean tenidos de dar nada. Leye 2. de los Nauios lib. 4.
del Fuero Real d'Eſpana.*

26 Mais les habits, les beſognes, bagues & joyaux
qu'ils portent ordinairement ſur eux y entreront, par la
diſpoſition de la loy 2. §. 2. *D. lege Rhodia*, à quoy eſt conforme *le Guidon* au titre *des Auaries, quia omnes quorum intereſt
Nauem Saluam eſſe contribuere debent.*

27 Toutesfois pour les habits & les bagues que le Paſſager ou le Marchand ſont veſtus, & portent ordinairement ſur eux, le côtraire eſt obſerué, par la raiſon de la loy
quatriéme. *D. Nautæ. caupones ſtabularÿ: Quia huiuſmodi rebus
nauis non oneratur nec earum iactus eam leuare poſſet*, l'Ordonnance de *VVisbuy* article 41. le dit en termes exprez. *Si
quelqu'vn a de l'argent dans ſes coffres qu'il le tire & le prene ſur ſoy,
il n'en payera rien.* l'Ordonnance du Roy des Eſpagnes
Philippe ſecond au titre *des Auaries* article 7. dit le meſme,
*l'argent monoyé entre en auarie, ſauf ce que l'homme à de couſtume
porter ſur ſoy comme eſtant acceſſoire de ſa perſonne : Bartolus ad
legem ſi laborante §. cum in eadem D. lege Rhod.*

28 L'acceſſoire n'a regulierement autre conſideration que de ſon principal. *l. cum aurum §. 13. & 20. D. aure
& argento legato.*

29 Et par cette raiſon, pour l'enfant naî dans le Nauire on ne paye point, ou ne doit eſtre payé de naulage
ou voiture, comme eſtant lors de l'embarquement par-

tie, membre, ou acceſſoire de la mere. *l. Nauem* D. *locati.*

30 Les victuailles du Nauire pour ſa prouiſion ſont exemptes du jet, enſemble priuilegiées pour ne venir pas en la contribution. *l. 2. § cum in eadem.* D. *lege Rhodia. Harmenopulus tit. de jactu*: pareillement les armes & munitions de bon ſeruice. *Segun vna ordenença Real de la nauegacion de las Indias. num.* 199.

31 Les loyers des Mariniers n'entrent point en contribution, *quia his non oneratur Nauis.* Et quand il ne ſe ſauueroit de la Nef qu'vne table ou clou, il eſt entierement affecté à leur payement. *Conſulat, chap.* 34. *&* 138. *Mornac ad legem ſextam.* D. *qui potiores in pignore.* C'eſt à dire s'ils ſont bien d'ailleurs leur deuoir, *iugement d'Oleron* 3.

32 Et doiuent les Mariniers eſtre payez ſans deport preciſement à trois termes, ſçauoir eſt vn tiers au partir, l'autre tiers au dechargement, & le tiers au retour. *Hanze-theutonique article* 28. *Laberinto de comercio cap Nauegantes. num.* 12,

33 LES MARINIERS DOIVENT AVOIR VN THONNEAV FRANC. *Lege Rhodia ſecundo tomo iuris Græco-Romani.* Pour l'intelligéce de ce iugement, qui ordonne pour les mariniers vn thonneau franc en la contribution, & veut que le reſte participe au jet ; Vient à remarquer que les mariniers loüent leurs manœuures & ſeruice en diuerſes façons.

34 Premierement pour tout le voyage propoſé à certain prix & ſomme de deniers, ou bien diuiſement par temps, comme tant par mois, par ſepmaine ou par iour, ou bien par eſpaces, tant pour lieue. *Conſulat chap.* 160.

Secondement, autres pour tout loüage ſtipulent & prenent part au fret du Nauire, ſçauoir eſt telle portion, ou bien la faculté de pouuoir charger, & porter dans le bord la portée de tant de thonneaux ou de quintaux à leur compte, ou d'autres Marchands particuliers, auſquels ils peuuent freter ou conceder cette faculté, ce qui eſt

dit

dit *l'ordinaire ou portées des Mariniers. Confulat chap.* 131. *&
fuiuans.*

Mais le plus commun eſt meſmement au *Ponant* qu'ils
ont leur loyer, partie en argent, & partie en cette faculté de prendre quelque part au fret , ou de pouuoir
charger iuſques à tant de quintaux, pipes ou barrils, ſuiuant les conuentions qu'ils accordent auec le Maiſtre.
Qu'ils peuuent employer à leur particulier , ou bien peuuent dire au Maiſtre qu'il frete le tout , & au payement
ils prendront leur ordinaire, ou part de charge ſur l'entier
fret. *Iugement d'Oleron* 16. *VVisbuy* article 30. *Philippe ſecond*
article 15. l'ordinaire, ou portées des Mariniers, ſont reglez par le 52. article de la *Hanze theutonique.* Toutefois
les conuentions & les pactes ſont les loix.

Les Mariniers leſquels ont leur loyer en argent ne con-
tribuent pas au jet. Ceux qui ont argent & portées contribueront (ſauf les priuileges de l'ordinaire ou portées)
ſi ce n'eſt en vn ſeul cas, ſi tant eſt que la marchandiſe
qu'ils ont chargée ſoit acheptée de leurs loyers , & qu'à
c'eſt effet le Patron leur ait fait grace, & leur ait payé par
auance. *Conſulat chap.* 132. auquel cas ils ont plein priuilege à ne contribuer pas.

35. Mais s'ils ont argent & ordinaire, ou portées, &
que leur ordinaire , & la faculté qu'ils ont de charger iuſques à tant de pipes, barrils ou quintaux, ſoit freté ou
loüé à des Marchands , ou employé à leur compte pour
marchandiſe qu'ils ont acquis d'ailleurs que de leurs loyers : en ce cas ils auront vn thôneau de franc ou d'exèpt
qui n'entrera pas en la contribution. Si tant eſt que comme bons-hommes de mer ils eſpargnent à jetter, & faſſent
tout deuoir à conſeruer par leur trauail & diligence : Et
le Marchand qui aura freté leur ordinaire iouyra de ce
priuilege & franchiſe. *Iugement d'Oleron* 16. *lege Rhodia. ſecundo tomo iuris Græco-Romani, num.* 9. *Mornac* ſur la loy cin-

G

quiefme. *D. lege Rhodia.*

IX.

ITem, s'il aduient que le Maiſtre veüille couper ſon Maſt par force de gros temps, il doit appeller les Marchands qui ont leurs denrées en la Nef, ſi aucuns y en a, & leur dire, *Seigneurs il conuient couper ce maſt pour ſauuer la Nef & les denrées, c'eſt choſe conuenable par loyauté.* Et pluſieurs fois aduient que l'on coupe cables & funins, & laiſſe on cables & ancres pour ſauuer la nef & les denrées : Et toutes ces choſes ſont comptées liure à liure comme jet : Et quand Dieu donne que la choſe eſt venuë à ſa droite deſcharge à ſauueté, les Marchands doiuent payer au Maiſtre leurs aduenans & parts ſans delay, au vendre, gager, ou gagner argent, le tout auant que les denrées ſoient miſes hors la nef ; Et s'il les a alloué, & le Maiſtre y demeure pour raiſon de leur debat, & y voit colluſion, le maiſtre n'y doit mie patir, ains doit auoir ſon fret, ainſi comme ſi les thonneaux fuſſent peris.

1 *Explication du Texte de ce iugement.*

2 *Conſiderations, afin que le jet ou le dommage receu vienne en contribution.*

3 *Le jet doit eſtre propoſé & deliberé.*

4 *Le jet doit eſtre fait en intention de ſauuer le Nauire & marchandiſes.*

5 Le dommage qui procede de dehors ne vient pas en contribution, mais faut que la cause impulsiue du jet
vienne, & soit executé par le dedans, & par ceux qui
sont dans le Nauire.

6 Maistre & equipage en faisant leur raport au premier
Siege de l'Admirauté de leur descente, sont tenus de
declarer, & se purger moyennant serment qu'ils
ont fait jet, & que ç'a esté par grande necessité.

7 Si le Nauire & marchandises sont capturées, ou prinses
par les ennemis ou Pirates, le rachapt & composition
pour le relâche du tout est auarie grosse, & vient en
contribution.

8 Cas auquel les Marchands ou passagers payent tout le
dommage.

9 Apres le naufrage entier il n'y a point de contribution
a faire par ceux qui recouurent leurs marchandises
submergées.

10 Apres la contribution faite & payée, si le Marchand
recouure sa marchandise, il doit rendre ce qu'il a receu pour son desdommagement à ceux qui l'ont payé,
en toutesfois retenant, ou déduisant l'empirance, ou le
deschet que ses marchandises marinées qu'il a recouuert ont contracté.

11 L'empirance ou moins valeur causée par le jet, tant au
Nauire, marchandises sauuées, qu'aux marchandises jettées, & en suite recouuertes, doit entrer en
la contribution.

G 2

1 CE jugement eſt cité, & tout au long inceré par
Mornac en ſes Obſeruations ſur la loy, Amiſſæ. D. lege
Rhodia. & doit eſtre entendu, (ſi le Maiſtre a alloüé, c'eſt à dire, s'il a rendu aux Marchands les marchandiſes en confiance, leſquelles il pouuoit retenir, iuſques à ce que la
contribution, ou la repartition des pertes & dommage du
jet fut faite, l. ſecunda. D· lege Rhodia. s'il leur a baillé credit;
Que ſi apres il voit que leſdits Marchands qui luy doiuent ſon fret, tant des thonneaux ſauuez, que des jettez
ou peris, colludent & protelent ſon payement, & ſa ſatisfaction par eſchapatoires, pour l'eluder & le mettre vers
le vent; il doit neantmoins en iuſtice auoir cependant la
main garnie par prouiſion ſuiuant l'Ordonnance, & doit
eſtre payé ſans temporiſer dauantage, tant du fret des
thonneaux portez, que des peris ou jettez: d'autant
qu'il doit eſtre payé du fret des marchandiſes jettées &
peries comme des conſeruées, ſans s'arreſter aux queſtions qui luy ſont faites. Que ſon maſt eſtoit vieux ou
pourri, qu'il n'a pas eſté coupé, ny ſes vtanciles jettées
pour la conſeruation du corps de la nef & marchandiſes,
& autres ſemblables hocquets.

2 Surquoy vient à remarquer, qu'aux fins que les choſes jettées, & autres Auaries groſſes puiſſent entrer en contribution ſur le Nauire & marchandiſes ſauuées, deux
choſes doiuent principalement & neceſſairement con-
courir.

3 Premierement qu'auant faire le jet, le Maiſtre le
propoſe & delibere auec ceux qui ſont dans le vaiſſeau.
Iugement d'Oleron 8. l. 2. §. ſi conſeruatis. verbo Si voluntate vectorum. D. lege Rhodia, & lege Rhodia ſecundo tomo iuris Græco-Romani. num. 9.

4 Secondement il faut que l'intention ſincere, & la
viſée de ceux qui ont deliberé, & qui ſont le jet ou l'auarie
groſſe, ſoit la conſeruation de leur vie, du Nauire, & des

marchandifes reftantes, pour le falut, & pour euiter &
garantir le peril imminent à tous : hors lefquels cas il n'y a
point de contribution à faire, *nec alias, nec aliter. Duarenus*
cap. 3. ad legem Rhodiam : *Guidon au chap. des Auaries article*
premier.

5 De forte que fi en nauigeant le Maiftre pert par accident, ou que la tempefte luy emporte, que le foudre
luy caffe le maft, les voiles, les antennes, ou autre armament du vaiffeau, c'eft Auarie fimple pour luy qui n'entre pas en contribution. *l. fi laborante. §. fi conferuatis. l. Nauis.*
D. *lege Rhodia.* A raifon de ce qu'il n'y a pas eu de deliberation, & que le dommage n'a pas efté fait pour la conferuation du commun : Comme auffi fi les Pillars ou Pirates ayant abordé ou furprins le nauire, emportent quelques agrés du nauire ou quelque marchandife particuliere, ce fera au compte particulier du Maiftre ou du Marchand : chacun en ce qui le concerne fuportera la perte
entiere. *l. 2. §. fi Nauis.* D. *lege Rhodia. Confulat. chap.* 248.
Brodeau fur Loüet. in littera R. nombre 27. La contribution doit
eftre des dommages faits *ad intra*, que ceux qui font dans
le nauire ont deliberé, qu'ils ont fait & executé par eux
mefmes. Mais ce qui vient de dehors *ad extra*, comme le
dommage caufé par les vents, par la tempefte, ou le foudre, ou par les Pillars : c'eft tout *Auarie fimple* qui n'entre
pas en contribution. *VVisbuy article* 12.

6 C'eft pourquoy le Maiftre & l'equipage d'abord,
& en faifant leur raport au Siege de l'Admirauté, le plus
prochain de leur defcente, font obligez & tenus de fe purger moyennant ferment : Que la couppe du maft, des
aubans, & autres armamens du nauire, & le jet des marchandifes ont efté faits à point & par grande neceffité.
Iugement d Oleron 8. *VVisbuy article* 12. *& * 21. *Philippe fecond*
au titre *des Auaries*, article 4.

7 Il eft vray, que fi les ennemis ou les Pirates prenent

& ammenent le tout, tant le nauire que les marchandifes,
& qu'on compofe pour le relâche ou le rachapt à certaine
fomme, en ce cas le prix qu'il conuient donner pour le
rachapt ou compofition eft *auarie groffe*, & matiere de contribution, *Guidon au Titre des Rachapts*.

8 Que fi pour crainte ou doubte des Pirates ou des ennemis, le Maiftre eft requis & prié par les Marchands &
paffagers, de relacher, & prendre port en quelque lieu ef-
quarté, & qu'en fortant dudit lieu il y laiffe & y pert ancre, cordage & autre fartie : Ceux qui l'ont requis, & par
leur priere l'ont obligé d'y venir, doiuent payer le tout,
& en ce cas le corps de la nef ne contribuera pas à cette
perte. *Confulat, chap.* 109. *Pauius de Caftro, ad legem fecundam.*
§. *fi conferuatis. D. lege* Rhodia.

9 Au furplus, apres le naufrage fait entierement, il
n'y a pas de contribution à faire entre les marchandifes recouuertes & pefchées auec les perduës, mais *fauue qui peut.*
l. càm depreffa, *& l. fi vehenda. D. lege* Rhodia : Et d'abondant
le Maiftre eft tenu de rendre aux Marchands les auances
qu'ils ont fait fur le fret. *Naufragio facto exercitor naula refti-*
tuit quæ ad manum perceperat, vt qui non traiecerit. Harmenopolus
in Promptuario, Titulo de iactu, par la raifon de la loy, *fi fundus.*
D. *locati.*

10 Apres que la contribution fera faite & payée, fi les
marchandifes jettées viennent à terre, & font recouuertes, le proprietaire d'icelles doit rendre & reftituer le
defdommagement qu'il a receu à ceux qui ont contribué
& payé, en deduifant toutefois le dechet de l'empirance
que les marchandifes marinées auront contracté. *l. 2. §.*
fi res quæ iacta funt. D. lege Rhodia. *Paulus de Caftro ad legem quar-*
tam. §. fed fi nauis. D. lege Rhod.

11 Car non feulement les marchandifes entierement
perduës, mais auffi eftant recouuertes, le dómage qu'elles ont receu à l'occafion du jet, pareillement l'empiran-

ce causée aux marchandises conseruées dans le nauire &
au corps du nauire par le mesme jet, toutes ces deprecia-
tions, dommages & dechets entrent en la contribution.

X.

ITem, vn Maiſtre de Nauire qui frete, doit monſtrer aux Marchands les cordages auec leſquels il
guindera, & s'ils voyent qu'il y ait qu'amander, le
Maiſtre le doit faire; car ſi quelque thonneau ſe perdoit par le defaut du guindage ou cordage, le Maiſtre eſt tenu le payer aux Marchands entre luy & ſes
mariniers: Et ſi doit le Maiſtre payer ſelon qu'il
doit prendre du guindage : Et doit le ſalaire du
guindage eſtre mis à recouurer le dommage, & le
remanant ou ſurplus doit eſtre departi entre eux.
Mais ſi les cordages rompent ſans que le Maiſtre les
monſtrat aux Marchands, il ſera tenu de rendre le
dommage? Que ſi les Marchands diſent le cordage eſtre bel & bon, & ils s'en contentent, & que
les cordages neantmoins rompent, chacun doit
patir au dommage, ſçauoir eſt, le Marchand à qui
ſera le vin ſeulement, & le Maiſtre & les Mariniers.

1 Les Cordages ſont ornemens ordinaires du Nauire.
2 Le Maiſtre qui frete, doit faire voir & donner à l'eſſai
  ſon cordage ſeruant au guindage.

3 *Au Leuant, le Marchand viſite tout le corps du Nauire
   & le cordage pour en remarquer les defauts.*

4 *Maiſtre qui neglige de faire reparer ſon vaiſſeau, eſt tenu d'amander les dommages qui en procedent.*

5 *Matelots obligez d'aduertir le Maiſtre du defaut du
   cordage.*

6 *L'eſſai vaut mieux que le raport d'autruy.*

7 *Recouurement du dommage ſur le droit du guindage.*

1 QVand le Nauire attend ſon fret, les Palancs doiuent eſtre à la grande vergue, les palanquins à la
vergue de Miſaine, & la Caliorne tenduë de l'vn à l'autre
Maſt, le tout comme vn ornement ordinaire.

2 Que le Maiſtre quand il frete eſt tenu de faire voir
aux Marchands, Corratiers, ou Commiſſionaires qui afre-
tent, ſuiuant la diſpoſition de ce iugement conforme à
l'Ordonnance de *VVisbuy* article 22. & de *Philippe ſecond*
article 7.

3 Le *Conſulat chap. 66.* deſire que le Maiſtre faſſe voir
& viſiter au Marchand freteur, non ſeulement le cordage
& ſartie, mais auſſi tout le corps du vaiſſeau haut & bas,
afin que le Marchand remarque & repreſente tous les defauts & les manquemens qu'il y trouuera pour les faire
reparer: Et ſi à ce defaut remarqué la marchãdiſe moüille
ou s'empire, le Patron ſera tenu au deſdommagement.

4 Comme auſſi les Matelots ſont tenus d'aduertir le
maiſtre du vice & foibleſſe du guindage, autrement ils
ſont à tous les accidens: Et ſi ſur leur remonſtrance le
Maiſtre n'y pouruoit, le dommage vient tout à ſon compte particulier. *VVisbuy* article 49. *Mornac Ad legem quartam.*
§. *cùm autem. D. Lege Rhodia.*

5 La

5 La loy de Rhodes , *Secundo tomo iuris Græco-Romani* nombre 11. veut & ordonne que le Marchand chargeur s'informe curieusement du tout. *Diligenter interrogare debet mercatores qui prius in ea Naui nauigauerunt*, mais les defauts naiſſent tous les iours par l'vſage & la longueur du temps, les Nauires & Barques ont beſoin tous les ans de radoub ou calfar. C'eſt pourquoy voir à l'œil, faire l'eſſai, & l'experience ſont beaucoup plus aſſeurés que le raport d'autruy.

6 *Et doit le ſalaire du guindage eſtre mis à recouurer le dommage.* La raiſon eſt, que c'eſt le deuoir du Maiſtre & de l'equipage, de ſoigner & prendre garde que le cordage ſoit bon : & partant la part du fret qui doit venir aux bourgeois & victuailleurs, ne doit pas patir au dommage qui ariue par ce defaut. *Guidon chap. cinquieſme des Auaries*, article 17. & cy deſſous au iugement 27.

XI.

ITem, Si vne néf eſt chargée à Bourdeaux, ou en autre lieu, & leue la voile pour mener les vins, & n'officient mie bien le Maiſtre & ſes mariniers leurs voiles comme ils deuſſent : & le mauuais temps les ſurprend en la mer, par telle maniere que la futaille crole & defonce pipe ou thone!, & la nef ariue a ſauueté a ſa droite deſcharge : Le Marchand dit au Maiſtre que par la futaille eſt perdu ſon vin. le Maiſtre dit que non. Lors le Maiſtre doit iurer luy & ſes mariniers, ſoit quatre ou ſix, où ceux que les Marchands voudront. Que les vins ne ſont perdus par eux ny leur futaille, ny par

H

leur defaut comme les Marchands leur mettent fus, ils doiuent eftre quittes & deliurés : Mais fi ainfi eft qu'ils ne veüillent iurer, font obligez à le payer. Les maiftre & mariniers font tenus à officier leurs voiles bien & iuftement auant que partir de leur charge.

1   *Explication du Texte.*

2   *Des Arrumeurs, & de leur feruice.*

3   *Raifon pour laquelle les equipages ne fe meflent pas de l'arrumage.*

4   *D'où deriue le terme d'Arrumeur.*

5   *Des Sacquiers, & de l'antiquité de leurs offices.*

6   *Mariniers grandement fautifs , & fufpects de mef-compte.*

1   SI le Nauire eft mal arrumé, ou mal mis en *l'eftiue,* comme on dit au Leuant, c'eft à dire à fon plomb, & à fa ligne perpendiculaire, qui le fait tenir droit fus bout. Que la carguaifon foit mal difpofée, les fardeaux & marchandifes mal mifes en affiette , & mal placées dans le bord, & qu'auec ce les Mariniers officient ou gouuernent mal leurs voiles, par telle maniere que la futaille du Nauire, les poinçons du vin, & autres fardeaux fe déplaffent, courent & croient vers la pente, & du hurt enfonce pipe & thonnel, & caufe de grands coulages: C'eft ainfi que ceft article fe doit entendre, & qu'il eft expliqué par le 23. article des ordonnances de *VVisbuy.*

2   En plufieurs Ports, notamment en Guyenne, il y a certains petits officiers nommez *Arrumeurs* Maiftres Charpentiers de profeffion, que le Corratier, ou le Marchand

chargeur doit fournir & payer : la fonction ou l'induftrie
defquels confifte à difpofer droitement , & bien ordonner auec fermeté les thonneaux , & autres fardeaux dans
les nauires, à bien balancer & affeoir le poids & contrepoids à plomb , mefnager les efpaces, & remplir les vuides auec proportion, afin que le nauire fe tienne droit &
fus bout, & fa charge bien affeurée.

3 Ce n'eft pas que la plus part des equipages ne fuffent autant capables de faire ce feruice que les Arrumeurs,
mais ils ne s'en veulent pas mefler ou l'entreprendre, tout
à deffein , pour efuiter les reproches que les marchands
leur pourroient faire en cas d'accident, fuiuant ce iugement.

4 La denomination , ou le terme d'*Arrumeur*, eft deriué de *Rum* ou de *Ruma* , qui en langage Portugais fignifie
regle ou ligne droite , *carta rumada* fignifie *papier regle bien à
ligne, bien ordonné* comme vn papier de Mufique, ou la Carte
marine en laquelle les lignes de la rofe du compas font
nommées *rums du vent*.

5 Il y a pareillement *des Sacquiers* qui font fort anciens
offices, *l. vnica de Saccarÿs portus Roma. lib. 14. cod. Theodofiani,
& glofa ad legem Qui fundum. §. 3. D. contrahenda empt. Des Mefu-
reurs de fel*, *des Compteurs de poiffon*, la fonction defquels confifte à charger & defcharger les vaiffeaux de fel, de grains,
ou de poiffon : Sur les refus qu'en font les equipages,
pour n'encourir les reproches & mauuais foupçons du
mefcompte ; auquel mefchant vice ils font naturellement
enclins,&ne s'en fçauroient tenir qu'à grãd peine, notamment quand on fait porter le vin à bord ; car ceux qui font
employez au guindage, & qui tiennent le compte en haut,
feroient bien marris de perdre l'occafion d'en efcamoter
quelque piece, ou pieces, fi ceux du bateau n'y prenent
garde de bien prés : toufiours quelque pipe ou barrique
fe trouue à dire, qu'ils vuident preftement en vn tour de

H 2

main dans leurs barrils, demontent, diſſipent, & jettent
le fuſt a grand diligence & à lambeaux en la riuiere : de
ſorte qu'on a beau compter les pieces arrumées, ou viſiter le nauire, touſiours ceux du bateau ſe trouuent ſur le
tort & le meſcompte : De ſorte que le plus aſſeuré eſt
d'enuoyer auec le vin vn valet diligent & ſobre, qui tienne luy meſme la taille ; veu que les bateliers ſont ordinairement ſouls & yures en ces rencontres, & deliurances
de vin, ou autres fruits,

XII.

ITem , vn Maiſtre ayant loüé ſes mariniers, il les
doit bien tenir en paix, & offre d'eſtre leur iuge,
& s'il y a aucun qui demente l'autre, parquoy auant
qu'ils ayent pain & vin à table, celuy qui demen-
tira doit payer quatre deniers, & ſi le maiſtre dement il doit payer huit deniers : & ſi aucun des compagnons deſdit le maiſtre il payera huit deniers : &
ſi ainſi eſt que le maiſtre frappe aucun de ſes compagnons, ledit compagnon doit attendre le premier coup, comme de poing ou de paulme, mais
ſi le maiſtre frappe plus d'vn coup ledit compagnon
ſe peut deffendre, & ſi le compagnon fiert le premier, il doit payer cent ſols d'amande, ou perdre
le poing.

1   *Authorité & puiſſance du Maiſtre.*
2   *Iuſques à quelle extremité s'eſtend l'authorité du*
     Maiſtre.

3   *Le dementi eſt grand iniure & contumelie.*

4   *Cruauté de l'execution de ce jugement, concernant la perte du poing.*

5   *Contre quels criminels la peine de perdre le poing eſt infligée.*

6   *Aux grands crimes deſquels la peine excede la correction du Maiſtre, il ſe doit aſſeurer du delinquant, pour à l'abord le repreſenter à juſtice.*

7   *Ce que ſignifie proprement deſdit, & deſdire.*

1   **A**D *Magiſtrum pertinet diſciplina, ipſe inſolentium mores procelloſos moderationis ſuæ terminis proſpere diſcernat.* Caſſiodorus lib. 6. *Variarum*, epiſtola ſexta. De droit le Maiſtro a la correction modique, *æconomicam poteſtatem quæ vſque ad leuem coercitionem, & caſtigationem extenditur*, comme diſent Monſieur Boyer ſur la couſtume de Bourges, S. 1. & Dumoulin ſur la couſtume de Paris, S. 3. gloſe 3, nombre 7. c'eſt ainſi que l'obſeruent les Caſtillans, *puede el Maeſtre de la Naue caſtigar ſus marineros por los yerros que hizieren: Conque no los maten ni liſien. leye Recopilat. ſecunda Tit. 9. parte 5.*

2   Ce iugement reſtraint la correction du Maiſtre à vn ſouſſlet ou coup de poing, que le marinier doit ſouffrir, & rien plus; c'eſt ce que ſonne le terme *d'attendre* qui eſt *patienter*. Le *Conſulat* au chapitre 165. explique la ſouffrance que doit auoir le marinier, en ces termes, *Mariner es tengut de acolorar ſon Senyor de Nay, ſi li diu vilania e ſi li corre de ſobre, lo mariner deu fugir ſins à prou, e deu ſe metre de lats de la cadena, e ſi lo Senyor hi paſſa, ell li deu fugir de la altra part, & ſi lo Senyor lo encalça de la altra part, pot ſe deffendre lo mariner, leuant ne teſtimonis con lo Senyor la encalça, e que ell, Senyor no deu paſſar la cadena,* c'eſt à dire, Marinier eſt tenu d'obeyr à ſon Maiſtre, quoy qu'il luy die iniure & ſe courrouce auec luy, & ſe doit oſter de deuant,

fuir à la proue du Nauire, & se mettre du costé de la cheine, & si le
Maistre y passe, il s'en doit fuir de l'autre part : & si le Maistre le
poursuit en autre part, le marinier se peut lors mettre en deffence, en
requerant tesmoignage comme le Maistre le poursuit : car le Maistre
doit s'arrester sans outre-passer la cheine.

3 Le dementi est grande iniure & contumelie, mesme-
ment entre les François. *Exprobrare alicui se extruere menda-*
cia genus est contumeliæ multò maximum, dit *Monsieur Ferron* en
son supplement de *Paul Aemile. in historia Caroli 8. fol. 31.* Et
n'y a parole d'excuse, de reseruation, ou de protestation
qui la puisse excuser ou ciuiliser. *Guido Papæ, Decis. 465.*

C'est pourquoy le dementi est également puni en ce
jugement, que les coups ou les iniures reelles, comme
aussi par l'Ordonnance de *Visbuy article* 24. laquelle est
toute semblable, & par les Reglemens de l'Ordre Sainct
Iean de Hierusalem, ou de Malthe, au titre des Galeres
article 10. le dementi, les coups de baston, & mettre la
main aux armes, sont iniures expiées & punies de semblable peine. Par la loy d'Espagne, vne personne noble
ayant receu vn dementi, peut defier & prouoquer à
duel. *Leye 8. de los rleptos. lib. quarto del Fuero Real de España.*

4 L'execution de l'article 24. *de Visbuy*, deriué ou
copié sur ce jugement estoit fort effroyable & cruelle,
ainsi qu'il est representé par *Olaus Magnus* en son histoire
du Septentrion *lib. 6. cap. 16. Le marinier* (dit-il) *frapant*
où leuant armes contre son Maistre, estoit attaché auec vn couteau
bien tranchant au Mast du Nauire par vne main, & contraint de la
retirer de façon que la moitié luy en demeuroit au mast attachée. *

5 Cette peine de perte du poing fut anciennemēt pra-
tiquée contre les esclaues fugitifs. *Auth. sed nouo. De seruis*
fugitiuis. au Code, contre les Financiers, & Receueurs des
deniers & reuenus de l'Empire, qui friponnoient à leur
recepte & à leurs comptes. *Authentica de mandatis Principum.*
contre les Notaires faussaires. *Aelius Lampridius in Alexandro.*

vt in eo puniantur, in quo deliquerunt: & en grand nombre d'autres crimes, comme apert par les loix *Georgiques de Iustinien,*
& par le Promptuaire de *Harmenopolus.* Par le *Consulat chap.*
330. cette peine est infligée à l'Escriuain faussaire, lequel
ne tient pas legalement son Cartulaire ou Manifeste,
deu esser gitat de la scriuania : e pert la ma en poder de cort, si proat
li es. Contre les Voituriers qui fraudent la Doüane. *Iean*
le Maire de Belges au troisiéme liure des Gaules feuilles 25. Comme
aussi par les anciennes coustumes de Bourdeaux, les
Meusniers & leurs Saumans larrons estoient punis, *sobre lo*
gage de tres cens sos, o de perdre lo poing si paga no pot, dit le Roole
de la ville de Bourdeaux, qui est l'ancienne coustume de
Guyenne conforme à ce iugement.

6 En cas de crimes, ou gros excez commis dans le
bord, la peine legale desquels excede & pousse au dela
l'authorité du Maistre, lors le Maistre & Officiers se doiuent asseurer des delinquans, les mettre & tenir sous boucle, & au retour les representer à iustice : C'est la disposition de l'Ordonnance de l'Admirauté de l'an 1584. art.
46. du *Consulat chap.* 163. & de l'Ordonnance des Espagnes, *leye de Partida secunda. Tit. 9. parte* 7.

7 *Et si aucun des compagnons desdit le Maistre,* c'est à dire
s'il soustient fortement le contraire, de ce que le Maistre
asseure, *desdit & desdire,* est vieux terme Gascon en autre
signification que le Norman, Italien & Castillan, lesquels le prenent pour reuoquer ce qu'ils ont dit ; *disdirzi*
disdezirse. Le Gascon l'entend, ou le prend pour soustenir
le contraire de ce qui est proposé, soit en termes d'honneur & de respect, ou autrement : C'est ainsi que ce terme est employé en la vieille coustume de Bourdeaux,
Quand homi prapausa contre homi feit de crime, acquit contre lui es
prapausat diu dire: iou me desdic à bous Seignou & à la Cour, &
per regard de Cour, sui bon & leyau per acquet, & per autres mans,
ou c'est que *desdic* est employé & prins pour desnier, &

pour fouftenir le contraire.

XIII.

ITem, S'il aduient qu'il y ait contemps & debat
entre le Maiftre d'vne Nef, & quelqu'vn des mariniers, le Maiftre doit ofter la toüaille trois fois deuant fon marinier auant que le mettre hors: & fi ledit marinier s'offre à faire l'amande au regard des
mariniers qui font à fa table : fi le Maiftre eft tel
qu'il n'en veüille rien faire, & le met hors, le marinier s'en peut aler fuiure la nef iufques à fa droite
defcharge: & doit auoir auffi bon loyer comme s'il
eftoit venu au dedans, en amandant le méfait au
regard des compagnons : Et fi ainfi eft, que le
Maiftre ne prenne vn auffi bon compagnon en ladite nef comme celuy qu'il met hors, & fi elle s'empire par aucune aduanture ou fortune, le Maiftre
eft tenu à rendre la nef & la marchandife s'il a dequoy.

1　*Le Maiftre doit eftre moderé, & iufte enuers les com-*
　　　pagnons.

2　*Le Maiftre ne doit pas promptement, & fur fa chaude*
　　　expeller le marinier.

3　*Si apres trois repas, ou apres auoir dormi, le marinier*
　　　reconnoift fa faute, le Maiftre le doit receuoir en
　　　grace.

4 Le marinier congedié, quoy qu'à tort, doit sortir apres
les trois repas refusez : & son innocence recognuë, il
doit estre payé comme s'il eut serui.

5 Mais le marinier ne doit pas prendre son congé à l'instant
que le Maistre le luy a donné.

6 Sermens sur le pain, le vin & le sel, jadis prattiquez
par les mariniers.

7 Aage des compagnons mariniers, & des Forçats des
Galeres.

8 Le Maistre compose son equipage, & nul ne le peut
astraindre de prendre un marinier s'il ne luy
plaist.

1 LE Maistre ne doit pas bailler sujet de mutinerie,
ou faire du déplaisir aux Matelots : il ne les doit
pas iniurier, leur faire tort, ou rien retenir ; mais les trai-
tera fauorablement, & leur payera ce qui leur appartient.
Hanze-theutonique article 47. *Ordonnance de l'Empereur Charles-
quint. art.* 11.

2 Neantmoins s'il arriue debat & noise, le Maistre
auant que d'expeller, ou mettre hors le matelot riotéux,
auquel il a baillé congé, doit souffrir qu'il demeure vn iour
& demy, ou pendant le temps de trois repas, qu'il luy doit
refuser en son bord : C'est ce que sonnent ou signifient
les termes, *d'ôster la touaille trois fois*, qui est langage Gascon, & signifie leuer, ou refuser la nape & viures, cy-dessus au iugement 12. Pendant lequel delay, si le matelot
recognoist sa faute, s'il offre de la reparer, se soumetant
au iugement du reste de l'equipage, *L. quisquid D. Regulis
juris.* le Maistre est tenu d'accepter la reconciliation. Mais
si apres les soumissions le Maistre refuse de le receuoir en
grace, le matelot doit obeissance & sortir, & pourra suiure

I

lc Nauire iufques au lieu deftiné, où c'eft que tous fes loyers luy feront payez comme s'il eut ferui dans le nauire.
Paulus de Caftro ad legem fi vehenda. D. lege Rhodia. Et fi le
Maiftre prend vn autre matelot moins habille en fa place,
& qu'à ce deffaut il arriue du dommage, c'eft au Maiftre
à le reparer. *VVisbuy art.* 25.

5 C'eft auffi la difpofition du *Confulat chap.* 267. & la
loy qui s'obferue en l'vne & l'autre mer, que le marinier
ne doit pas fortir tout auffi-toft que le Patron l'aura congedié, ou commandé de fortir ; iufques à ce que le Maiftre de la nef luy ait ofté ou fait ofter ce qu'il deuoit deuant. *Fins quel Senyor de la nau li haia leuat ou fet leuar lo pa e la*
vianda dauant ; Et s'il mariner fe parte de la nau tanfolamen per la
paraula, quel Senyor de la nau li haura donada, que no li aura leuada
la vianda , lo Senyor de la nau no li es tengut de res a refpondre, per
demanda que aquel mariner li faça : que fi lo Senyor la fet fens iufta
rafon , ell li es tengut de pagar tot lo loguer que promes li haura , o pro-
mes li es ftat al temps que ell fe accorda.

6 Il y a quelque apparence que les fermens abufifs
des mariniers, qu'ils foul oient faire fur le pain, le vin, &
le fel, abrogez & deffendus par les Ordonnances de l'Admirauté 1543. art. 26. & 1584. article 20. auoient prins
leur origine de cette couftume de la mer : car les victuailles paffent pour chofes fainctes & miraculeufes en la
nature , attendu que la difpenfation & le refus d'icelles,
eft capable d'amadouer & d'apriuoifer les plus farouches,
& les rendre capables de toute difcipline. *Magifter artis*
ingenijique largitor venter.

7 Le marinier ne doit pas eftre receu moindre de dixfept ans , ny plus âge de cinquante , ny pareillement le
forçat aux Galeres. *Marineros han de fer de diez y fiete à cin-*
quenta años , como los Galeotes. leye 1. & 13. tit. 1. lib. 8. Reco-
pilat.

8 Il n'appartient qu'au Maiftre de compofer fon equi-

page, & faire election des compagnons qu'il a besoin ; le Bourgeois, ny nul autre ne le pouuant astraindre d'en prendre aucun s'il ne luy plaist. *Leye de Partida prima. Tit. 9. parte quinta. Guidon au chap. 15. article 2. & chap. 19. article 4.*

XIII.

ITem, Si vne Nef est en vn cours liée ou amarrée, & vne autre Nef vient de dehors & ne se gouuerne mie bien, & se fiert a la nef qui est en sa voye : si que la nef est endommagée du coup que l'autre nef luy a donné, & y a des vins defoncés & enfondrés d'vne part & d'autre : Par la raison, le dommage du coup doit estre prisé & parti moitié par moitié des deux nefs, & les vins qui sont dedans ; & partir aussi le dommage entre les marchandises : & le Maistre de la nef qui a feru & frappé l'autre, est tenu à iurer sur les *SS. Euangiles* luy & ses mariniers, qu'ils ne ferurent mie de leur gré & volonté : Et la raison pourquoy ce iugement fut fait, Premierement qu'vne vieille nef ne se mette point volontiers à la voye d'vne meilleure, si auãt, qu'elle endommage, ou puisse greuer autre nef ; mais quand elle sçait bien qu'elle y doit partir iusques à la moitié, elle se retirera volontiers hors de la voye.

1 *Decision du droit Ciuil, sur le heurt & rencontre des*

Nauires.

2　La disposition de ce iugement est iuste en son hypothese, quand vn mauuais vaisseau ancre sur le chenal ou la courante.

3　Excuses de l'vn, & de l'autre vaisseau.

4　Gens de mer malicieux.

5　En quels rencontres doit estre obserué, Iudicium rusticorum.

6　L'Agresseur qui reçoit, ou se fait du mal, n'a que ce qu'il merite.

7　Le premier venu, ou le premier placé en mer, à le priuilege du premier occupant.

8　Semble qu'en ce rencontre les Marchands ne doiuent contribuer, soit entre-eux, ou auec le Maistre.

1　PAr la disposition du droit Romain, si vn nauire chasse & court sur l'autre, dont luy donne dommage. *Si tanta vis paui facta sit, quæ temperari non potuit, nulla in Dominum datur actio: Sin autem culpa nautarum id factum sit, datur Aquiliæ. l. quemadmodum. §. si nauis. D. Ad legem Aquiliam, & ibi Mornac. l. vltima §. idem dicemus. D. lege Rhod. de iactu.*

2　Toutefois ce iugement conforme aux Ordonnances de VVisbuy, article 66. 67. & 70. & de l'Empereur Charles quint, article 46. & 48. ont excepté toutes ensemble le dol: & consideré qu'il y peut auoir du mauuais dessein en l'vn & en l'autre, & que tous deux, l'agent & le patient sont blasmables ou punissables, & leurs excuses fort obscures.

3　Celuy qui vient, ou court peut causer. Que contre l'effort de la mer & des courantes, ou du vent, la pru-

dence & la refiftance des Nautonniers, font vaines & foibles, qu'vne bien petite impreuoyance, ou relache, caufe de grands accidens.

Non aliter quàm qui aduerfo vix flumine lembum
Remigijs fubigit, fi brachia forte remifit,
Atque illum in præceps prono rapit alueus amne.

Neantmoins la malice interieure & obfcure n'en refte pas
purgée ; les mauuais deffeins n'ont iamais manqué d'excufe.

4 Contre celuy qui gift fur fes ancres, eft confidera-
ble que les gens de mer font ordinairement enclins au
mal & à la baraterie. Que ceux qui ont quelque vaiffeau
vieux, ou vicieux lequel ne vaut rien, pour s'en defaire,
l'expofent volontiers, & tout à deffein, à l'empefchement, & fur le chenal & courantes des eaux, afin que de
iour ou de nuict ils foient endommagez par les nouueaux
venus, prefumant leur faire payer pour meilleur qu'il n'eft.
Pour à ces rufes fecretes obuier : il eft dit par ce iugement, que le dommage fera parti & payé par moitié, afin
d'obliger & rendre vigilans les vns & les autres, à fe conferuer, & à prendre garde : A quoy eft conforme la loy
Ciuile de l'Exode, chap. 21. article 35. & la doctrine de
Mornac fur la loy, *qui infulam. §. qui mulas. D. locati*, lequel
raporte pareille & quafi femblable decifion, par Arreft
du Parlement de Paris.

5 Les Iurifconfultes nomment & qualifient cette decifion par moitié, *Iudicium Rufticorum, glofa ad legem Antiqui.*
D. fi pars hæreditatis petatur. l. Nefennius Apollinaris. D. negotijs
geftis. & fe pratique ordinairement par les Arbitres, Ar-
bitrateurs, & amiables Compofiteurs, lors, & quand l'intention des parties, ou le motif de la queftion n'eft pas à
defcouurir, & cognu : ou bien quand il y à de la coulpe de
part & d'autre. *Aut quando funt diuerfæ Iudicum opiniones, hinc*
inde probabiles, Boërius decif. 42. num. 39.

I 3

6 Que si la seule nef qui a feru venant de dehors, ou de laquelle les ancres auront rusé, reçoit dommage, ce sera tout à son compte ; mais si elle en fait elle en payera la moitié, *Charles-quint*, article 47. *Philippe second*, article 1. & 2. & suiuans au titre *des nauires qui se font dommage. Agressori omnia imputantur. l. quoniam multa facinora Cod. ad legem Iuliam; de vi priuata.*

7 Par le droit naturel, & de preuention, le premier placé en lieu public ou commun, doit auoir quelque auantage sur le nouueau venu. *l. nemo. l. riparum. D. diuisione rerum & qualitate*: Et defait, parmy les Espagnols, quand deux nauires de guerre, ou deux armées Naualles se rencontrent en vn mesme port, le General de l'armée arriuée la premiere retient l'authorité de General, & le second venu prend la qualité d'Admiral, ou de Lieutenant. *Cedula Real* (qui est à dire, *Edit du Roy, ou lettres de Declaration*) *del ano* 1581. *impressa con las de Indias, tomo quarto*. Le mesme se prattique aux nauires Terre-neufuies, le premier arriué au banc est tenu pour Admiral : il fait la loy, & designe les quartiers & plages aux autres venus apres pour leur pescherie ; lesquels doiuent ceder, & luy obeyr.

8 *Le dommage parti entre les Marchands* : c'est ce qui ne conuient, & n'aproche pas de la disposition du droit Ciuil, l'authorité duquel doit preualoir en iustice aux coustumes de la mer contraires. *l. 9. D. lege Rhodia.* Aussi en ce cas, il n'y a pas grande apparence de raison, à faire contribuer les Marchands au desdommagement d'vn tel accident à l'auanture arriué par la coulpe des mariniers, & notoirement hors la consideration de la conseruation commune : comme il est representé cy-dessus sur le iugement neufvieme ; on dit toutefois que cela se prattique en Alemagne & Pays-bas, suiuant les Ordonnances de *VVisbuy*, & de *l'Empereur Charles-quint*, *prealleguées*.

XV.

ITem, deux nefs, ou plufieurs font en vn havre, & y a peu d'eau, & s'y affeche l'ancre de l'vne defdites nefs: lors le Maiftre de l'autre nef doit dire à l'autre, *Maiftre leuez voftre ancre, car elle eft trop prés de nous, & nous pourroit faire dommage.* Et fi ledit Maiftre ne veut point la leuer, ny fes compagnons : alors l'autre Maiftre, & fes compagnons qui pourroient patir au dommage, peuuent leuer ledit ancre & l'efloigner d'eux, & fi les autres defendent au leuer l'ancre, & l'ancre fait dommage: ils font tenus l'amander tout au long: Et fi ainfi eftoit qu'ils euffent mis vn *Hoirin* ou *Bonneau*, & l'ancre fit dommage, ne font tenus à rendre le dommage : C'eft pourquoy eftant en vn havre, ils font obligez de mettre *Hoirins* & *Aloignes* à leurs ancres, qui puiffent paroiftre au plain-mer.

1 *Grands inconueniens par les ancres cachez.*

2 *Statuts de la ville de Bourdeaux, au fubieĉt des ancres.*

3 *Affignation des Greues, ou parties du Port de Bourdeaux, à certains vaiffeaux, & à certaines marchandifes.*

4 *Vaiffeaux affignez à certaine partie du port, receuant dommage par les vaiffeaux furuenans d'au-*

tre condition.

5   *En la nauigation des riuieres, les baieaux montans*
    doiuent ceder, & faire place aux descendans.

1   LES ancres cachées sous l'eau peuuent causer de
    grands dommages, au descendant & deflus de la
marée, lesquelles estant aperceuës, ce iugement desire
que le Maistre auquel elles sont, les fasse remuer & tirer
hors l'empeschement, notamment s'il en est requis : &
en son refus, permet à ceux qui sont au danger d'en receuoir dommage de les leuer. *Licet, in discrimen adductis, qui se*
aliter explicare non possunt, alterius nauis anchoras salatis sua causa
præuidere. Harmenopulus in Promptuario, Titulo de rebus Nauticis.
Par la raison de la loy *si quis fumo. §. quod dicitur. D. ad legem*
Aquil. Et pour éuiter les inconueniaus, les Maistres de
nauire & les equipages, sont obligez d'y attacher vn *Hoi-*
rin, Bonneau, ou Aloigne, qui est vn barril vuide, quelque
grand piece ou tronc de sapin, ou autre bois leger, auec
des anses, qui surnage & sert d'indice, designant qu'il y a
vne ancre en ce lieu pour y prendre garde : & à ce defaut
de Hoirin, le Maistre auquel appartient l'ancre doit payer le dommage qui en arriue. Ce iugement est conforme aux Ordonnances de *VVisbuy,* art. 28. & 51. de l'Empereur *Charles-quint,* art. 49. du Roy des *Espagnes Philippe second*
au titre des nauires qui font dommage.

2   Les Statuts & Reglemens du Port de Bourdeaux,
prohibent aux Maistres de nauire, de mouiller, ou tenir
l'ancre plus proche du bord du riuage, en imemer de
quinze brasses du bord. Pareillement est inhibé de ne
laisser poultres, pierres, ou autres choses pesantes & de
grand volume faisant empeschement, iusques à demy
descendant dudit port, mais doiuent estre portez plus
haut, tant pour n'offusquer le passage, que pour les autres
                                                    incon-

inconueniens.

3 Et d'abondant l'vfage dudit port, comme de tous
autres bien amples & bien ordonnez, eft que les parties
ou greues d'iceluy, font affignées à l'affiete & reception
de certains nauires, bateaux, ou marchandifes. Entre
l'Eftey nommé *de fines terres*, & la porte de ville nommée
Defpau, eft le Port, l'Ancrage & le fit des nauires qui
font au fret, qui chargent ou defchargent : de la Porte
Defpau jufques à la Porte du Caillau, eft labri & la rade
des vaiffeaux pour hyuerner : à fuite & deuant le Pont
fainct Iean, eft le fit & l'abordemét des barques chargées
d'Oranges, de Citrons, de Bled, de Legumages & de
Poiffon falé, fec ou verd: ceux du Sel aux Salinieres, &
finalement à la Graue eft la retraite des vaiffeaux qui ont
befoin de radoub, ou des œuures de marée.

4 Si les vaiffeaux de cette condition amarrez en ces
lieux, reçoiuent dommage par les autres d'autre condition furuenans, en ce cas l'Ordonnance du Confulat chap.
200. eft obferuée, *Nau que primerament fera ormeiada (c'eft*
à dire, ancrée, amarrée, dormant fur fon fer, en fa place)
en porto, en plaia, o en coftera, o en fpargol: tota nau tot leny, que
apres de aquella vendra fe diu ormeia en guifa e en manera que no
faça algun dan à aquella que primerament fera ormeiada, e fi dan li
fa, deu lo li tot efmenar & reftituir fens negun contraft: fpargol eft
vne Rade STATIO, l'Italien dit SPIAGIA, *& eft locus*
minimè portuofus, fed in quo naues in falo effe & commorarî
queunt.

5 En la nauigation des riuieres, les batteaux qui
defcendent amandent le dommage qu'ils font à ceux lefquels montent. Ordonnance des riuieres de l'an 1415.
article 19. & 20. Si ce n'eft que l'aualant ait aduerti ou
crié de loin, *lay gefir lay* (qui eft à dire, va vers terre & à
quartier) auquel cas le bateau qui monte eft tenu de fe
ranger & de donner paffage, & s'il ne le fait, & reçoit

K

dommage, ou s'il en caufe, ce fera pour fon compte.

XVI.

ITem, fi vne nef eft arriuée auec fa charge à Bourdeaux ou ailleurs, le maiftre eft tenu de dire aux
Compagnons , *Seigneurs voulez vous freter voftre*
ordinaire en particulieur , ou bien voulez vous le
prendre fur l'entier fret de la nef ; à quoy ils font tenus de refpondre lequel ils veulent faire , & s'ils
prennent au fret de la nef, ils auront autant comme la nef aura : & s'ils veulent freter par eux , ils le
doiuent faire en telle maniere que la nef ne foit
point demeurante , & s'il aduient qu'il ne trouue
fret, le maiftre n'y a nul blafme, & leur doit monftrer leur rimage , ou plaffage pour mettre le pefant
de leur ordinaire chacun : & s'ils veulent mettre
thonnel d'eau , ils le peuuent bien mettre pour
thonnel de vin : & fi coulaifon fe faifoit en la mer
de leur thonnel , doit eftre pour thonnel de vin, ou
pour autres danrées liure à liure, parquoy les mariniers fe puiffent defendre & s'aider à la mer, & fi
tant eft qu'ils le fretent aux Marchands, telle franchife comme le marinier aura , doit auoir le Marchand.

1   *Ordinaire ou portées des mariniers.*
2   *Explication de ce jugement.*

3   *Marchand freteur de l'ordinaire joüit du priuilege des mariniers.*

4   *L'ordinaire doit eftre rempli ou chargé le premier.*

5   *Pourquoy leur eft permis charger de l'eau au lieu de vin.*

1 IL a efté reprefenté cy deffus fur le jugement hui-ctiefme, que pour le tout ou pour partie des loyers les compagnons ftipulent ordinairement certaine place dans le vaiffeau pour mettre leur coffre & hardes, & la faculté pour y charger jufques au volume ou pefanteur d'vn l'eft, d'vn thonneau, tant de barriques ou de barils, fuiuant leur conuention, & fuiuant le voyage, & la capacité du vaiffeau, & c'eft ce qu'on nomme au Leuant *Portées des mariniers*, au Ponant, *l'ordinaire*. Et que les diuerfes coppies de ces jugemens nomment *Rimage*, *Rumage & amareage*.

2 Et veut dire que quand le nauire eft arriué à fa droite defcharge, qu'il conuient penfer pour le retour: le maiftre doit propofer aux mariniers, & tirer leur parole ou confentement, s'ils veulent freter en particulier leur ordinaire, & la faculté de ce qu'ils peuuent charger dans le nauire, ou bien s'ils ayment mieux que le maiftre frete le total, & ils feront payez fur l'entier fret du nauire, de ce à quoy monte leur ordinaire, *VVisbuy article* 30.

3 Et fi tant eft qu'ils fretent en particulier leurdite place & ordinaire, le Marchand doit jouyr du priuilege des mariniers, qui eft de jetter des derniers, & d'auoir à la contribution jufques à vn thonneau de franc.

4 Les ordinaires ou portées doiuent eftre chargées les premieres: car fi la nef auoit fait fa cargaifon, ne feroit le Patron tenu de les leuer ou les attendre, *Senyor de nau den leuar al mariner les fues portades lefquales li haura promefes de leuar.*

E lo mariner deu les metre ans : que la nau haia tot son plē : E si la
nau ha tot carrech, e ell les hi vol metre, lo Senyor no lin es tengut de
leuar les. **Confulat** chap. 133. C'eſt pourquoy le maiſtre eſt
tenu de faire la propoſition auſſi toſt qu'il eſt arriué à ſa
droite deſcharge , & les compagnons ſe doiuent reſoudre
de ce qu'ils deſirent faire, ſans que le maiſtre ſoit tenu de
ſoufrir ou ſupporter aucune ſorte de retardement pour
ce ſujet.

　5　*Tonnel d'eau*, c'eſt pour les faire jouyr de leur ordinaire ou plaçage, ils en peuuent diſpoſer & mettre tout
ce que bon leur ſemblera qui ſoit licite, attendu que c'eſt
leur payement : d'abondant en cas de jet l'eau qu'ils y
mettront deſchargera d'autant le nauire, voire plus que ſi
c'eſtoit du vin : on dit communement, vin jetté ou tombé ne vaut pas eau.　Comme auſſi il eſt certain que par le
moyen du jet d'vne barrique d'eau appartenant au marinier, lequel pouuoit refuſer de la jetter , attendu ſon
priuilege, la cargaiſon conſeruée par ce jet eſt plus entiere, & vaut mieux d'vne barrique de vin qu'il euſt conuenu au Marchand de jetter, ce qui eut d'autant diminué
ſa cargaiſon: & partant il eſt fort raiſonnable qu'au departement & contribution du jet le thonnel d'eau jetté entre pour thonnel de vin ſuiuant ce jugement, car le Marchand y trouue du ſoulagement & profit.

XVII.

ITem, les mariniers de Bretagne ne doiuent auoir
qu'vne cuiſine le jour , pour autant qu'ils ont
breuages allant & venant : & ceux de Normandie
doiuent auoir deux mets de cuiſine le jour, parce
qu'ils n'ont que de l'eau à aller aux deſpens de la

ñef, & puis, ou des que la nef est à terre au vin, les mariniers en doiuent auoir pour breuage, & doit le maistre leur requerir.

1 Oeconomie necessaire à la dispensation des victuail-les.

2 Raison & double raison.

3 Trois repas le jour.

4 Comme quoy les mariniers d'Alemagne sont nourris en voyage.

5 Comme quoy les soldats & les mariniers sont nourris au voyage des Indes Orientales.

6 En cas de necessité celuy qui a des prouisions est tenu d'en communiquer à ceux qui en manquent.

1 L'OEconomie principale sur mer est à regler & bien dispenser les viures ou victuailles, à les distribuer par raison & par mesure; y ayant dans le bord des balances exprés pour faire les portions esgales, des canettes, bidons & frisons, afin d'esuiter jalousie, de preuenir les plaintes & les desordres qui peuuent arriuer à ce sujet, pour faire que chacun soit contant, & d'abondant pour faire jeu qui tienne, qui soit de durée, & qu'enfin il ne se trouue pas qu'ils ont embarqué sans biscuit.

2 Cette oeconomie est nommée raison : & quand aux festes & jours de resiouyssance elle augmente, c'est double raison. Aux voyages de long cours, tousiours c'est le premier reglement d'ordonner ce que chasque personne doit auoir par iour de victuaille, qui se fait sur le partement ou à la premiere iournée. Iean Hugues de l'Infchot, chap. 3.

Miroir Eſt-oeſt indical, nombre premier.

Les Ordonnances de VVisbuy article 29 font femblables à ce jugement, mais conceuës en rermes generaux, *Aux voyages auſquels il y a du vin, ſera le maiſtre tenu de leur en donner, & ne ſera la table couuerte qu'vne fois le iour, mais où ils ne boiuent que de l'eau la table ſera couuerte deux fois le iour.*

3 Les Ordonnances de l'Empereur Charles cinquieſme, article 19. & de Philippe ſecond Roy des Eſpagnes article 10. ont augmenté la doſe, & ordonnent que le maiſtre baillera à repaiſtre trois fois le jour à ſes mariniers, que s'ils en veulent d'auantage ne peuuent demander que les reſtes & les reliefs des repas precedans, ſi ce n'eſt en cas de neceſſité ou de trauail extraordinaire.

4 Aux vaiſſeaux Alemans qui vont en France ou en Eſpagne, le maiſtre ne nourrit pas les mariniers en allant, ains doiuent viure de leurs prouiſions particulieres : mais au retour ou reüenant, ſi le nauire a prins fret & ſoit chargé, le maiſtre eſt tenu de les nourrir : ſi toutefois il retourne ſans charge, il n'y eſt pas tenu. Hanze-theutonique, art. 52.

5 Au voyage des Indes Orientales des Portugais, les mariniers & ſoldats ſont nourris en allant, à chacun eſt donné par jour liure & demie de biſcuit, vn demi pot de vin, vn pot d'eau douce, & par mois le poids d'vne *arrobe* de chairs ſalées, qui fait trente vne liure, quelques poiſſons ſecs, des aulx & des oignons, Iean Hugues de l'Inſchot chap. 3. François Pirard de Laual, au chap. 14. du liure 2. des Nauigations, là chaſcun ſe fournit d'vtenciles de cuiſine, & fait ſon pot à part : mais au retour des Indes il ne leur eſt fourni ou diſtribué ſi ce n'eſt du biſcuit & de l'eau juſques au Cap de Bonne eſperance, depuis ce Cap juſques en Eſpagne, chacun ſe doit nourrir de ſes prouiſions particulieres,

facilis deſcenſus ad Indos

Sed reuocare gradum, veteremque euadere ad orbem
Hoc opus, hic labor est.

6 En cas de neceſſité les victuailles & prouiſions des
particuliers doiuent eſtre communiquées à ceux qui en
ont manqué, *l. 2. S. 2. D. lege Rhodia*, en telle ſorte que le
droict Royal d'Eſpagne permet à ceux qui en ont beſoin,
au cas que ceux qui en ont refuſent de les accommoder,
d'en prendre de voye de faict, en les payant toutefois à
prix raiſonnable, *los tomar de ſu autoridad, delante de dos perſo-*
nas à razonable precio pagandole de contado. Leye, 15. tit. 13. lib. 8.
Recopilat. Bartolus & Paulus de Caſtro, ſur cette loy ſeconde,
D. lege Rhodia.

XVIII.

ITem, ſi vne nef a deſchargé, & les mariniers
veulent auoir leur fret, aucuns y a qui n'ont point
de lict ou d'arche dans la nef, lors le maiſtre peut
retenir de leurs loyers pour aſſeurance de rendre la
nef au lieu qu'ils l'ont prinſe, s'ils ne luy donnent
bonne caution de fournir tout le voyage.

1 *En quel temps le loyer eſt deub.*

2 *Pactes de la location doiuent eſtre punctuelement obſer-*
ués.

3 *Apres ſix mois du terme eſcheu les loyers ne peuuent*
eſtre demandez.

4 *Les loyers des mariniers payables à trois termes.*

5 *En voyage racourci les mariniers ſeront payez de tout*
le loyer promis, ſi ce n'eſt que par ciuilité le maiſtre

fut obligé de faire courtoisie aux Marchands.

1 L'Ordonnance de VVisbuy article 31. est en tout semblable à ce jugement.

Regulierement le loyer n'est point deub qu'apres la besongne faite, & le terme escheu : c'est le raisonnement de la Glosse sur la loy *AEde. C. locato*, & de Monsieur Ferron sur la Coustume de Bourdeaux, *tit. De locatione. §. 1.*

2 Toutefois les pactes & conuentions de la location doiuent estre obseruées, *l. ea lege. D. locati. l. circa locationes. C. locato.* principalement entre gens de marine, comme il est dit au Consulat, chap. 139. & 140. *& Laberinto de comercio, lib. 3. cap. Naues, num.* 12. Que s'il n'y a pas de pacte il est là reglé, que le loyer n'est pas deub que dans trois ou huict jours apres la descharge, & le voyage parfait.

3 Les loyers en France ne peuuent estre demandez apres six mois. Ordonnance du Roy Louys douziesme, de l'an 1510. art. 67. En Espagne apres trois ans la fin de non receuoir en exclud la demande, *Laberinto de comercio, lib. 3. cap. Nauegantes, num.* 41. *Rebuffus de Mercatoribus minutatim vendentibus : articulo primo, glossa vltima, num.* 4. *& 9.*

4 Les Reglemens de la Hanze theutonique article 28. ordonnent que les loyers seront payez aux mariniers à trois termes, sçauoir est, le tiers au partir, le tiers au lieu du reste, & lors que le nauire sera deschargé, l'autre tiers quand le nauire sera de retour, *Ideo quia labor & pecunia recipiunt diuisionem.*

5 Et si la descharge se fait en lieu plus proche que le lieu designé lors du fretement, & par la charte partie, les loyers entiers seront deubs tout ainsi que si le nauire auoit paracheué tout le voyage, Iugement d'Oleron 19. *Consulat*, chap. 104. Ordonnance du Roy Philippe second, article 8.

Si ce n'eſt que le Maiſtre fut obligé par ciuilité,& en eſperance de plus grand employ, faire courtoiſie aux Marchands, auquel c.s doit auſſi, ſuiuant les laiz que fait le Maiſtre, eſtre rabatu des ſalaires des mariniers, *E dels mariners ſe deu rabatre de leurs loguers ſegon que la nau fara lexa de Nolit.* Conſulat chap. 104. Philippe ſecond, article 7. ordonne qu'en telles occurrances les mariniers ſeront payez arbitralement *veuë* par *veuë*, comme on dit.

XIX.

ITem, le Maiſtre d'vne nef louë ſes mariniers en la ville dont la nef eſt, les vns à mareage, les autres à deniers. Et s'il aduient que la nef ne peut trouuer fret à reuenir en ſes parties,& leur côuient aller plus loin, ceux qui ſont à mareage le doiuent ſuiure, mais ceux qui ſont à deniers le Maiſtre doit croiſtre leur loyer, *veuë* par *veuë*, & *tours* par *cours*, par la raiſon qu'il les aura loüez pour aller en certain lieu. Et s'ils vont plus pres que le lieu où l'abonnement fut prins, ils doiuent auoir tous leurs loyers, mais ils doiuent rendre la nef, là où ils la prindrent,& la mettre à l'aduanture de DIEV.

1 *Explication.*

2 *En cas de prorogation de voyage, les mariniers ne peuuent pas quitter, mais le loyer leus doit eſtre augmenté.*

3 *En cas de voyage rompu, les mariniers ſeront payez*

L

du quart des salaires promis.

4 *Arrests de la Cour de Parlement de Bourdeaux sur ce*
 sujet.

5 *Le proprietaire qui fait recousse des danrées qui luy sont*
 desrobées par afronnement, n'est tenu d'aucun fret ou
 desdommagement enuers le Maistre.

1 CE jugement s'explique par ce qui a esté cy dessus
  epresenté sur les lugemens huict & seize, con-
cernaut la solde & le loyer des mariniers arresté, ou en deniers pour tout le voyage proposé, ou à mareages qui est
entendu part ou portion du fret, autrement Rumage, ordinaire, ou portées ; ou bien à temps tant par mois, par
semaines, ou par iour.

2 Au premier cas si le voyage est augmenté & changé
en plus longue route, les salaires accordez en deniers
pour tout le voyage seront d'autant augmentez *Veue* par
veue, *cours* par *cours*, c'est à dire à proportion, sans que
pour ce subject de prorogation de voyage les mariniers
puissent quitter, mais sont tenus de suiure & seruir. V Visbuy art 32. Charles cinquiesme article 12. & 13. Hanze-
theutonique article 24. Il en doit estre le mesme de ceux
qui sont louez a temps par mois & par semaines, Mais ceux
qui sont loüez à mareages, qui ont part au fret du nauire,
ne peuuent demander aucune augmentation de loyer ;
estant à presumer que le fret croist tout ainsi que le voyage : & d'abondant ils ont entrepris de courir mesme risque, participer aux gains & à la perte du temps.

3 Que si apres le marché fait & arresté le voyage est rôpu
à cause des guerres, des pirates, ou arrest & defence du
Prince, ou autre tel sujet : les matelots seront recompan-
sez du quart du salaire promis pour tout le voyage, Philippe second article *9. l.ex conducto* §. *Item cùm quidam. D.locati.*

4 En l'an 1626. le mois d'Octobre, tous les nauires Anglois qui eſtoient en la riuiere de Bourdeaux, furent arreſtez par le ſieur de Sainct Iean Capitaine de la garniſon de Blaye, & Lieutenant de Monſieur de Luxembourg Gouuerneur dudit Blaye: pluſieurs deſdits nauires eſtoient chargez de vin & d'autres danrées, leſquels rebrouſſerent, & ſe retirerent vers Bourdeaux: & comme ce fut à la deſcharge, les Maiſtres demandoient leur entier fret aux Marchands chargeurs, par la raiſon de la loy *Colonus.* §. *Nauem conduxit. D. locati*, d'autant qu'il ne manquoit pas à eux qu'ils ne fiſſent le voyage & le tranſport (le fret eſtoit de quinze & de ſeize liures le tonneau.) Le Lieutenant general de l'Admirauté au Siege de la Table de marbre au Palais, leur adjugea quatre liures par tonneau, qui eſt le quart, appel en la Cour, laquelle par deux diuers Arreſts d'Audiance, des premier & ſeizieſme Feurier 1627. mit les appellations ſimplement au neant. La diſtinction rapportée en la Gloſe de la loy prealeguée *Colonus*, & le Guidon au titre, *de Barat.* article 11. ſont conſiderables ſur ce ſujet.

5 Il arriue ſouuant que les afronteurs feignans eſtre bons Marchands achetent des vins ſans payer,& les font charger : les proprietaires ſe reconnoiſſans ſurprins les recourent & arreſtent le nauire ſur ſon depart , ou auant qu'il ne ſoit ſorti de la riuiere : le Maiſtre quoy qu'innocent, n'a pas droict de demander ou ſe faire payer au proprietaire qui ne l'a pas employé recompanſe pour ſon retardement, ou pour le labeur de ſon equipage , ny pretendre à ce ſujet que le vin chargé dans ſon bord ſoit ſon gage , *Si quidem res aliena pignori dari non poteſt. Cod. ſi aliena res pignori* , le proprietaire ſouffre aſſez de dommage du deplaſſement, charrois, & tranſport , *ideo duplici damno affici non debet , ne vulnus geminetur afflictis. cap. ex parte de clerico ægrotante apud Gregorium.*

XX.

ITem, il aduient qu'vne nef vient à Bourdeaux
ou en autre lieu, de telle cuiſine comme il y aura en la nef, deux des mariniers en peuuent porter
vn mets à terre, de tels mets comme ils ſont tran-
chez en la nef, & tel pain comme il y aura, ſelon
ce qu'ils pourront manger à vne fois, & de breuage rien: & doiuent bien toſt & apertement retourner, afin que le Maiſtre ne perde l'erre de la nef: car
ſi le Maiſtre la perdoit, & il euſt dommage, ils ſont
tenus l'amander: ou ſi vn des compagnons ſe bleſ-
ſe par le beſoin d'aide, ils ſont tenus à le faire guerir & l'amander au dire d'vn des compagnons ou
de ſon matelot, & au dire de ſon Maiſtre & de ceux
de ſa table.

1 La diſpoſition de ce jugement concernant la permiſſion
   de porter pain & viande à terre n'a plus de lieu en
   la riuiere de Bourdeaux, que pour les gueus ou les
   auares, à cauſe de l'abondance des vins de la Prouince, & la multitude des tauernes & cabarets.

2 Le Maiſtre doit ſoigner la ſanté des matelots, & leur
   donner le temps à ſe rafraichir à terre.

3 Inhibé de faire feſtin & debauche dans le bord.

4 Ce jugement conſtitue pour Iuges ceux qui ſeroient re-
   cuſables en autres matieres.

5 *Matelots en la nauigation ordonnez & alliez comme les camerades en guerre aux compagnies des gens de pied.*

6 *Ordre des mariniers à prendre leur repas.*

1 LA diſpoſition de ce jugement concernant la per-miſſion donnée aux matelots de porter du pain & de la pitance à terre, ô les inhibitions d'y porter de la boiſſon, ne peut valoir à preſent en la riuiere de Bour-deaux, pour laquelle principalement ce jugement fut dreſſé: attendu la multiplicité & le grand nombre de ta-uernes, de berlans & cabarets qui ſont par tout, & prin-cipalement le long du riuage, ou du port : la nideur deſquels, & l'odeur de la rotiſſerie eſt capable de donner le degouſt des chaudieres, ou de la cuiſine & mets des nauires, de leur biſcuit ſans ſel, & de leur rance & ſalée pitance. Ce qui procede de la trop grande abondance du vin que produit la Prouince de Guyenne, de laquelle le vin fut jadis la richeſſe, à preſent c'eſt ſa grand' pauure-té, & la ruine des proprietaires des vignes, tant pour les grands frais de la culture & de l'entretien, que pour les frequentes injures du ciel, n'y ayant plante ſi fragile ou plus ſujette que la vigne : comme ont fort bien remarqué Mornac ſur la loy, *Si Colonus, D. locati*, & Monſieur du Meſnil Conſeiller du Roy au Parlement de Toloſe, au ſecond liure de ſes Queſtions notables chap. 16. Car lors que tels accidens priuatifs du reuenu arriuent, le proprie-taire reſte obligé d'accroiſtre les façons, & donner plus grand culture à ſes vignes malades. Aux années que les vignes ſont de bon raport, l'abondance du vin eſt à grand charge, *ſeruando ſeruari non poteſt*, & quelque' recolte qu'il y ait, ſoit bonne ou mauuaiſe, ample ou diſeteuſe, touſiours les deux tierces parties du vin recueilli, voire plus, de-

meurét en la Prouince, de forte que pour s'en defaire nul autre expedient ne fe prefente que faire tauerne, & tolerer grand nombre de cabarets, & par confequent de defbauche.

2   La raifon de ce jugement eft pour entretenir les matelots en fanté & en bonne vigueur : car demeurant toufiours à l'eftroit dans le nauire, norris ordinairement de faleures & de bifcuit fec, ils contractent vn fang intemperé, melancolic, des obftructions de foye & de rate, & de fort mauuaifes habitudes, tendent au mal nommé *Schoerbut*, ou mal de *Genciues*, qui ne guerit qu'à terre à prendre du rafraichiffement : c'eft pourquoy quand le nauire eft en riuiere, dormant fur fon fer, ou qu'il eft en port ou en plage attendant fon fret : le Maiftre pour conferuer & foigner la fanté de fes matelots, les doit licencier les vns apres les autres pour fe rafraichir & recreer à terre pendant quelques heures, pour en reuenir plus fains, plus robuftes, & ô la charge du retour à l'heure affignée. Le femblable eft ftatué par l'Ordonnance de VVifbuy article 33.

3   Auffi il ne leur eft pas licite de faire debauche & feftiner dans le nauire, fi ce n'eft que pour caufe le Maiftre le permette, Hance-theutonique art. 31. *Vector in naui pifcem ne frigito, & exercitor id ei ne permittito*, dit l'ancienne loy de Rhodes, *vltimo tome Iuris Græco-Romani*.

4   Ce jugement conftitue Iuge du defdommagement pour l'accident arriué à vn compagnon dans le bord par l'abfence des autres, & à faute d'aide, fon matelot, ou ceux qui mangent à mefme table auec le pleignant, qui feroit vn moyen de recufation pertinent en autres affaires, *Capite Cum R. De officio & poteftate Iudicis delegati* : toutesfois il en eft autrement fur mer, car ceux de l'equipage font tefmoins approuuez, *l. quoties*, C. *Naufragijs lib.* 11. & bien fouuent font Iuges neceffaires; d'autant qu'il ne s'en y peut

pas trouuer d'autres, *ex natura facti alij teftes aut iudices haberi non poffunt*: & d'ailleurs par, *affectionis caufa omnem fufpicionem tollit. l. non folum. §. de vno. D. Ritu nuptiarum.*

5 *De fon matelot,* l'vfage & couftume de la mer eft de compofer l'equipage deux à deux, comme aux companies des gens de guerre, les foldats camerades, lefquels marchent en mefme rang, & c'eft ce qu'on dit faire le *matelotage*: les deux adjoints fe nomment l'vn l'autre *mon matelot,* s'ayment & s'affiftent mutuellement, & dans le nauire ils font en mefme temps les mefmes manœuures, fe fecourent en tout comme freres, *Contubernales aut focij nauales,* François Pyrard de Laual au liure fecond chapitre feize.

6 *De ceux de fa table,* dans les nauires Efpagnols chacun fait fa cuifine & fa defpence à part, mais dans les nauires François, Hollandois, Anglois, & Alemans, il y a vn cuifinier pour tous, & les matelots mangent en mefme table fix à fix en vn plat: D'ordinaire il y a deux tables, fçauoir eft, celle du Maiftre qui eft couuerte & feruie pour loy, & pour les principaux Officiers & notables paffagers, & fecondement la table des compagnons.

XXI.

ITem, fi vn Maiftre frete fa nef à vn Marchand, & deuife en certain temps ou terme loyaument, dedans quand le marchand doit charger la nef à eftre prefte à s'en aller, & le Marchand ne le fait, ains tient le Maiftre & fes mariniers par l'efpace de huict jours ou de quinze ou de plus : aucunefois il pert fa faifon & fon temps par le defaut dudit Marchand:

ledit Marchand eſt tenu l'amander au Maiſtre : &
telle amande que le Marchand aura faic au Maiſtre,
les mariniers en doiuent auoir le quart, & le Maiſtre les trois quarts pour raiſon qu'il leur trouue la
deſpenſe.

1   *Quel temps le Maiſtre qui a freté eſt tenu d'attendre la*
      marchandiſe apres le terme que le Marchand a pro-
      mis de la faire porter.

2   *Terme ou temps de la deſcharge apres l'arriuée.*

3   *Terme du payement du fret.*

4   *Le Maiſtre ne peut ſe faire droiĉt, & retenir les marchã-*
      diſes en ſon bord pour le payement de ſon fret , mais
      les ayant deſcenduës, les peut arreſter dans les Alle-
      ges.

5   *En la nauigation des riuieres y a trois iours de charge*
      & de Planche.

1   **L**Es Ordonnances de VVisbuy article 34. & de
      l'Empereur Charles cinquieſme, article 39. ſont
entierement ſemblables à ce jugement, ſi le Marchand
ne charge pas dans le temps accordé, le Maiſtre eſt tenu
d'attendre quinze jours, en payant par le Marchand le
ſejour ou retardement à dire d'experts : & ſi dans cette
quinzaine le Marchand ne charge pas, le Marchand eſt
tenu de payer entierement le fret & le ſejour. *Conſulat*
105. Hanze-theutonique article 11. Philippe ſecond article 5.

2   Comme auſſi le nauire eſtant arriué au lieu du reſte, le droiĉt Ciuil oblige le Marchand faire deſcharger la
                            marchandiſe

marchandife dans dix jours, *l. 8. De Nauiculariis Cod. Theodos.* mais à caufe des Feftes & Dimanches, le terme ordinaire pour la defcharge eft quinze jours pour le plus, qu'on nomme *iours de planche, ou de defcharge*, ce qui ne retarde pas le payement du fret, lequel doit eftre fait dans huict jours apres l'arriuée fans attandre la defcharge.

3 Le Maiftre pour fon payement ne peut retenir la marchandife en fon bord, mais apres l'auoir defcenduë il l'a peut arrefter dans les Alleges ou bateaux de feruice, jufques à ce qu'il foit fatisfait, Philippe fecond article 13. Et peut retenir en iceux jufques au quadruple que valent les *Nolis* ou fon fret pour fon affeurance, *Confulat* ch. 8 3. Cette retétion ou arreft eft du droict *l. cùm creditor. D. Furtis. Carrucarius res vectas pro falario retinere poteft*, dit Balde *l. vltima, C. Commodati.* Mornac *ad legem primam. D. Nauta, Caupones, ftabularii*, l'Ordonnance y eft expreffe de l'an 1415. art. 8. & fuiuants, *Par la Couftume le batel eft obligé à la marchandife, & la marchandife au batel*, Sainct Yon liure premier des Eaus & Forefts, tit. 19.

5 En la nauigation des Riuieres, il eft deub par le Patron trois jours de charge, & trois autres jours de defcharge, fans que pour raifon de ces termes le Patron ou le Voicurier puiffent demander aucun profit ou defdommagement pour fa Nef, batel, gens, apareil, ou pour quelque autre caufe que ce foit, Ordonnance des Riuieres du Roy Charles fixiefme de l'an 1415. article 11. Ces termes & delais de charge & defcharge meritent d'eftre arreftez & reglez par les conuentions des Charteparties.

XXII.

ITem, vn Marchand frete vne nef, la charge & la met en chemin, icelle nef entre en vn port, &

y demeure tant que l'argent defaut : lors le Maiſtre doit enuoyer bien toſt en ſon pays pour querir de l'argent : mais il ne doit perdre ſon *Armogan* (c'eſt à dire) *ſon temps opportun* , & s'il le pert il eſt tenu de rendre au Marchand tout le dommage , couſts , & intereſts qu'il encourra; mais le Maiſtre peut bien prendre du vin & danrées auſdits Marchands, & en vendre pour querir ſon reſtorement. Et quand ladite nef ſera venuë à ſa droite deſcharge , les vins que le Maiſtre aura prins doiuent eſtre aſſeurez & mis au fur que les autres ſeront vendus communement, ne à plus ne à moins , & doit le Maiſtre auoir le fret des vins qu'il aura prins.

1   *Marchand en cas d'vrgente neceſſité eſt tenu d'auancer ou preſter argent au Maiſtre.*

2 & 4   *Si le Maiſtre ne trouue qui luy preſte argent pour pouruoir aux neceſſitez du nauire , il ſe peut ayder & vendre des marchandiſes , dont le prix aura ſuite par hypotheque ſur le Nauire.*

3   *Le Maiſtre en neceſſité doit emprunter argent à la groſſe aduanture , non autrement.*

5   *Nauire qui en paſſant entre en quelque Port ſans intention d'y deſcharger ou vendre , n'eſt point tenu de payer les Peages & Couſtumes audit Port.*

1   L E Marchand eſt tenu de preſter au Patron, & l'aſſiſter en cas d'vrgente neceſſité en conſideration de ce qu'il porte ſa marchandiſe , *Es tengut lo Mercader al*

*Senyor de la Nau, en que foſſen en loch quel Senyor de la nau hagues
ops d'exarcia ne res que nıceſſari fos à la nau, lo Mercader la lı deu
preſtar,* Conſulat chap 106. C'eſt pourquoy, quand il tombe en neceſſité pendant le voyage, qu'il n'a pas de Marchand dans le bord, ou que celuy qui y eſt n'a pas d'argent pour le ſecourir, de façon que le Maiſtre n'en peut
recouurer.

2 En ce cas il peut prendre & vendre de la marchandiſe: VViſbuy art. 35. & 69. eſt entierement conforme à ce jugement, comme auſſi les Aſſeurances de la
Bourſe d'Anuers, article 19. *l. ſi laborante* §. 2. *D. lege Rhodia :* en telle ſorte neantmoins que ſi apres le nauire vient
à ſe perdre, le Maiſtre reſtera touſiours obligé & tenu de
payer au Marchand les marchandiſes au prix qu'elles ont
couſté au depart, ſans pouuoir pretendre de rabais pour
le fret, VViſbuy article 68.

3 Les Reglemens de la Hanze-theutonique article
57. prohibent au Maiſtre de faire aucun emprompt en
pays eſtranger, ſi ce n'eſt ſeulement à la groſſe aduanture, aux deſpens des Bourgeois, afin que le nauire venant
à ſe perdre, l'obligation ſoit & demeure eſſainte : & dans
le pays le Maiſtre ne peut emprunter pour le nauire,
ſoit à la groſſe aduanture ny autrement, au deſceu de
ſes Bourgeois, ſi ce n'eſt à ſon compte ſeulement, juſques
à concurrance de ce que vaut ſa part qu'il a dans la nef,
Hanze theutonique article 55.

4 Et quand le Maiſtre aura prins & vendu à ce ſujet
des marchandiſes, le nauire demeure obligé au Marchand pour ſon payement, & ce par ſpeciale hypotheque
dans l'an & jour, laquelle a ſuite, quoy que cependant le
nauire ſoit vendu, & qu'il ait paſſé en autre main. VViſbuy article 45. *l. Creditor.* §. 2. *D. qui potiores in pignore.*

5 Quand vn nauire pour ſe garantir de la tempeſte,
des ennemis, des voleurs, ou à faute de victuailles, pour

s'en pouruoir, ou d'agres, ou pour receuoir le radoub, entre en Port ou en Plage sans intention de descendre ou vendre sa marchandise audit lieu, mais pour retourner apres s'estre pourueu à parfaire sa route, les Maistres des Ports, les Receueurs de Coustumes, ou les Commis à la leuée des Peages, ne les peuuent faire payer de droict, *l. Cæsar. l. vltima.§. 8. D. Publicanis & vectigalibus. Comercio naual. cap. Aduana. num. 16. Bartolus ad legē primam de Naufragijs lib. 11 .Cod.n.16.*Ordonnance de VVisbuy article 53.& les notes sur iceluy, c'est marchandise qui *passe par bout,* c'est à dire, sans arrester, sans demeurer dans le pays.

XXIII.

ITem , si vn *Locman* prend vne nef à mener à Sainct Malo ou autre lieu, s'il manque, & ladite nef s'empire par sa faute qu'il ne sçache conduire, & par ce les Marchands reçoiuent dommage, il est tenu de rendre lesdits dommages, & s'il n'a dequoy , doit auoir la teste coupée.

XXIV.

ET si le Maistre ou aucun des Mariniers, ou aucun des Marchands luy coupent la teste ; ils ne seront pas tenus de payer l'amandement : mais toutefois l'on doit sçauoir auant le faire, s'il a dequoy.

1 *Qu'est-ce que Locman, lomen, ou Lamanur, & leur emploi.*

2   Locmans grandement neceſſaires en Bretagne.

3   En France les Maiſtres ne ſont tenus d'en prendre, ſi le
     Pilote ordinaire ou l'Equipage ne le requierent.

4   Par les Ordonnances d'Eſpagne & des Pays-Bas, les
     Maiſtres ſont obligez d'en prendre aux lieux accou-
     ſtumez.

5   Payement du Pilote lamaneur.

6   Menus Pilotages.

7   Peine du Pilote lamaneur quand il manque.

8   Payement ſur la perſonne, libere tant celuy qui ſoufre
     la peine, que ſes cautions.

1   Locman, lomen, & lamaneur, ſont Pilotes & mariniers
     de Riuiere prins & louez ſur les lieux, comme
connoiſſans les pas & les dangers deſquels le Pilote du nauire n'a pas de notice, Helcyarÿ: que les Maiſtres appellent
& loüent lors que le Pilote ordinaire le requiert, quand
il n'eſt pas bien aſſeuré ou connoiſſant en quelque havre
ou riuiere, afin d'euiter les bancs, ſecques, ſyrtes, &
autres dangers que l'Ocean & les eaux d'amont ſont
changer preſque tous les ans, principalement en la Riuiere de Rouen, où c'eſt qu'il ſe trouue des Lamaneurs
jurez à la diſtance de deux en deux lieuës.

     2   En Bretagne ils ſont fort neceſſaires, comme a re-
marqué l'Autheur de la Mer des hiſtoires au liure 2.chap.
2.en ces termes, Car il fait moult dangereux entre les Havres de
Bretagne Armorique ſans lomen ou guide. Et de fait ce iugement
prend ſon hypotheſe de Sainct Malo, par exemple de difficile accez.

     3   Le Maiſtre ne peut pas eſtre contraint en France
d'en prendre s'il ne luy plaiſt, & s'il eſtime n'en auoir pas

M 3

befoin: toutefois il doit fuiure le defir du Pilote ordinaire , à quoy eſt conforme l'Ordonnance de VVisbuy , article 59. & pareillement fi c'eſt l'auis de l'equipage, VVisbuy article 44. 59. & 60.

4   Par l'Ordonnance du Roy d'Eſpagne Philippe fecond, au Titre des Auaries, article 9 le Maiſtre eſt neceſ-
fairement obligé de prendre vn Pilote aux lieux accouſtumez , à peine de payer tout le dommage qui peut arriuer à ce defaut , *L. item quæritur.* §. *fi magiſter. D. locati*, & en
outre doit eſtre condamne payer cent liures d'amande s'il
ne le fait.

5   Lequel Pilote ou Lamanut le Maiſtre eſt tenu de
norrir , & c'eſt au Marchand de le payer , au plus bas &
juſques à douze eſcus, valant trois liures l'eſcu. Que fi le
loyer excede douze eſcus, fera compté pour auarie groſ-
fe fur le nauire & marchandiſes: neantmoins par les Ordonnances de VVisbuy article 60. le Pilote Lamaneur,
eſt norri par le Maiſtre, & le Marchand le paye fans diſtinction à quoy le loyer peut monter.

6   Ordinairement le loyer des Pilotes Lamaneurs qui
eſt appellé dans les Charte-parties *Menus Pilotages*, eſt *Auarie groſſe*, payable les deux tiers par le Marchand, & le
tiers par le Maiſtre, Guidon au titre des Auaries article
12.

7   *S'il n'a dequoy doit auoir la teſte coupée*, cecy eſt emprun-
té du Confulat, lequel ordonne le meſme, de couper
la teſte aux Pilotes fautifs , & ignorans, leſquels au lieu
d'euiter menent dans les dangers, *Et fi peruentura à quel qui
Pilot fera leuat no fabra è res no li pot attendre au Senior de la nau d'a-
ço que promes l'aura , aquel Pilot qui aytal fera deu perdre lo cap en-
continent fens tot remey, è fens tota mercé*, chap. 250. Cette bruf-
que execution eſtoit ordonnée pour efuiter procez,
qui non habet in ere, luat in corpore Monfieur Boyer en fa Decifion de Bourdeaux 24.   *erum Iudicatarum lib.* 2.

cap. 15. toutesfois cette crudité & cette voye d'execution preuenant la discution de la question, ne seroit pas à present dans l'approbation de la Iustice.

8　Le payement fait sur la personne, quand la peine pecuniaire est conuertie en corporelle, libere non seulement celuy qui la souffre, mais aussi tous ses pleges & condebiteurs, par la raison de la loy premiere §. *hæc actio.* D. *exercitoria actione*, ainsi qu'il fut jugé par Arrest d'Audiance au Parlement de Bourdeaux, le 7. Auril 1611. plaidans Vidau & Mesplede, Monsieur de Nesmond President, *quia eo casu solutio non fit pro parte*, de façon que le Lamanur payant en son corps, le Maistre reste liberé enuers ses Bourgeois & Marchands.

XXV.

ITem, si vn nauire vient en aucun lieu, & veut entrer en Port ou en Havre, & elle met enseigne d'assistance, pour auoir vn Pilote ou vn bateau pour le touer, par ce que le vent ou la marée est contraire : & il aduient que ceux qui vont pour amener ledit nauire, qui ont fait marché pour le pilotage ou touage. Mais parce qu'en aucuns lieux la coustume court, & sans raison, que des nauires qui se perdent le Seigneur du lieu en prend le tiers ou le quart, & les sauueurs vn autre tiers ou quart, & le demeurant aux Maistres & Marchands. Ces choses considerées, & pour estre aucunefois en bonne grace du Seigneur, & aussi pour auoir aucuns des biens de ladite nauire, comme

vilains, traiftres, & defloyaux, menent ladite nauire tout à leur efcient, & de leur certaine malice
font perdre ledit nauire & marchandife , & fei-
gnent à fecourir les pauures gens , cependant ils
font les premiers à depefcer & rompre la nauire,&
emporter la marchandife : qui eft vne chofe contre
DIEV & raifon : & pour eftre les bien venus en la
maifon du Seigneur, ils courent dire & annoncer
la pauure aduanture des Marchands : & ainfi vient
ledit Seigneur auec fes gens, & prend fa part des
biens aduanturez , & les fauueurs l'autre part, & le
demeurant eft laiffé aux Marchands : Mais veu que
c'eft contre le commandement de DIEV omnipo-
tent, nonobftant aucunes Couftumes & Ordonnances, il eft dit & fentencié, que les Seigneurs,
les Sauueurs & autres qui prendront aucune chofe
defdits biens, feront maudits, excommuniez , &
punis comme larrons : mais des faux & defloyaux
traiftres Pilotes, le jugement eft tel, qu'ils doiuent
fouffrir martyre cruellemét,& doit l'on faire des gibets bien hauts fur le lieu propre où ils ont mis ledit nauire, ou bien pres de là, & illec doiuent lefdits maudits Pilotes finir honteufement leurs jours:
& l'on doit laiffer eftre lefdits gibets fur ledit lieu
en memoire perpetuelle, & pour faire balifes aux
autres nauires qui viendront là.

XXVI.

XXVI.

ITem, Si ledit Seigneur eſtoit ſi felon & cruel qu'il ſouffrit telle maniere de gens, & ſouſtint, ou fut participant à leurs malices pour auoir le naufrage : ledit Seigneur doit eſtre prins, & tous ſes biens vendus & confiſquez en œuures pitoya-bles, pour faire reſtitution à qui il appartiendra. Et doit eſtre lié à vne eſtape au milieu de ſa mai-ſon, & puis on doit mettre le feu aux quatre cor-nieres de ſa maiſon,& faire tout bruſler : & les pier-res des murailles jetter par terre, & là faire la place publique, & le marché pour vendre les pourceaux à jamais perpetuellement.

1   *Droict de bris ſur les naufrages.*

2   *Son origine.*

3   *Reprouué & condamné par les Romains.*

4   *Remis ſus, ſur le declin de l'Empire, particulierement ſur les coſtes de France, & ce auec quelque ſorte de raiſon & de juſtice.*

5   *Les Ducs de Bretagne changerent ce droict auec le pro-fit & douceur de la taxe des Brefs.*

6   *Trois eſpeces de Bref.*

7   *En Guyenne ce droict fut obſerué plus ciuillement & moins cruellement qu'en Bretagne.*

8   *Enfin ce droict fut entierement aboli en Europe.*

N

9   Excepté contre les ennemis de l'Estat , de la saincte Foy, & les Pirates.

10   Practiqué par les Espagnols au delà la ligne.

11   Aboli en Guyenne par le Duc Henry troisieme Roy d'Angleterre.

12   Peine ou supplice fort conuenable des voleurs exercans ou practiquans ce brigandage.

13   Pescheurs faisant le mesme.

14   Qu'est-ce que touer.

15   Catalla, terme Gascon employé dans les lettres de Declaration du Roy Henry.

16   Martyre.

17   Balises, & ce que c'est.

18   Concile de Latran.

19   Atrocité du crime prouoque la rigueur de la Iustice contre les brutes & choses inanimées.

20   Estape ; ce que ce terme signifie.

21   Corniere, terme Gascon.

1   CEs deux jugemens furent conceus au sujet de l'inhumain *Droict de bris sur les naufrages* , par lequel les miserables naufragés, leurs personnes, & biens eschapez estoient confisquez à la Seigneurie du Prince.

2   Lequel pretendu droict procede notoirement de l'ancienne crudité de l'âge de fer, dés que les hommes commencerent à s'effaroucher entre eux ; que le feu de la conuoitise à s'approprier le bien d'autruy aux vns, & le desir de se defendre aux autres, excita & fit naistre les guerres, les vols, & brigandages. En sorte que pendant la barbarie de cet ancien âge, les hommes pratiquerent

& firent couſtume de la cruauté de ce droict de Bris,
comme d'vn droict des Gens , notamment les Gaulois,
leſquels reputoient tous les eſtrangers pour leurs ennemis , & ne les ſpolioient pas ſeulement de leurs biens, mais
en outre ils les mettoient cruellement à mort, & en faiſoient de ſanglans ſacrifices à leurs faux Dieux : de laquelle execrable couſtume Hercule les ſeura , comme
rapportent *Diodorus Siculus lib.* 5 *.hiſter.cap.* 2 *.& Pomponius Mela lib.* 3 *.de Situ orbis cap.* 2.

3   Les Romains , quoy que conuoiteux par excez du
bien d'autruy , toutesfois ils n'approuuerent iamais cette
barbarie, mais à leur pouuoir en abrogerent & condam-
nerent l'vſage, *Toto titulo De Incendio ruina & naufragio. Et De
Naufragÿs libro vndecimo. Codicis leg.* 1 *.& leg.* 9 *. D. lege Rhodia.
l. Naufragia.* C*.Furtis.*

4   Mais l'Empire tombant en decadance, & ſur le
declin, que tant de peuplades debordorent de la Scythie,
& de Scandinauie ſur iceluy, pour en deſchirer & rauir
les pieces, ce malheureux droict de Bris ſur les Naufrages
ſe remit ſus, particulierement ſur les riuages des Gaules
nommez *Litus Saxonicum* , à cauſe des ordinaires incur-
ſions & des frequens rauages que faiſoient en iceux les
Saxons, *Sidonius Apollinaris lib.* 8 *.Epiſtola* 6 *.& Carmine ſeptimo,*
Et à ſuite les Normans ; leſquels par hazard tombans à la
coſte ils eſtoient promptement expediez par les habitans
des lieux , & ce par quelque eſpece de raiſon & de juſtice: ce que toutesfois s'inſinua & print pied, comme
il eſt vray ſemblable , contre tous nauigans indifferemment.

5   Enfin les Comtes ou Ducs de la Gaule Armorique
furent obligez par ciuilité, & à la priere des peuples voiſins , notamment des Bourdelois & Rochelois, de changer cette barbarie, auec le profit & la douceur de la taxe
des Congez, ou Bref, que tous les nauires nauigans en

N   2

leurs coſtes eſtoient tenus de prendre d'eux, leſquels ſont
de trois ſortes, *Bref de ſauueté*, *Bref de conduite*, *Bref de vi-*
ctuaille.

6   Les premiers ſont, pour ne tomber pas en cas de
periclitation ou de naufrage au pouuoir de la Seigneurie,
c'eſt à dire, pour eſtre exempts & preſeruez du droict de
Bris.   Les ſeconds nommez de conduite, pour eſtre les
nauires conuoyez & conduits en furain,& hors des dangers de la coſte. Les troiſieſmes pour la liberté & la per-
miſſion d'acheter viures & rafraichiſſemens en Bretagne.
Pour l'expedition & la leuée deſquels brefs,les Ducs de
Bretagne tenoient bureaux, Secretaires & Receueurs à
Bourdeaux,à la Rochelle, & en pluſieurs autres lieux.
C'eſt ainſi que le repreſentent Garcie de Ferrande en ſon
Grand Routier,chap. des Couſtumes de Bretagne: Mon-
ſieur Argentré en ſon hiſtoire de Bretagne liure 8.chap.
15. & ſur le 56. article. Notable 1.nombre 43. de la
Couſtume. Le ſieur de Bois-Gelin de la Toiſſe en ſon
Traicté des droicts du Roy aux debris, & des Brefs ou
Sceaux.

7   *En Guyenne, Sainctonge, Aulnis, & Poictou*, le droict de
Bris fut practiqué, mais beaucoup plus ciuilement &
moins cruellement qu'en Bretagne,comme appert par ce
jugement:car les Seigneurs n'en prenoient que le tiers
ou le quart, ſuiuant les couſtumes, les Sauueurs tout autant, & le reſte du naufrage eſtoit conſerué & rendu aux
pauures naufrages , auec la liberté de leurs perſonnes.

8   Finalement, cette inhumanité a eſté corrigée en
France , en Italie , Eſpagne , Angleterre , & Allema-
gne.

9   Si ce n'eſt contre les ennemis de l'Eſtat, ou de la
ſaincte Foy, ou contre les Pirates, *Gloſa in Can. Diſpenſat.*
1. Queſt.7.Lucas de Penna, & Ioannes de Platea ad legem primam.

C. *Naufragijs. Benedictus in repetitione cap. Raynutius, verbo &* *vxorem, num.* 374. *Rebuffe in Proemio Ordinat. Regiar. Glosa* 5. *num.* 74.

10 Les Espagnols toutefois l'obseruent au delà la ligne, contre tous autres que les naturels Espagnols lesquels seuls y peuuent passer par l'Ordonnance, auec congé & permission du Roy, *Laberinto de Comercio lib. tertio, capite Viage, num.* 15. *Couarruuias in Relectione cap. Peccatum, parte tertia.§.* 1. *num.* 5.

11 En Guyenne ce droict de bris, lequel n'estoit pas si cruel qu'en Bretagne, comme appert par cet article, fut sainctement abrogé par le Duc Henry troisiesme Roy d'Angleterre : l'Edict ou Lettres de Declaration sont enregistrées & conseruées au Tresor de la Comptablie de Bourdeaux, au liure verd cotté A, feuillet neuf vingts vnze de telle teneur.

HENRICVS DEI GRATIA Rex Angliæ, Dominus Hiberniæ, Dux Norman. Aquitan. & Comes Andegauensis.

Archiepiscopis, Episcopis, Abbatibus, Prioribus, Comitibus, Baronibus, Iusticiæ Præpositis, & Magistris, & omnibus Ballliuis & fidelibus Salutem: Sciatis quòd nos pro salute animæ nostræ & antecessorum & hæredum nostrorum, & ad malas consuetudines abolendas concedimus, & hac nostra carta confirmamus pro nobis & hæredibus nostris in perpetuum, quòd quotiescunque contigerit de cetero aliquam nauim periclitari in potestate nostra, siue in Costera maris Angliæ, siue in Costera Pictauiæ, siue in Costera Insulæ Oleronis, siue in Costera Vasconiæ: Et de Naui taliter periclitata aliquis homo viuus euaserit; & ad terram venerit, omnia bona & Catalla in Naui ista con-

tenta remaneant, & fint eorum quorum prius fuerant, &
eis non depereant nomine EIECTI. Et fi de naui taliter
periclitata nullo viuo homine euadente contingat qualem-
cunque beftiam viuam euadere, vel in Naui illa viuam
inueniri, tunc bona & Catalla illa per manus Bailliuorum noftrorum, vel hæredum noftrorum, vel per manus
Bailliuorum Dominorum in quorum terra Nauis fuerit periclitata libenter quatuor probis hominibus cuftodienda de-
ponantur vfque ad terminum trium menfium : vt fi illi
quorum Casalla illa fuerunt, intra terminum illum vene-
rint ad exigenda Catalla illa, & probare poffint Catalla illa fua effe, eis libenter reftituant : Si verò infra prædictum
terminum nullus venerit ad exigenda Catalla fua, tunc
noftra fint & hæredum noftrorum nomine EIECTI, vel
alterius qui libertatem habet eiectum habendi. Si verò de
naui taliter periclitata nullus homo viuus euaferit, nec
alia Beftia ficut prædictum eft, tunc bona & Catalla in naui illa contenta noftra fint & hæredum noftrorum nomine
EIECTI, vel alterius vbi nauis fuerit periclitata, qui libertatem habet eiectum habendi : Quod volumus & fir-
miter præcipimus pro nobis & hæredibus noftris. His Te-
ftibus venerabili Patre Edwardo Karkol Epifcopo, Ber-
trando Clerico. I. Comiti Lincol & Conftabulario, Petro
de Malo-lacu, Henrico de Trubleuille, tunc Senefcaldo
Vafconiæ, Hugo de Difpencie, Godefredo Crantonibus,
Aman de Santo-Amando : Guillelmo de Crob, Anno 1226.
regni noftri vicefimo.

12 Quand au supplice ordonné en ce jugement contre les Lamanurs desloyaux, d'estre branchez & pendus en lieu eminent, à la plus releuée falaise sur les orées de la mer, pour faire Balises aux nauigans, l'Empereur Andronicus regnant en Grece, enuiron l'an 1150. ordonna les mesmes & semblables peines contre tels spoliateurs de nauires naufragez, au rapport de *Nicetas Choniates*, en ses Annales. Le Chancelier d'Angleterre Bacon en l'histoire du Roy Henry septiesme, page 84. tesmoigne que la pratique en est, & fut jadis en Angleterre, & que les gibets & corps morts des Pirates y attachez seruent de Balises, *morte affecti circa oras maritimas, vt loco signorum nauticorum & laternarum essent, & asseclas à litoribus Angliæ absterrere possent.*

Ce qui est fort juste, *vt conspectu deterreantur alij ab ijsdem facinoribus. l. capitalium. §. famosos. D. Pœnis*, & d'abondant profitable, voire salutaire aux nauigans. Que les gibets & les charoignes des Pirates, ou des traitres Pilotes & Lamanurs seruent apres la mort à garantir les nauires des mesmes perils & dangers dans lesquels ils ont precipité & fait perdre les autres pendant leur vie.

13 Et les malicieux Pescheurs, lesquels de nuict font des feux sur les lieux perilleux, pour y attirer & faire perdre les nauires, leur donnant à presumer que ce sont des Ports & des lieux habitez, n'en doiuent pas eschapper à meilleur marché, *l. Ne Piscatores. D. Incendio, Ruina, Naufragio.*

14 TOVER, ce qu'on dit en Occident *Touer*, qui est tirer & mener vn vaisseau par vn cableau auec chaloupes à force de Rames, est dit *Remorquer* ou *Remorquer* en la mer du Leuant, de l'Italien, *Rimurchiare*, ou du Latin *Remulcare*, le Castillan dit *Varar*. Et pour l'effet du Touage les nauires doiuent estre garnis & pourueus de moyens Chableaux ou *Guerlins*, & de moindres Ancres nommées *Ancres*

de Touei, que les Matelots portent dans l'esquif, & vont moüiller au large ou à quartier, pour garantir & rapeller le nauire que le vent jette & pousse à terre, ou sur le danger, & c'est ce que l'on dit *Nager sur le fer*.

15   CATALLA, terme Gascon employé dans les Lettres de Declaration du Roy Henry III. cy dessus incerées, signifie *Cabau*, *richesse* ou *marchandise*, χρήματα, les Leuantins disent, *le Robé*.

16   MARTYRE, ce terme comme plusieurs autres en ces Iugemens, semble estre improprement employé en ce lieu, suiuant les Theologiens & Canonistes, oú c'est qu'il est mis pour tourment, ou pour peine de mort exemplaire & honteuse, *Martyrem non facit pœna, sed causa. can. Tu dixisti 23.quæst. 5. & Glosa in Canone importuna de Pœnitentia, Distinctione prima:* toutesfois les Italiens l'emploient de la sorte que ce jugement: *Dante* en son Pœme de l'Enfer, *Canto quarto & ciò anenia di duol senza martiri. Et canto decimo sesto, sotto la pioggia di laspro martiro*: & le diable nomme ses peines de la sorte, *quel che più inaspra i miei martiri. Torquato Tasso, Canto quarto. De la Gierusalemme liberata.*

17   BALISES, *signa nautica*, sont indices, enseignes, ou adresses à la droite route, pour euiter les dangers, & pour prendre le bon cours, & sont grandement necessaires aux Ports qu'on nomme *Ports de barre*, c'est à dire d'entrée, qu'il conuient que la marée soit haute pour y surgir, ou entrer à l'aise, desquelles Balises y a de deux especes. Premierement *des Boues*, qui sont gros thonneaux bien clos & vuides, lesquels flottent & surnagent amarrés, & arrestés à des ancres auec des grosses cheines de fer, & ce sur les endroits dangereux qu'il conuient esuiter. La seconde espece sont de grãds arbres tofus, de feuillage & ramage par bout, haut esleuez & posez en eschauguete à l'embboucheure des Riuieres, au nombre de deux pour le moins, qu'il faut prendre en aspect l'vn couurant l'autre

à juste

à juste alignement, en sorte que tous deux ne paroissent
à l'œuil qu'vn seul , & faut entrer à cette posture qu'on
nomme *Trauers.* Les mariniers expliquent cet alignement
en ces termes, *Fermer l'vn parmi l'autre pour estre dedans* : c'est
de la façon que ce jugement desire que les Gibets soient
posez pour seruir & profiter à la conseruation des nauigans.

18 EXCOMMVNIEZ, par le Concile de Latran qui
l'ordonne en termes expres, *Canone, Dispensat.* 1. *quæst.* 7.
cap. Excommunicationi, De Raptoribus & incendiariis Extra. N a-
uarrus in enchirido, *cap.*17.*num.* 98.

19 L'atrocité du crime fait que l'Animal Brut , le
Cadauer, & autres choses inanimées, sont exposées à la
peine, quoy qu'incapables. *Titaquellus de Pænis, causa* 49. les
faux coings sont mis au feu auec le faux monnoyeur, les
bastimens sont demolis au rez de terre, les bois abatus
& degradez: & les places condamnées & semées de sel,
ainsi que fut la ville de Poitiers, sous le Roy Dagobert:
& c'est de la sorte qu'à Rome la place *Ianiculum,* & la ruë
inter Colosseum Neronis, & Clementis S. Pontificis ædes, sont encor aujourd'huy en abomination, & soigneusement esui-
tées par les Ecclesiastiques, *Vt facinora, memoria, & loci no-*
mine notentur. Platina de vitis Pontificum. Boccacius de Mulieribus
Claris cap. 99.

20 ESTAPE, ce terme signifie en ce lieu *Attaché,*
Carcan, Pillori: & communement *Estape* en sa propre signification est la place ou le lieu public assigné pour y conduire & tenir certaines marchandises : la place & le Faux-
bourg des Chartreux lez Bourdeaux est l'estape du Passel
& des vins recuillis hors la Seneschaussée de Guyenne,
où c'est qu'auant pouuoir sortir ils doiuent estre portez
& descendus. La ville de Calais souloit estre l'estape des
laines d'Angleterre, qui fut apres que les François l'eurent reprinse transferé à Bruges en Flandres , où elle est

O

à prefent. Auparauant que Calais ne fut aux Anglois, l'e-
ftape des laines & draps d'Angleterre eftoit en la ville
d'Anuers, *Baconus in hiftoria Regis Henrici feptimi*. La ville de
Gand en Flandres eft l'eftape des bleds qui font amenez
de dehors : Arras en Arthois fouloit eftre l'eftape des
vins de France venus par terre audit pays : Midelbourg
en Zelande eft l'eftape des vins de France & d'Efpagne
conduits par mer : Dordrech en Hollande pour les bleds,
vins, & autres marchandifes qui viennent par le Rhin &
la Mufe.

21 CORNIERES ET COVRNAV, c'eft vn ter-
me Gafcon, & fignifie *quartier*, ou *departement*, c'eft ai fi
qu'il eft employé dans les Statuts de la ville de bourdeaux.

XXVII.

ITem, Si vne nef guinde à fa defcharge, & fe met
à fec, ou elle eft fi jolie, fi commode & bien faite, que les mariniers prennent à feur le fortir dehors & derriere de tous coftez. Lors le Maiftre leur
doit croiftre leur loyer, *veuë* par *veuë*. Et fi en
guindant les vins il aduient qu'ils laiffent vne broffe
ouuerte au thonnel que l'on guinde, ou qu'ils ne
l'ont point bien amarrée aux chordes au bout de
la nef, & le thonnel fe defraude, chet & fe pert,
& en cheant il tombe fur vn autre thonnel, & font
tous deux perdus, lors le Maiftre & Mariniers le
doiuent rendre aux Marchands, & les Marchands
doiuent payer le fret defdits thonneaux, par raifon

qu'on leur doit payer au fur que les autres feront vendus:le Maiftre & mariniers doiuent mettre leur falaire du guindage. Premierement, à recouurer le dommage liure à liure, Les Seigneurs de la nef ne doiuent rien perdre : car c'eft la faute du Maiftre & des mariniers de n'auoir bien amarré le thonnel.

1   *Diligence des matelots eft digne de recompenfe.*
2   *Leur negligence & temerité vient puniffable.*
3   *Veuë par veuë, cours par cours.*

1   **L**A diligence des matelots à faire tout deuoir poffible pour charger & defcharger au pluftoft la marchandife eft digne de loyer & recompanfe, d'autant qu'il y a du profit pour le Maiftre & les Marchands.

2   Comme au contraire leur negligence ou leur temerité, & les accidans qui en procedent, font autant odieux & puniffables en leur propre : car il ne feroit pas jufte que le Bourgeois lequel ny trempe pas y patit, Ordonnance de l'Admirauté 1543. article 44. & 1584. article 71. Guidon au titre de Barat. & cy deffus au jugement 10.

3   *Veuë* par *veuë,* c'eft vne locution des gens de mer, comme auffi, *cours* par *cours,* Iugement d'Oleron 19. lefquels termes furent mis en vfage anciennement, & lors que la nauigation fe faifoit par veuës & par remarques de l'apparance des terres, de l'vn afpect à l'autre, *Plin. lib. 6. cap. 23.* Qui fut auant l'inuention ou la connoiffance de l'vfage du Compas ou Bouffole : & fignifie ce que les Logiciens & Metaphyficiens appellent *Rapport* ou *Relation,* les Arithmeticiens & Geometres, *Raifon* ou *Proportion,* les Iurifconfultes *Boni viri arbitrium,* la practique

O 2

du Palais, *Au dire d'Experts*, qui s'en va par la confideration, des deux termes du labeur, & diligence extraordinaire à l'ordinaire.

Et veut dire ce jugement que les mariniers, en cas de grand diligence & d'effort, doiuent eftre falariez equita-blement, & à proportion du plaifir de l'efpargne, & du foulagement qu'ils donnent au Maiftre & Marchand d'a-uoir pluftoft rendu le vaiffeau preft pour la recharge, c'eft proprement *le vin des compagnons*, comme auffi ils doi-uent payer en propre les pots caffez, & reparer les acci-dens qui arriuent par leur eftourdiffement, fottife & ne-gligence.

XXVIII.

ITem, fi deux vaiffeaux ou pinaffes font compa-gnons pour aller à la pefche aux rets, comme les Macquereaux, les Harangs, ou bien mettre les cor-des comme ez parties d'Olonne, de Sainct Giles fur Vie, & d'ailleurs : & doit l'vn defdits vaiffeaux mettre autant d'engins l'vn comme l'autre, & ainfi feront moitié par moitié en la gagne, par conue-nance faite entre eux. Et fi le cas aduient que Dieu faffe fa volonté d'vn defdits vaiffeaux, des gens & des engins, & des autres chofes, & l'autre efchape & vient à fauueté : & il eft ainfi que les parens ou heritiers de ceux du bateau qui eft demeuré perdu, leur demandét auoir partie de la gagne qu'ils ont faite, tant aux engins, Harangs, Macquereaux, & autres Poiffons & vaiffel ; ils auront leur partie en le gagné des Engins & des Poiſſons, par ſerment de ceux qui ſeront eſchapez, mais au vaiſſel ils n'auront aucune choſe.

1.   *La ſocieté ne comprend que les profits, & nullement le fonds.*
2.   *Engins & Petricherie.*

1   L A ſocieté de gains & de profits à faire en quelque negociation que ce ſoit, ne comprend jamais, ou ne rend commun le capital que chacun des aſſociés porte en particulier pour faire valoir la ſocieté, lequel capital il peut retirer à ſoy la ſocieté ſoluë, ſans en faire part à ſon aſſocié, *ſocietas quæſtus lucrì & compendij non extenditur ad intrinſecus quæſita, ſed ad lucrum ſanſum operis quæſitum. l. quæſtus. J. Duo ſocietatem. §. duo Colliberti, l. Cœrl. D. Pro ſocio. quæſtus enim intelligitur, qui ex opera cuiuſque deſcendit, Guido Papa Conſilio 30.*

2   ENGINS, les Baſques terreneuſuiez, nomment tout l'appareil à faire & diſpoſer la peſcherie des Mouruës, *Petricherie*, ſous lequel terme viennent & ſont entendus les chaloupes, lignes, hameçons, couteaux, & autres vtanciles neceſſaires à la peſche: le Caſtillan nomme *Pertrechos*, les equipages & attirail de guerre & de chaſſe.

XXIX.

ITem, Si vn nauire fluctuant & ſcillant par la mer, tant en faict de marchandiſe que peſcherie: Si par fortune & impetuoſité du temps elle ſe romp,

brife & perit en quelque region ou contrée que
ce foit ; & les mariniers, ou l'vn d'eux efchape &
fe fauue , ou les Marchands & Marchand : le Seigneur du lieu ne doit empefcher la faluation du
Bris & marchandife du nauire par ceux qui feront
efchapez , & par ceux aufquels apartient la nauire
ou marchandife : mais doit ledit Seigneur aider à
fecourir par luy ou fes fubjets ledits pauures mariniers & marchands, à fauuer leurs biens fans rien
en prendre ; fauf toutesfois à remunerer les fauueurs, felon Dieu & raifon , & confcience en leur
eftat, & felon que Iuftice ordonnera : combien
qu'aucune promeffe auroit efté faite aufdits fauueurs , comme dit eft cy deffus au Iugement quatriefme. Et qui en fera le contraire , & prendra aucuns defdits biens des pauures naufragez, perdus
& deftruits outre leur gré & volonté , il eft excom-
munié de l'Eglife, & doit eftre puni comme vn
larron , s'il n'en fait reftitution en bref : & n'y a
Couftume ny Statuts quelconques qui puiffent en-
garder d'encourre lefdites peines , comme dit eft
au Iugement vingt & fixiefme.

1   *Il eft de droiɛt licite de colliger fon bien naufragé.*
2   *Les Seigneurs Iufticiers & leurs Officiers font tenus de*
      conferuer, & proteger les chofes naufragées.
3   *Recelateurs puniffables de femblables peines que les*
      larrons.

1 DE droiét il eſt licite à chacun de colliger ſon bien naufragé , *l. vltima. D. Incendio , Ruina , Naufragio, l. prima, De naufragiis, lib. 10. Codicis. Mornac, ad legem ſecundam, § res laéta. Et ad legem oélauam , D. lege Rhodia.*

2. Et les Seigneurs Iuſticiers , enſemble tous Officiers des lieux ſont obligez de proteger & conſeruer les choſes naufragées au lez & finage de leur territoire , meſmes en ſont faits depoſitaires de Iuſtice, & comme tels reſponſables par la Couſtume de Normandie , article 597. & 598. *Tiltre de Varech* , leſquelles choſes ils doiuent rendre & reſtituer au proprietaire d'icelles, en payant ou retenant neanſmoins les frais du ſauuement qui ſont priuilegiez. Lettres de Declaration du Roy d'Angleterre Henri troiſieſme Duc de Guyenne cy deſſus incerées ſur le jugement 26. Ordonnance de l'Admirauté 1543. article 11. & 12. Ordonnance de l'an 1584. article 20. & 21. Pareillement le droiét *De trouuailles*, ez choſes eſguarées , qui ſe rencontrent fortuitement , & ſans trauail, Conſulat chap. 252. *Præmia inuentionis. Alciat libro Prætermiſſorum 20. Mornac ad legem Solem. D. Præſcriptis verbis.*

3 *Doit eſtre puni comme vn larron* , c'eſt ce que meritent à bon droiét les recelateurs , ſuiuant la diſpoſition du droiét Romain, *l. Ne quid. D. Incendio , Ruina, Naufragio , l. Naufragia. C. Furtis. l. 2. & ibi Bartolus. C. His qui latrones occultauerint.*

XXX.

ITem, Si vn nauire entrant en aucun Havre , & par fortune elle ſe rompt ou perit , & meurent le Maiſtre, mariniers, & Marchands, & les biens vont à la coſte, ou demeurent en mer ſans aucune

pourſuite de ceux à qui appartiennent les biens,
quand ils n'en ſçauent rien : en tel cas , qui eſt tres
piteux , le Seigneur doit mettre gens pour ſauuer
leſdits biens , & iceux biens doit ledit Seigneur
garder ou mettre en ſeureté, & puis doit faire à
ſçauoir aux parens des defunts ſubmergez à l'aduenture, & payer leſdits ſauueurs ſelon le trauail
& peine qu'ils auront prinſe, non point à ſes deſpens, mais deſdites choſes ſauuées, & le remanent
ou demeurant , doit ledit Seigneur ſauuer , garder ou faire garder entierement juſques à vn an,
ſi pluſtoſt ne viennent ceux à qui appartiennent
leſdites choſes : & le bout de l'an paſſé, ou plus s'il
plaiſt audit Seigneur d'attendre, il doit faire vendre publiquement, & au plus offrant leſdites choſes , & de l'argent receu doit diſtribuer aux pauures , & marier pauures filles , & faire autres œuures pitoyables ſelon raiſon & conſcience : & ſi ledit Seigneur prent les choſes quart ny part, il encourra la malediction de Noſtre Mere Sainte Egliſe, & peines ſuſdites , ſans iamais auoir remiſſion,
s'il ne fait ſatisfaction.

1   *La garde d'vn an des choſes naufragées.*

2   *Le terme d'vn an retranché & reduit à deux mois.*

3   *Quand commance le delay.*

4   *Apres le delay le Marchand peut requerir & recla-*
      mer ſa marchandiſe ſi elle eſt en pied.

5   Le

5   *Le delay expiré , l'argent prouenant des marchandises naufragées doibt estre distribué aux pauures.*

6   *Ce qui s'obserue sur cette distribution en la mer du le- uant.*

7   *Si l'inuenteur est pauure il doit tout retenir.*

8   *Raison pour laquelle Apollonius de Tyannée adiugea vn Thesor à l'inuenteur.*

9   *Inuenteur fortuitement d'vn Thresor ne peut estre ac- cusé ou pourssuui criminellement, quoy qu'il l'ait re- celé.*

1   LA garde d'vn an est du droit. *l. 2. Cod. naufragÿs,* & de l'Ordonnance de l'Admirauté 1543. & du *Consulat chap. 252.* ensemble de la Coustume de Norman- die article 601. *quia eo tempore elapso videtur Dominus habuisse pro derelicto.* La Cour de Parlement de Bourdeaux fait ob- seruer le delay d'an & iour, comme apert par deux Ar- rests, l'vn du 17. Decembre 1587. interuenu entre Ma- thurin & Zebedée de la Noüe, Iean beau, & Iean Cham- bron appellans du Iuge d'Aluert, & Messire Anthoine de Pons Baron dudit Aluert, prenant la cause pour son Pro- cureur d'Office , & Iean Breton appellez. Autre Arrest donné en vuidange de Registre au rapport de Monsieur d'Alesme, du 8. Iuillet 1593. entre Maistre Iean Role Notaire en l'Isle d'Oleron demandeur en excez, le Pro- cureur general du Roy ioint à luy, & André Tirard, Mi- chel Blais, Pierre Bertaud, & autres deffendeurs.

2   Mais la Cour de Parlement de Paris, procedant à la verification de l'Ordonnance 1543. modifia, & retran- cha le delay d'an & iour à deux mois, ce qui bailla sujet à l'Ordonnance 1584. article 21. laquelle restraint le mesme delay à deux mois.

P

3 Le terme de l'an, ou des deux mois, ne commance que du iour des proclamats & affiches placardees, soit au prochain marché, où sur la porte de l'Eglise Parroissielle à l'issuë de la grand Messe. *l. falsus Procurator* §. *qui alienum.* D. *Furtis*, & c'est la notification que ce iugement desire estre faite aux parens des submergez, ou aux proprietaires des biens naufragez, *Iosephus Antiquitatum Iudaicarum. lib.* 4. *cap.* 8.

4 Que si apres tous les susdits delays les marchandises sont encore en pied, le marchand est tousiours fondé de droit à les demander & retirer, en payant toutesfois les frais du sauuemét; Mais si elles sont consommées, ou si depuis le delay elles ont esté venduës, passé & changé de main, le marchand ne sera plus receuable à reclamer. *Duarenus in tertia relectione cap. Peccatum.* §. 1. *num.* 5. *Godefroi sur la coustume de Normandie article* 603.

5 *Distribuer aux pauures.* **Authentica.** Omnes Peregrini. C. *communia de successionibus:* Baldus ad legem primam. D. *rerum diuisione.*

6 Le Consulat au chapitre 152. fait vne autre diuision, & veut que celuy, ou ceux qui ont sauué ou trouué la marchandise en ayent la moitié, pour le sauuement & droit de trouuaille, & l'autre moitié soit partagée entre le Seigneur & les pauures. *Roba que sera trobada en plaia, en Golf, o en Port, o en Ribera, la Senyoria deu la tenir manifesta a tot hom vn any e vn dia, e passat aquel temps, la Senyoria deu donar a aquell que troboda la haura la meytat per ses troubadures, e de la meytat que romandra deu fer la Senyoria dues parts, e pot s'en prendre la vna part, e l'altra que roman deu la donar per amor de DEV, per anima daquel de qui stada sera.*

7 La resolution des Casuistes est, que si l'inuenteur est riche & bien accommodé, il doit le tout bailler pour Dieu. S'il est pauure, il le doit auoir entierement. *Hostiensis in Summa De penitentii. Iugement d'Oleron* 36. Et semble bien

raisonnable & droiturier, que si l'inuenteur est pauure
qu'il le garde, & s'en esjouysse comme le tenant de sa
propre fortune : C'est ainsi qu'il fut iugé par Arrest
d'Audiance en la Cour de Parlement de Rouen, le 8. Iuillet 1611. eité par *Maistre Iosias Berault*, & *Maistre Iacques Go-*
defroy sur la coustume de Normandie, article 603. ledit
Arrest interuenu au sujet de certaines pieces d'or, trou
uées fortuitement par vn pauure garçon nommé *Marin*
l'Herisson, contre le *Sieur Prieur de Grammond*, à quoy est
conforme le jugement d'Oleron 36. & la doctrine de
Damhouder iu praxi rerum criminalium. cap. 118. *num.* 6.

8 *Apollonius de Tyanee*, adiugea vn tresor à l'inuenteur
nouuel acquereur d'vn fonds auquel il fut trouué, contre
le vendeur, lequel cauſoir n'auoit iamais penſé de vendre
ce treſor auec le fonds, & ce par la conſideration de la
qualité des perſonnes, & non du droit : d'autant que l'acquereur qui l'auoit trouué, eſtoit plus homme de bien,
& le meritoit mieux que le vendeur, lequel eſtoit deco-
cteur & prodigue. *Philoſtrate en la vie d'Apollonius, liure 2.*
chap. 12.

9 Vient à noter que ceux qui rencontrent, ou trouuent fortuitement des treſors enſeuelis, ne doiuent, ou
ne peuuent auec raiſon & iuſtice eſtre accuſez, & pour-
ſuiuis criminellement à ce ſujet, quoy qu'ils les ayent re-
celez : comme il fut iugé par Arreſt d'Audiance à la Tour-
nele du Parlement de Bourdeaux, du 2. Decembre 1595.
en la cauſe de la Damoiſelle de Lagebaſton, & quelques
manouuriers. *l. Autore. D. Rei vindicatione.*

XXXI.

ITem, Si vn Nauire ſe perd frapant en quelque
coſte, & il aduient que les compagnons ſe cui-

dans ſauuer, viennent à la riue de la mer demy
noyez penſant qu'aucun leur ayde : Mais il aduient
qu'aucunefois en beaucoup de l eux, qu'il y a des
gens inhumains, **plus** cruels & felons que les chiens
& loups enragez, leſquels meurtriſſent & tuent les
pauures patiens, pour auoir leur argent, leurs veſte-
mens, & autres biens : icelles manieres de gens
doit prendre le Seigneur du lieu, & en faire iuſtice
& punition, tant en leurs corps qu'en leurs biens :
& doiuent eſtre mis en la mer, & plongez tant qu'ils
ſoient à demy morts, & puis les retirer dehors, &
les lapider ou les aſſommer, comme on fairoit les
loups ou les chiens enragez.

1 *La Cale fut exercice & galanterie aux Goths.*

2 *La Cale fut iadis comme eſt encore peyne en France.*

3 *Les infames, faineans & mediſans punis par la cale.*

4 *Les macquereaux, macquereles & putains infames.*

5 *Les blaſphemateurs du ſainct nom de DIEV.*

6 *Morſure du chien enragé venimeuſe.*

7 *Hydrophobie gueriſſable, plongeant à temps le malade
en la mer.*

8 *Le I. C. Balde mourut de la morſure d'vn petit chien
enragé.*

1 **P**Longez en la mer, c'eſt bailler la cale, καταπτοντιςμος
aux Goths, ce fut iadis vn paſſe-temps prattiqué
par forme d'exercice, dit leur Hiſtorien, *Olaus magnus,
Hiſtoriæ Septentrionalis. lib. 5. & lib. 10. cap. 16.*

2 Mais ce fut peine ou supplice entre les Celtes & François, habitans entre les riuieres de Seine & de Garonne. *Ariſtot. lib.* 8. *Politic.* les Alemans l'ont prattiquée contre les infames & faineans. *Tacitus, De moribus Germanorum. num.* 5.

3 *Turnus Herdonius* mourut & fut iuſticié de la ſorte, pour auoir meſdit & mal parlé du Roy *Tarquin le ſuperbe. Liuius lib. primo Decadis prima.*

4 *A Bourdeaux,* les macquereaux, les macquereles, & les putains ou garces infames & malheureuſes, ſont pour ces crimes ordinairemēt condānées d'eſtre baignées: à ceſt effect ſont enfermées, deſpoüillées en chemiſe en vne grande cage de fer, amarrée par haut à la vergue & palanquin d'vne barque bien au large, & calées pluſieurs fois en la riuiere.

5 *A Tholoſe,* les blaſphemateurs du ſanct nom de DIEV ſont traittez de la ſorte, ſuiuant vne ancienne Ordonnance du Roy de France *Philippe ſecond. Benedictus in cap. Raynutius, verbo Duas, num.* 96. *& 95.* Maynard liure 4. chap. 76.

6 La morſure du chien enragé, cauſe au bleſſé vne maladie nommée, ὑδροφοβίαquōd *æger aquam expaueſcat,* fort cognuë anciennement. *Plin. lib.* 25. *cap.* 2. *Paulus Aegineta lib.* 5. *cap.* 3. *Cornelius Celſus lib.* 6. *cap.* 27. *Monſieur Tiraqueau. De Nobilitate, cap.* 31. *num.* 209. *In quo morbo æger, & ſiti & aqua metu letali cruciatur.* Pour la gueriſon de laquelle auant que le venin n'ait entierement poſſedé le malade, on tient que plonger en la mer eſt fort ſouuerain pour refraichir l'extreme chaleur & la ſiccité du patient. *Auguſtin. De moribus Manicheor. lib.* 2. *cap.* 8. *Mathiol ſur Dioſcorde,* au liure 6. chap. 36. & ſuiuans : Et partant ordinairement on porte les malades plonger en la mer. *Raphael Volaterranus lib.* 13. *Commentariorum Vrbanorum : Galeotus Martius* De *doctrina promiſcua cap.* 3.

P 3

7. On dit que Balde grand Iurifconfulte mourut mife-
rablement de cette maladie, ayant efté mordu en fe jouant par fon petit chien Favori, & bien legerement à la le-
ore inforieure. *Mathiol fur Diofcoride*, & Ambroife Paré au 21.
liure traittant des venins, chap. 20.

XXXII.

ITem, Si vn Maiftre eftant fur mer, ou à l'ancre
en quelqu erade, & par grand tourmente qu'il en-
dure il conuientfaire jet pour alleger ladite nef; &
l'on jette plufieurs biens hors pour foy fauuer : fçache que ces biens ainfi jettez hors, font à celuy qui
premier les pourra occuper & emporter; Mais il
fautentendre, & fçauoir fi les Marchands, Maiftres
ou Mariniers ont jerté lefdites chofes, fans auoir efperance ny volonté de iamais les retrouuer, & les
laiffent comme chofes perduês & delaiffées d'eux
fans iamais en faire pourfuite : Et ainfi le premier
occupant eft le Seigneur defdites chofes.

XXXIII

ITem, Si vn nauire a fait jet de plufieurs marchandifes, il eft a prefumer que ladite marchandife eft
en coffre; lefquels coffres font fermez & bouchez,
ou bien des liüres lefquels feront bien bouclez &
enuelopez, de peur qu'ils n'endommagent en la
mer, lors iceluy qui a fait ledit jet, à encores inten-

tion & vouloir de recouurer lefdites chofes : Et par ce ceux qui trouueront ces chofes font tenus à reftitution à celuy qui en faira la pourfuite, ou bien en faire des aumofnes pour DIEV, jouxte le confeil de quelque fage homme difcret felon fa confcience.

1 Les chofes jettées quand à l'intention ne changent pas de Maiftre.

2 L'efperance de rauóir fur quoy fondée.

3. Les chofes abandonnées font de droiết au premier occupant.

4 Pro dereliết, eft titre abrogé & mefconnu en prattique.

1 LEs chofes du jet demeurent au domaine du Marchand, & de droit n'appartiennent pas à celuy qui les troque, d'autant qu'elles ne font pas delaiffées en intention de ne les auoir plus. l. 2. in fine, l. qui leuanda. D. lege Rhodia.

2 Neptunus, faftidiofus ædilis eft. Si quæ funt improbæ merces jactat omnes : comme dit Plaute, in Sticho, que la mer pouffe naturellement tout à terre. Sur ceste affeurance & l'efperance & la volonté de les recouurer demeure à celuy qui en a fait le jet, lequel apres en fait la pourfuite, & telles chofes, non funt in dereliếto, fed in deperdito. l. fi quis merces. D. pro dereliếto.

3 Il eft bien vray que ce qui eft abandonné par mefpris ou nonchaloir appartient du premier occupant, quia Dominus ea mente abiecit, vt in numerum rerum fuarum effe nolit, qua primus occupauerit, ftatim Dominus fit iure naturali. Inftit. De rerum diuifione. §. qua ratione, & lege 1. D. pro dereliếto.

4. Toutesfois la Rubrique *Pro derelicto*, est au nombre des loys & des titres abrogez, *quia hac etas aliena potius concupiscit, quàm sua derelinquat. Itaque materia deficit quominus in vsu sit Titulus Pro derelicto*, dit Monsieur d'Argentré sur la Coustume de Bretagne article 166.

Liures bouclez, cecy est conforme à la glose sur la loy derniere. D. *lege Rhodia.*

XXXIIII.

ITem, Si aucun trouue en la mer, ou en l'arene du riuage de la mer, ou fleuues, ou riuieres, aucune chose laquelle ne fut iamais à quelconque personne, sçauoir est comme pierres precieuses, poissons & herpes marines que l'on appelle Gaymon, cela appartient à celuy qui l'aura premierement trouué.

XXXV.

ITem, Si aucun va cherchant le long de la coste de la mer, pour pescher, ou trouuer or ou argent, & il en trouue, il doit tout rendre sans rien prendre.

XXXVI.

ITem, Si aucun en allant le long de la riue de la mer pour pescher, ou autrement, & il aduient qu'il trouue or ou argent, il est tenu à restitution :

Mais

Mais il ſe peut payer de ſa iournée ; ou bien s'il eſt pauure il peut retenir pour luy : voire il ne ſçait à qui le rendre, il doit faire ſçauoir le lieu où il a trouué ledit argent, & aux lieux circonuoiſins & prochains : Encores doit il prendre conſeil de ſes ſuperieurs, leſquels doiuent bien regarder & conſiderer l'indigence & la pauureté de celuy qui aura trouué ledit argent, & luy conſeiller ſelon DIEV & conſcience.

1 La mer jette trois ſortes de biens à terre, quels ils ſont, 1. 2. 3.

4 Herpes marines, deſquelles le domaine & la proprieté, s'acquiert en les apprehendant ou leuant de terre.

5 L'inuenteur n'eſt tenu d'en faire part à ceux qui ſont en ſa compagnie.

6 Gaymon ou choſes Gaiues, ſont proprement les Eſpaues de mer, ou le Droit de Coſte.

7 Le droit de Nature cede au droit de bien-ſeance, lequel aſſiſte le ſouuerain.

8 Ordonnances de l'Admirauté fort iuſtes, meſmement en ce qu'elles n'abrogent pas entierement le droit de Nature.

9 Les Officiers du Roy ont cy-deuant eu beaucoup de peine à conſeruer le droit de coſte, & des Eſpaues de mer.

10 Anciens memoires de la Contablie de Bourdeaux.

11 Par la Couſtume de Normandie, & par la Charte-Nor-

Q

mande les pieces de prix sont au Roy, & les pieces grossieres du jet, demeurent aux Seigneurs particuliers.

12 Arrest du Conseil Priué, obtenu par Monseigneur le Cardinal Duc de Richelieu, Grand Maistre, sur-Intendant general de la Nauigation.

13 Autre Arrest obtenu par Monseigneur le Duc de Brezé, son successeur en ladite dignité de Grand Maistre, sur-Intendant General de la Nauigation.

1 IL y à trois sortes de biens que la mer pousse natnrellement, & qu'elle porte ou jette à terre.

2 Sçauoir les naufrages entiers, sur lesquels le droit cruel & desnaturé de Bris, fut jadis establi par pernicieuse & barbare Coustume; Mais la ciuilité, les brefs & les congez en ont tollu la practique.

3 Secondement les choses du jet fait en plaine mer pour la conseruation des corps des nauigans, des nauires, & reste des marchandises, l'vn & l'autre de droit, & par les coustumes de la mer ne change point de domaine, mais peuuent estre poursuiuies & reclamées par les proprietaires dans le temps prefix, ou donné par les Ordonnances & Coustumes à les rechercher, voire mesme apres, si tant est que les choses subsistent, comme il a esté representé cy-dessus au iugement 30.

4 La troisiéme comprend les deux premieres especes qui ne sont pas reclamées ou poursuiuies par les proprietaires d'icelles, & en outre toutes les richesses que la mer tire de son sein & de son creu, qu'elle expose naturellement à terre, comme l'Ambre aromatic sur la coste de Guyenne. L'Ambre *Succinum*, ou *Glessum*. En l'Ocean Germanic, le Coral rouge & blanc en la coste de Barba-

rie, la pierrerie, le poiſſon, le coquillage, & autres richeſſes que la mer regorge: C'eſt ce que ces iugemens
nomment *Herpes marines*, du vieux terme Gaulois *Harpir*
qui ſignifie prendre, & ſon contraire *Vuerpir* eſt laiſſer,
peut-eſtre du Grec ἁρπάζω, c'eſt à dire que le domaine
la propriere de telles choſes eſt acquiſe à l'inuenteur, en
les prenant ou les leuant de terre.

5 En telle ſorte, que celuy qui le premier les vſurpe
par cette prinſe ou apprehenſion, deuient tellement Seigneur, qu'il n'eſt pas tenu d'en faire part s'il ne luy plaiſt
par courtoiſie, à ceux qui ſont en ſa compagnie au meſme
temps de l'inuention. *l. ſi is qui.* §. *vltimo.* D. *Acquirendo re-*
rum dominio. Rebuffus, de priuilegijs Scholaſticorum. num. 6 1·

6 Ce jugement nomme telles richeſſes *Herpes marines,*
& *Gaimon.* Ce que la Couſtume de Normandie dit *choſes*
Gaiues, & en donne la deffinition en l'article 603. en effet
ce ſont *ἀδέσπ?* qui n'ont pas de Maiſtre proprement
Eſpaues de mer, leſquelles par le droit de Nature ſont au
premier occupant. *l. item. l. apilli.* D. *Rerum diuiſione.*

7 Toutesfois le droit de Nature à long temps à cedé,
& quitté la plaſſe à ce regard au droit de *Bien-ſceance,* lequel en ordonne tout autrement, & en a fait vn *Droit de*
Coſte. Car par la lecture de ces jugemens, apert que les
Seigneurs particuliers, auſquels les Eſpaues de terre ne
ſont pas diſputez, mais ſont deubs ou acquis par les Couſtumes, ils auoient pareillement fait couſtume, & vn droit
de coſte pour vſurper les Eſpaues de mer, & pour en faire
leur propre.

8 C'eſt pourquoy, & qu'à ce regard le droit de Nature
ceſſe, il conuiet aduoüer qu'il eſt beaucoup mieux ſceant
& plus iuſte que le ſouuerain en diſpoſe abſolument, que
ce ſoit vn droit de Regale, comme dit Monſieur d'Argentré ſur la Couſtume de Bretagne, *des droits du Prince,*
article 56. *notable.* I. *nombre* 44. & que tout le droit du peu-

Q ꝛ

ple foit transferé & refide en la volonté ou Prince fouuerain, comme dit *Vlpian* en la loy premiere. D. *Conftitutioni-*
bus principum, où à ceux aufquels le Roy a donné titre &
cede le droit, comme il eft declaré en l'Ordonnance de
l'Admirauté 1543.articles 11.& 1 2.1 5 8 4.articles 20.& 2 1.
lefquelles Ordonnances font tres-equitables, notamment
en ce qu'elles n'abrogent pas entierement le droit d: Nature, mais conferuent le tiers des Efpaues de mer aux
inuenteurs, fauueurs, & à ceux qui les ont tirées à terre.

6 Les Officiers du Roy ont eu beaucoup de peine pour
conferuer ce droit de cofte, contre les Seigneurs particuliers vfurpateurs d'iceluy: ainfi qu'apert en vn memoire
inceré au liure verd de la Contablie de Bourdeaux, cotté
C.au feuillet 2 2 1. de telle teneur.

10 *Ifti funt qui habent homines in Parrochijs de Legia,*
& S. Vincentij de Bogio, qui cognouerunt eos tenere a
Rege, & funt immediate de Iufticiatu Caftri Burdigala.
Amanenus Colombi, Bernarda de Audengia vxor quon-
dam. Bernardi de Montelarino, Hæredes Anquelini de
Bogio, & Hæredes Petri Amanieu de Moifchat, quondam
Dominus de Ornon, & plures alij, & per iftos ac per to-
tum populum morantem in dictis Parrochijs iurauerunt &
promiferunt. D. Raymundo de Mirailhio eiufdem Caftri Re-
ctori, & habitatori fuper Dominium & Cuftodiam omnium
quæ ex naufragio veniebant, qualitercunque ad coftam ma-
ris apud Legè & ibidem: Habuitque Dominus Raymundus
de Mirailhio, tempore quo fuit Caftellanus Burdigalæ duas
Balænas, & alia de nauibus fractis ibidem ex naufragio
aplicantibus: Dominus de Hamerling tunc Senefchaldus

vnam Balenam cuius Harpones cum quibus interfecta fue-
rat, fuerunt positi ad trabem vnam magnæ aulæ Castri Bur-
digalæ, ibique relicti pendendo in signum possessionis dictæ
costæ, & rerum ex naufragio venientium ad eandem, &
etiam Gallici (idest Franci) habuerunt semper quamdiu te-
nuerunt Ducatum, Custodiam & possessionem costæ prædi-
ctæ nomine Regis, & habuerunt ibidem vnam vel duas
Balænas absque impedimento alicuius : Et nunc de nouo
Rex in defectum Bailliuorum suorum est desaisitus per Cano-
nicos Sancti Andreæ Burdigalæ, de costa prædicta, & de
proficuo quod ibidem accessit non est diu, vnde Rex damni-
ficatus est ad valorem viginti millium librarum turonen-
sium & amplius, pro mala custodia, & defencione habita-
torum in costa, & de bonis quæ ad illam prædicto anno de-
uenerunt propter desaisinam quæ mense ianuario, videlicet
nono vel decimo eiusdem mensis, anno trecentesimo quarto
super millesimum : Quoniam dicti Canonici, & alij de ter-
ra in defectum Bailliuorum Regis. nec non & l'Ambra quod
exiuit de illa ad valorem prædictum, & amplius sicut inue-
nietur suficienter secum aportauerunt dicti Canonici fingen-
tes ad se locum illum pertinere spoliauerunt, &c.

11 HABENT HOMINES, c'est à dire qui tenoit
ordinairement des hommes Questans sur les lieux, lesquels faisoient ce que font à present *les Roussiniers*, & ceux
qu'on nomme *Vagans*, en tout temps d'orage & de tourmente ils courent prestement a la coste, voir s'il y aura
quoy prendre ou butiner.

nal de Ce grand Genie de la France, *Monseigneur le Cardi-*
12 *Richelieu, Grand Maistre & sur-Intendant general de la Na-*

Q 3

uigation & Comerce de France. Cuius Mens Sidera voluit, fuiuant
fa deuife, qui fut le miracle de fon Siecle, & l'efprit le
plus clair-voyant, le mieux cognoiffant les forces de la
France & la foibleffe de fes ennemis, & le mauuais droit
des vfurpateurs de fa gloire, & des pieces de la Couronne, fçachant bien que contre le droit de Nature il n'y
pouuoit auoir de titre valable, & notamment pour le
droit de Cofte & d'Admirauté, s'il ne procedoit du Souuerain que la Nature donne pour Roy, & auquel naturellement tels droits appartiennent : obtint Arreft du Confeil
du 13. Decembre 1629. contre certains Seigneurs pretendans droit d'Amirauté & de Cofte, aux finages & me-
tes de leurs terres de telle teneur.

EXTRAICT DES REGISTRES DV
Confeil d'Eftat.

13 *S*VR la Requefte prefentée au Roy en fon Confeil par le
Cardinal de Richelieu, Grand Maiftre & fur-In-
tendant General de la Nauigation & Comerce de France:
tendant à ce qu'attendu que les Seigneurs & Gentils-hom-
mes, & autres pretendans droit de Iurifdiction d'Admirau-
té, de Grauages, de Guet, de Bris, d'Efpaues, & autres
fur les coftes de la mer, entre autres le fieur de Ralmond
Comte des Olonnes, de Chapelaines, de Brandois, de la Gaf-
chere, de S. Gilles fur vie, de Rié, les Doyen Chanoines
& Chapitre de Luçon, le fieur Abbé de S. Michel en l'air,
le fieur Abbé du Iard, & les Dames de la Garnache & de S.
Benoift ont efté cy-deuant affignez au Confeil, en vertu des
Lettres Patantes de fa Majefté, dattées du fixiefme iour de

*May mil six cens vingt & sept, pour rapporter leurs Titres,
pouuoirs & priuileges, en vertu desquels ils pretendent lesdits droits, à quoy ils n'ont satisfait, Il pleust à sa Majesté
les declarer descheus desdits droits par eux pretendus contre
les Edicts & Ordonnances de sa Majesté. VEV ladite Requeste, & les exploits d'assignations donnez aux sus-nommés,
à comparoir au Conseil de sadite Majesté, vn mois apres lesdits exploits qui sont dattez 13. 14. Auril 12. 16. 18. 24.
& dernier du mois de May, & 22. Nouembre 1628.*
LE ROY EN SON CONSEIL, a ordonné & or-
*donne, que dans vn mois lesdits Sieurs de Ralmond, des
Olonnes, de Chapelaines, de Brandois, de la Gaschere, de
S. Gilles sur-vie, de Rie, les Doyen, Chanoines & Chapitre de Luçon, les sieurs Abbez de S. Michel en l'air, &
du Iard, les Dames de la Garnache, de S. Benoist, & autres pretendans droit de iurisdiction d'Admirauté, de Grauages, de Bris, de Guets, d'Espaues sur les costes & riuages
de la mer, ez Prouinces de Bretagne, Guyenne, Normandie, Picardie, Poictou & autres lieux, rapporteront au
Greffe du Conseil leurs Titres desdits pretendus droits, pour
iceux mis ez mains des Commissaires qui seront à ce deputez
par sa Majesté estre fait droit ainsi que de raison, & à faute
de ce faire dans ledit temps, & iceluy passé, sadite Majesté
les a declarez descheus desdits droits. ET NEANT-
MOINS dés à present leur a fait inhibitions & diffences de
troubler les Officiers de la marine en ladite iurisdiction à eux
attribuée par l'Ordonnance, iusques à ce que autrement par
sa Majesté en ait esté ordonné. Fait au Conseil d'Estat du*

Roy, tenu à Paris le treziefme iour de Decembre 1629.
Signé,   Cornuel.

Du depuis ce grand Soleil, le *Cardinal Duc de Richelieu*
eftant eclipfé, les Officiers du Seigneur Comte d'Olonne eftimant faire facrifice à leur Seigneur. & pareil feruice, comme les traitres & defloyaux Lamaneurs, remar-
quez au 25. & 26. de ces jugemens, ils troublerent &
chafferent feditieufement & de viue force les Officiers
de l'Admirauté eftablis au Bourg des Sables d'Olonne:
duquel infult *Monfeigneur Armand de Maillé Duc de Brezé,*
Pair, grand Maiftre fur-Intendant general de la Nauigation & co-
merce de France, ayant porté fes iuftes plaintes à fa Majefté,
interuint autre Arreft du Confeil du 7. May 1644. de
telle teneur.

EXTRAICT DES REGISTRES DV
Confeil d'Eftat..

14 *S*VR *la Requefte prefentée au Roy en fon Confeil, par*
Meffire Armand de Maillé Duc de Brezé, Pair,
Grand Maiftre & fur-Intendant general de la Nauigation
& Comerce de France: Contenant qu'encore que le fieur
Marquis de Royan Comte des Sables d'Olonne, faute d'a-
noir iuftifié les titres de fes pretendus droits de iurifdiction,
de Grauage, de Bris, de Guets, d'efpaues, & autres droits
fur les coftes & riuages de la mer, en l'eftendue dudit Comté
des Sables d'Olonne, il foit par Arreft du Confeil d'Eftat du
Roy du 13. Decembre 1629. declaré defcheu defdits droits;
qu'inhibitions & deffences luy ayent efté faites, & à fes
Officiers, de troubler les Officiers de l'Admirauté en la Iurif-
diction

diction à eux attribuée par les anciens Edicts & Ordonnances faits sur la marine ; Et que par les lettres du feu sieur Cardinal Duc de Richelieu, cy-deuant pourueu de la charge de Grand Maistre, en datte du 7, Feurier 1631. le Siege de l'Admirauté des Costes de Poictou qui estoit estably à Luçon, ait esté transferé au Bourg des sables d'Olonne pour la Coste de Poictou, lesquelles ont esté confirmées par Lettres Patantees de sa Majesté du mois de Feurier 1631. verifié au Parlement de Paris le 4. May ensuiuant, sans qu'il y ait eu aucunes oppositions, dont ledit sieur Cardinal Duc, & ledit sieur suppliant ont paisiblement iouy : Neantmoins depuis le mois de May dernier, ledit sieur Marquis de Royan & ses Officiers audit lieu, durant l'absence dudit sieur de Brezé qui estoit occupé pour le seruice de sa Majesté dans ses armées Nauales, ont tellement troublé ledit sieur suppliant, & ses Officiers de l'Admirauté, tant par vexations, entreprise de iurisdiction, voyes de fait, & menasses à l'encontre des Officiers de l'Admirauté, & habitans dudit lieu des sables d'Olonne ; qu'à present il ne si tient aucune Cour & Iurisdiction d'Admirauté audit lieu : Mesmes ils se sont aduisez pour colorer en quelque façon leur violence, & secoüer tout à fait le joug de la Iurisdiction de l'Admirauté, de faire par les manans & habitans des sables d'Olonne, presenter vne Requeste remplie de faits tres-faux & supposez, & sur icelle ont obtenu vn Arrest au Parlement de Paris ; le 23. Feurier 1644. par lequel sans ouyr parties, lesdits habitans ont esté receus appellans de tous les iugemens & Ordonnances, tant dudit feu sieur Cardinal Duc, que desdits Officiers, Portant

R

Reglement des droits attribuez à la charge de Grand Maî-
ſtre, & de ce que doiuent prendre leſdits Officiers de l'Admirauté pour l'enregiſtrement des congez, receuoir les raports
des Maiſtres de Nauire, ſalaires & vacations à rendre la
iuſtice; & iceux habitans tenus pour bien releuez, & à eux
permis de faire inthimer qui bon leur ſemblera: Ordonne que
ſur leſdits apels les parties auront audiance au premier iour:
Et cependant ladite Cour fait inhibitions & deffences de contraindre leſdits habitans à payer aucuns droits, s'ils ne ſont
eſtablis par Edicts verifiez au Parlement. Lequel Arreſt leſdits habitans des Sables d'Olonne ont fait ſignifier auſdits
Officiers de l'Admirauté, & en vertu d'iceluy pretendent
non ſeulement ſe diſpenſer de payer aucuns deſdits droits deubs
audit ſieur Duc de Brezé & ſes Officiers; mais encore de
prendre aucuns congez quand ils iront en mer, ny faire aucuns
raports à leur retour, ce qui eſt de tres-dangereuſe conſequence. A CES CAVSES, deſiroit ledit ſieur ſupliant luy eſtre
ſur ce pourueu. VEV ladite Requeſte, les Edicts du Roy
François premier, du mois de Feurier 1643. Henry troiſieſme, du mois de Mars 1584. pluſieurs Declarations, Arreſts
& Reglement donnez en conſequence pour le fait de la marine, leſdits Arreſts du Conſeil d'Eſtat du 13. Decembre 1629.
Lettres dudit ſieur Cardinal de Richelieu, du 7. Feurier
1631. Lettres patantes de ſa Majeſté confirmatiues d'icelles,
du mois de Feurier 1631. & Arreſt de verification du Parlement de Paris du 4. May enſuiuant, concernant l'eſtabliſ-
ſement dudit ſiege de l'Admirauté audit Bourg des Sables
d'Olonne pour les Coſtes de Poictou, les ſignifications deſ-

dits Arrest & Lettres, faites audit sieur Marquis de Royan, & à ses Officiers, tant à la Requeste dudit feu sieur Cardinal, que dudit sieur de Brezé : Le Reglement fait par ledit deffunct sieur Cardinal, des droits que devoit prendre lesdits Officiers de l'Admirauté des Sables d'Olonne, & du sieur Marquis de Royan, qui iustifient lesdites entreprises de Iurisdiction, ledit Arrest du Parlement de Paris du 23. Feurier 1644. Ouy le raport du sieur d'Aligre, tout consideré. LE ROY EN SON CONSEIL, ayant esgard à ladite Requeste, a évoqué l'instance d'apel interjetté par les habitans des sables d'Olonne desdites Ordonnances & Reglemens : Ensemble tous les differens qui sont entre lesdits Officiers de l'Admirauté, & ceux dudit sieur Marquis de Royan, s'en est reservé à soy & à son Conseil, toute Cour, cognoissance & iurisdiction, & icelle interdite : & deffendue audit Parlement de Paris & tous autres Iuges à peyne de nullité & cassation de procedures : A tené & leué les deffences portées par ledit Arrest du Parlement de Paris, a deschargé & deschargé tous ceux qui ont esté assignez en vertu d'iceluy arrest. Permis audit sieur de Brezé de faire assigner au Couseil, en vertu du present arrest, ou de copie d'iceluy deuëment collationnée par l'un des Secretaires de sa Majesté que bon luy semblera : Et cependant par provision, ordonne sadite Majesté que ledit sieur de Brezé iouyra des droits des congés & passeports attribuez à sa charge de Grand Maistre de la marine, tant audit lieu des sables d'Olonne, qu'en tous autres lieux & endroits de ce Royaume, ainsi qu'il a bien & deuement iouy depuis qu'il est pourueu d'icelle, & qu'en iouyssoit

R 2

au parauant luy ledit deffunct sieur Cardinal : Comme aussi
que lesdits Officiers de l'Admirauté des sables d'Olonne, ensemble tous les autres Officiers de l'Admirauté de ce Royaume iouyront des droits attribuez à leurs charges, ainsi qu'ils
ont fait par le passé, & conformement au reglement fait par
ledit deffunct sieur Cardinal Duc, du 23. Mars 1641.
que sa Majesté veut estre executé de point en point selon sa
forme & teneur : Et fait deffences audit sieur Marquis de Royan, ses Officiers & tous autres, de troubler les Officiers de
l'Admirauté des sables d'Olonne & autres de ce Royaume en
l'exercice de leurs charges, ny d'entreprendre aucune chose sur
eux à peine de trois mil liures d'amande, & de tous despens
dommages & interests.   Fait au Conseil d'Estat du Roy, tenu à Paris le septiesme iour de May 1644. Signé, Bourdeaux.

XXXVII.

ITem ; Touchant les gros poissons à lard, qui
viennent, & sont trouuez à la riue de la mer, il
faut auoir esgard à la Coustume du Païs : Car le
Seigneur doit auoir partie au desir de la Coustume,
la raison est bonne, car le sujet doit deuoir obeissance & tribut à son Seigneur.

1   Gros poissons de mer Espaues, appartiennent aux Sei-
     gneurs des lieux.

2   Si lesdits poissons sont trouuez sur le riuage, ou proche
     d'iceluy.

1 CEs Iugemens declarent, que par les anciennes
Couſtumes des pays, tant le Roy que les Seigneurs
particuliers des lieux, auſquels eſt deub obeyſſance,
deuoirs & tributs: auoient iadis certains droits les vns &
les autres ſur les Eſpaues de mer. *Garcie de Ferrande* en ſon
Routier au titre *de la Couſtume de Bretagne*, dit le meſme,
& ce qui fut confirmé pour la Bretagne par le traité du
Roy *Sainct Louys*, *& Pierre Dreus Mauclerc* Duc de Bretagne,
dont la Carte eſt au cinquieſme liure de l'hiſtoire de
Monſieur d'Argentré chap. 17. & la Couſtume de
Normandie au titre *de Varech*, ſpecifié ce qui appartient
aux vns & aux autres, & particulierement que les Balaines
& autres poiſſons à lard appartiennent aux Seigneurs particuliers, *La Chartre aux Normarnds.* §. *Item quod quilibet no-*
bilis, maintient les Seigneurs particuliers en leurſdits
droits.

2 Et faut entendre des poiſſons trouuez ſur le riuage, où à l'eſtenduë que peut faire vn homme à cheual
auec le bout de ſa lance, qui eſt le *Varech* de la Couſtume
de Normandie; car s'il eſt trouué plus auant en mer le
Seigneur n'y à nul droit, quoy que le poiſſon ſoit mené
ou pouſſé à terre. Cy-deſſoubs iugement 44.

XXXVIII.

ITem, Le Seigneur doit prendre & auoir ſa part
deſdits poiſſons à lard, & non en autre poiſſon:
reſerué toutesfois la bonne Couſtume du pays, ſur
le lieu où ledit poiſſon aura eſté trouué: Et iceluy
qui la trouué n'eſt tenu ſi non de le ſauuer & metre
hors du danger de la mer, & incontinant le faire
ſçauoir audit Seigneur; en le ſommant & reque-

rant qu'il vienne, ou enuoye querir le droit à luy appartenant dudit poisson.

1　*Poisson Royal.*

2　*Poisson à lard.*

3　*Poisson des pauures.*

4　*Droit du Seigneur Duc d'Espernon, captal de Busch sur le poisson, porté des contrées de Busch au Marché de Bourdeaux.*

1　LA Coustume de Normandie recognoist deux sortes de poissons, sçauoir le poisson Royal que les interpretes de la mesme Coustume. *Beraut & Godefroi*, & d'Argentré au liure premier de l'histoire de Bretagne chapitre 9. disent estre le Dauphin. L'Estourgeon ou Creac, le Saulmon, les Turbots, les Viues, les Sormulets qui sont les Rougets ou Barbehauts, les Haubars, qui sont Brigne ou Loubine, & generalement tout poisson digne de la table du Roy.

2　Secondement les poissons à lard, qui sont les Balenes, que la mesme Coustume de Normandie attribue aux Seigneurs particuliers, ausquelles peuuent estre adioustez les Veaux marins, les Marsouins, les Thons, & autres poissons de haute gresse, aptes à fondre & faire huiles.

3　On peut dire qu'il y en à d'vne troisiesme espece, les poissons des pauures ou de la populasse, comme sont le poisson blanc, les Alouses ou Colac.

Stridentesque focis obsonia plebis Alausas.

Dit Ausone *in Mosella*, la Lamproye laquelle en hyuer est pour la Noblesse, & au printemps pour le paysan.

4 ET NON EN AVTRE POISSON. Le Siegneur

Duc d'Efpernon Captal de Buſch, à droiɛ̃t de leuer &
prendre le huiɛ̃tiéme deɴier dans le marché de Bourdeaux, ſur le prix de tout le poiſſon qui vient de lamer
des contrees de Buſch pour y eſtre vendu : D'autant que
tant les Peſcheurs, que les Chaſſe-marées, ou Bougés,
furent iadis ſes hommes Queſtaux : Et de fait, quelque
part que ledit Seigneur ſoit dans le Duché de Guyenne,
les Bougés ſont tenus de luy porter du poiſſon frais aux
iours maigres pour l'entretien de ſa maiſon, & ce à certaine petite taxe reglée anciennement. Toutesfois ledit
Seigneur eſt en poſſeſſion honorable de les payer raiſon-
nablement, & les defrayer de la courſſe : Ce droiɛ̃t eſt
nommé *Bian*, qui eſt à dire, ou ſignifie *couruée de chemin ou
de voiture. ANGARIA.*

XXXIX.

ITem, Si ledit Seigneur veut, & auſſi s'il eſt de
couſtume, il pourra faire aporter & amener à celuy qui a trouué ledit poiſſó au lieu & à la plaſſe pú-
blique, l'a où l'on tient le marché ou hale, & non
ailleurs, & là doit eſtre ledit poiſſon mis à prix par
ledit Seigneur ou ſon Licutenant ſelon la couſtume;
& le prix fait, celuy qui n'aura fait le prix, aura ſon
eſleɛ̃tion de prendre ou de laiſſer, & ſi l'vn d'eux
per fas aut nefas, fait perdre à l'autre la valeur d'vn
denier, il eſt tenu à reſtituer.

XL.

ITem, Si les fraix & coufts de l'amenage dudit poiſſon iuſques à ladite plaſſe, feroit de plus grande ſomme que ne vaudroit ledit poiſſon, lors ledit Seigneur eſt tenu de prendre ſa part ſur le lieu.

XLI.

ITem, Sur leſdits fraix & miſes ledit Seigneur doit s'eſcotier; car il ne doit pas s'enrichir de la perte ou dommage d'autruy, autrement il peche.

1 *Les deſpenſes leſquelles excedent le profit doiuent eſtre eſuitées.*

2 *Vne piece ou fonds d'importance ne doit eſtre ſaiſi, ou decreté pour vne legere hypotheque.*

3 *La veſue premiere creanciere, peut retenir les biens inſuſiſans de ſon mary pour ſon hypotheque.*

4 *Commiſſaire general des ſaiſies Reeles, ne doit faire plus grands fraix que de la valeur des fruiɛts des choſes ſaiſies.*

5 *S'eſcotier.*

1 LES deſpenſes auſquelles il y a plus de miſe qu'il n'en reuient de profit, doiuent eſtre eſuitées. *l. Mediterranee. De Annonis & Tributis lib. 10. Cod.* C'eſt pourquoy la Iuſtice a touſiours reprouué les fraix exceſſifs, Notamment la ſaiſie & criées d'vn bien de grand prix, pour
des

des petites & modiques sommes, au payement desquelles les fruicts annuels sont suffisans. *l. magis p to. §. Item Prætor D. rebus eorum qui sub tutela : Ne propter modicum as alienum magna possessio distrahatur.*

2 La vefue premiere creanciere de son feu mary pour son dot & agencement, lors, & quand ses hypoteques excedent la valeur des biens qu'il a delaissez, est fondée de droict d'apeller de la saisie & criées desdits biens, pour en demander la main leuée, auxfins d'en auoir la iouyssance & les tenir pour ses hypotheques: Si mieux le saisir-faisant n'ayme renôcer au priuilege des defpens de criées, & en outre se soumettre à fournir d'encherisseur à somme suffisante, pour l'indemnité & satisfaction de ladite vefue. *l. 1. Cod. Si antiquior creditor. Mornac. ad legem Partis tertiæ. D. Præscriptis verbis.*

3 Comme aussi par Arrest de Reglement du Parlement de Bourdeaux, en datte du 9. Decembre 1628. le Commissaire general des saisies reelles ne peut, ou ne doit faire des frais, excedans la ferme ou la valeur des fruicts des choses saisies.

4 S'ESCOTIER, c'est à dire, *payer son escot*, qui est sa part des frais & defpense: c'est vn vieux terme du Cabaret.

XLII.

ITem, Si d'auanture ledit poisson trouué est desrobé ou perdu par quelque fortune: apres que ledit Seigneur la visité, ou auant; celuy qui la trouué ny est en rien tenu.

S

Casus Fortuiti in quibus est agressura latronum à neminè
præstantur. l. quæ fortuitis. C. pigneraticia actione.

XLIII.

ITtem, Et en toutes choses trouuées à la Coste de
la mer, lesquelles autrefois ont esté possedées,
comme vin, huiles & autres marchandises : & combien qu'elles ait esté jettées & delaissées des Marchands, & qu'elles doiuent estre au premier occupant; Toutesfois la coustume du païs doit estre
gardée comme des poissons, Mais s'il y à presomption que ces choses soient d'aucun Nauire qui soit
peri, rompu, ou sumergé : lois le Seigneur, ou l'Inuenteur ne doiuent rien prendre pour le retenir,
ains doiuent faire comme dit est, sçauoir du bien
aux pauures necessiteux, ou autrement ils encourent le jugement deDIEV.

XLIIII.

ITem, Si aucũ Nauire trouue en plene mer vn poisson à lard, il sera totalement à ceux qui l'ont trouué, s'il n'y a poursuite, & nul Seigneur ne doit auoir
n'y prendre part, combien qu'on l'aporte à sa terre.

ᶻ *Par le droict de Nature la mer est commune à*
tous.

2 *La pourſuite retient le droict du Domaine des choſes pourſuiues.*

3 *Les peſcheurs des Baleines ſur la Coſte de Guyenne, meinent librement, & bonifient leurs prinſes à terre.*

4 *Ce qui ſe donne par deuotion eſt arbitraire ou volontaire, & non par redeuance neceſſaire.*

1 PAR ce jugement qui reſpond au 37. cy-deſſus, les Ducs de Guyenne Roys d'Angleterre, auoüent que la mer n'eſt point au Domaine particulier de qui que ſoit, mais qu'elle eſt commune à tous tout ainſi que l'air. *Inſtit. de rerum diuiſione. §. 1. l. iniuriarum. §. ſi quis me prohibeat. D. iniurys.* Ce qui eſt donner le contredit directement à la propoſition du ſçauant *Seldenus* en ſon traité *de Dominio Maris* qu'il a fait pour les Roys d'Angleterre, leſquels il ſuppoſe eſtre Roys de la mer, à l'excluſion des autres Roys & ſouuerainetez.

2 S'IL N'Y A POVRSVITE. *l. Naturalem. §. 1. D. Acquirendo rerum dominio, & Inſtitut. de rerum diuiſione. §. illud quæſitum.*

3 Les peſcheurs de Capberton & du Plech, ou BOVcau vieux. Les Baſques de BIarri, Gattari, Sainct Iean de Luz & Ciboure, & autres peſcheurs de Guyenne, leſquels vont hardiment, & par grand adreſſe, harponner & bleſſer à mort les Baleines en plaine mer, ne payent, ou n'ont payé iuſques à preſent quoy que ſoit au Roy, n'y à Seigneur quelconque, pour amener & deſpeçer leurs prinſes à terre.

4 Bien ont ils de loüable couſtume, de donner par deuotion à l'Egliſe les langues des Baleines & BalenOns, qui eſt la partie de la beſte la meilleure à madger & ſemble du lard: Et en outre par aumoſne ils donnent quelque piſtole aux Hoſpitaux, aux Chapeles, aux Religieux &

lieux pieux, fans neantmoins qu'ils y foient autrement obligez, mais feulement par deuotion, en intention de rendre graces à DIEV, & en efperance qu'il benira leur labeur, & les conferuera des grands perils aufquels ils s'expofent tous les iours failant cette pefcherie.

DE LA PESCHERIE DES BALENES SVR la Cofte de Guyenne.

1   *Monftreufe corpulence des Balenes.*

2   *Diuerfes efpeces de Balenes.*

3   *Les Balenes produifent les Balenons viuans.*

4   *Les norriffent à la mamele.*

5   *Pafture des Balenes.*

6   *Leur viande la plus folide eft le Pfyllus, ou la puce de mer.*

7   *Balenes n'ont pas de dents, mais des barbes dans la gueule.*

8   *Les barbes operent aux Balenes pour ouurir la gueule, eftandre les goetres, & fouleuer la langue.*

9   *Efpece de Balenes, du cerueau defquelles eft fait le drogue nommé. Sperme de Balene.*

10   *Huiles de balene.*

11   *Bonnes balenes.*

12   *Balenes refpirent l'air.*

13   *Balenes norrices font chargées de haute greffe,*

14   *Phyfeter ou foufleur.*

15   *La refpiration de Balenes femblable à la fumee de cuifine.*

16 Bras ou Nageoires, & la queuë des Balenes couuerte
d'vn gros cuir.

17 Temps, & la saison du passage des Balenes sur la Coste
de Guyenne.

18 Cause pour laquelle les Balenes, & diuers oiseaux
qu'on nomme de passage viennent à nous en Automne, & sur l'hyuer.

19 Iour long de six mois, suiui d'vne nuict de semblable durée.

20 Balenes norrices sont en grande sollicitude à mener les
balenons.

21 La ieunesse est naturelement reboursse.

22 Amour aueugle & desreglé des meres.

23 Par soustraction d'aliment, la mere Balene s'efforce de
dresser son Balenon à la droite route.

24 Opinions erronées des Escriuains Naturalistes au sujet
des Balenes.

25 Ordre que les Pescheurs de Guyenne tiennent au temps
du passage des Balenes.

26 Aduertissement des sentineles.

27 En quelle partie les Pescheurs attaquent la beste auec
moins de danger.

28 De l'Harponeur, ses qualitez & sa posture lors qu'il est
en faction.

29 Forme ou figure de l'harpon.

30 La Balene se sentant blessée plonge & cale à fonds, auec
grand danger des Pescheurs.

31 Poste des Chaloupes, tandis que la Balene blessée se

debat en bas.

1 IL eft notoire que les Balenes en comparaifon du reſte des animaux, ſont à la taille gigantine & de cor-
pulence monſtreuſe. *Balenæ quaternum iugerum*, *Priſtes ducenum cubitorum*, c'eſt ainſi qu'en parle Pline: Et de fait les
areſtes, ou les os de ces poiſſons, ſont capables d'eſtayer,
& ſeruir à conſtruire de biens grands edifices, *Strabo*, *Olaus
Magnus*, *Theuet*, *Rondelet*, *Bellon*, *Geſner*, *Aldrouant*, & tous
les Eſcriuains naturaliſtes auec nos Baſques n'en diſent pas
moins, notamment des Balenes du Nort, qu'ils aſſeurent
eſtre beaucoup plus grandes que celles qui atterriſſent ſur
les Coſtes de Guyenne & de la mer Mediterranée.

2 Ils en remarquent de diuerſes eſpeces, tant des cog-
nuës que des meſcognuës aux anciens. 3. Toutes leſquelles produiſent les balenons viuans & parfaits animaux,
dés qu'ils ſortent du ventre de la mere Balehe. 4. Et ce
vn ou deux au plus qu'elles norriſſent à la mamele fort tendrement, auec ſoin & grand amour.

5   La norriture ordinaire des balenes eſt vn eau pitui-
teuſe, *Muccus, ſpuma,* que naturellement elles ſçauent extraire de la mer, tout ainſi que les moules, les huitres, &
le reſte du coquillage l'atire & l'aſſaiſonne dans les conques; outre laquelle eau leur viande la plus ſolide eſt vn
petit inſecte nommé par les Baſques *Guelde*, qui eſt le *Pſyl-*
lus marinus, la *Puce de mer.*

6   Petit inſecte que la mer produit en grand abondance, pour eſtre la viande ordinaire & la manne du gros
poiſſon. C'eſt l'obſeruation de nos Baſques, leſquels aux
diſections qu'ils font ordinairement des balenes, ne trouuent autre paſture en leur eſtomach que de l'eau eſpeſſe
& de ces menus inſectes, rarement quelque anchoye ou
petit poiſſon blanc, mais iamais de gros poiſſon, ny de
potiron d'ambre, comme quelques naturaliſtes ont voulu philoſopher ſur le recit ou l'aduis *d'Albert lib.* 24. *& de*
Meſſer Marco Polo. lib. terzo. cap. 34.

7   Auſſi la plus part des balenes n'ont pas de dents, la
nature leur a ſeulement donné des fanons ou barbes dans
la gueule, faites en table ou lames, larges d'vn empan
plus ou moins, & longues iuſques à quinze pieds ou plus,
finiſſant en frange ſemblable aux ſoyes de pourceau ou
crein de cheual, enchaſſées par haut & ſortant du palais,
leſquelles y ſont rangées de diferente grandeur & reglées
en ordre comme le manteau d'vn oiſeau, leſquelles barbes pouſſent de haut ou elles ſont afichées en bas, & ſans
ſortir de la gueule embraſſent la langue, la ſouleuant pour
la lauer & refraichir aux occaſions. 8. Comme auſſi par
leur dilatation & mouuement, font eſtendre & reſtrain-
dre les ioües ou goeſtres de la beſte, leſquelles ſont fort
amples en la mandibule inferieure, capables de contenir
& conſeruer le balenon nouuellement né comme dans
vne boete, pendant les orages & le mauuais temps. *Olaus.*
lib. 21. *cap.* 12.

9 Il y a vne efpece de balenes qui ont de petites dents plates en la gueule fans fanons, & de celles là les Bafques tiennt le drogue nommé *Sperme de Balene*, qui n'eft autre chofe que le cerueau de la befte, duquel ils rempliffent des thonneaux, le puifant dans le crane auec des poilons ou cueüilleres: Les Droguiftes l'eftraignent, le lauent, & le preparent, en forte qu'ils le rendent blanc comme neige ou fleur de fel, excedant toute autre blancheur: Ce qui fert pour faire du fard excellent, & l'ont nómé *Sperme*, à l'intention des femmes & filles qui s'en feruent.

10 De toutes les efpeces de balenes les Bafques expriment de l'huile; mais auec plus grande abondance d'vne forte qu'ils nomment *bonnes Balenes*, lefquelles n'ont qu'vn feul éuant ou foufpirail fur le front, duquel fort affez lâchement vne bruine d'eau, reffemblant à la fumée grife de cuifine, qui les fait remarquer lors qu'elles viennent en haut pour refpirer & prendre halene. 12. Ces bonnes balenes font femeles, & le plus fouuét nourrices, la nature les ayant pourueuës de l'enbonpoint, & chargées d haute greffe pour fournir le laict, & la nourriture a fuffire.

13 Autres Balenes y a de plus difficile capture & de moindre profit, lefquelles on nomme *Phyfeters*, ou foufleurs, qui éjaculent, & font rejalir leur fumée comme vne firingue, haut tout ainfi qu'vne lance, fans donner nuifance neantmoins à quoy que foit par cette ejection: autres fument & refpirent par deux ouuertures.

14 Cette ejection eft le vuidange des fiftules, ou des euants de la refpiration qu'elles ont toutes pofé fur le front, & qu'elles elancent ou rejettent par neceffité, afin de pouuoir prendre & reciproquer l'air plus à deliure: & le font à grand bruit & foufle vehement, qui fe fait entendre & recognoistre de bien loing auant que les voir.

15 Les Nageoires nommez *bras*, la queuë, & tout le

T

corps fôt couuerts de gros cuir noir tout ainfi que les Dauphins, les Marfouins, les Lamies ou chiens de mer.

16. La faifon du paffage des balenes fur les Coftes de
Guyenne & de Biarris, lefquelles s'atouchent en angle
droit ou quart de roud, au lieu nommé *la Chambre d'Amour*,
proche les mafures de l'ancien Chatteau de *Ferragus* en
la Parroiffe de l'Anglet, diftant d'enuiron vne lieuë de
Bayonne : commance apres l'equinoxe de Septembre, &
dure prefque tout l'hyuer.

17 La raifon pour laquelle ces Bellues cætacées viennent audit temps s'esbaudir & s'engoufrer en ces plages,
eft qu'elles fuyent les profódes tenebres&les rigueurs de
l'hyuer, qui pour lors poffedent la mer glaciale du Nord,
en laquelle eft leur repaire, & leur fejour ordinaire pendant tout l'efte; Car les balenes font naturellement amou-
reufes de la lumiere & de l'afpect du Soleil, comme font
auffi plufieurs autres poiffons, & diuers oifeaux qu'on
nomme *de paffage*, tous lefquels pendant tout l'efté font
fejour aux mers, & les oifeaux aux terres hyperborées,
fous ou proche le pole, aux fins de iouyr de la grace &
du plaifir d'vn iour cótinuel de fix mois de durée.

18 Sçauoir eft, depuis le 21. Mars que le Soleil leue en ces contrées, iufques au vingt & vniefme Septembre qu'il y couche. Attendu que la ligne æquinoctiale
eft ant parallele à l'horizon, le Soleil y paroift rodant à l'enuiron, tout autant de temps qu'il court à la bande du
Nort : de forte que le iour y eft de fix mois de durée;
comme auffi quand le Soleil apres l'æquinoxe de Septembre outrepaffe la ligne à la bande du Sud, la nuict, &
l'horreur des tenebres y viennent continueles pour autres fix mois; De façon que l'an entier n'eft compofé en
ces Regions que d'vn feul iour & d'vne feule nuict C'eft
la caufe que les Palomes, les Roquets, les Tours, les
Grues, les Martineles ou Pies de mer, les oifeaux de ri-

uiere, s'en viennent à grands vols & à troupes apres le mois de Septembre, & les Balenes trouſſent bagage, & courent en flotte vers le Pole du Sud cherchant la lumiere, & ſuiuant les rayons du Soleil.

19 En cette tranſmigration ou pelerinage, les balenes femelles, leſquelles attirent & menent quant & elles la jeuneſſe ſe trouuent empeſchées en grand perplexité, pour conduire à l'arriere garde, & à ſuite de la Carauane les balenons.

20. Car ces jeunes folaſtres diſcolez & mal aduiſez, au lieu de ſuiure la flotte par la droite route en haute mer, ils eſchapent par coſté, & ſe diuertiſſent en pouſſant ſur la Coſte ſablonuuſe de Guyenne, & paſſant plus outre apres auoir redoublé les Coſtes d'Eſpagne, ſe jetent au deſtroit dans la mer Mediterranée pour s'eſgayer & prendre leur plaiſir.

21 Les meres Balenes les ayment ſi tendrement qu'elles ne les peuuent deſemparer, mais ſuiuent touſiours à la queuë craignant de les perdre ; C'eſt ainſi que *les oyſons menent les oyes paiſtre*, comme dit Pathelin en la Commedie, & que les nourices n'ont d'autre moduement, ou d'autre chemin à faire, que celuy qui plaiſt à la fole fantaiſie de leurs nourriſſons.

22 Quand l'appetit de tirer à la tetine prend le balenon, la mere balene s'en fuit vers le plus profond, afin de le remettre, & le faire ſuiure à la droite route du Sud, *toto ſe defendit Oceano*, comme dit Pline. Toutesfois en fuyant elle n'abandonne pas l'affection maternele ; car à peu de reſiſtance ou de chemin, elle ſe rend & ſoufre le balenon, lequel ſe raſſaſie, & tout auſſi toſt retourne à ſa débauche, à laquelle la balene le ſuit touſiours de prez, comme mere abuſée ne s'en pouuant ſeparer.

23 C'eſt ce qui a baillé ſujet aux Naturaliſtes, voyant que la balene ſuit ponctuelement les mouuemens du ba-

T 2

lenon, d'eſtimer que le b.lenon fut vn poiſſon d'autre
eſpece qu'ils ont nommé *Muſculus*, & preſu né que la nature l'auoit produit exprez, pour feruir de guide ou de
Pilote à la Balene, *Aelianus lib. 2. cap. 13.* Et d'abondant
ayant apperceu que lors qu'il ſe dreſſe à la terme pour
prendre ſon aliment, la mere fait la rencherie, fuit & court
en haute mer, *& toto ſe defendit Oceano*, ils ont creu, ou
voulu dire que ce fut vn autre poiſſon de diuerſe nature
ennemy de la Balene, qu'ils ont nommé *Orca*, preſumans
qu'il la pourſuiuoit à mort, tâchant de la bleſſer par le
foible du ventre : tout ainſi qu'on dit que le Rhinoceros
attaque l'Elephant. *Aelianus. Hiſtor. animal. lib. 17. cap. 40.*
Plinius lib. 9. cap. 6. Theuet au tome quatrieſme de ſa Coſmogra-
phie. chap. 5.

24 A la ſaiſon du paſſage ; les Peſcheurs ont continuellement quelqu'vn d'entre eux au guet, & en ſenti-
nele iour & nuict dans des hutes dreſſées à ce ſujet, bien
haut ſur la coline au lez du riuage, & tout joignant ſur le
penchant ils tiennent leurs Chaloupes guindées & rete-
nuës à force de cabeſtans, bien pourueues ou garnies de
pain, de vin, de pomat, ou d'autre boiſſon, d'harpons,
lances, lignes, cordeaux, auirons, ſcaulmes, & autres
apparaus neceſſaires, le tout preſt & bien rangé.

25 Quand les ſentineles ont deſcouuert la Balene,
laquelle ils recognoiſſent au bruit & ſoufle de la reſpira-
tion qui exhale comme fumée ; lors ils excitent vn grand
tintamarre pour aduertiſſement aux autres peſcheurs,
leſquels accourent, & preſtement ſe lancent dans les chaloupes huict ou dix en chacune : Entrez qu'ils ſont ils
laſchent le cabeſtan, tombent & gliſſent en precipice ſur
le penchant de la coline dans la me . comme s'ils deuſſent
engoufrer ou fondre, & à l'inſtant la rame à la main, tirent droit au lieu qu'ils ont aperçeu les fumées de la beſte,
laquelle ils afrontent de prez, & l'ataquent vers la teſte

au colet, afin de l'affener plus mortellement & à moins de danger pour eux, que vers la queuë, de laquelle ils redoutent les foufflets ou reuers.

27 L'Harponeur qui eſt d'ordinaire le plus robuſte & le mieux adroit de l'equipage, & à ce ſujet grandement conſideré par les autres, ſe tient en poſture d'aſſaillant au bout de la pinaſſe, & commande le gouuerneur & les rameurs: Il prend ſon temps & l'occaſion, & ſe trouuant à point, il lance rudement & a grand force de bras l'harpon, lequel d'abord perce le cuir, le lard, & pouſſe bien auant dans la chair de la beſte.

28 L'Harpon eſt vn grand jauelot forgé de fer batu, long de cinq à ſix pieds, ou plus, a la pointe acerée & tranchante, aiguë & triangulaire en fer de ſagette, au bout haut eſt graué dans le fer la marque de l'Harponeur ou du Maiſtre, & ſur ce bout eſt vn petit anneau de fer ſoudé, auquel eſt noué vn cordeau ou ligne qu'ils laiſſent filer preſtement apres auoir feru: car le Monſtre ſe s'entant bleſſé tapit d'abord & cale à fonds. 29 Cependant ils prenent bien garde que la ligne en filant n'embarraſſe pieds, ny mains, ny bras des peſcheurs, ny l'eſcaume, ou autre membre de la chaloupe, car ſi cela ſe failoit ils ſeroient perdus: Et finalement au dernier bout de la ligne tient vne courge ſeiche laquelle ſurnage, ſuit, & ſert d'indice ou bonneau.

30 Tandis que la Balene reduite en ces angoiſſes ſe debat par bas, & à fonds pour ſe deferrer, les chaloupes ſe tiennent à l'erte, & ſuiuent le ſang qui ſort & ſurnage en abondance, attendant que la Balene remonte pour prendre haline: quelques chaloupes cherchent le balenon pour l'harponer, lequel pour lors eſt bien mal mené. Apres que la Balene s'eſt fort trauaillée à fonds, pour tirer, ou faire ſortir l'harpon qui luy tient lieu de bien griefue eſpine, elle reuient en haut pour reſpirer & ſe tour-

T 3

mente terriblement à fleur d'eau. Lors les peſcheurs font
voltiger les chaloupes pour marchander, & prendre l'occaſion à la bleſſer derechef ; Car quoy que le premier harpon bien aſſené ſoit capable de la faire mourir à la longue,
& que les playes ne ſe conſolident iamais, & le ſang ne
s'eſtanche point en l'eau: neantmoins pour l'expedier plus
promptement les peſcheurs prenent leur temps à la relan-
cer.

31   Enfin ayant aſſez debatu ils l'aprochent par coſté,
& luy pouſſent ſous les nageoires ou bras, vne longue lance ferrée par bout, dans la poitrine ou parmi les coſtes au
trauers les inteſtins, lors la Balene rend les abois, ſoufle
eſpouuantablement, & fait rejalir le ſang par la fiſtule
de l'euant.

32   Apres que la douleur des playes la ſurmontée, que
les coups à mort la poſſedent, que le cadauer flote ſur
ſon lard, lors les peſcheurs la touent & la pouſſent à terre, où c'eſt qu'ils la deſpecent, & bonifient promptement
les lards ſur la greue ou le riuage.

33   Des barbes & des huiles d'vne bonne Balene, il
prouient ordinairement de ſix à ſept, ou huit cens francs,
ſuiuant la grandeur ou la qualité de la prinſe, & c'eſt marchandiſe latine, auſſi-toſt venduë comme preſte.

34   L'Harponeur qui le premier la lancée, reçoit en
ſon particulier de precipu ou d'honoraire, ſur le prix total de la proye la ſomme de douze liures, la Pinaſſe qui la
porté trente liures, partageable entre l'harponeur, & le
reſte de l'equipage par eſgales parts & portions.

35   Mais le bourgeois, ou le proprietaire de la pinaſſe en amande trois parts, c'eſt à dire, tout autant que trois
compagnons.

36   Si vn ſecond harponeur a relancé la Balene à la
remiſe il n'a pas de precipu en particulier, mais la Pinaſſe
qui la porté doit auoir vingt liures, diſtribuables tout ainſi

que la premiere. 37. Et la pinasse du troisiesme Harponeur qui aura feru tirera pareillement dix liures, & tout cela, auec les aumosnes volontaires & les fraix de l'abonnement, sont les precipus sur la prinse totale.

38 Le reste du prix est partagé entre toutes les pinasses lesquelles ont assisté, & distribué aux compagnons, sauf le droit en chacune des bourgeries & proprietez.

39 Les grands profits, & la facilité que les habitans de Capberton prez Bayonne, & les Basques de Guyenne ont trouué à la pescherie des Balenes, ont serui de Lurre & d'amorce à les rendre hazardus à ce point, que d'en faire la queste sur l'Ocean, par les longitudes & les latitudes du monde. A c'est effect ils ont cy-deuant équippé des Nauires, pour chercher le repaire ordinaire de ces monstres.

40 De sorte que suiuant cette route, ils ont descouuert cent ans auant les nauigations de Christophle Colomb, le grand & petit banc des mourues, les terres de Terre-neufue, de Capberton & Baccaleos (*Qui est à dire Morue en leur langage*) le Canada ou nouuelle France, où c'est que les mers sont abondantes & foisonnent en Balenes. 41 Et si les Castillans n'auoient prins attache de desrober la gloire aux François de la premiere atteinte de l'Isle Athlantique, qu'on nomme *Indes Occidentales*, ils aduoueroient côme ont fait *Corneille, Vuytfler* & *Anthoine Magin* Cosmographes Flamans, que le Pilote lequel porta la premiere nouuelle à Christophle Colomb, & luy donna la cognoissance & l'adresse de ce monde nouueau, fut vn de nos Basques Terre-neufuier.

42 En l'an 1617. quelques Basques, à l'ayde de certains Marchands de Bourdeaux, équiperent quelque Nauire pour la pescherie vers la mer Glaciale de Groetland au Nort de l'Irlande & de l'Escosse, & à Spisberg, où c'est qu'enfin ils ont trouué la station ordinaire des Bale-

nes, pendant le iour qu'il y fait de six mois de durée.

43 Là ces monstres nouent & s'esbatent à troupes
comme les Carpes en vn viuier, ou les poissons blancs
dans les riuieres & fleuues tranquilles, les pescheurs en
y rencontrent à choisir plus qu'ils n'en veulent, ou qu'il
ne leur en faut.

44 Les Anglois qui n'auoient pas l'adresse ou l'indu-
strie de cette pescherie, en ayant eu l'aduis furent jaloux:
Ils y accoururent, & leur firent de grands molestes pour
les empescher de trauailler & de descendre à terre, lesquels ils continuerent & redoublerent tous les ans: Enfin ils leur prohiberét absolument la descente en Isand &
Groetland pour y trauailler à fondre les lards.

45 Les Basques en ont porté leurs plaintes au Roy
Louis XIII. & à feu Monsieur le Cardinal Duc de Richelieu; Mais il est suruenu du depuis tant d'autres affaires,
estimez plus importans entre l'vne, & l'autre Couronne
de France & d'Angleterre, qu'ils n'ont peu tirer aucune condition de paix, ou de trefues pescheresses: C'est
pourquoy ils furent reduits a faire leur chasse en plaine
mer sans aterrir, & porter les lards entiers de deça pour
les bonifier au retour: ce qu'ils practiquoient encore auec
grande incommodité, en l'an 1636. que le Soccoa, Ciboure & Sainct Iean de Luz furent enuahis par les Espagnols, lesquels firent butin, entre autres de quatorze
grands Nauires reuenans de Groetland, chargez de lards
cruds, & de fanons, ou barbes de Balene.

46 Du depuis vn bourgeois de Ciboure nommé François Soupite a trouué l'inuention, laquelle a fort vtilement reussi, de cuire & fondre les gresses à flot & en plene mer, loing des terres tousiours flotant sans moüiler
l'ancre, ce qui leur reuient à grand profit; car ils estoient
fort incommodez à porter les lards cruds, à cause de la
senteur de venaison, ou de la puanteur & corruption: &

le

le marc, ou l'immondice qui ne peut estre fait huile, reuenoit au tiers de la carguaison : Par l'inuention de Soupite ils sont à present liberez de tous ces inconuenians, & n'ont nul besoin de descendre à terre.

47 Suiuant laquelle, auant partir de France ils lastent le Nauire de barriques plenes d'eau, pour les tenir estanques & plus closes, ou prestes à receuoir & retenir l'huile sans coulage ; comme aussi ils portent quantité de briques, de l'argille ou terre limounuse, dequoy ils bastissent vn fourneau sur le second pont du nauire, lequel fourneau ils esleuent, & font monter vn peu plus haut que l'escoutille, ou l'ouuerture du premier tillac, où c'est qu'ils font le siege de la chaudiere.

48 Entre les deux ponts ils renfermēt & appuyēt le fourneau d'vn fort entablement bien cloué, afin qu'il ne renuerse au mouuement ou branle du nauire. Haut, & à costé de la chaudiere ils dressent vn estau à despecer & menuiser les lards, & à l'opposite vne met de pressoir, dans laquelle à demi plene d'eau freche ils tirent la gresse fonduë, laquelle surnageant & sortant de la met, s'escoule, & ruisselle par vn canal le long du tillac, & va tomber entre deux ponts dans des grands receptacles qui la reçoiuent, & la contiennent iusques à ce qu'elle soit refroidie, & en estat d'estre entonnée dans les barriques, qui ne la sçauroient contenir chaude & bouillante sans rompre, & quand l'eau de la met & du canal est deuenuë chaude, ils la vuident par vne bonde qui est en bas & au dessous la met, laquelle vuidée, & la bonde remise, ils substituent d'autre eau freche dans la met.

49 Les Grillons, ou le marc de la premiere cuite, sert de charbon pour la seconde ; car cette matiere jettée dans le fourneau, sur les grilles de fer ardentes qui soustiennent le charbon & les tisons, prend feu, fait flemme, & brusle fort vtilement : de sorte qu'ils n'ont besoin que de fort peu de bois ou de charbon.   V

50 C'eſt vn trauail ſans relaſche, qui n'a point, ou fort peu d'intermiſſion. Tout l'equipage eſt continuellement en faction, partie ſont occupez a ſoigner le nauire lequel flote touſiours. Ils ſont incommodez par l'incurſion, ou rencontre des grands pieces de Verglas auſquelles il leur conuient parer, & s'il ſourd quelque orage la fonderie ceſſe ſubit. L'autre partie de l'equipage eſt occupée à fondre, à faire feu, & arrouſer d'eau freche le dehors, & l'entablement qui ceint le tourreau par bas, afin de rebuter la chaleur, & que le feu n'engendre aux planchez & membres du nauire, y ayant des petites pompes dreſſées à ce ſujet. L'autre partie eſt empeſchée dans les chaloupes à la chaſſe & quelte des *Balenes*, leſquelles ſont encore beaucoup plus grandes que celles qui aterriſſent pardeça, & ſont ſi graſſes, que viues & mortes elles ſurnagent: Apres les auoir tuees, ils les touent & les amarrent à leur bord, & par vne extreme diligence en font preſtement la diſſection ; ils en perdent beaucoup, mais la grand quantité fait que leur carguaiſon n'en eſt pas retardée, ny plus petite : tous ces trauaux concourent, & s'eſſuyent en meſme temps ſans trefue.

51 Cette peſcherie ſe fait en Eſté, & s'expedie en l'eſpaſſe de trois mois, ſçauoir eſt vn mois pour l'enuoy, ou pour y paruenir, vn mois pour faire la chaſſe & l'exploiter, & vn mois pour le retour.

52 Le lucre eſt grand & fort innocent ; car les huiles & les fanons ou barbes ſont bonne marchandiſe, fort vtile & de prompte debite.

53 Les huiles ſeruent pour engreſſer & rendre le bray tenant, afin d'enduire & ſpalmer les *Nauires*, *Barques* & *Galeres*, pour bruſler à la lampe, pour les *Drapiers* à preparer les laines, aux *Conroyeurs* pour adouber les cuirs, aux *Peintres* à broyer certaines couleurs, pour les foulons & blanchiſſeurs à faire du ſauon, aux *Architectes*,

Sculpteurs & Maſſons, pour faire la detrampe ou laitance auec ceruſe, blanc de plomb, ou auec chaux d'albaſtre ou cômuʒe, de laquelle laitance la pierre molle ou venteuſe qui en eſt enduite, durcit & fait crouſte, capable de conſeruer la blancheur, & reſiſter aux iniures de l'air, de la pluye & du vent : & s'employent à pluſieurs autres ouurages pour ſubſtituts des voctures & greſſes : Et les fanons ou barbes s'employent à faire des pareſols, des eſuantails, des baguetes aux Eſcuyers & aux Huiſſiers, des corſets & des buſcs aux Dames, aux ouurages des Tourneurs, Menuſiers, Tailleurs, Couteliers & autres artiſans, dont il ſe retire de grands ſeruices & profits,

54 En telle ſorte que les Traittans, les Partiſans & porteurs de Quittances en ont prins l'odeur & le ſentiment : ils en ont fait vn nouueau party ſous le titre de Société ou compagnie du Nort.

55 La compagnie du Nort d'Holande a fait tanter nos Baſques : en ſorte que leurs Emiſſaires les ont ſurprins à force de ciuilitez & de preſens pour leur enſeigner le meſtier de cette peſcherie, qu'ils ont fort bien apris. & y ſont deuenus bons Maiſtres : Et pour recompenſe finale, tout auſſi-toſt les ont à viue force expellez, & leur ont tout ainſi que les Anglois prohibé l'abord des terres du Nort, pour y fondre & bonifier les huiles : De ſorte que les Baſques ſont à preſent aux termes de voir que les Partiſans profiteront de leur inuention, & de regreter leurs pratiques interceptées, & diuerties par les eſtrangers qu'ils ont enſeigné.

Sic vos non vobis mellificatis Apes.

XLV.

ITem, Si vne Nef par force de temps eſt contrainte de couper ſes cables ou filets par bout, &

laiſſe cables & ancres,& s'en va au gré du vent ; ſes cables & ancres ne doiuent eſtre perdus à ladite Nef s'il auoit *Hoirin* ou *Bonneau* , & ceux qui les peſchent ſont tenus de les rendre s'ils ſçauent à qui ils ſont : Mais ils doiuent eſtre payez de leurs peines ſelon l'eſgard de juſtice, & s'ils ne ſçauent à qui les rendre, le Seigneur y prend ſa part comme les ſauueurs, & n'en ſont point faire raiſon, à quoy ils ſont tenus: Par ce a eſté ordonné qu'vn chacun Maiſtre de Nauire aye à mettre, & faire engrauer deſſus les hoirins & bonneaux de ſon Nauire ſon nom, ou de ladite Nauire, & du port & haure dont il eſt, Et cela engardera beaucoup de dommages, & faira grand profit à pluſieurs ; car tel a laiſſé ſon ancre au matin qui ſe pourra recouurer au ſoir, & ceux qui les retiendront ſeront larrons & Pirates.

  1   *Pour beaucoup d'oecaſions les mariniers ſont contraints de couper leurs cables par bout.*

  2   *Deſerrer le Nauire.*

  3   *Hoirins & Bonneaux.*

  1   **I**L arriue bien ſouuent que les mariniers ſont contraints de couper les cables par bout, & quitter les ancres pour gagner l'oloſ ou le large, *Anchoralia incidere ne quid teneat. Liuius lib. 2. Decadis tertiæ,* à l'occaſion de quelque orage ſubit, ou de l'approche des Corſaies ou des Ennemis: comme auſsi par la preſſe des affaires ou des marées, pour ſortir plus preſtement comme fit Aenée.

Vaginaque eripit enfem
Fulmineum, ftriétioque ferit retinacula ferro.

2 Les Leuantins nomment c'eft exploiét, *Déferrerle*
Nauire : Pour pouruoir apres au recouurement de l'ancre
& cable delaiffez, ce jugement ordonne d'attacher des
hoirins ou bonneaux aux ancres, fur lefquels le nom du
Maiftre ou du Nauire foient grauez : A quoy eft conforme le iugement quinziefme cy-deffus.

XLVI.

ITem, Generalement fi aucune nef par cas d'aucune fortune fe rompt & fe perd ; tant le bris, que
les autres biens de ladite nef doiuent eftre referuez,
& gardez à ceux à qui ils appartiennent auant le
naufrage, ceffant toute couftume contraire : & tous
participans, prenans, ou confentans aufdits naufrages, s'ils font Euefques, ou Prelats, ou Clercs,
ils doiuent eftre depofez de leurs offices, & priuez
de leurs benefices, & s'ils font laïcs ils encourent

les peines fufdites.

De his autem quos diripuiffe probatum fit, Præfides ut
de latronibus grauem fententiam dicere conuenit. l. ne quid.
l. quo naufragium. D. incendio, ruina & naufragio. l. naui-
gia. Cod. furtis.

PEINES SVSDITES, aux iugemens 25. 26.
&.29

XLVII.

ITem, Et les choſes precedentes ſe doiuent entendre, ſi ladite nef n'exerçoit le meſtier de pillerie, que les gens d'icelle ne fuſſent point Pirates ou
Eſcumeurs de mer, ou bien ennemis de noſtre ſainct Foy Catholique, chacun peut prendre ſur telle
maniere de gens, & peut l'on les deſrober & ſpolier
de leurs biens.

1   *Droict de Bris practiqué contre les Pirates.*

2   *Pirates ſont ennemis communs.*

3   *Il eſt licite de les ſpolier.*

4   *Pirates & larrons n'ont aucune ſorte d'action, ou d'ex-*
     ception en juſtice.

5   *Les Pirates entre eux meſmes n'ont pas d'action l'vn*
     contre l'autre.

1   LE droict de Bris contre les Pirates eſt entierement
    le juſtice, le ſupplice ou la peine deſquels eſt d'e-
ſtre briſez ſur la roüe. *Ordonnances de l'Admirauté* 1584. a. ticle 64.

2   *Pirata cōmunes generis humani hoſtes ſunt, quos idcirco omnibus*
rationibus perſequi incumbit, dit le Chancellier d'Anglete-
re. *Baccon de Bello Sacro pag.* 346. apres tous les anciens, notamment *Pline lib.* 2. *cap.* 46. C'eſt pourquoy, *ſunt ipſo iure dif-*
fidati, cumquibus publice bellum habemus, diſent nos Docteurs.

3   Et partaſit il eſt licite, voire louable de les ſpolier,
Stracha, in tractatu De Nautis, tertia parte. num. 29 *& tractatu De*
Nauibus, ſecunda parte num. 16. Voire meſme c'eſt crime d'a-

uoir commiferation, on faire du bien aux Pirates, dit le
mefme *Stracha*, *in tertia parte de Nautis*, *num.* 25.

4 Pour eux de droit, ils n'ont nulle action, & point
d'exception en iuftice contre ceux qui leur courent fus.
Quia in omnium furum perfona conftitutum eft, *ne eius rei nomine
furti agere pofsint*, *cuius ipfi fures funt. l. eum qui* §. 4. *l qui re fibi* §.
1. *l. qui vas.* §. *fi ego. D. Furtis.* & *l'Authentique Nauigia C. Furtis*, par laquelle *Nauigantium bona qui naufragium pafsi funt. illis
referuantur*, adioufte par exception tout ainfi que ce jugement, *nifi Piraticam exerceant prauitatem.*

5 En telle forte, qu'entre eux mefmes ils n'ont pas
d'action. *Communi diuidundo l. communi.* §. *inter Prædones. D.
communi diuidundo*, au contraire la prinfe de Fourban à
Fourban eft fort bonne, & fans repetition. *l. fed ipfi Nauta.
D. Nauta*, *caupones*, *ftabularii*, la raifon eft expliquée par
Mornac fur la loy 36. *D. Dolo.*

TESMOIN LE SEEL DE L'ISLE D'OLERON
ESTABLI AVX CONTRACTS DE LADITE IS-
LE, LE IOVR DV MARDI APRES LA FESTE S.
ANDRE' L'AN 1266.

Cette datte de 1266. eft trop baffe, & ne conuient
pas au temps de la compofition ou promulgation de la
piece, comme a fort bien remarqué le fçauant & curieux
Seldenus. lib. 2. *cap.* 24. *de Dominio maris:* De forte qu'il eft
à prefumer que c'eft la datte de la leuée, ou deliurance
de la coppie defdits jugemens imprimée à Roüen : & le
tefmoignage du Seel des contracts eftabli en ladite
Ifle d'Oleron, denote que ce fut vne coppie collationnée
ou vidimée par Notaire.

Fin des Iugemens d'Oleron

DE L'ISLE DE GOTH-
LAND, ET DE LA MAGNIFIQVE
VILLE DE VVISBVY.

'ISLE de Gothland, ſciſe en la mer Gothique au Dioceſe de Lincone ou Licopen, fut jadis des appartenances du Royaume de Suede, mais du depuis elle fut du Domaine de Dannemarc, dit *Ioannes Magnus* Hiſtorien Goth, au liure 23. chap. 2. & fut ainſi nômée pour la bonté du Païs; car *land* ſignifie terre ou pays, & *Goth*, eſt à dire DIEV, ou bon; tellement que Gothland ſonne terre de Dieu, ou bonne terre: Et à la verité pour pluſieurs raiſons on la peut dire telle, dit *Olaus magnus* au liure ſecond. Le peuple y eſt fort bon & loyal, elle a de tres-beaux & bons ports, aiſez & faciles à l'abord, elle eſt riche, pour le grand nombre de beſtail qu'elle produit & nourrit, pour la venaiſon, peſcherie, foreſts, boccages, bray, goudron & beaux marbres, auec abondance de toutes autres choſes neceſſaires à l'entretien, & pour le ſeruice des hommes, & dont les habitans font grand commerce &

X

trafic par toute l'Europe.

Au Nord-est de l'Ifle, fut iadis vne tres-belle &
magnifique Ville maritime nommée *Vvisbuy*, ba-
ftie par des Eftrangers venus au pays, à cause de
quoy les Bourgeois d'icelle eftoient touſiours en
querele ou difpute, auec les Originaires habitans
de la campagne, defquels ceux de la ville firent
grand & cruel carnage en l'an 1288. A fuit e duquel les Bourgeois pour fe garantir, obtindrent du
Roy de Suede *Magnus*, permiſſion de faire mantel-
ler la ville de courtine & de baftions pour leur affeurance. *Ioannes Magnus. l.b.* 20. *biſtor. cap.* 9.

Les habitans de *Vvisbuy* pendant leur grand
credit & profperité, s'adonnerent entierement à la
nauigation & commerce maritime. Tellement que
cette ville fut longuement la foire, & le marché le
plus celebre de l'Europe, & n'y auoit point de ville
tant marchande : Là venoient trafiquer les autres
Gots ou Suedes, les Rous ou Ruſſiens, les Danois,
Pruſſiens, Liuons, Alemans, Flamans, Fins, Vandales, Saxons, Anglois, Efcoſſois & François,
châque nation y auoit fon quartier, & des ruës
particulieres à tenir leurs eftaus, boutiques, fondi-
ques ou magaſins. Tous eftrangers y eftoient aſſeurez & bien venus, & y iouyſſoient des mefmes priuileges que les naturels Bourgeois. Aux Magiſtrats
de cette ville appartenoit l'Intendance, la Iurifdiction, ou l'arbitrage des caufes & procez meus au

fubjet du fait de la marine ; En tout cas leurs Or-
donances eftoient prinfes, & paffoiét pour equitables fur toures les Coftes & Mers, depuis la Mofchouie ; iufques au deftroit de Gibaltar : C'eft ainfi
qu'en difcourent *Olaus Magnus , lib.* 10. *cap.* 16. &
Baroin herbeftain, rerum Mofchouitarum commentario. pag.
118. Cette ville s'eft enfin perduë & deftruite, fauf
la Citadele laquelle fubfifte encore fus bout : les
Hiftoriens Goths n'en rapportent pas le fujet, le
temps, ny la façon de leur perte : Difent feulement
que ce fut par diffention inteftine laquelle arriua
pour peu de cas, dont procederent de grandes fa-
ctions qui les mirét tellemét en defarroy, que tout y
fut deftruit, & la ville, & les habitans ? Qu'il s'y
void encore aujourd'huy les mazures, & fous les
poudreufes ruines fe decouure tous les jours des tables & pieces de marbre, de porphyre & de jafpe,
tefmoins de l'ancienne fplandeur & magnificence
de la ville, quelques parties de maifons voutees,
des portes de fer & de cuiure fort artiftement ela-
bourées, des feneftres ou volets d'airain, bien &
richement damafquinées & dorées : Argument des
commoditez, & des ineftimables richeffes des habitans au temps paffé, auant que l'enuie, la haine,
& les inimitiez les euffent diuifez en brigues &
partialités : Le refte des Bourgeois apres leur cheute , fe retira parmy les Vandales & les Saxons
Orientaux, qui fe font enrichis des biens de ces

X 2

refugiez: Albert Roy de Suede la fit du depuis re-
baſtir, & luy conceda de grands priuileges, mais il
ne peut faire reuenir le grand commerce en icelle.

C'eſt en cette ville de *Vuisbuy*, que les loix & les
Ordonnances maritimes que les Suedes ont mis en
credit furent compoſées, leſquelles furent receuës
comme equitables & iuſtes, & conſeruées en l'an-
gage Tudeſque ou Theuton iuſques à preſent, &
ſont encore obſeruées par les Alemans, Suedes,
Danois, Flamans, & par tous les peuples du Nort:
tous leſquels neantmoins n'ont pas eſté ſi curieux,
que de retenir la datte, & le memoire du temps
qu'elles furent compoſées & receuës.

ORDONNANCES

QVE LES MARCHANDS ET MAISTRES DE NAVIRE ARRESTERENT IADIS
en la magnifique Ville de *Vvisbuy*.

Traduites de langage Alleman en François.

ARTICLE PREMIER

LE Marinier, soit Pilote, contre-Maistre ou Matelot, qui s'est obligé ou loüé à vn Maistre, si apres il quitte, il doit rendre la solde qu'il a reçeu, & en outre doit payer la moitié, autant que le Maistre luy aura promis pour tout le voyage : Et si vn Marinier s'oblige à deux diuers Maistres, le premier qui la loüé le pourra védiquer, & le contraindre de le suiure : & neantmoins ledit Maistre ne sera pas obligé de luy payer aucuns gages ou loyers pour tout le voyage, si bon ne luy semble.

II.

Tout Pilote, contre-Maistre ou Matelot qui n'entendra pas sa charge, & ne sçaura son mestier, sera tenu de rendre au Maistre ce qu'il aura reçeu.

X 3

par auance , & en outre la moitié d'autant comme
il luy aura esté promis.

Imperitia dolus est. l. 2. D. quod quisque iuris in alium. Si los
Nauios perecen por culpa de los Mayorales, son obligados à pagar los
daños de los nauios y mercadurias à sus dueños. leye 10. de la quin-
ta partida.

III.

Le Maistre peut quitter le matelot sans cause legitime auant partir, en luy payant la moitié de ce
qui luy a esté promis ; Mais s'il est sorti du havre, &
s'il a commencé le voyage, le Maistre qui le congedie sans cause est obligé de luy payer entierement tous les gages promis.

IV.

Il est inhibé à tous mariniers, de coucher & passer la nuict à terre sans permission du Maistre, & ce
à peine de deux deniers d'amande : comme aussi
de desmarrer le bateau du Nauire de nuict, à mesme peine.

Il faut entendre deniers blancs ou d'argent, dont les
trois font le gros, & les huict gros font l'once : on nomm-
me à present carolus ou grands blancs les doubles deniers, car les simples en espece sont hors d'vsage.

V.

Les matelots auront quatre deniers par lest pour
la charge, & trois deniers par lest pour la deschar-

ge, & ce pour leur loyer de guindage.

Ces taxes ne font iamais ftables, à caufe de la cherté
des viures, & de la valeur des monnoyes qui varient &
augmentent tous les iours, à prefent l'ordinaire du guindage & reguindage eft cinq fols par left, qui eft deux
fols & fix deniers tournois par tonneau. *Guidon au chap.* 5.
des Auaries, article 17.

VI.

Il eft inhibé d'arrefter, & prendre prifonnier le
Maiftre, le Pilote ou Matelots dans le Nauire pour
debte ciuil, lors qu'ils font prefts de faire voile :
mais le creancier pourra faire executer, faifir & vendre ce qu'il trouuera dans le nauire appartenant à
fon debiteur.

L. 1. *de Nauicularijs. liv.* 11. *Cod.*

VII.

Le Nauire eftant freté pour tout l'Efté, l'Efté oŭ
la location finit, le iour & fefte *S. Martin* vnziefme
de Nouembre.

VIII.

Celuy qui fe feruira de la Gabarre d'autruy fans
permiffion, payera quatre fols d'amande au proprietaire, enfemble les iournées, fi ce n'eft en cas
de necefsité, comme de feu ou autrement.

IX.

Si quelqu'vn a befoin de faire recognoiftre vn

debte, ou pour autre chofe, il ne doit pas mener des Eftrangers à bord, mais fe pourra feruir des gens qui feront dans le nauire: le mefme faut faire en voyage en tous actes qu'il eft befoin de tefmoins.

X.

Il n'eft pas permis de vendre, ou d'engager vn vaiffeau pris à fret, mais bien eft il licite de le freter ou fous-loüer à d'autres pour le mefme temps, & pour mefme voyage.

L. fi cui locauerim. D· locati. l. nemo prohibetur. C. locato.

X I.

Si vn Nauire freté pour vn voyage eft enuoyé en autre plus long ou diuers voyage, s'il n'y a proteftation ou diffentiment contraire, le dommage qui arriuera audit Nauire en ce voyage non accordé fera payé par moitié.

XII.

Si vn maft, voile, ou autre appareil fe pert par mal-heur, le vaiffeau eftant à la voile ou autrement, ce n'eft pas auarie de contribution : toutesfois fi le Maiftre eft contraint de le couper fera compté pour auarie groffe , payable par le Nauire & marchandife.

XII I.

Il eft inhibé au Maiftre de vendre le Nauire ny
aucuns

aucūns apparaus, ſi ce n'eſt ô la permiſsion des
Bourgeois & Seigneurs ; mais ſi le Maiſtre a beſoin
de victuailles, il peut engager des cables & cordage, toutesfois ce doit eſtre auec l'aduis des Matelots.

XIIII.

Eſtant dans vn havre, le Maiſtre ne doit partir
ou faire voile, ſans l'aduis & conſantement de la
plus grand part des Mariniers. Que s'il fait au contraire, il eſt tenu s'il arriue perte de l'amander.

I marinari tutti,
Sono a conſiglio dal Padron ridutti,   *Arioſto, canto 19.*
Ciaſcun ſeconde il parer ſuo argomenta,
Ma tutti vgal timor eſgomenta.
Iugemens d'Oleron. 2. & 8.

XV.

Les Matelots ſont tenus de ſauuer, & conſeruer
à leur pouuoir les marchandiſes : & ce faiſant doiuent eſtre payez de leurs loyers, & non autrement :
& n'eſt pas licite au Maiſtre de vendre le cordage ſans permiſsion des Bourgeois, mais eſt obligé
à la conſeruation du tout, en tant qu'il luy ſera poſſible, à peine d'en reſpondre.

XVI.

Les Matelots ſont obligez de ſauuer tout ce qu'ils

X

peuuent, & les marchands peuuent retirer leur
marchandife, en payant le fret, ou rendant le Maiftre content : autrement ledit Maiftre peut faire accommoder fon nauire, fi en peu de temps il le peut
faire, pour acheuer fon voyage ; & fi ne peut, pourra recharger les marchandifes en d'autres vaiffeaux,
pour eftre portées au lieu deftiné, en luy payant
fon fret.

XVII.

Il eft inhibé aux matelots de fortir du nauire fans
permiffion du Maiftre, à peine de payer le dommage qui pourroit arriuer : fi ce n'eft lors que le nauire
eft à terre amarré fur quatre cables, ils pourront
fortir pour retourner bien-toft.

XVIII.

Le matelot eftant à terre pour le feruice du Maiftre ou Nauire, s'il arriue d'eftre bleffé, il fera trai-
été & penfé aux defpens du Nauire : Mais fi jouant
à terre, & y eftant defcendu pour fon plaifir il eft
bleffé, le Maiftre le pourra chaffer : & fera ledit
matelot obligé de rendre audit Maiftre ce qu'il aura
receu, & en outre luy payer ce que le Maiftre fera
contraint bailler de plus à vn autre qu'il mettra à
fa plaffe.   ### XIX.

Si le matelot tombe en infirmité de maladie, &
qu'il conuient le porter à terre : il y fera nourri

comme il eſtoit dans le bord, gardé & ſerui par vn valet, & s'il vient en conualeſcence ſera payé de ſes gages : & s'il decede, ſes gages & loyers ſeront payez à ſa veſue, ou à ſes heritiers.

XX.

Si le mauuais temps contraint de jetter, & que le marchand n'y veuille pas conſentir, ſera neantmoins jetté, ſi les autres qui ſont dans le nauire le trouuent bon : & que le tiers des matelots reuenus à terre ſe purgent moyennant ferment, qu'à ce faire ils ont eſté contraints, pour eſuiter le danger & ſauuer leurs perſonnes : & leſdites marchandiſes jettées ſeront comptées pour auarie groſſe, ſur le nauire ou marchandiſes au prix que les autres ſeront venduës.

XXI.

En cas de jet, le Maiſtre eſt obligé de prendre aduis du Pilote & de la pluſpart des matelots en abſance du Marchand, & le tout ſera eſtimé ſur le nauire & marchandiſe.

XXII.

Le Maiſtre & matelots ſont obligez de monſtrer, & faire voir au Marchand le cordage du guindage : & à faute de ce faire s'il arriue d'accident ſont tenus de le payer : mais ſi les Marchands les ayant veus s'en contantent, le dommage qui arriuera fera tout à leur compte.

XXIII.

Si le Nauire eſt mal arrumé, & qu'il arriue que le vin ſe perde par faute du maiſtre pour mal gouuerner le Nauire, ledit maiſtre eſt obligé de le payer : Mais ſi les matelots declarent le contraire moyennant ſerment, le coulage ou la perte ſera ſur le Marchand.

XXIV.

Il eſt inhibé de ſe batre & donner des dementis, & celuy qui baillera le dementi payera quatre deniers, (*blancs*) ſi c'eſt du matelot au Maiſtre il payera huit deniers ; & qui frappera ſon maiſtre payera cent ſols ou perdra la main. Et ſi le maiſtre donne vn dementi payera huit deniers, s'il bat, il doit receuoir coup pour coup..

Per dignitatem iniuriam perferentis, creſcit culpa facientis. Salſianus lib. ſexto, de Gubernatione Dei.

Perdra la main. Cette peine eſtoit ordinaire aux Scythes & peuples Septentrionnaux. *Lucianus in Toxari.* & aux Orientaux. *Harmenopulus De pœnis.*

XV.

Le Maiſtre peut chaſſer vn matelot pour cauſe legitime ; mais ſi ledit matelot veut reparer ſa faute

u dire des autres, & que le maiſtre le refuſe, ledit
matelot doit ſortir: neantmoins il pourra ſuiure le
nauire iuſques au lieu deſtiné, & là ſera payé de ſes
loyers comme s'il fut eſté dans le nauire. Que ſi le
Maiſtre prend vn autre matelot en ſa plaſſe moins
habile, & qu'il arriue dommage à ce ſujet, ce ſera
au maiſtre de le reparer.

XXVI.

Si vn nauire gizant ſur ſes ancres en vn havre, eſt
hurté par vn autre nauire qui ſuruient, pouſſé du
vent, ou porté des courants, & reçoit dommage,
ſoit au corps du nauire ou marchandiſe, ledit dommage ſera payé par moitié: Mais ſi ç'a eſté fait exprez, ou qu'il ſoit arriué par ſa faute, payera ſeul le
dommage: La raiſon eſt, qu'il y a quelques vns
leſquels ayant quelque vieux nauire gaſté le tiendront exprez ſur le paſſage, afin d'eſtre endommagez & mis à fonds, pour le faire payer meilleur qu'il
n'eſt. C'eſt pourquoy il eſt ordonné que le dommage ſera payé par moitié, pour obliger les vns &
les autres de prendre garde, & ſe tenir à quartier
hors de l'empeſchement.

XXVII.

Vn Nauire eſt à l'ancre dans vn haure auquel y a
peu d'eau, en ſorte qu'il touche: vn autre nauire
vient moüiller l'ancre au proche; ſi l'equipage du

nauire furuenant eft requis par ceux du prémier de
leuer & retirer leur ancre, parce qu'ils font trop prés,
& ne le font pas, il eft permis aux premiers de le faire de leur authorité: & fi à ce ils font empefchez par
les derniers venus, ils amanderont tout le dommage qui fera caufé à ce fubjet.

XXVIII.

Il eft inhibé & deffendu à tous Maiftres de nauire de fe tenir fur fes ancres en aucun havre, fans y
attacher vn *hourin ou benneau* pour feruir d'indice,
& en cas qu'il n'en ait pas, eft tenu de payer le dommage que tous autres pourroient receuoir de leurs
ancres.

XXIX.

Aux voyages qu'il y aura du vin, le maiftre eft
obligé d'en donner aux matelots, & ne fera la table couuerte qu'vne fois le iour; mais la où ils ne
boiuent que de l'eau la table fera couuerte deux
fois le iour.

XXX.

Si vn nauire eft freté, le maiftre doit affigner &
monftrer aux matelots, l'endroit auquel ils pourront mettre ou plaffer leurs commodités ou *portées*:
& lors feront tenus de declarer s'ils le veulent charger en particulier, ou s'ils aiment mieux que foi

comprins en l'entier fretement, pour fur iceluy prendre leur part.

XXXI.

Le nauire eftant paruenu au lieu deftiné, fi les matelots veulent eftre payez de leur loyer, ceux qui n'auront ny coffre ny matelas, ne autres meubles dans le bord equiualans leur falaire, feront tenus bailler affeurance ou refpondant pour eux au maiftre, qu'ils le feruiront iufques au bout , & tant que le nauire foit de retour.

XXXII.

Les matelots qui ont leur loyer affigné à prendre certaine portion du fret, font obligez de fuiure le nauire , en cas que le nauire ne trouue point de fret au lieu deftiné, ou qu'il faille paffer plus outre pour en trouuer: mais les matelots qui font à gages feront payez felon la raifon.

XXXIII.

Le nauire eftant affeuré fur fes ancres , il eft permis aux matelots de fortir à terre l'vn apres l'autre, ou deux à la fois, d'y porter leur difner & du pain fuffifamment, mais non pas de la boiffon, & lefquels n'y pourront pas demeurer trop long-temps; car fi le nauire ou la marchandife reçoit du dommage à l'occafion de leur abfence ils feront tenus

de le payer : Et fi quelqu'vn de l'equipage fe bleffe,
ou prend du mal trauaillant pour le Marchand, ledit Marchand eſt obligé de le faire guerir, & l'indemnifer au dire du Maiſtre, du Pilote ou Matelots.

XXXIV.

Le nauire eſt freté à vn Marchand, ô condition
qu'il le chargera dans certain temps : s'il y manque,
& qu'il retarde encore quinze iours ou d'auantage,
& cependant le maiſtre pert le temps & l'occaſion
de ſon fret par les longueurs du marchand : Sera
ledit marchand tenu luy payer le retardement, dommages & intereſts, dont le quart appartiendra aux
matelots, & les trois quarts au maiſtre

XXXV.

Si le maiſtre eſtant en voyage a manqué d'argét,
il doit enuoyer chez luy pour en chercher : mais ne
doit perdre le temps opportun à nauiguer, car s'il le
faiſoit, il feroit tenu de payer au marchand le dommage qu'il reçoit du retardement : Mais en cas de
grand neceſſité il pourra vendre de la marchandiſe,
& arriué qu'il fera au lieu deſtiné, il payera au marchand leſdites marchandiſes au prix que les autres
feront venƌuës : & il fera payé de ſon fret, tant
pour les marchandiſes qu'il aura prins & vendu,
comme des autres.

XXXVI.

XXXVI.

Le Maiftre arriuant dans vn haure doit auoir foin de bien plaffer le nauire, le bien amarrer, & en bon endroit ; car s'il arriue qu'à ce deffaut la marchandife s'empire & reçoiue dommage, il eft tenu de l'amander au marchand.

XXXVII.

Si le nauire a periclité, & que le Marchand, le Maiftre ou l'equipage iugent qu'il peut eftre adoubé, en forte qu'il puiffe reprendre fa route & parfaire le voyage, ils le pourront faire & fe mettre à la voye : Si non le maiftre fera payé de fon fret des marchandifes qui feront fauuées, & qui viendront au profit du marchand feulement. Que fi le marchand n'a pas d'argent, & le maiftre ne le veut pas crediter, ledit maiftre doit prendre des marchandifes en payement, au prix que le refte fera vendu par le marchand.

XXXVIII.

Le Maiftre ne pourra pas faire jet fans en conferer auparauant au Marchand, & fi le marchand n'y veut pas confentir, & que neantmoins auec deux ou trois de l'equipage, & des plus experimentez mariniers il eft trouué neceffaire, lors il pourra jetter, & feront lefdits matelots creus à leur ferment,

que ce fut expediant de jetter. Que s'il n'y a pas
de facteur ou de marchand dans le nauire, le maiftre, & la plus grand part des matelots demeureront
d'accord de ce qu'il faudra faire.

XXXIX.

Les marchandifes jettées font payées au prix
que le Marchand vendra le refte, le fret defduit
& payé.

X L.

Le Maiftre à la contribution du jet payera fa part
des marchandifes jettées, iufques à concurrance
de la valeur du nauire, ou de tout le fret au choix
du marchand, & le marchand pour la valeur des
autres marchandifes reftantes: & neantmoins pourra le marchand prendre, & auoir fi bon luy femble
ledit nauire au prix que le Maiftre l'aura eftimé.

XLI.

Si quelqu'vn dans le nauire a de l'argent, ou
quelque marchandife de haut prix dans fon coffre,
il eft tenu de le declarer auant qu'elle ne foit jettée,
& ce faifant fera payé defdites marchandifes au prix
qu'elles valent, & de l'argent deux deniers pour vn.

X LII.

Si quelqu'vn a de l'argent en fon coffre, qu'il

se tire & le prene sur soy, & il ne payera rien.

XLIII.

Si vn coffre est jetté, & que le proprietaire ne declare pas ce qu'il y a, il ne sera compté à la contribution que pour le bois & pour la ferrure s'il est ferré, au prix qu'il vaut.

XLIV.

S'il est trouué bon de prendre vn pilote Lamaneur, si le Marchand y contredit, sera neantmoins fait ce que le Maistre, le Pilote ordinaire, & la plus part des matelots trouueront bon, & le loyer du menu pilotage sera payé selon raison, & compté sur le nauire & marchandises, comme de marchandises jettées.

XLV.

Si vn Maistre est incommodé, court d'argent ou de victuailles, & à cette cause contraint de vendre des marchandises, ou prendre argent à la grosse auanture sur la quille du nauire, il doit payer au lieu qu'il arriuera dans quinze iours, sçauoir la marchandise à prix raisonnable, non pas au plus haut ny au plus bas prix: & s'il ne le fait, & que le nauire soit vendu & mis vn autre Maistre en sa plasse, le Marchand auquel appartenoiét les marchandises, ou le creancier qui aura presté, auront tousiours

Z 2

fpeciale hypotheque & fuite fur le nauire dans l'an
& iour.

XLVI.

Le nauire eftant chargé le Maiftre ne peur plus
prendre aucune marchandife fans la permiffion du
Marchand : & s'il le fait, en cas de jet il perdra autant comme il aura prins de marchandifes de plus ;
parquoy en chargeant il leur doit denorcer, & dire,
Meffieurs ie prendray tant, & telles marchandifes en tel
lieu.

XLVII.

Les matelots font tenus de conferuer & garder
les marchandifes au defir des Marchands, Maiftre
& Pilote.

XLVIII.

Pour la conferuation des marchandifes, fera payé aux matelots à chaque fois qu'ils remueront les
grains vn denier par left, & s'ils ne le veulent faire,
& qu'ils viennent à fe gafter, font tenus de payer le
dommage au dire du Maiftre & Pilote, & pour la
defcharge auront vn denier par left, & ainfi des autres marchandifes.

XLIX.

Les matelots doiuent reprefenter au Maiftre les

cordages du guindage, & luy donner aduis des defauts qu'ils y reconnoiftront: & fi le Maiftre n'y
pourroit, le dommage qui arriuera fera fur fon
compte; mais fi les matelots manquent à luy re-
monftrer, les accidens viendront pour eftre aman-
dez à leurs defpens.

L.

Si deux nauires fe choquent & fe hurtent, dont
eft fait dommage, il fera payé par moitié, fi ce n'eft
que les gens de l'vn d'eux l'ait fait exprez, auquel
cas il payera le tout.

LI.

Et pour obuier à tous inconueniens, il eft enjoint à tous Maiftres de Nauire d'attacher *des boi-
rins & aloignes* à leurs ancres, à peine de payer tous
les dommages qui pourroient eftre faits.

LII.

Le nauire eftant paruenu au lieu de fon refte, doit
eftre defchargé, & le Maiftre doit eftre payé dans
huict ou quinfe iours pour le plus tard, felon la
qualité du voyage.

LIII.

Si vn nauire freté pour vn havre, entre neantmoins en vn autre, le Maiftre eft tenu de fe purger

moyennant ferment, enfemble deux ou trois de
fes principaux matelots, que ç'a efté par contrainte
& par neceffité qu'ils ont fait cette fauce route, &
pourra fe remettre en fa route & parfaire le voyage,
ou bien enuoyer les marchandifes par autres vaiffeaux à fes defpens, & ainfi fera payé de fon fret :
& c'eft au Marchand de payer les droits de fes marchandifes.

Le Marchand eft tenu payer les trauers, fubfides, impofitions, & couftumes impofées fur la marchandife : &
le Maiftre du Nauire paye & tire les congez, hommages
& droits honorifiques, deubs à caufe du nauire & pour
l'honneur du voyage : comme le droit de Cordoan, la
pieffe de bœuf falé au Chaftelain de Blaye, la branche
de Cyprés, que les Anglois fouloient payer volontairement au Maiftre garde de la foreft du Cypreffa, qui eft à
la volte ou au trauers de Bourdeaux, lors que les Roys
d'Angleterre eftoient Ducs de Guyenne : ce qu'ils faifoient pour en porter vne branche,& la faire voir en leur
pays, où c'eft que la terre ne produit, ny ne nourrit pas
de tels arbres. Cette curiofité des Anciens a depuis paffé
en couftume ou redeuance, tout ainfi que la branche, ou
feüille de Palme que rapportent les Pelerins quand ils
reuiennent du voyage de Hierufalem. *In fignum confumma-*
tæ Peregrinationis. Vvilhelmus Tyrenfis Archiepifcopus. lib. 2 1. *cap.*
1 7. *quod à principio beneficium fuit, vfu atque ætate fit debitum.*
Symmachus lib. 1 0. *Epiftola* 5 4.
Cette diuifion de droits à payer par le nauire ou par la
marchandife, eft de la difpofition du Droit. *l. cum in plures.*
§. *vehiculum. D. locati, & ibi Bartolus. Beneuenutus Stracha. Tra-*
ctatu de Nautis, Parte tertia, num. 9.

Le Maiftre doit pareillement bailler caution, d'enuoyer, ou rapporter certificat de la defcente des marchandifes qu'il a chargé, & defquelles la fortie hors le Royaume eft prohibée, & que par fes gens il ne fera mesfait aux
fujets ou amis de l'Eftat. *Ordonn. de l'Admirauté de l'an* 1498.
article 2. *& de l'an* 1584. *article* 46.

Si par force & contrainte pour fe garantir de la tourmente, des Fourbans ou des Ennemis, le nauire eft contraint de relafcher & d'entrer en quelque port fans defcharger ; mais pour attendre le temps & la commodité
pour fortir & continuer fa route : De droit il ne doit pas
payer aucunes couftumes ou peages en ladite Efcale , ou
port détourné. *l. Cæfar. l. interdum. §. fi propter. D. Publicanis,
Bartolus ad legem primam, De Naufragijs lib.* 11. *Cod.* & de ce
y a Arreft du Parlement de Bourdeaux de l'an 1595. cité
par Maiftre Bernard Automne fur la couftume de Bourdeaux article dernier. *Iugement d'Oleron* 22. & notes fur
iceluy.

LIV.

Il eft inhibé aux matelots de fortir du nauire, &
le defemparer apres le voyage & la defcharge faite, qu'au prealable il ne foit dégarni , & lefté fuffifamment de fon balaft.

LV.

S'il auient que le nauire touche, le Maiftre pourra faire defcharger partie de fa carguaifon dans d'autres vaiffeaux, & feront lefdits fraix comptez pour
auarie groffe fur le nauire & marchandife : Neantmoins le Maiftre, & deux ou trois de fes matelots

feront tenus de fe purger moyénant ferment, qu'ils
y ont efté contraints pour fauuer le nauire & marchandifes.

LVI.

Si vn nauire eftant arriué dans vne riuiere ou dans
vn haure, fe trouue trop chargé pour monter, le
Maiftre pourra faire defcharger partie des marchandifes dans des Alleges, Heus ou Gabarres de feruice: & ce fera auarie, dont le Maiftre payera les
deux tiers, & la marchandife l'autre tiers; Mais fi
le nauire eftant entierement defchargé, cale trop
& ne peut pas monter, le Maiftre payera le tout.

L'Ordonnance pour le Pays-bas de l'Empereur *Charles
quint, article* 50. eft femblable. Dit de plus, que fi les marchandifes ainfi defchargées fe perdent, le Muftre n'en
eft pas feul refponfable, mais entrent & viennent lefdites
marchandifes en contribution comme jet: à quoy eft
auffi conforme l'Ordonnance du Roy des Efpagnes Philippe fecond pour le mefme Pays-bas, article vnziefme, &
la difpofition du droict Romain *l. Nauis onufta. D. lege Rhodia. l. item quaeritur §. fi Nauicularius. D. locati,* & le *Guidon* au
titre *des Auaries.*

De forte que pour defcharger le nauire, & afin qu'il
puiffe entrer en riuiere, certaines marchandifes font defcenduës dans les Barques ou Alleges, & que lefdites barques & marchandifes fe perdent, ce fera auarie groffe
pour le nauire & Marchandifes qui reftent, *quia omnium
intererat nauem exonerari.* Mais fi les alleges fe fauuent, &
le Nauire, & refte des marchandifes fait naufrage & fe
perd,

perd, n'y eschoit pas de contribution , *quia nihil ab eis fa-*
ctum est, vt ea res quæ in scapha erant conserua rentur.

Ne sont non plus à contribuer, ceux lesquels apres l'entier naufrage, recouurent ou retirent leurs marchandises
ou partie d'icelles. *dicta lege Nauis onu(ta. D. lege Rhod.*

Il est notoire que l'eau de la mer, porte & supporte
plus pesant que l'eau douce de riuiere. *Aquarum marinarum*
natura grauior , ideo magis inuecta sustinent. Plin. lib 2. cap. 103.
Dulcis aqua tenuier , salsa crassior est , Aristoteles Problematum se-
ctione 23. num. 23.

LVII.

Les marchandises estant descenduës dans les Gabarres pour estre portees à terre, si le Maistre se
mesfie de la soluabilité, ou legalité du Marchand :
il peut arrester & faire demeurer lesdites gabarres à
costé de son bord, iusques à ce que le Marchand
luy ait entierement payé son fret, & tous autres
fraix qui luy sont deubs.

LVIII.

Les Gabarres ou Barques de seruice , seront des-
chargées dans cinq iours ouuriers ou de planche.

LIX.

Le Nauire estant à l'arere deuant vn haure , auquel le Pilote ordinaire ne sera pas bien cognu ou
asseuré : le Maistre doit faire venir vn Pilote Locman à bord, lequel sera payé, & le salaire compté
sur le nauire & marchandises.

LX.

Comme aufsi eftant dans vn haure ou riuiere
pour monter, pourra prendre vn Pilote Locman,
lequel fera nourri aux defpens du Maiftre, & payé
par le Marchand.

LXI.

Le matelot deferteur qui quittera fon Maiftre,&
qui emportera ce qu'il aura receu; s'il peut eftre
aprehendé le procez luy fera fait & parfait: & fur la
depofition de deux autres matelots, fera condamné
d'eftre pendu & eftranglé.

LXII.

Si le Maiftre defcouure que le matelot foit entaché d'aucune maladie contagieufe ou dangereufe,
il le pourra quitter à la premiere terre qu'il arriuera,
fans eftre tenu de luy payer aucuns gages : pourueu
que le cas foit aueré, & verifié par la depofition de
deux ou trois des autres matelots.

LXIII.

Si vn pilote ou matelot achepte vn nauire, ou
s'il eft fait Maiftre : il fera quitte enuers fon Maiftre
en luy rendant ce qu'il aura reçeu, comme aufsi il
en fera de mefme en cas qu'il fe marie.

LXIV.

Si le Maiſtre, le Seigneur ou Bourgeois, ſont en different, & que le Bourgeois ne veüille pas four-nir ſa part : le Maiſtre neantmoins pourra faire des voyages auec ledit nauire, en payant ce qui ſera iugé de raiſon pour les matelots.

LXV.

Si le Maiſtre fait faire des reparations au nauire, ou bien achepte quelques apparaus, ou autre choſe pour le ſeruice d'iceluy, il ſera rembourçé, & côp-té à chaċun bourgeois pour ſa part.

LXVI.

Si le Maiſtre eſt contraint de bailler caution au Bourgeois pour le nauire : le Bourgeois ſe.a pareil-lement tenu bailler caution pour la vie du Méi-ſtre.

LXVII.

Si deux nauires ſe hurtent par mal-heur, & que du coup l'vn vienne à ſe perdre : les marchandiſes perduës qui eſtoient en l'vn & en l'autre, ſeront eſtimées & payées au *pro rata* : le meſme ſera fait des deux nauires, à payer le dommage de l'vn & la per-te de l'autre au *pro rata* de leur valeur.

LXVIII.

En cas de neceffité le maiftre pourra vendre partie des marchandifes, pour faire argent s'il en a befoin pour le nauire : Et le nauire venant apres à fe perdre, le maiftre fera neãrmoins tenu de payer au marchand lefdites marchandifes, fans pouuoir pretendre aucun fret pour raifon d'icelles.

LXIX.

Quand le maiftre eft contraint de vendre aucunes marchandifes, il eft tenu de les payer au prix que les autres marchandifes feront venduës eftant arriué à port de falut, & fera auffi le maiftre payé de fon fret pour lefdites marchandifes vendues.

LXX.

Vn Nauire eftant à la voile fait dommage à vn autre : fi le maiftre & les matelots iurent qu'ils ne l'ont pas fait exprez, & qu'ils ne l'ont peu efuiter, le dommage fera payé par moitié, & s'ils refufent à iurer, il fera payé par le nauire qui aura chaffé & couru fus.

Fin des Ordonnances de Vvisbuy.

DE LA HANSE-
THEVTONIQVE, ET DES
VILLES ANZEATIQVES..

ES François sont partisans de la doctrine & des quereles Romaines : Ils
ont tousiours estimé tout ainsi que
les Romains, (*Vitruuius Pollio de Archi-*
tectura, lib. 6. cap. 1.) que la ciuilité, la
moralité, & la forme de bien viure procedoient de
celle part. Que les Septentrionaux, odieux aux
Romains, ont bien la force, la grandeûr & la beauté du corps ; mais qu'ils manquent d'entre-gent,
de gentillesse d'esprit, & de bon iugement. En effect qu'ils n'ont pas l'air & les modes. *Bodin au liure*
5. de sa Repub. chap. 1. Et quoy que *Cassiodore, Iornan-*
des, Saxo, Krantzius, Ioannes, Olaus Magnus, & autres
qui les ont bien connus, ayent sçeu dire de l'indu-
strie, loyauté, sagesse, & bonne police des peuples du Nord : ce qu'on peut reconnoistre par leurs
Loix, Statuts, & Reglemens, rapportez par *Ioan-*
nes Angelius Vuerdenhagen, De rebus publicis Hansea-
ticis. parte 4. *cap.* 10. *& * 11. Toutesfois on a tou-

Aa 3

siours estimé le contraire, & fait estat que c'estoient des Rustres & des Barbares.

Cette auersion à fait que nos Escriuains ont parlé aux occasions, par acquit, & fort legerement de tout ce qui a procedé des peuples du Nort: ainsi qu'il se remarque particulierement en ce qui est de la *Hanze-Theutonique*, compagnie ou societé des Bourgeois de septante-deux villes de l'Empire, intelligens & bien vnis, desquels l'ordre, la loyauté, le courage & la prudence, égale, & ne cede en quoy que soit à tout ce qui se peut parangonner à ce sujet, des peuples qui leur sont meridionaux.

La Popeliniere au traité de l'Admiral chap. 10. *Chopin lib.* 1. *De Domanio, tit.* 11. *num* 22. *& tit* 15. *num.* 12. *d'Argentré en l'histoire de Bretagne, liure* 13. *chap.* 25. *Charondas*, & autres sur l'Ordonnance se sont contentez de dire en passant que la *Hanze-Theutonique* est la participation des priuileges octroyez par les Roys, Princes, Estats & Gouuerneurs, aux Marchands de Germanie, trafiquans és quatre villes *de Bruges* en Flandres, *Londres* en Angleterre, *Bergen* en Norouegue, & *Nouogord* en Russie ; Qu'ils furent receus & fauorisez en France par le Roy Louys vnziesme, lequel voulut entrer en confederation auec eux, & du depuis sous le Roy Charles 8. le traité fut renouuellé par Edict, ou Lettres de Declaration du 4. Auril 1484. par lesquelles entre autres

leur eſt concedé priuilege de pouuoir diſpoſer franchement viuans & mourans, des biens & commoditez qu'ils auront en France. Sont en outre exépts
ou immunes de payer aucun nouueau tribut, couſtume, ou peage pour leur marchandiſe.

Comme auſſi en la meſme année 1484. les villes
de la Hanze, par deliberation de l'aſſemblée generale, communiquerent aux François leurs priuileges en leurs Pays : Ce qui fut derechef renoué &
ratifié par Edict du Roy *Henry* 2. de l'an 1547. verifié en Parlement à Paris, le 8. Feurier 1548. & à Dijon le 7. May 1549. Mais ce n'eſt pas tout dire pour
faire connoiſtre la Hanſe.

De ſorte que pour en auoir vne plus entiere ou
plus particuliere connoiſſance, il la conuient con-
ſulter, & l'extraire des Eſcriuains Goths & Alemans : leſquels racontent que les Alemans ſont
Eſtrangers de la Germanie, quoy que Tacite ſoit
d'aduis contraire *lib. De moribus Germanorum,* & ſont
compoſez d'vne aſſemblée confuſe de diuerſes nations, ce que ſonne le nom *d'Aleman*, lequel ſignifie
en langage du pays *tout homme. Agathias libro de bello
Gothorum,*

Et quoy que compoſez de diuerſes gens, ils ont
eſté neantmoins touſiours enclins, & naturellement portez à la ſocieté, & à contracter entre-eux
des eſtroites alliances & confederations, tant en
particulier qu'en general : viuans en confreres ou

comperes, fans fuperbe, fans enuie, fans ialoufie,
& par grand confiance les vns aux autres: à caufe
de quoy tous les diuers peuples d'Alemagne furent
appellez Germains, mefme les François ou Gaulois furent comprins fous cette denomination,
ainfi qu'ont remarqué *Procopius lib*. 1. *De bello Goth.*
& lib. 3. De bello Vandal. & l'Abbé Triteme, Annal.
lib. 1.

Cette inclination naturele de viure en fraternité,
& fe fier les vns aux autres, les auoit alliez du temps
de Charlemagne, comme il fe remarque en l'hiftoire d'Eginard. A fuitte, & en l'an 1254. les Bourgeois de *Lubek*, *Brunfuic*, *d'Anzic*, *de Cologne Agrippi-*
ne, & des villes fur le Rhin, lefquelles viuoient a
leurs loix auec toute franchife, furent les premieres
qui commancerent la *Hanze-Theutonique. Tritemius*
in Chronico Sponheim.

De façon que les Bourgeois defdites villes,
firent & iurerent ligue offenfiue & deffenfiue
entre-eux, & fe communiquerent reciproquement
leurs priuileges & droits de Bourgeoifie, auec la liberté & l'affeurance du trafic: Cafferent tous les
peages & autres impofitions (quoy qu'il y eut des
villes bien endebtées) de la mefme façon que par
la loy *Pompeia* il fut anciennement permis, & concedé priuilege aux villes de Bythinie, de s'entre-
communiquer le droict de bourgeoifie à tous les
habitans d'icelle. *Dum ne Ciuitatis effent aliena, fed ea-*
rum

rum quifque Ciuitatum quæ effent ex Bythinia. Plin. lib. 10.
Epift. 84. *&* 117.

Cette intelligence fe practiqua & fe maintint auec tant de loyauté, & fi grand profit entre ces quatre Mere-villes, que toutes les autres villes maritimes, ou qui font fcituées fur les riuieres nauigables d'Alemagne, defirerent auec paffion d'entrer & d'eftre comprinfes en cette alliance, & fe dire filleules de ces quatre villes principales. *Angelius à Vuerdenhaghen, de Rebufpublicis Hanzeaticis.* Si qu'en bref il en fut agregé iufques au nombre de feptante-deux villes, quelques vns en comptent quatre-vingts vne. *Emanuel de Metren en fa Chronique, & le grand Atlas au Volume premier.*

Cette communauté ou communication de Priuileges ou Droit de Bourgeoifie, fut appellé *Aenzée Steden,* qui eft à dire *Steden* villes, *Aenzée* fur mer, & depuis par abreuiation, *Anfefche* ou *Hanfefche,* & les François prononçans à leur mode, ont dit *Hanze-Theutonique,* prenant le terme de *Hanze* pour compagnie ou alliance, *chaffer de la Hanze,* eft exclurre de la compagnie, & priuer des priuileges & franchifes communes. *Ragueau. in verbo Hanze.*

Leurs principaux priuileges font la ligue offenfiue & deffenfiue, qui frappe l'vn touche tous.

En toutes les villes, les bourgeois de l'vne font pour le trafic combourgeois des autres, & iouyffent des mefmes priuileges, immunitez & franchi-

B b

fes, & ne payent autres impofitions ou couftumes
ez lieux que la *Hanze* eft receuë , fi ce n'eft fimplement les honneftetés,ou les hommages deubs d'ancienneté, qui fe leuoient precedamment à leur reception , & au temps qu'ils acquirent la liberté des
Princes, de trafiquer franchement en leurs terres.

Pour la iouyffance duquel priuilege, és lieux
qu'ils n'ont pas de comptoirs ou de maifon de la
nation, ils doiuent iuftifier, & faire apparoir aux
Publicains ou Receueurs des peages, comme quoy
ils font Bourgeois de quelqu'vne defdites villes, &
faire enregiftrer leur nom au Greffe Royal des lieux,
ainfi qu'il eft prefcrit à tous Eftrangers par l'Ordonnance de Blois art. 357. *Monfieur le Bret au Plai-*
doyé 28. *en la Cour des Aydes. Mornac, ad legem Ceffante.*
C. Commerciis & Mercatoribus.

La furcharge des infolites impofitions, fut le fujet qu'en l'an 1597. les Marchands de la *Hanze* quit-
terent l'Angleterre,& leur Comptoir qu'ils auoient
à Londres nommé *Stalhof*, qui eft à dire *Cour d'Acier*:
d'autant qu'il n'y auoit qu'eux qui fiffent porter l'a-
cier en Angleterre. La Reyne Elizabeth , orgueüil-
leufe des heureufes nauigations de fon Admiral
François Drach, des Milors,*Commerland, Vvouter, Tho-*
mas Hanver , Richard Groenueld, & autres grands Capitaines de marine, eut en mefpris les Alemans, &
les voulut tailler de nouueaux fubfides ; mais ils
aymerent mieux quitter la place, fe retirer, & laif-

fer leur Comptoir de Londres, que per lre, ou faire breche à leurs anciens priuileges & libertez.

L'Empereur *Rudolphe* luy en fit des reproches : & n'en pouuant tirer autre raifon, il chaffa, & fit fortir tous les Anglois des terres de l'Empire. La Reyne Elizabeth vouloit bien les retenir, mais ô la charge qu'ils payeroient autant d'impofitions comme les naturels Anglois : Et en outre que tous Marchands Anglois auroient participation, & iouyroient de leurs immunitez & priuileges aux villes Anfeatiques, ce qu'ils refuferent. *Emanuel de Metren en fa Chronique des Pays-bas, liure 19. feuillet 392.*

Les Sales, Comptoirs ou Maifons de la nation, efquelles ils tiennent leurs Facteurs, Cômiffionaires & magafins, font aux villes de *Nouogord* en Mofchouie, *Berghen* en Noroueguе, *Anuers* en Flandres, & jadis à *Londres* & à *Bruges* : Mais d'autant que *Bruges* eft efloigné de trois lieuës de la mer, & qu'il n'y a qu'vne riuiere artificiele nommée *la Reye*, ou pour autres confiderations rapportées par *Vuerdenhaghen, de Rebuspublicis Hanfeaticis, parte quarta, cap.18.* le grand trafic, & le commerce qui eftoit à *Bruges* fut en l'an 1516. transferé en la ville d'Anuers ; C'eft pourquoy les Marchands de la *Hanze-theutonique* y mirent auffi leur Comptoir, & le tiennent du depuis en ladite ville d'Anuers. *Guicciardin en la defcription des Pays-bas, & le grand Atlas au volume premier.*

Ces Comptoirs ou Sales font belles maifons de

grande eftenduë, fort fuperbement baftics, de trois
ou quatre cens chambres ou falebaffes logeables,
& meublées fplandidement, auec nombre de cabi-
nets, galeries, portiques, & magafins rangez aux
enuirons d'vne grand Cour: En outre bien pourueues de greniers, magafins, defcharges & feruices
à receuoir toute forte de marchandifes & de prouifions. Au refte ils y tiennent grand nombre de fer-
uiteurs & d'officiers de leur nation, pour feruir &
bien regler lefdites maifons : Comme auffi vn Con-
ful ou Iuge, vn Greffier ou Secretaire, & autres
Officiers, pour decider tous differens & procez,
les appellations defquels vont refortir, & fe rele-
uent aux Magiftrats des villes de la *Hanze*, & c'eft
ce qu'ils nomment *liberté de Cour* : Car ce qu'ils affe-
ctent de plus, eft de n'eftre pas foûmis à la jurifdiction des lieux, & c'eft le fujet qu'ils n'ont pas de
Comptoir en France.

Les Bourgeois mariez ne peuuent fe tranfporter
en façon quelconque en aucun de ces quatre Côp-
toirs, & les voyages qu'ils y fairoient, feroient prins
pour faillite ou banqueroute ; d'autant que fans
bouger de la maifon ils y font obeys & feruis à mer-
ueilles ; mais ils y enuoyent leurs enfans, & la jû-
neffe, pour eftre inftruits à l'intelligence des langues, en Arithmetique, à bien tenir vn liure, & en
toute autre difcipline, y ayant College, & nombre
de Precepteurs ordinaires & bien gagez.

Nouogord signifie ville neufue, c'est la principale & mere-ville de Russie, au domaine du grand Duc de Moschouie: les Marchands de la *Hanze* y tiennent leur Comptoir, comme en la ville la plus marchande & du plus grand commerce. Le grand Duc *Basile* lequel la conquit sur le Roy de Pologne en l'an 1523. y transfera les foires&marchez qui estoiét auparauant en l'Isle des Marchands au lez de Casan, & particulierement le Comptoir de la *Hanze* y fut remis. *Baro in Herbestein,libro rerum Moschouitarum. pag.* 76. *&* 104. *Alberto Campense tractatu. Delle cose della Moschouia.*

Bergen, où c'est qu'est l'autre Comptoir, est la plus noble, & d'abondant la plus marchande ville de Norouegue. *Praecipuum Regni Noruegiae Emporium,* dit *Ioannes Magnus, cap.* 1. *lib.* 1. *Histor. Regum Suec. & Goth.* Les grands iours d'Esté y font de 18. heures. *Marco Polo, lib.* 3. *cap.* 44.

Les villes de *Bruges*, d'*Anuers* & de *Londres*, ausquelles font, ou souloiét estre les autres Comptoirs de la *Hanze* font assez connuës. Vient seulement à remarquer que le comptoir de la *Hanze* est le plus magnifique, le plus beau, & le plus grand bastiment qui soit en la ville d'Anuers: il y est nommé l'Hostel des Ostrelins. *Guicciardin en la description de l'Eglise nostre Dame d'Anuers.*

La ville de *Lubec*, principale & Merê-ville Anzeatique, fut remise & rebastie au lieu qu'elle est à

Bb 3

prefent, en l'an 1104. par *Adolphe* Comte *d'Holface*
& de *Schounambourg*: *Regiſtrum Chronicorum.*

Du depuis elle fut affranchie & anoblie par l'Empereur *Frideric premier*, en l'an 1161. lequel apres l'a-
uoir longuement aſſiegée en intention de la perdre,
changea de deſſein, & la print en grace par l'entremiſe de l'Eueſque d'icelle nommé *Henri*: Il la con-
ſtitua ville Imperiale, chef de toutes les villes maritimes d'Alemagne: Voulut qu'elle fut gouuernée
par ſes Eſcheuins, & luy octroya les franchiſes, immunitez, & autres grands priuileges qu'elle a depuis communiqué aux autres villes Anzeatiques.
Particulieremét l'Empereur luy fit obtenir le pouuoir de trafiquer librement, & de tenir Sales &
Comptoirs à *Londres*, *Bruges*, *Nouogord* & *Berghen*, à
cauſe de quoy les autres villes la reconnoiſſent pour
leur chef.

C'eſt en icelle que toutes les deliberations concernant le general de la *Hanze* ſe font & ſe prennent:
Ce fut l'à qu'en l'an 1371. les Bourgeois de *Brunzuic*,
& en l'an 1387. les *Flamans* par deliberations reſo-
luës és aſſemblées generales, furent chaſſez de la
Hanze pour auoir impoſé des nouueaux ſubſides,
leſquels neantmoins y ont eſté du depuis reconci-
liez, & remis par la caſſation de l'exaction. *Alber-*
tus Crantzius Saxon fol. 9.

C'eſt auſſi à *Lubek* que les Ordonnances de la
marine qui ſont cy-apres inſerées furent faites
& promulguées en l'aſſéblée generale de l'an 1597.

ORDONNANCES

ET REGLEMENS DE LA

HANSE - THEVTONIQVE , ARRESTEES
& concluës en l'affemblée generale des Villes,
tenuë à *Lubek* en l'an 1597.

Traduites de langage Alleman en François.

ARTICLE PREMIER

L E Maiftre ne doit entreprendre de faire baftir vn Nauire, qu'il ne foit affeuré de fes conforts & part-prenans, lefquels feront Bourgeois & habitans de l'vne des villes de la *Hanze-theutonique* & non autres, fi ce n'eft qu'il ait le moyen de le faire feul à fes defpens : & ce à peine de vingt-cinq fols d'amande par thonneau, pour tant que le Nauire aura de port.

C'eft du ftyle de la *Hanze-theutonique*, que les Seigneurs & proprietaires des Nauires font nommez *Bourgeois* : d'autant qu'il n'eft permis en Alemagne qu'aux Bourgeois defdites villes *Anzeatiques* d'auoir, & baftir Nauires. En

Orient ils font nommez *Seigneurs particips, ou parfoniers. Conſulat chap.* 47. & ſuiuans , où c'eſt que meſme choſe eſt ordonnée qu'en ce premier article. *Domini dicuntur toto tit. De Exercitoria actione,* la raiſon, & les inconueniens apprehandez en ceſt article font, afin que la beſogne ne reſte imparfaite par l'impuiſſance de l'entrepreneur ; & les materiaux, ou ce qui eſt commencé en danger de ſe perdre ; veu qu'en fait de baſtimens, rarement les hommes ſe rencontrent & ſe plaiſent ſur vn meſme deſſein, chacun à ſes conceptions & ſa fantaiſie particuliere , ce qui agrée à l'vn, deſplaiſt à l'autre.

II.

Ne pourra faire conſtruire ledit Nauire quand il ſera aſſeuré de ſes parſonniers ou bourgeois, qu'apres qu'ils feront demeurez d'accord entre eux de la grandeur, hauteur, du creux ou profondeur, largeur & longueur : & l'accord redigé par eſcrit, & ce à peine de douze ſols d'amande par thonneau.

La couſtume eſt en la mer du Leuant, que ſi pendant la conſtruction quelqu'vn des bourgeois ou particips vient à deceder, ſes heritiers ne font tenus d'entretenir la ſocieté ou communauté s'il ne leur plaiſt ; mais le Maiſtre entrepreneur eſt tenu de chercher vn autre bourgeois qui entre en la plaſſe, & prene le parti du defunct, & qui rende les auances aux heritiers. *Conſulat chap.* 49. *morte ſoluitur ſocietas. l. verum. §.* 10. *D. pro ſocio.*

III.

Pareillement e Maiſtre ne pourra faire aucune
repara-

reparation au nauire, voiles ou cordage au defceu des Bourgeois, à peine de les faire à fes propres coufts & defpens: fi ce n'eft en pays eftranger en cas de neceffité.

IV.

Le Maiftre ne pourra achepter quoy que foit pour le nauire: fi ce n'eft en prefence, & du confantement d'vn ou de deux de fes bourgeois, & ce à peine de cinquante fols d'amande; Et il n'eft permis au maiftre ou combourgeois d'achepter aucune chofe pour le nauire à credit ou à terme, au preiudice des autres bourgeois qui voudront achepter & payer leur part au comptant.

V.

Il fera fait vn eftat ou memorial de tout ce qui fait befoin pour équiper le nauire, afin d'eftre achepté & accompli par le maiftre, & les bourgeois conjointement.

VI.

Le maiftre doit achepter le tout au meilleur marché fans fraude: & ce à peine de punition corporelle, & baillera dans fon eftat le nom & la demeure de ceux defquels il aura achepté.

Cc

VII.

Si le Maiſtre ou Matelots retiennent aucune marchandiſe, voiles, cordage, ou argent du fret, ſeront prins & punis comme larrons, ſuiuant l'exigence du cas.

VIII.

Ne pourront achepter les viures à plus haut prix,
mais tout ainſi que les autres habitans de la ville,
& fairont porter le tout au magaſin des bourgeois
du nauire, pour y demeurer iuſques à ce qu'il ſoit
preſt à partir.

IX.

Il eſt inhibé & deffendu à tous maiſtres, de reuendre aucuns viures ou victuailles, à peine d'eſtre
punis comme larrons, ſi ce n'eſt ſeulement en plaine mer, aux autres nauires qui ſeront en neceſſité
ou danger à faute de victuailles: dequoy neantmoins ils rendront compte aux bourgeois.

X.

Le maiſtre eſt tenu de conſigner, & remettre
entre les mains des bourgeois au retour du voyage,
le reſte des victuailles & munitions.

XI.

Deux ou trois iours apres que le nauire fera chargé, le Maiftre eft tenu de faire voile fi le vent eft
bon, & ce à peine de deux cens liures d'amande.
Et en cas que quelqu'vn des Bourgeois fut en demeure de fournir fa part, il payera la mefme amand-
de: Et en outre le Maiftre pourra prendre argent à
la groffe auanture, pour fournir fur la part dudit
bourgeois dilayant : Les Marchands feront tenus
de charger dans le temps prefix, à peine de payer
entierement le fret, en cas que le maiftre fit le voyage auec fon nauire vuide, chargé feulement de
fon left.

XII.

Quand le Maiftre voudra rendre fon compte, il
y appellera tous fes Bourgeois, à peine de cent fols
d'amande.

XIII.

Le Maiftre ne pourra charger aucune marchandife feul, ou auec le confantement de quelques
vns des bourgeois au defceu des autres bourgeois,
& ce à peine de confifquation & de punition.

XIV.

Les Bourgeois pourront chaffer & caffer le mai-

ftre auec fujet, & pour caufe legitime, en luy payant fa part du nauire au prix qu'il l'aura achepté.

XV.

Il eft inhibé & deffendu à tous Bourgeois de prendre aucun maiftre en leurs nauires, fans luy faire
au prealable exhiber fon atteftation, & le congé
qu'il aura eu par efcrit des autres bourgeois qu'il a
ferui precedamment, à peine de vingt-cinq efcus
d'amande.

XVI.

Auant que pouuoir arther, ou prendre aucun
matelot ou pilote, le Maiftre doit eftre d'accord
des gages qu'il luy doit donner auec le bourgeois,
ou les bourgeois, & ce à peine de vingt-cinq efcus
d'amande.

XVII.

Si quelques nauires font compagnie entre eux,
feront obligez de la tenir, & s'attendre l'vn l'autre, à peine de payer tout le dommage que les autres receuront de l'Ennemi ou des Pirates.

Compagnie, on dit au leuant, *conferues* ou *bailler cap à autre Nef*, ou *à la flote*: qui eft reciproquement obligatoire,
à fe deffendre & proteger l'vn l'autre pendant le voyage.

XVIII.

Nul Maiſtre ne pourra prendre de matelot, qu'au prealable il n'ait veu ſon paſſeport, ou le certificat de ſon fidele ſeruice du dernier Maiſtre qu'il aura ſerui, à peine de cent ſols d'amande : ſi ce n'eſt en pays eſtranger en cas de neceſſité.

XIX.

Les Maiſtres ſont obligez de bailler paſſe-port ou certificat de loyal ſeruice aux matelots : & s'il y a quelque ſujet de refus, le fairont juger en bref delay, & ce à peine de cent ſols d'amande.

XX.

Le Nauire eſtant contraint de ſejourner, ou d'hyuerner en pays eſtranger, les matelots ne pourront ſortir, ou vaguer à terre ſans permiſſion, à peine de perdre la moitié de leurs gages ou loyers.

XXI.

Si en hyuernant les matelots ſont nourris par le Maiſtre, ils ne le pourront contraindre de leur donner plus grands gages ou ſalaire, à peine de perdre la moitié de leur loyer, & d'eſtre punis en outre ſuiuant l'exigence des cas.

Cc 3

XXII.

Les matelots ne pourront fortir ou defcendre à
terre, fans permiffion ou licence du Maiftre, ou du
Pilote, contre-Maiftre, ou de l'Efcriuain, à peine
de vingt-cinq fols d'amande pour chaque fois.

XXIII.

Les matelots qui feront fortis à terre auec le
maiftre, font obligez de garder le bateau, & retourner à bord tout auffi-toft qu'il leur fera commandé :
Et celuy qui demeurera, ou qui couchera à terre,
fera puni d'amandes, ou par emprifonnement.

XXIV.

Si le Maiftre change la deuife du voyage, & prend
vne autre route, il doit par prealable s'accorder
auec les matelots, ou leur payer ce qui fera iugé
leur eftre deub pour ce changement par la majeure
partie : & fi quelqu'vn ne veut pas obeïr, il fera
puni comme mutin.

XXV.

Celuy qui dormira eftant en garde, ou faifant le
quart, payera quatre fols d'amande : & celuy qui
le trouuera en ceft eftat & ne le denoncera pas, payera deux fols d'amande.

XXVI.

Il eſt inhibé aux matelots d'amarrer les eſquifs ou bateaux à coſté des nauires, à peine d'empriſonnement.

XXVII.

Celuy qui ſera trouué incapable pour ſeruir de Pilote, ou autre charge pour laquelle il prend gages, perdra tous les gages, & en outre ſera puni au retour du voyage ſelon ſon demerite.

Imperitia culpæ adnumeratur. l. ſi quis demum. §. 5. D. locati. Et en ce cas, qui eſt fort dangereux, ceux qui ſe meſlent le piloter ſans l'entendre, ſont rudement puniſſables, meſmes de mort. *leye de Partida decima. tit. 9. parte 5. & l. 1. tit. 24. parte 2. y ſu gloſſa Gregoriana: el Piloto de la Naue, que por ſu dolo, engaño por mengua de ſaber, o malicia la pierde, o cauſa gran daño à los que en ella fueren, incurre en pena de muerte natural.*

XXVIII.

Les maiſtres payeront les loyers aux matelots à trois termes: Sçauoir eſt vn tiers lors du depart, vn autre tiers quand le nauire ſera deſchargé, & le tiers reſtant lors qu'ils ſeront de retour.

XXIX.

Le maiftre pourra congedier, & chaffer en tout temps le matelot qui luy fera rebelle ou infidele.

En ce cas le maiftre n'eft tenu luy payer autre loyer, qu'au *pro rata* du temps qu'il aura ferui, ou du feruice rendu. *Rebuff. ad legem Iudices. D. Annonis & tributis.*

XXX.

Si vn matelot tuë vn autre, le maiftre eft tenu de s'en faifir & le garder, & au retour le deliurer entre les mains de la juftice pour eftre puni.

L. vnica. §. 5. D. Furti aduerfus Nautes.

XXXI.

Les matelots ne pourront faire feftin dans le nauire fans permiffion du maiftre, à peine de perdre la moitié des gages.

XXXII.

Nul matelot ne pourra faire coucher fa femme dans le bord, à peine de cinquante fols d'amande.

Quia obiectum mouet potentiam, C'eft le fujet que les anciennes loix de Rhodes rapportées. *Secundo tomo Iuris Græco-Romani* par *Leonclauius*, deffendoient au Maiftre, aux Pelerins ou Paffagers, de faire cuire des fricaffées dans le bord, *vector in naui pifcem ne frigito*, attendu que l'odeur ou la nideur

deur d'icelles, obsede l'appetit de ceux qui n'en ont point
pour manger. *Iosephe au liure 6. De la guerre des Iuifs chap.* 21.

XXXIII.

Nul ne pourra tirer d'artillerie sans permission
du Maistre, à peine de payer le double de la valeur
des poudres & bales.

XXXIV.

Le Maistre est tenu de declarer à justice au retour
du voyage, les forfaits & les cas pour lesquels amandes sont encourues, à peine de vingt-cinq escus
d'amande.

XXXV.

Les matelots sont obligez de se deffendre contre les Fourbans, à peine de perdition de tous leurs
gages, & s'ils sont blessez, seront pensez & medi-
camentez, & leur traitement sera compté pour auarie grosse. Que si quelqu'vn est mutilé ou rendu
perclus, en sorte qu'il ne pourra plus trauailler, il
aura neantmoins du pain sa vie durant.

*L. Item quæritur. §. exercitu veniente. D. locati. vi enim que ei
fit resistere debet in quantum potest.*

XXXVI.

Si les matelots ou quelqu'vn d'iceux, refuse

D d

d'affifter en tel & femblable cas, & que le nauire foit prins ou fe perde, ferontlefdits matelots poltrons condamnez au foüet.

XXXVII.

Que fi les matelots font deliberez de fe deffendre, & le maiftre a crainte & refufe, ledit maiftre fera priué honteufement de fa charge, & declaré incapable pour iamais de commander aucun vaiffeau.

XXXVIII.

Le laft ou balaft des Nauires, fera porté & jetté fur les lieux deftinez: & en cas de contreuention feront les Refractaires punis par les Magiftrats des villes.

XXXIX.

Si quelque matelot eft bleffé faifant feruice au nauire, en ce cas il fera penfé & medicamenté aux defpens du nauire; mais il ne le fera pas s'il eft bleffé autrement.

XL.

Si quelqu'vn des matelots eft forti à terre fans permiffion, & que le nauire vienne à s'endommager, ou fe perdre à faute de matelot: il fera mis vn an prifonnier & tenu au pain & à l'eau, & s'i y

meurt quelqu'vn, ou qu'il se perde auec le nauire,
l'absent par le defaut de la presence duquel l'accident est arriué, sera puni de peine corporele.

XLI.

Si vn matelot se comporte mal, le Maistre le
pourra chasser; mais s'il le congedie sans sujet, si
c'est auant partir, le Maistre sera obligé de luy payer le tiers de ses gages, sans neantmoins le pouuoir
porter en compte à ses Bourgeois.

XLII.

Si le maistre congedie le matelot pendant le
voyage sans sujet, il est obligé & tenu de luy payer
tous ses gages entierement : ensemble le defrayer
pour son retour. Que si le matelot prend congé de
son maistre, il sera tenu de restituer tout l'argent
qu'il aura reçeu, & payer toute sa despense.

XLIII.

Si vn Officier ou matelot quitte & se defrobe,
si apres il peut estre aprchandé, il sera liuré à la justice pour estre puni, & la fasse luy sera stigmatisée
ou flestrie de la marque de la ville de laquelle il
sera.

LA FASSE STIGMATISE'E, c'estoit la peine in-
fligée aux Cerfs fugitifs. *Ergo notas scripto tolerasti Pergame
vultu. Ausonius Epigrammate* 15 *& Columella in hortulo. fronti da-*

ta signa fugarum. Ce que toutesfois fut abrogé par l'Empereur Constantin. *l. si quis in metallum. C. de pœnis.*

Par les Coustumes de la mer du Leuant, si les *Consuls,* qui sont ceux lesquels distribuent, ou qui ont esgard à la debite & vente des vins & viures sur la galere ou sur autre vaisseau, sont faux poids ou fausse mesure, ou s'ils mettent de l'eau au vin qu'ils vendent ou distribuent : entre autres peines ils sont marquez au front d'vn fer chaud. *Consulat, chap.* 313. 325. & 330. ce qui est conforme à la constitution de Naples, *in Rubrica de side Mercatorum.*

XLIV.

Si le nauire se perd, les matelots sont obligez de sauuer tout tant qu'ils pourront : & le Maistre les doit guerdonner & rendre contans, & les faire conduire chez eux à ses despens. Que si les matelots refusent d'assister le maistre ; en ce cas ils ne seront payez d'aucuns loyers ou recompense.

LXV.

Si quelque matelot tombe en infirmité de maladie, il sera porté à terre, & nourri comme, & tout ainsi que dans le nauire, ensemble serui par vn autre matelot : Toutesfois le maistre n'est pas obligé de l'attendre, & de retarder son voyage pour luy.

Que s'il reuient en conualescence, il sera payé de ses gages tout ainsi comme s'il auoit serui, & s'il meurt, ses heritiers les retireront entierement.

Les Efpagnols font plus ruftres, plus inciuils, ou dif-
courtois à l'endroit des pauures mariniers malades : d'autant que pendant leur infirmité ils n'amandent aucun loyer, ou ne prenent aucune part aux profits, fi ce n'eft qu'ils
fourniffent vn fubftitut auffi capable, qui faffe le feruice
en leur plaffe. Ce que leur eft feulement permis de pouuoir fubftituer au feul cas de maladie : Et qui pis eft, fi
pendant la maladie, & à faute de pouuoir rendre le feruice en propre perfonne il arriue quelque accident ou
dommage au nauire ou à la marchandife, le malade eft
tenu l'amander, fans que l'infirmité puiffe valoir ou luy
fournir d'excufe. *El marinero enfermo mientras lo eftuuiere no*
gañala foldada, fi no es dando en fu lugar otro tã idoneo como el. Y fi
en la enfermedad fuya el maeftre hiziere Gaftos, los puede cobrar del.
Y ceffante efta caufa de enfermedad no puede el marinero feruir por
fubftituto, por fer vifto for eligida la induftria de fu perfona para ello.
Laberinto de comercio. libro tertio, cap. Nauagantes numero 18.

LXVI.

Si les matelots mutinés, contraignent le maiftre
d'entrer en quelque haure ou plage, & le nauire &
marchandife fe perdent en tout ou en partie, à caufe de quoy les matelots s'euadent fans congé : fi à
fuite ils peuuent eftre apprehandez, ils feront condamnez & punis corporelement.

LXVII.

Le maiftre ne baillera pas fujet aux matelots de
mutinerie, mais leur tiendra les conuenans, & leur
payera loyalement ce qui leur appartient.

XLIII.

Le maiſtre qui desbauchera & ſouſtraira aucun matelot accordé à vn autre maiſtre, ſera condamné de payer vingt-cinq liures d'amande, & le matelot baillera ou payera au premier maiſtre pour ſes dommages & intereſts, la moitié des gages que le ſecond luy aura promis.

El marinero deſpues de concertado con vn Maeſtre de ſeruir en ſu naue No le puede dexar ni concentarſe con otro, ſopena de perder lo ſeruido y que auia de ſeruir, ſi no es que dexa al maeſtre por ſu culpa en tratar le mal, o no le alimentar, ni guardar el concierto deuido, Laberinto de comercio. lib. 3. cap. Nauegantes, num. 37.

XLIX.

Si le nauire eſt arreſté en pays eſtranger, où que le maiſtre ſoit contraint de ſejourner & d'attendre ſon fret, ou pour quelque cauſe que ce ſoit; pendant tout ce ſejour les matelots ſeront nourris comme de couſtume. ſans neantmoins qu'ils puiſſent pretendre, ou demander des gages extraordinaires: & ſi leur appartient quelque choſe, ſeront payez au lieu que le nauire deſchargera à dire d'experts ou d'amis. Que ſi quelque matelot eſt ſi temeraire d'abandonner le nauire à ce pretexte, il en ſera puni corporelement, & ſuiuant l'exigence du cas.

L.

Si le Maiftre prend en fon bord de l'or, argent, pierreries, ou autre marchandife precieufe & de grand valeur, qui l'oblige de foigneufement prendre garde auec affiduité, il aura le quart du fret à fa part pour lefdites chofes de grand prix, & les bourgeois auront les autres trois quarts.

LI.

Le Maiftre doit comettre vn matelot dans chaque barque ou gabarre qui portera du fel à terre, tant pour le conferuer, que pour prendre garde au compte & à la mefure.

LII.

Les matelots qui feront fur les nauires frêtez pour France ou pour Efpagne, ne feront pas nourris par le Maiftre en allant, ains viuront de leurs prouifions; mais en venant le Maiftre les nourrira s'ils font chargez. Ques'ils ne font pas charg z, il n'eft pas obligé de les nourrir: Et fi le Maiftre leur aduance ou leur prefte de l'argent, il s'en pourra payer ou le rabattre fur les gages: fans que neantmoins les Bourgeois y puiffent aucunement patir.

LIII.

Les matelots ne pourront vendre ou aliener quoy que ce soit de leurs prouifions ou apparaus, fi ce n'eft feulemét au retour de leur voyage; & feront les bourgeois du nauire preferez à tous autres pour les achepter,

LIV.

Les matelots ne pourront prendre aucuns grains ou fel de la charge du nauire, que feulement ce qui aparoiftra qu'ils ont mis dans le bord, au fceu & au gré du Marchand, ou autres y ayant intereft, à peine d'eftre rigoureufement punis.

LV.

Le Maiftre & le Pilote pourront charger en leur particulier chacun douze barrils, les autres officiers chacun fix barrils, & les matelots chacun quatre barrils : le cuifinier & garçons chacun deux barrils.

C'eft *l'ordinaire, ou les portées des mariniers.* Les douze barrils font vn left, le left fait deux thonneaux : Cette regle eft pour les plus gros & grands nauires.

LVI.

Si le Maiftre pour faire du déplaifir à fes Bourgeois

geois vend ſa part du nauire plus qu'elle ne vaut,
ladite part ſera eſtimée par experts ; apres quoy les
Bourgeois la pourront prendre ou retirer par pre-
ference, & ce au prix qu'elle ſera eſtimée,

LVII.

Si vn Maiſtre Frandateur prend argent à la groſſe
aduanture, & pour c'eſt effet engage le nauire, ou
le mene en quelque havre loingtain, & le vend,
enſemble les marchandiſes : ledit maiſtre ſera caſſé
pour touſiours, & ne ſera iamais plus reçeu en aucunes des villes : & en outre il ſera puni ſans aucune grace.

LVIII.

Le Maiſtre eſtant en ſon pays ne pourra prendre
plus de bomerie (*qui eſt argent à la groſſe aduanture*),
que juſques, & à proportion ſeulement de ce que
vaut ſa part qu'il a dans le nauire : & faiſant le contraire, les autres portions n'en ſeront pas tenuës
ny obligées : comme auſſi il ne pourra prendre aucun fret au deſceu, & ſans le conſantement de ſes
bourgeois.

LIX.

Si les bourgeois ſont en diſcord, & de contraire
aduis pour le fretement de leur nauire ; le plus de

trois,emportera fur les autres: Et neantmoins pourra le Maiftre prendre argent à la groffe aduanture,
pour ceux qui ne voudront, ou refuferont de contribuer leur part pour faire & fournir l'equipage.

Le plus de trois, C'eft à dire qu'en diffention ou en partage d'opinions, deux de plus en vn parti ne vuident pas
le partage, mais trois de plus euincent: & à c'eft effet,
Numerantur non ponderantur opiniones, quia confentire omnes non
facile eft, fed quia & fi diffentiant inuenitur pars major cuius arbitrio
ftabitur. l. item fi vnus. §. principaliter. D. receptis arbitris & qui
arbitrium. & ibi Mornac.

LX.

Le Maiftre eftant en pays eftranger, s'il à neceffité & befoin d'argent pour le nauire: & qu'il ne
peut pas mieux faire que d'en prendre à la groffe
aduanture, faire le pourra aux defpens de fes Bourgeois.

FIN.

SECONDE PARTIE

DES VS ET COVSTVMES
DE LA MER, DES CONTRACTS
MARITIMES ET COM-
merce Naual.

CONTENANT LE GVIDON POVR CEVX qui font marchandife, & qui mettent à la mer, auec les affeurances d'Anuers & d'Amfterdam.

DV GVIDON.

E Traicté intitulé le Guidon eft piece Françöife, & fut cy-deuant dreffé en faueur des Marchands tra-fiquans en la noble Cité de Roën : Et ce auec tant d'adreffe, & de fub-tilité tant défliée, que l'Autheur d'iceluy en expliquant les Contracts ou Polices d'affeurance, à infinué, & fait entendre auec grand facilité tout ce qui eft des autres Contracts mariti-mes, & tout le general du commerce Naual : De

Ee 2

forte qu'il n'a rien obmis, ſi ce n'eſt ſeulement d'y mettre ſon nom, pour en conſeruer la memoire, & l'honneur qu'il merite d'auoir tant obligé ſa Patrie, & toutes les autres nations de l'Europe : leſquelles peuuent trouuer en ſon Ouurage le compliment de ce qui manque, ou la correction de ce qui eſt mal ordonné aux Reglemens que chacune a fait en particulier ſur ſemblable ſujet.

Mais comme c'eſt l'ordinaire des meilleures pieces, de contracter des fautes & des ſoüilleures auec le temps, & ce principalement par l'incurie, ou par le peu d'intelligence des copiſtes & correcteurs des impreſſions. Ceſt Ouurage eſtoit deuenu tant maculé d'erreurs, de fautes, d'obmiſſions & de tranſpoſitions, qu'il giſſoit dans le meſpris comme vn diamant brut tout à fait obſcur & meſcognoiſſable.

Pour le defricher ou le dechifrer, il nous a conuenu recourir aux Ordonnances & Reglemens eſtrangers conçeus ſur ſemblable matiere : principalement de Genes, d'Ancone, de Barcelone, de Portugal, de Caſtille, d'Anuers, d'Amſterdam & autres.

Que ſi auec tout ce nous n'en ſommes pas entierement venus à bout, les gens de bien, & notamment les honorables & loyaux Marchands, pour leſquels principalement il eſt eſcrit & remis à ſon iour, ſont ſuppliez de le receuoir en bonne part, d'en excuſer les manquemens qui reſtent, tant de l'Autheur principal, que des legeres notes adjouſtées aux occaſions, non à deſſein d'en faire vn iuſte Commentaire, mais ſeulement pour en rendre l'intelligence plus familiere, laiſſant le plus àmple raiſonnement aux plus capables : Et ſur tout le vouloir conſiderer, non pour l'elegance ou politeſſe du diſcours, ſuiuant la viſée des Ouurages du temps preſent ; mais pour l'importance & le merite de la matiere, & de ſes profitables effets, ſans leſquels la nauigation & le grand commerce ne pourroient longuement ſubſiſter.

TABLE
DES CHAPITRES
DV GVIDON.

Ee 3

GVIDON VTILE
ET NECESSAIRE
POVR CEVX QVI FONT MARCHAN-
dife, & qui mettent à la mer.

CHAPITRE PREMIER.

DES CONTRACTS OV POLICES D'ASSEV-
rance, leur definition, conformité & difference
d'iceux, auec les autres Contracts
maritimes.

ARTICLE I.

Sfeurance eft vn contract, par lequel on promet indamnité des chofes qui font tranfportées d'vn pays en autre, fpecialement par la mer: & ce par le moyen du prix conuenu à tant pour cent, entre l'affeuré qui fait, ou fait faire le tranfport, & l'affeureur qui promet l'indemnité.

Contractus affecurationis dicitur contractus innominatus. F A-CIO VT DES, DO VT FACIAS, *vnde debet regulari iuxta naturam contractuum quibus afsimilatur, afsimilatur autem emptioni, & venditioni propter pretium quod datur ratione periculi, quia qui affecurationem facit propter pretium dicitur emere euentum periculi. Decifio. Rotæ Genuæ tertia. num. 28. & decif. 39. nnm. 9.*

Les polices d'affeurance, & les lettres de change, furent mefconnuës à l'ancienne Iurifprudence Romaine, & font de l'inuention pofthume des Iuifs, fuiuant la remarque de *Giouan Villani* en fon hiftoire vniuerfele.

Quand ces abominables Retailles, furent pour leurs méfaits, & pour leurs crimes execrables bannis de France & leurs biens confifquez, fous les regnes des Roys, *Dagobert, Philippe Augufte, & Philippe le long,* pour retirer leurs commoditez, & leur pecune qu'ils auoient configné ou recelé auant partir entre les mains de leurs confidans; la neceffité apprint ces malicieux infames de fe feruir de lettres fecretes, & de billets efcrits en peu de paroles & de fubftance, comme font encore les lettres de change, adreffées à ceux qui auoient recelé, & leur faifoient la main: Ce qu'ils pratiquerent par le miniftere des voyageurs & des marchands eftrangers.

Et ce que leur ayant reuffi, ils s'aduiferent pour n'eftre trompez au change, ou pour y profiter, de fe rendre intelligens *au pair & à la touche,* c'eft à dire à la connoiffance de la bonté intrinfeque, du fin & de l'impur des monnoyes, auxfins de ne fe mefprendre à l'eualuation & reduction de la differente loy des efpeces, laquelle loy a toufiours varié, & fut diuerffe en chaque Prouince, beaucoup plus anciennement qu'à prefent, & ce fut l'origine des lettres de change comme dit *Villani.*

Pour retirer leurs meubles, leur marchandife & leurs autres effets toufiours à la Iuifue, & aux rifques & perils de ceux qui leur rendoient ce bon office. La mefiance leur

leur fuggera l'invention de quelque rude commencement
des brevets ou polices d'affeurance, par lefquelles toutes les rifques & dangers du voyage tombon fur ceux qui
les auoient affeurez, moyennant vn prefent ou prix moderé, qu'on nomme à prefent *Primeur, ou la Prime*.

Les Italiens, Lombards, fpectateurs & miniftres de
cette intrigue Iuifue, en retindrent le formulaire, & s'en
fçeurent du depuis bien feruir ; lors qu'en Italie les mal-
heureufes Sectes des Guelphes & Gibbelins, c'eft à dire
les Papiftes, & les Imperiaux s'effaroucherent les vns
contre les autres, qu'ils jouerent au boute-hors, & mirent la Chreftienté en grand trouble & combuftion.

Les plus foibles, ou les plus timides de l'vn & de l'autre parti, fe refugierent aux lieux qu'ils eftimoient leur
eftre plus affeurez ou plus fauorables, aufquels pour fubfifter, ils practiquerent à faute d'autre meftier ces vfurai-
res & Iuifues inuentions : Et pour fe mettre à couuert des
cenfures Ecclefiaftiques, lefquelles ont toufiours fulmi-
né contre toute forte d'vfures & d'vfuriers, ils furent
adroits à faire reconnoiftre les leurs, non feulement tole-
rables par conniuance ; mais en outre grandement neceffaires à l'exercice & l'entretien du commerce & trafic.
vfuram fub fpecie negociationis palliantes ; comme de fait la ban-
que traitée auec honneur, & par ordre drouurier & l'égal,
eft grandement vtile & fecourable au negoce, fuiuant
mefme le dire du Cardinal Cajetan, *Thomas de Vio* grand
Theologien, *Tractatu de Cambijs. cap. 5.*

Les Guelphes refugiez en France, Auignon, Angleterre, & aux pays d'obediance, furent d'abord fauoris &
fupportez notamment en cour d'Auignon, pour laquelle,
& pour fouftenir fa querelle ils eftoient exiles de leurs
maifons, ils fe meflerent de faire obrenir les graces & les expeditions de Cour de Rome ; à caufe de quoy
ils s'attribuerent, & fe donnerent la qualité & le titre vene-

rable, *Domini Papæ Mercatores & Scambiatores, obmurmurantibus tamen Iudæis*, dit *Mathieu* Paris en son histoire d'Angleterre, *in vita Regis Henrici terty*. Car à considerer qu'en ce temps, tout ainsi qu'à present l'vsure estoit bien estroitement prohibée, *in foro conscientiæ*, & n'estoit toleree qu'aux miserables Iuifs, comme à personnes de nulle conscience : La suruenance de telle sorte d'vsuriers transalpins leur fut grand desplaisir & mal de cœur, de voir que leurs disciples, leurs nouices & chetifs clercs, estoient deuenus plus grands maistres qu'eux, plus meschans & superieurs en malice & en termes d'vsure & de rapacité. Qu'ils courbinoient & Gouspilloient leurs pratiques, & en retiroient plus grands emolumens & plus gros butin, qu'ils n'eussent osé pretendre ou demander : Et qu'auec ce tels Scelerats estoient traitez de Seigneurie, de bas en haut, reputez pour gens d'honneur & de merite, & bien auant dans la faueur, *elodati ne van, non che impuniti* : où c'est que les Iuifs viuoient odieux, traitez en faquins, & ridicules, continuellement dans le mespris & la contumelie, marques d'vn bonnet jaune, harcelez des pages & lacquais à tous rencontres ; comme il se remarque par la recherche que fait le maistre cuisinier de son garçon ou gourmete en la Comedie *des Suposés*, composée par *Messer Lodouico Ariosto*. *Sera rimasto a dare caccia à qualche cane, ad ogni cosa che truoua per via se ferma, se vede facchino, o vilano, o guideo, non lo terriano le cattene, che non li andasse à far qualche dispiacere.*

Mais l'hypocrisie, ou fausse prud'homie de ces banquiers Guelphes, fut bien tost reconnuë & condamnée par le peuple, qui les surnomma *Carsins* par grand iniure & par contumelie, *Caursini, & Caursinorum pestis abominanda*, lequel epithete ou chastre leur fut donné de la ville de *Cahors* en Querci, en laquelle cette vermine parut en son apogée ou plus haute esleuation, soubs le Pontificat du Pape *Iean* 22. natif de ladite ville : Ce qui fut grand scandale, & fort mauuais renon pour la cité de Cahors, laquelle à l'occasion de ces vsuriers fut bien auant dans la maledictió du peuple, reputée execrable à l'égal & au pair de *Sodome*. A ce sujet le Poete *Dante* en son Enfer *canto vndecimo*, loge sous vn mesme cercle de mal-heurs, de soufre bruslant, de supplice, & de peines eternelles, *Sodome & Caors*, auec tous les plus Scelerats Trompeurs, Barateurs, Tacquins, Triquoteurs, Banqueroutiers, Cessionaires au bonnet verd, Stellionats, Vsuriers par mois & par liures, & autres maudits entachez de l'horrible peché contre nature, ennemis conjurez de tout le genre humain.

& Sodoma & Caorsa.
Et chi spregiando Dio, col cor fauella,
La frode, ond' ogni conscienza è morsa.

Les malicieux artifices, leurs fraudes à surprendre & piller les fortunes, & s'enrichir de la ruine des debiteurs, qu'ils faignoient d'abord vouloir assister charitablement en leurs aduersitez, pour les attirer en leurs serres & cordelle, sont naifuement representées, auec le formulaire de leurs contracts pignoratifs & vsuraires, par *Mathieu Paris* en son histoire Royale d'Angleterre. *Ad annum* **1235.** *circunueniebant enim in necessitatibus indigentes, vsuram sub specie negociationis palliantes, nonvt alienæ succurrerent inediæ, sed vt suæ consulerent auaricia.* Ces Rusties auoient de grands attraits, & des lettres bien specieux pour attirer les debiteurs en obligation; mais les tenant engagez, ils estoient plus acharnez & plus chauds à la curée, & à l'exaction de l'vsure, change, rechange, peines stipulées, despens dómages & interests, & autres telles excroissances de parties honteuses, que pour les sommes principales qu'ils n'eussent iamais voulu retirer tant que le debiteur fut esté soluable; Ils estoient rauis d'aise des actes de protest, & des termes escheus; Sur la foiblesse ou l'incommodité du de-

biteur, ils ne le laiſſoit iamais en repos, le tourmentoit à
toute vſance, c'eſt à dire tous les mois (car en ces matieres *vſance* & *mois* ſont ſynonimes, & vient d'vſure ſtipulée
par mois) & ne mettoient fin à leur vexation, qu'ils n'euſſent raui tout tant qu'il auoit de bien.

Il ne faloit pas parler de diſcompte, ce qu'ils auoient
reçeu paſſoit touſiours pour les deſpens, vſures, ou partie ſans meſure ; attendu qu'en ce temps toute ſorte d'v-
ſures eſtoient prohibées par les Decrets Decretales &
Clementines. Il n'y auoit ny tarife, ny ordonnance pour
les intereſts, la ſeule auidité ou rapacité de tels creanciers tranſalpins priuilegiez ou tolerez ſeruoit de regle.
En quoy, & au reſte de leurs maluerſations, ils eſtoient
beaucoup plus ruineux que les Iuifs, ſuiuant la remarque
du meſme Mathieu Paris, *que conditio grauior eſt quam Iudæo-*
rum, quia quandocumque ſoriem Iudæo attuleris recipiet, cum tanto
lucro, quod tempori tanto ſe commenſurat.

Au regard des Gibbelins, ils s'inſinuerent en l'vne &
l'autre Germanie & ſur les pays ſujets, reconnoiſſans, ou
confœderès de l'Empire, & furent nommez *Lombars*, où
c'eſt qu'ils practiquerent ſemblables ſordiditez d'vſures,
auec moindre ſupport ou faueur ; c'eſt pourquoy à toute
extremité ils furent grands leſineurs, meſquins, interpo-
lateurs de vieilles hardes, marchands fripiers, regratiers
& dardanaires, d'ou vient que touschangeurs, banquiers,
ſales vſuriers, & reuendeurs de quelque nation qu'ils
ſoient, ſont nommez *Lombars* par les Alemans & Flamans,
& à cette cauſe la plaſſe du change & de la friperie en la
ville d'Amſterdam, à retenu iuſques à preſent le nom de
plaſſe Lombarde.

II.

Aſſeurances, ſe font & ſe dreſſent par contraŒt,

porté par efcrit, appellé vulgairement *police d'af-*
feurance : on en faifoit anciennement fans efcript
qui eftoient dits *en confiance*, par ce que celuy qui
ftipuloit l'affeurance ne faifoit fes pactions en
efcrit, mais fe confioit en la bonne foy & la pru-
d'homie de fon affeureur, fuppofant qu'il les ef-
criuoit fur fon liure de raifon : Les premieres portées par efcrit font celles qui ont cours, & defquelles vfent ordinairement les marchands, les
dernieres font prohibées en toutes places, tant
pour les abus & differens qui en furuiennent, comme auffi eftant acte public, pour lequel la communauté des marchands fous le bon plaifir du Roy,
nomment & eftabliffent vn Greffier : il n'eft licite
aux particuliers les paffer entre-eux, non plus que
les autres contracts, pour lefquels Notaires & Tabellions font inftituez, le tout à peïne de nullité.

Les Ordonnances des Prud'homes de Barcelonne, de
l'an 1484. incerées au Confulat chap. 337. font femblables & ftatuent le mefme. *Item Ordenaren los Confellers que to-*
tes les Seguretats fe hagen à fer, ab cartes publiques prefes per Nota-
ris publics, ce qui eft conforme à l'Ordonnance de Moulins article 54.

POLICES, c'eft vn terme Italien ou Lombard, *Polizza*,
& fignifiee vn breuet ou billet, *Breue fcrittura in piccola carta*,
à l'auanture deriue du latin *pollicitatio* : Neantmoins en la
mer du Leuant ce terme a paffé, & paffe pour exprimer
toutes promeffes & conuentions, notamment fur le fait

de la marine, *armare per via de poliße, l'vtilita & la præda ßi parti fra coloro che ßi trouuanno in l'armata maritima ; armare dando ßoldo l'vtilita, & il danno reßa al Domino*, dit *Agoßlino Giußliniano* en ßon *hißloire de Genes. lib. terzo. carta* 107.

PLACES, Ce terme, celuy de *Bourße & de Marché*, ßont ßynonymes & ßignifient meßme choße, ßuiuant la remarque de *Guicciardin* en la deßcription de la *baßßeGermanie* au chapitre *de la Bourße d'Anuers*, & c'eßt aux villes de negoce & de grand comerce, le lieu ou le quartier auquel les Marchands, les Corratiers, les Commißßionnaires, les Interpretes, & autres ßupoßts du negoce, ße rendent à point nommé, & à certaines heures du iour pour eßtre informés des nouuelles, pour communiquer entre-eux, acquerir, & faire des connoißßances & familiaritez, faire leurs marchez & traiter du negoce; afin außßi de s'exhiber à tous ceux qui ont à faire d'eux, en laquelle place les bons & loyaux Marchands ne manquent pas de ße rendre ordinairement, pour eßuiter tous mauuais ßoupçons qu'on pourroit conceuoir contre eux, pour reßpondre de leurs aßtiõs & teßmoigner leur l'egalité: Tellement que ßi quelqu'vn ceße d'y frequenter, c'eßt grand preßomption que ßes affaires vont mal: Et c'eßt à cette conßideration que par l'Edißt des Iuges & Conßuls de l'an 1563. article 18. ßa Majeßté veut & ordonne que les Marchands auront vne place & maißon commune; & c'eßt außßi d'ou procede le Prouerbe, *venir en plaße marchande*, qui eßt ße preßenter à faire eßpreuue, à donner connoißßance de ce que chacun eßt capable, & ce qu'il ßçait faire.

La denomination de *bourße* fut donnée aux places des Marchands, Premierement en la ville de Bruges en Flandres, où c'eßt qu'il y a plußieurs grandes places, entre-autres vne, en laquelle lors que le grand trafic des Pays-bas eßtoit à Bruges, les Marchands s'y rendoient ordinairement, d'autant qu'elle eßt fort belle & fort commode pour tous les quartiers de la ville. Au bout d'icelle plaſſe eſtoit vn bel & grand hoſtel, baſti par vn Seigneur de la noble famille de la Bourſe, ainſi qu'on peut recueüillir par les armories d'icelle famille grauées ſur le couronement du portal, qui ſont repreſentées par trois bourſes : Et à cauſe de cette maiſon, du nom & des armes d'icelle (comme il aduient ordinairement en telles occurances)Cette plaſſe print ſon nom de la Bourſe, & à ſuite fut dite *la Bourſe commune des Marchands.*

Et d'autant que les Marchands trafiquans à Bruges, choiſirent cette plaſſe pour leurs conuenans ou leur rende-vous, comme encore ils en vſent à preſent : Du depuis qu'ils ont frequenté les foires d'Anuers, d'Amſterdam, de Berghen & de Londres, ils s'accouſtumerent d'appeller les plaſſes eſquelles ils s'aſſembloient . *Bourſe commune des Marchands*, & ce auec ſi forte habitude, que la Reyne d'Angleterre *Elizabeth*, ayant par Edict exprez donné le nom de *Change Royal* à la plaſſe aux Marchands en la ville de Londres, portant inhibitions & deffences de la nommer autrement : Toutesfois l'accouſtumance de ce nom de Bourſe a eu tel effet & vigueur, qu'il a preualu à l'Edit & aux inhibitions, & ce lieu eſt ordinairement nommé la Bourſe ; *Guicciardin en ſa deſcription de l'Inferieure Germanie.*

ESTABLISSENT VN GREFFIER, ce qui ſe pratique en la ville de Roen.

III.

Aſſeurances ſe peuuent diuiſer, par ce qu'aucunes ſe font ſur la marchandiſe, autres ſur le corps de la nef, autres ſe dreſſent enſemblement ſur l'vn & ſur l'autre : Plus elles ſe contractent pour l'en-

uoy, autres pour le retour : Et diuerſes polices ſe
peuuent auſſi ſtipuler en vn meſme contract.

IV.

Aſſeurance eſt diſtinguée d'auec *Bomerie*, qui eſt
argent à profit ou groſſe aduanture, par ce que tel
argent qui eſt auancé aux Maiſtres de nauire, ou à
ceux qui ont part au corps de nef, victuailles ou
marchandiſes, pour ſubuenir au radoub, viures ou
munitions, & autres choſes pour la nauigation, ſe
reſtitue, & ſe paye profit & principal quand le nauire eſt arriué à port de ſalut : Comme auſſi tout
y eſt perdu auec le naufrage ou periclitation du nauire. En l'aſſeurance rien n'eſt auancé que la promeſſe de l'indemnité ſuſdite : l'vn & l'autre ont cela de commun, qu'ils prenent leurs effects de
ſemblable euenement.

V.

Pareillement aſſeurance differè du *tranſport de deniers* fait par mer, par ce que tel tranſport de deniers ſe faiſoit auec paction, de rendre, ou tranſ-
porter telle ſomme d'argent au lieu & au temps
prefix, ſous telle peine ou intereſt moyennant le
conuenu ; L'Aſſeurance n'a point de temps limité
pour le tranſport des marchandiſes, & ſi n'eſt ſujet
à peine

à peine ou intereſt, mais promet indemnité ſeulement du principal.

L'vſage *des letres de change* dont l'on ſe ſert à preſent, a diuerti & tollu l'anciéne couſtume du tranſport des deniers : d'autant qu'auec moindre couſt
& danger l'on fait tenir argent en toutes les parties
du monde, ſoit par mer ou par terre, dont l'intereſt
ou le change, hauſſe ou diminuë ſelon le cours du
change, & le change ſelon l'abondance ou diſette
d'argent, augmentation ou diminution du prix des
eſpeces qu'il y a ez Prouinces ou Royaumes, tant
de la part où il ſe baille, que où il ſe doit faire tenir.

De l'intrigue, & de l'vſage des lettres de change, traité *Me. René Chopin. De Moribus Paris. lib.* 2. *tit.* 1. *num.* 6. *&*
7 *& M. Mareſchal au liure qu'il a fait des changes & rechanges &*
banqueroutes. Vſurarum modus ex more regionis conſtituitur. l. 1.
D. vſuris.

TRANSPORT DE DENIERS, les letres de chan-
ge tirées, pour eſtre acquitées au meſme lieu, & en meſme ville qu'elles ſont eſcrites, ne produiſent point de
change ou rechange entre habitans du meſme lieu ou ville, mais ſeulement paſſent comme ſimples cedules, &
n'acquierent au Banquier que ſimple intereſt apres l'adue-
ration de la letre, & ce au fur de l'Ordonnance. La raiſon eſt, qu'en tels rencontres il n'y a point de diſpoſition,
ou de ſujet pour la *Pecune traiectice*, car le change n'eſt deub
qu'en conſideration de la commodité, & de ce que les
dangers du tranſport de Prouince en Prouince ſont éui-
tez. Arreſt en l'Audiance de la grand Chambre du Par-

lement de Bourdeaux, du 16. Iuillet 1637. en la cause
de Maistre Pierre Reynier, & Maistre Iacques Deidie.
appellans des Iuge & Consuls de la Bourse, pour lesquels plaiderent Soubies & Vincens, contre Dirouard
Banquier inthimé, pour lequel plaida Lauuergnac le
jeune, Monsieur d'Agasseaux President: à quoy est conforme l'aduis & la resolution du Cardinal Cajetan. *Thomas
de Vio in tractatu de Cambijs cap* 1.

M. *Charles du Moulin* en son traité *contract. & Vsurar.* donne vne autre difference entre l'asseurance & la gageure;
l'asseurance, dit-il, se fait entre le marchand chargeur,
auquel appartient la chose asseurée: & l'Estranger qui n'a
nul interest au domaine ou à la conseruation d'icelle : & la
gageure se fait entre deux estrangers qui n'ont aucun interest en la chose sur laquelle ils font la gageure: Ce qui
s'explique par les exemples allegués au traité des batailles, dedié au Roy de France *Louis XI.* par M. *Honoré Bonnet* en la quatriesme regle *des champs clos*, en ces termes. *Et
si la cause estoit par folie, si comme nous dirions en quel pays on boit
meilleur vin, en Gascogne ou en Bourgogne ; en quel pays à plus belles
Dames, à Florence ou à Barcelone ? en quel pays à meilleurs Gendar-
mes, en France ou en Lombardie: telles & semblables gageures ne
sont mie dignes de bataille*, à quoy est conforme *Petrus Santerna. De sponsionibus mercatorum, parte secunda, & straccha de sponsionibus, secunda & tertia parte.*

Sur telles gageures, quoy que fermées par contract, ou
par escripture priuée s'il y a procez, les parties sont d'ordinaire mises hors de Cour, comme il fut iugé par Arrest
d'Audiance au Parlement de Bourdeaux, le mardy 23.
Auril 1630. Plaidans Durand & Lauuergnac le jeune,
Monsieur d'Affis President. Les parties auoient fait gageure que la ville de *Boisleduc* en Brabant, seroit prinse par
l'armée du Comte Maurice, auant le iour & feste Sainct
Estienne, 26. Decembre 1629. lors prochain : La gageure

fut efcripte le mois de Nouembre audit an que la ville eftoit defia prinfe. *Straccha de fponfionibus, parte quarta, glofa fe-*
cunda: Des gageures, fur ce que les parties font intereffées
d'affection & bonne volonté, faut voir *Mornac* fur la loy, *fi*
rem. §. fi fponfionis. D. præfcriptis verbis, & qui en defirera d'a-
uantage, *Beneuenutus Straccha*, & *Petrus Santerna Lufitanus* en
ont traité à fufire.

Ce que doit contenir la Police

CHAP. II.

LE Contract on Police (l'inuocation du Nom
de DIEV premife) contiendra le nom de celuy qui fe fait affeurer, auec declaration fi la marchandife eft à luy appartenant, ou fi c'eft par commiffion d'autruy, à qui elle appartient, le nom du
Maiftre du nauire, fa demeure, le nom, le port, ou
capacité de fon nauire, le lieu où premierement
ont efté chargées les marchandifes, foit par barques, heus ou bateaux, ou dans le mefme nauire;
le haure d'où il part, les Routes & les Efcales qu'il
doit faire: le Port où il va faire fa defcharge, la
ville ou cité, en laquelle pour dernier refte la marchandife doit eftre portée, foit dans le mefme nauire, ou par alleges: le nom de celuy à qui elle va
eftre confignée, & finalement le ftyle ordinaire
du Notaire.

ESCALES, font les ports ou abordemens que le Nauire fait par occafion pendant le voyage, foit peui le rafraichiffement, ou pour fe pouruoir des chofes neceffaires, ou bien pour defcharger partie de la marchandife, ou pour en receuoir: Aux nauires qui partent de Bourdeaux, Bayone, Sainct Iean de Luz ou Ciboure, pour les Terres-neufues & nouuelle France, les Efcales font en Oleron, Broüage ou la Rochele, pour y prendre du fel & fouuent du bifcuit: toutesfois la cherté du fel de France, leur fait en temps de paix prend e la route de Portugal.

CALES font les abris & rades, à ranger & mettre le nauire à couuert du mauuais vent.

DERNIER RESTE, *Terminus ad quem.*

ALLEGES ou SOVLEGES, c'eft ce qui eft nommé *leuamentum in l. 1. & l. commoda de Nauicularijs Cod. Theodofiano*, ce font barques ou moindres vaiffeaux qui reçoiuent la charge ou defcharge des nauires, ou qui font le voyage alternatiuement : en effect ce font vaiffeaux de feruice.

II.

Affeurances fe peuuent faire fur toute forte de marchandife, pourueu que le tranfport ne foit pas prohibé par les Edicts & Ordonnances du Roy: Toutesfois en prenant congé ou licence de fa Majefté, affeurance fe peut faire fur marchandifes defenduës; auquel cas la licence doit eftre notifiée a l'affeureur, & fpecifiée en la police, autrement l'affeurance fera nulle.

Marchandifes de contrebande chargées fans permiffion ne peuuent eftre affeurées. *l. cum proponas.* C. *Nautico fœuore. Straccha de affecurat. glof.* 5.

III.

Il n'eft befoin en l'affeurance, fpecifier la quantité ou qualité de la marchandife affeurée : Si ce n'eft or, argent, pierreries, munitions, armes, grains, dont le tranfport eft deffendu quand il y aura permiffion de les faire fortir.

Le denombrement des marchandifes du contrebande fe peut colliger en diuers Edicts & Ordonnances Royaux, notamment des années 1538. 1540. art. 3. 1549. art. 1. 1572. article 3. & 4. & autres. *Bulla Cœnæ Domini & ibi Rebuffus. Annales d'Aquitaine par Bouchet, en la quarte partie, au feüillet 274. de l'ancienne impreſſion.* Les marchandifes de contrebande font pour la fortie, ou pour l'entrée : de l'entrée, font toutes marchandifes appartenant aux Ennemis de la Couronne, & en temps de paix, le fel & l'huile de poiffon eftranger, les libres, *improbatæ lectionis. l. cetera. §. 1. D. Familiæ Ercifcundæ. l. 3. §. 1. & 3. C. ſumma Trinitate. l. Mathematicos. C. Epifcopali Audientia. Iurifdiction de la marine article* 7. Comme auffi les draps, toiles, brocatels, dantéles, canetilles, broderies, paffemens, & tous tels ouurages de fil d'or & d'argent, *ma que ſto mal fe guarda,* les fulminations des loix fumptuaires ne feruent en France qu'à faire du bruit, point de fruict ou d'amandement.

Pour la fortie, font l'or, la pierrerie, l'argent monnoyé & non monnoyé, les monnoyes deffenduës & defcriées,

vaiſſele d'argent rompuë, en maſſe ny autrement, ouurages d'Orphebrerie, ſoit en groſſerie ou menuſerie, ny matiere quelconque d or, d'argent ou billon : Plus les armes, ſalpetres, poudre à canon, cheuaux de prix, harnois, & toute ſorte de munitions de guerre, laines, lins,
chanure, toiles, cordages, fil, filaſſe, eſtoupes, drapeaux,
acier, fer, mitraille qui eſt eſtofe de metal, & papier à
faire cartes, c'eſt à dire pour eſcrire, cuirs, cires, ſuifs &
greſſes; En effect tout ce qui eſt neceſſaire en la Prouince n'en doit pas eſtre tiré ou ſorti, & par conſequent ne
peut eſtre aſſeuré.

I V.

Plus faut declarer en l'aſſeurance quand c'eſt vi-
ûres & fruicts, par ce que les gardant ne ſe peuuent
conſeruer ſans coulage, empirance, pourriture,
eſchaufeture : C'eſt pourquoy elles doiuent eſtre
declarées en l'aſſeurance pour deux raiſons, l'vne
que le couſt de l'aſſeurance y eſt plus grand, l'autre
par ce que le reglement & l'obſeruation des Auaries y eſt diuers.

V.

En temps de paix, aſſeurances comme dit eſt, ſe
peuuent faire ſur toutes marchandiſes appartenant aux François, Eſpagnols, Flamans, Anglois,
ou de quelque autre nation que ce ſoit. En temps
de guerre ou d'hoſtilité, les Sujets de ſa Majeſté ne
pourront preſter ou ſupoſer leur nom, pour charger danrées appartenantes à ſes Ennemis : C'eſt

pourqoy uces mots contenus en la police (*lefdites marchandifes appartenantes à un tel , ou chargées fous le nom d'un tel , ou qui appartenir puiffent de quelque condition ou nation que foit*) n'attirent, & n'obligent le Parfonier du pays eftranger ennemy : Mais trop bien le fujet de l'obeyffance de fa Majefté ; car s'il paruient à connoiffance que l'Eftranger ennemy y ait part, cela donne occafion de perte : Parquoy cette claufe generale n'abftiendra l'affeureur à fubir l'indemnité de la perte, s'il n'y auoit licence ou faufconduit de trafiquer : Mais toufiours feroit il befoin que l'Affeureur en fut aduerty, & la permiffion exprimée & datée en la police.

C'eft article eft conforme aux Ordonnances des Confeillers Prud'homes de Barcelonne de l'an 1484. incerée au chapitre 341. du Confulat. *Declarat es que Robes , ne Nauilis , qui fien de perfonnes enemigues d'el Senyor Rey ; ne de amichs que tenguen part ab aquels en dites Robes e Nauilis , no puxen effer affeguradas directamen , o indirectamen, que tals feguretats fien nulles , e no s'en puga fer alguna.*

De droit , il n'eft pas permis de conferer , ou de negocier auec les Ennemis de l'Eftat. *l. cotem ferro. D. Publicanis.* Ordonn. de l'Admirauté 1543. article 42. 1584. art. 69. *cap. repellantur de accufationibus extra.*

Roba , & au plurier *Robe* , e nome generalifsimo che comprende boni mobili, immobili, & merci, c'eft le mefme que $\chi\rho\tilde{\eta}\mu\alpha$ en Grec, *Res* en latin, & *bien* ou *Richeffe* en F ançois. *Robar* qui eft *defrober*, eft la priuation ou le deftructeur. Mornac fur la loy penultiéme. §. *euenit. D. locati*, dit fort à propos à noftre fujet , *Robe de l'ennemy confifque celle de l'ami* , ce qui eft fondé fur ladite Ordonnance de l'Admirauté, de l'an 1584. article 69. qui le refoult en termes exprez. *Monfieur Seruin en fon plaidoyé de la Hanfe-Teutonique.*

VI.

Pour le regard de celuy qui fe fait affeurer par commiffion d'autruy, ces mots, *à luy appartenans, ou que appartenir puiffent* le defignent parfonnier : Car s'il n'eft affocié, & foit fimple commiffionaire, doit vfer d'autres termes, fçauoir eft, *fur telle marchandife faite affeurer par tel, pour le compte de tel, à luy appartenant, ou qui appartenir puiffe* : Ces mots lors attirent la perfonne de celuy qui eft nommé, & non pas les marchandifes d'autruy chargées par diuers & autres connoiffemens, reconnoiffances ou charte-parties.

Contrahens apofito nomine officij in dubio contemptatione officij contrahere videtur. l. Lucius Titius. D. Inftitoria actione, & ibi Mornac.

VII.

Toute perfonne qui faira fineffe, tromperie, ou maluerfation en fa carguaifon, connoiffement, afretement & charte-partie pour furprendre fon affeureur; & qu'il en aduiene inconuenient: La verification faite de la fraude, l'affeurance fera nulle, par cette raifon l'affeureur ne court les rifques des

               empef-

empefchemens qui furuiendront à caufe des deb·
tes, maluerfations, acquits mal dreffez, droits non
payez par le marchand chargeur.

Qui fufcipit in fe periculum nauigationis, fufcipit periculum fortu-
næ non culpæ. l. cum proponas. C, Nautico fœnore.

Tels & femblables inconueniens procedans de la coul-
pe, font qualifiez *dangers & rifques de terre, ou de la Seigneurie,*
à la difference des *rifques de la mer.*

VIII.

Deux chofes doiuent eftre conformes & relati-
ues à la police. La premiere eft le connoiffement
ou la reconnoiffance que fait le Maiftre du Nauire,
du nombre & qualité des marchandifes chargées
en fon bord, lequel connoiffement doit en outre
contenir la marque de la marchandife ? à qui elle
va confignée : fi elle eft bien ou mal conditionnée,
& le prix du fret : D'iceux connoiffemens fe doiuent faire trois coppies, l'vne demeure pardeuers
le marchand chargeur, l'autre fe deliure auec les
lettres & pacquets d'adreffe au Maiftre du Nauire,
le tiers s'enuoye par autre Nauire, ou par terre par
les Meffagers ou poftes ordinaires, à celuy qui doit
receuoir la marchandife.

IX.

La facture ou carguaifon doit pareillement eftre

conforme, tant au connoiſſement que police: &
doit contenir ſommaire declaration de la ſorte &
quãtité des marchandiſes chargées, auec ſoubſcrip-
tion ou intitulement du nom de celuy à qui elles
vont & appartiennent, le nom du Maiſtre oú du
Nauire auquel elles ſont chargées, & le nom certain à qui elles vont conſignées, la marque d'icelles, & le compte du prix qu'elle couſte, tant par
achapts que fraix, miſes & auaries ordinaires, comme ſont embalages, enfonſages, charriages,
droits, auec prouiſion de celuy qui fait ou adreſſe
la carguaiſon, couſt de l'aſſeurance: Comme ſi
pour aſſeurer mil liures à quinze pour cent, il faut
cent cinquante liures; il eſt licite faire aſſeurer leſdites cent cinquante liures, & mettre en ligne de
compte vingt-deux liures dix ſols pour le couſt de
l'aſſeurance, & ainſi conſequãment de plus grande
ou moindre ſomme.

Pour l'intelligence de c'eſt article, faut auoir recours
au dernier chapitre de ce traité *du deuoir du Greffier.*

X.

Sur ce conuient noter, combien qu'il ſoit à la
liberté du Marchand chargeur, de faire aſſeurer le
tout, ou portion de ſa marchandiſe, toutesfois aduenant *Auarie, rachapt ou compoſition.* Il faut qu'il employe l'aſſeurance du total, dreſſe ſa carguaiſon en

la maniere fuſdite, afin de faire la repartition ou
contribution au marc la liure, non ſeulement ſur
les ſommes aſſeurées, mais auſſi ſur ce qui reſte à
aſſeurer, dont luy chargeur a prins ou reſerué la riſque ſur luy.

XI.

Pareillement pour eſuiter abus, & les grandes
négligences qui ſe trouuent aux Marchands chargeurs quand ils ſont aſſeurez du tout : Seront tenus
iceux, ſuiuant l'ordre des autres plaſſes ou Bourſes, courir la riſque *de dix pour cent*, qui eſt le dixieſme de leur carguaiſon, pour lequel dixieſme ils
contribueront aux auaries, rachapts ou compoſitions quand elles ſuruiendront.

DIXIESME. Les aſſeurances d'Anuers article 11.
& d'Amſterdam article 2. ſont conformes, & ordonnent
que l'aſſeuré doit courir la riſque du dixieſme de la carguaiſon ou du nauire : par l'ordonnance des Prud'homes
de Barcelone, les vaſſaux ou ſubjets du Roy ne peuuent
aſſeurer que des huit parts les ſept, & doiuent riſquer le
huictiéme, & les vaiſſeaux eſtrangers des quatre parts
les trois, *Si ſeran de vaſſals del Senyor Rey, corren tottems lo riſch*
de la vytena part, & ſi ſeran de eſtrangers, de tres quarts corren lo
riſch del quart. Et ſi ſera fet lo contrarino puga valer al aſſegurat, ni
noyre als aſſeguradors. Conſulat. chap. 346. Par les Ordonnances d'Eſpagne le Marchand chargeur ne peut aſſeurer
que les deux tiers de ſa carguaiſon pour le voyage des Indes. *De la nauegacion de las Indias, no ſe puede aſſegurar mas de las*

Hh 2

dos tertias partes de la Nao. Ordonn. Real. de la nauegacion de las Indias. num. 1 6 2.

XII.

Sur l'eualuation des marchandifes il aduient grands difcords ; car aucuns ont tenu que l'eftimation deuoit eftre faite eu efgard au temps de la perte, autres au temps que le Nauire eft arriué à port de falut : les plus recens font d'aduis qu'il faut regarder au temps de l'achapt ; ce qui fe praĉtique en la perfeĉtion des carguaifons & faĉtures.

Le jugement huiĉtiéme d'Oleron, ordonne que la prifée des marchandifes perduës, fera faite au fur de celles qui font paruenuës à fauueté, à quoy eft conforme l'Ordonnance de *Vvisbuy* art. 10. & 38. c'eft auffi l'aduis & la refolution de *Santerna De affecurat. in tertia parte, num.* 50.

En la mer du Leuant, font vne diftinĉtion quafi femblable à ce qui eft cy-deffous au chap. 15. art. 15. fçauoir eft que fi le mefchef eft arriué iufques à demy voyage, l'eftimation des marchandifes peries ou jettées, fe fait fuiuant qu'elles ont efté achetées ; mais s'il arriué au delà, la repartition s'en fait fuiuant que les autres valent au lieu du refte. *Confulat, chap.* 97.

La raifon de cet article eft conforme à la difpofition du Droit Romain. l. 2. §. *portio. D. lege Rhod. Quia in his non habetur ratio lucri, fed tantum damni*: & d'abondant *vi detrimentum in exiguum conficitur, & lucrum dilatetur*, fuiuant l'article 9. *legum Rhod. fecundo tomo Iuris Grecò Romani*, & le Promptuaire de *Harmenopulus. tit. de collatione. & tit. de jaĉtu.*

XIII.

Derechef les eſtimations ſe peuuent faire en la
police, mais ſi elles excedent la moitié, tiers ou
quart du iuſte prix, quand il aduient perte l'Aſſeureur en prend deffence, prenant pour maxime que
l'aſſeuré ne peut receuoir profit du dommage d'autruy : Or ſi telles eſtimations auoient lieu, non ſeulement donneroient occaſion aux infinies pertes,
mais auſſi l'aſſeuré fairoit ſa condition meilleure,
que ſi les danrées arriuoient ſauuement ; Partant
comme frauduleuſes & plenes de deception, elles
ſe reduiſent à ce qu'a couſté la marchandiſe lors de
l'achapt, ſoit à temps ou argent comptant : Et ſi elle prouient de troque, au prix qu'elle valoit, prix
courant lors de la troque. A quoy il ſera adjouſté
toutes les miſes & fraix, comme il a eſté dit cy-
deſſus parlant des factures.

Aeſtimatio Domini non facit verum pretium. l. ſi funduum 1. §. 4.
D. legatis. 1. l. ſi quis aliam. D. ſolutionibus.

XIV.

En marchandiſe aſſemblée de longue-main,
comme toiles de curage, caneuas, draps, mer-
çerie, ou autres danrées, procedant de la manu-

Hh 3

facture de celuy qui les enuoye, le prix eſt doub-
teux & diſputable. Car ſi elles ne ſont eſtimées par
la police, les derniers aſſeureurs n'en voudront tenir compte qu'au prix qu'elles couſtent, & ce faiſant, celuy qui fait l'enuoy perdroit le temps de
l'amas, ou le profit qu'il eſpere ſur la manufacture.
Pour éuiter tout debat, il ſera plus certain les eſtimer par la police, & les taxer à prix raiſonnable ou
prix courant; afin que l'aſſeureur qui par ſa ſignature aura ratifié le prix, par apres ne puiſſe diſpu-
ter.

L'Ordonnance des Conſeillers Prud'homes de Barcelone, deſire que l'eſtimation ſe faſſe par experts ou pru-
d'homes auant partir, dont l'acte des aſſeurances ſera
chargé. *Conſulat chap. 341. Santerna De aſſecurat. tertia parte,
num. 40. vſque ad 46. Straccha De aſſecurat. gloſ. 6. l. 2. §. ſed in
his. D. lege Rhod. de jactu.*

XV.

L'Aſſeureur en tout ſe confie en la prud'homie
de ſon aſſeuré; car nonobſtant que le marchand
chargeur expoſe ſur ſa police, les pactions & conditions ſous leſquelles il entend ſe faire aſſeurer:
toutesfois l'aſſeureur lors qu'il ſigne la ſomme, il
n'entre en conference verbale auec l'aſſeuré, il lit
ſeulement ce qui eſt eſcrit au deſſous du ſtyle d'i-
ſelle police, ſans voir la ſorte, la quantité, ny

qualité defdites marchandifes: fuiuant en cela la
relation, prud'homie, & fidelité de fon marchand
chargeur, prefupofant qu'il foit loyal en fa trafi-
que: S'il fait autrement, il ne faut trouuer eftrange perte arriuant, fi comme le pupille, la vefue,
l'abfent, qui ne peuuent, ou ne doiuent eftre tró-
pez, l'affeureur forme fes deffences & fes exceptions fur le dol & fraude de fon affeuré, aufquelles
il eft receuable les prouuant.

*Claufula affectata, præter vfitatum modum, reddunt inftrumen-
tum fufpectum. Molineus Confil.* 31. *numero* 16. C'eft pourquoy ceux qui affeurent, fe confians en la legalité & pru-
d'homie de ceux qui fe font affeurer, & qui ont fait dreffer l'affeurance, n'ayant le loifir d'examiner & confulter
telles appreciations, defcriptions, claufes infolites : ils ne
s'obligent aucunement à fuiure l'eftimation d'icelles par
leur foubfcription. *l. fi falfum. C. plus valere quod agitur*, mais
font toufiours receuables apres la perte, de difcuter ou
difputer fi les enonciations contenues en la police font
conformes à la verité.

XVI.

L'intereft des eftimations redonde fur les derniers affeureurs, par ce que combien que les Auaries fe repartiffent au fol la liure, *Le reffortiment* du
trop affeuré fe fait, non pas au marc la liure, mais
felon la pofteriorité des dates : Comme s'il y a
deux mille efcus d'affeurez par *Pierre*, de draps à

porter en Portugal : contenant tant d'aulnages
chacune aulne estimée par la police à cinq liures
l'aulne, il y aura dix marchands qui auront asseuré, prins la risque, peril & fortune du transport
par mer chacun de deux cens escus: S'il aduient
perte ou naufrage à la nauire, ledit Pierre faira son
delais (qui est l'acte de denonciation de la perte ou
naufrage arriué) contenant declaration qu'il entend estre payé des sommes asseurées dedans deux
mois: L'interest des derniers asseureurs, en ce cas
est de s'informer si les draps auoient cousté le prix
de cinq liures l'aulne, car si les draps n'auoient pas
cousté cinq liures l'aulne, & qu'il fut veritable
qu'ils n'eussent cousté que trois liures quinze sols,
qui seroit cinq cens escus de tare sur l'estimation
susdite, le dernier & penultiéme asseureurs ressor-
tiront pour les sommes, qu'est chacun deux cens
escus, & l'autre d'apres, qui est le tiers dernier,
ressortira pour la moitié de la somme, qui est cent
escus, & ne seront tenus payer aucune chose de la
perte, au contraire iceluy Pierre sera tenu leur payer demy pour cent, pour la peine d'auoir signé, &
couché la partie sur leur liure.

Par le terme *D'interest*, est entendu l'aduantage & le
soulagement, qui procede à faire regler, & reduire l'estimation des marchandises asseurées au vray & legitime
prix : ce qui profite, & vient à la descharge des derniers
asseureurs seulement, lesquels *ressortent*, c'est à dire, se tirent

rent par ce moyen du peril d'asseurance, & ce iusques à
concurrence du dixiesme que le marchand chargeur doit
risquer, & ne peut asseurer : la raison est, que les premiers
asseureurs se trouuant auoir asseuré les neuf dixiesmes parties de la marchandise reduite à son vray prix, cela doit
suffire au marchand : autrement si les dernieres asseurances auoient effect, le marchand chargeur tireroit profit
en cas de perte, ce qui ne se doit, mais vaut mieux que
les dernieres asseurances soient frustratoires.

En autres cas, comme au payement du prix ou primeur
s'il en a esté fait credit, les soubscriptions des asseureurs
d'vn mesme contract ont force d'vn mesme compte, &
concourent tout en esgal priuilege, quoy qu'ils soient de
diuerse datte ; ainsi qu'il est statué au *Consulat chap.* 353.
& par le Coustumier d'Amsterdam art. 23.

SERA TENV *leur payer demy pour cent.* Quand les
asseurances se trouuent frustratoires pour quelque cause
que ce soit, l'asseuré doit suiuant l'ancienne coustume
payer demy pour cent à ses asseureurs, c'est à dire demy
escu pour chaque centaine d'escus asseurez, & à proportion : de laquelle coustume est fait mention aux asseurances d'Anuers, article 14. 15. 16. & Coustumier d'Amsterdam article 22.

XVII.

Le pareil sera si la somme excede les deux mille
escus : comme si au vray coust principal lesdits
draps auoient cousté cinq liures l'aulne, & que
pour les expedier & les enuoyer hors, il luy eust
cousté quatre ou cinq cens escus : En sorte qu'en
principal, fraix & mises, le tout reuint à deux mille

cinq cens efcus : toutesfois il n'eft affeuré que deux mille, perte aduenant, les affeureurs ne payeront que les fommes, à fçauoir chacun d'eux cent efcus, mais s'il n'y a perte du total, ains feulement *auarie*, l'auarie fera repartie non feulemét fur les deux mille efcus, mais fur les deux mille cinq cens.

XVIII.

Pareillement l'Affeuré peut faire reffortir & tirer hors du peril les derniers affeureurs : Si au lieu de charger pour deux mille efcus de marchandife, il n'en charge que pour douze ou pour quinze cens.

XIX.

S'il aduient que les affeureurs ou aucuns d'eux, apres auoir figné en quelque police fe repentent, ou ayent peur, ou ne voudroiét affeurer fur tel nauire, il fera en leur liberté de le faire reaffeurer par autres, foit en plus grand ou moindre prix : Mais pour cela ne fe pourra defobliger que le chargeur ne s'adreffe directement à eux, par ce qu'ayant par leur feing donné leur promeffe, quelques proteftations, affignations qu'ils faffent au contraire, ils ne pourront fe defobliger fans le confantement de l'affeuré.

Sicut initio libera cuiq; potestas est habendi, vel non habendi contractus, ita renunciare semel constitutæ obligationi aduersario non consentiente non licet. l. sicut. C. obligat. & action.

XX.

Si l'asseuré doubte aucune des debtes de ses asseureurs n'estre suffisante, il se peut bien faire reasseurer, en cas que celuy-là ne fut point suffisaht de payer la perte, aduenant à la premiere contrainte ou refus d'iceluy, ou par sentence de Iuge.

E. Decem stipulatus à Titio postea quantominns ab eo consequi posses, si à Mænio stipularis : siue dubie Mænius vniuersi periculum potest subire. D. Verborum obligat. l. si decem· D. Solutionibus.

A quoy l'Asseuré est tenu perte aduenant au Nauire.

CHAP. III.

I.

PErte aduenant au Nauirè ou marchandises asseurées, le Marchand chargeur faira faire son *Delais* par le Greffier, Notaire, ou Sergent Royal à ses asseureurs, auec declaration qu'il espere estre payé des sommes que chacun aura asseuré dudit iour en deux mois.

DELAIS OV DELAISSEMENT, c'eſt l'acte que fait l'aſſeuré à ſes aſſeureurs, portant denonciation, ou notification de la perte du nauire ou marchandiſ s & de-laiſſement d'icelles, & ſommation de payer les ſommes aſſeurées dans deux mois prochains, ou autre delay pris & limité par la police, de la forme & de l'effect duquel acte eſt traité cy-deſſous au chap. 7.

II.

Pendant ce temps il donnera ordre de retirer les atteſtations de la perte, faira verification de ſes connoiſſemens, & certifiera ſa carguaiſon veritable; car nonobſtant ſon *Delais*, auant que recou-urer ſa perte, il eſt ſujet à trois choſes. La premiere il doit fournir d'atteſtation valable de la perte ou prinſe : contenant l'heure & le lieu qu'elle eſt a-uenuë, ſi faire ſe peut. La ſeconde, de la charte-partie, ou connoiſſement deuëment verifié. La tierce, de la facture ou carguaiſon, juré & certifié veritable, ſi tant eſt que par la police la marchan-diſe n'ait pas eſté eſtimée; Outre il preſtera le ſer-ment qu'il n'aura fait faire aucune autre aſſeurance, ſoit en cette ville ou ailleurs, que celle-là dont il demande repetition ; Deliurera les pieces ſuſdites s'il en eſt ſaiſi & requis, mais touſiours en rigueur ſera-il contraint de les produire dans les deux mois. Apres ces choſes fournies, ſi les aſſeureurs veulẽt les debatre faire le pourrõt, ſi dedans la premiere ou ſe-

conde affignatió pour le plus le differât fe peut decider. Mais s'ils tombent fur des preuues, ou s'ils of-
froient vouloir faire nouuelles atteftations pour
retarder le iugement, les Prieur & Confuls tireront
outre, condamneront chacun defdits affeureurs, a
payer par prouifion les fommes qu'ils auront affeuré à la caution iuratoire du Marchand chargeur, s'il
eft notoirement fufifant : S'il eft Eftranger, four-
nira de caution valable, par ce que fi le marchand
fuccombe en fin de caufe par fa temeraire pourfuite, il fera condamné aux interefts du iour du payement.

Letres obligatoires font executoires par prouifion, nonobftant toutes oppofitions ou fuboerfuges, fuiuant la difpofition de l'Ordonnance 1 5 3 9. article 6 8. & du ftyle de
la Cour *Partis prima*, capite 1 3. §. 1 2. & cap. 1 9. §. 2.
    PRIEVRS ET CONSVLS: Aux Parlemens de
Tholofe & de Rouën ils font ainfi qualifiez, & nullement
Iuges & Confuls, quoy que par l'Edict la qualité de Iuge
leur foit attribuée : Les Prieurs & Confuls de la ville de
Rouën, pour lefquels ce traité fut compofé, ont obtenu Arreft d'appointé ou d'expedient, du confantement
de Monfieur de Ioyeufe Admiral de France, du 1 7. Auril
1 5 8 4. par lequel la connoiffance des Polices d'affeurance leur demeure, ô la charge d'aduertir les Officiers de
l'Admirauté des maluerfations ; Mais ailleurs qu'à Rouën,
les Officiers de l'Admirauté pretendent que cette matiere
d'affeurances leur appartient, tant par les Ordonnances
de l'Admirauté, notamment du mois d'Aouft 1 5 8 2. du

mois de Mars 1584. que par la condition & nature du contract qui n'eſt pas fait de marchandiſe: De ſorte que les Officiers de l'Admirauté de Guyenne en ont obtenu Arreſt du Conſeil en leur faueur baillé en jugement contedit, contre le Seneſchal, Iuges Preſidiaux de Guyenne, & les Iuge & Conſuls de la Bourſe, du 24. Ianuier 1619.

III.

S'il y a pluſieurs polices d'aſſeurance faites ſur vne meſme carguaiſon, ſoit en meſme ou en diuerſes villes, ou ſous diuers Seigneurs: celle qui eſt anterieure en datte preferera les autres: S'il y a reſſortiment, les derniers aſſeureurs ſoit en perte ou en gain retireront leur ſeing, en leur payant demy pour cent: Par condition que les Reſſortimens faits pour carguaiſon à ſortir du havre de Dieppe, Feſcamp, Honnefleur, ou autres lieux de la Coſte de Caux ſerõt notifiés à Rouën, quinze iours apres que la Nauire en laquelle l'aſſeurance ſera faite aura ſinglé en mer. Si de Flandres, Angleterre, Portugal, Norouegue, Moſchouie dedans cinq mois; De la coſte d'Italie, Eſſores, Perou, Braſil & Indes, & autres ſemblables voyages, vn an.

Du moyen d'asseurer ce qui est perdu.

CHAP. IV.

I.

COmbien que ceux qui n'ont practiqué le commerce & l'vsage d'Asseurance, trouuent estrange de faire renaistre, & mettre sus vne chose perduë par le moyen de l'asseurance; par lequel il est permis pouuoir faire asseurer ce qui n'est plus en essance: Toutesfois cela a esté mis & introduit en vsage, pour bon respect de toutes Nations approué, au moyen, que lors du contract de Police fait & signé, la perte & periclitation ne se peut sçauoir: Ce qui se presumera par le laps du temps interuenu depuis la perte iusques à l'heure de la signature. Anciennement la presomption se computoit, nombrant heure pour lieuë, depuis le lieu de la perte aduenüe en la mer, iusques au prochain port de terre ferme, & dudit port, iusques au prochain lieu où fut fait l'asseurance: Et d'autant qu'il seroit difficile de particulariser à quelle heure du iour la perte auroit esté faite, mesmes l'asseurance, l'on prend l'vn & l'autre fait pour aduenu à midy: Les modernes ont trouué des abus en telle computation, comme estant le temps trop long; & partant l'ont restraint, & aduisé qu'il faut aussi oster les occafions du dol, qui pourroient aduenir par celuy qui fait faire l'affeurance : Ce que par cy-apres fera obferué, & computés à ce regard deux heures pour trois lieuës.

L'incertitude & l'efperance font fubfifter vn contract fans fonds, *aliquando & fine re venditio intelligitur veluti cum quafi alea emitur. l. nec emptio. D. contrahenda emptione.* Neantmoins le Couftumier d'Anuers eft contraire à la difpofition de ceft article, & defire en l'article 5. qu'il apparoiffe que le Nauire fubfifte, & foit en eftat au temps de l'affeurance : Comme auffi la *Decifion de la Rote de Genes,* 36. *num.* 10. & 11. *& Santerna de Affecurat. Parte tertia, num.* 24 & 42. leurs raifons font, que *Re deperdita non adeft fubjectum fuper quod affecuratio fieri pofsit, & affecuratores fufcipiunt in fe periculum futurum non prateritum, quandoquidem contractus affecurationis eft contractus conditionis, at natura conditionis eft infpicere futurum cafum non prateritum.*

Mais le Confulat au chap. 354. & le Couftumier d'Amfterdam, article 20. & 21. font conformes à ceft article, & veulent que les chofes perdues ou depredées puiffent eftre affeurées ; pourueu toutesfois que la perte ne foit connuë. Si ce n'eft, dit le Couftumier d'Amfterdam en l'article 22. que l'affeurance fut faite *fur bonnes ou mauuaifes nouuelles ;* car ces mots y eftant, elles doiuent auoir cours & valeur.

Pour induire la notice, ou connoiffance de la perte, ou periclitation, le Confulat compte heures pour lieuë, *Coes per tantes legues, tantes hores.* Et le Couftumier d'Amfterdam en l'article 21. *lieuë & demy pour heure,* tout ainfi que noftre Autheur ou Guidon. *Molineus ad regulam Cancellarie. De verifimili notitia. num.* 27. *Rebuff. in additionibus Regul.* 30. Le Confulat au lieu prealegué, condane celuy qui fciamment

ment fait affeurer marchandife ou Nauire perdu, en l'a-
mande & peine de cent liures, *en tal cas encorrega en Ban de
sent liures Barchinonefes.*

Des Auaries.

CHAP. V.

L'Affeureur eft tenu d'indamnifer fon Marchand
des fraix, mifes, auaries, & empirances qui
furuiennent à la marchandife depuis qu'elle a efté
chargée, dont le tout eft comprins en ce mot *Auarie*, qui reçoit plufieurs diuifions. La premiere eft
dite *commune* ou *groffe auarie*, celle qui aduient par
jet, pour rachapt ou compofition, pour cables,
voiles ou maft coupez, *pour la faluation du Nauire &*
marchandifes, dont le defdommagement fe prend
fur le nauire & marchandifes; c'eft pourquoy elle eft
dite *commune*. Quelque fois elle eft prinfe pour auarie qui excede dix pour cent.

M. *Mornac* fur la loy quatriefme. §. *cum autem. D. lege Rho-*
dia de jactu. Cæterum apellant Nautæ noftri (faire Auaries) *contri-*
buere damna inuicem, corrupta enim vox à Βαρὶς quod nauigium
eft apud Iones vt fit proprie (Auarie) *Damnum Nauticum, & ja-*
ctura computatio, l'Italien employe le mefme terme. *Auaria*
e la computazione e fpartimento d'el danno che fi fa del getto d'ella Na-
ue, les Efpagnols s'en feruent auffi, *Hauerias de mar, fpefas*

K k

y daños caufados en la Naue y las mercaderias,

II.

Comme auffi *Auarie*, eft celle qui aduient par tormente, faute du Maiftre ou du Nauire, pour pilotages, touages, lamanages, ancrages, moüilleure d'eau, ordinairement eft prinfe pour auarie, qui eft au deffous de dix pour cent.

III.

Derechef aucunes auaries concernent le Nauire, autres la marchandife : Bref auarie eft proprement le couft extraordinaire qui furuient à la Nef & marchandife apres qu'elles font expediées.

IV.

Auarie qui concerne la marchandife eft empirance, pourriture, degat, moüilleure d'eau, racoutrage, vifitation & apretiation, fauuages, & autres femblables chofes fi elles procedent par fortune de mer, mauuais temps, ou pour auoir le nauire fait eau, touché, abordé par les Pillars, tiré à coups de canon, le tout fait attefter & aprecié. *Repartition* eft faite au Marc la liure, felon l'ordre par cy-apres.

Repartition & contribution font, & fignifient le mefme.

V.

Mais au prealable celuy qui reçoit, ou doit receuoir telles marchandifes empirées, en doit faire
i ft nce, pour n'eftre conditionnées felon que le
porte le connoiffement; mefmes fe doit mettre au
deuoir, rabatre iceluy dommage au Maiftre du nauire, & s'informer diligemment s'il y a de fa faute
ou de fon nauire, jufques à le faire conuoquer en
juftice & faire la vifitation : Si le maiftre eft trouué
incoulpable, celuy à qui elle eft adreffée la receura
auec les atteftations du dommage, pour en auoir
reftor ou refource, & defdommagement fur les affeureurs, fans que le nauire y participe.

VI.

D'autre part s'il découure que l'empirancé, ou
l'auarie procede de la faute du nauire : comme s'il
n'auoit fes efcoutilles & le tillac bien calfeuté,
qu'il ne fut bien eftanch, qu'il y eut eu faute de
bon radoub, que par ce moyen l'eau entrat dedans,
& eut gafté ou empiré la marchandife; le maiftre
portera le dommage, dont rabais luy en fera fait
fur fon fret, fans que l'affeureur ou la marchandife
y contribuë. Et generalement le maiftre porte tout
ce qui aduient par fa faute, ou de fon nauire quand

il a dequoy payer, ou que l'auarie n'excede son fret: Si elle excede, & qu'il n'y ait moyen de *Restor*, l'as-feuré est tenu faire ses diligences par droit de *Baraterie de Patron*, & faire apparoir d'icelles, faires en premiere instance, auant que de se pouuoir adresser sur les asseureurs.

L. si merces. §. qui columnam. D. locati. Culpæ imputatur Nautæ qui integram Nauim non præstat, vnde tenetur Si merces ex hoc deteriores reddantur. Straccha. De Nautis, tertia parte, num. 11. Iugement d'Oleron 27. Regularemente, el Maestre de la Naue es obligada à pagar el daño d'ella y de las mercaderias sucediendo por su culpa. Laberinto de comercio. lib. 3. cap. daños. num. 2.

VII.

Auarie est aussi, ce qui aduient par la faute des guindages ou descharge dudit nauire, comme si ledit nauire n'estoit en bon Quay ou Rade, les amarres & cordages ne fussent bons, ou si deschargeant la marchandise les guindages rompissent, que la marchandise ne fut bien agrappée, tombant sur le quay, dedans la mer, ou dedans le mesme nauire, c'est le dommage dudit maistre. Apres auoir esté deliurez à sauuement sur le quay, les Bourgeois, Maistre & Compagnons sont deschargez: Cependant neantmoins l'asseurance court les risques: La risque par les barques & bateaux de seruice, court iusques au lieu de leur derniere descharge: auquel

les maiſtres deſdites barques & bateaux ſont ſujets
à pareils perils des guindages, amarres & deſchar-
ges, juſques à eſtre liurées les marchandiſes entre
les mains de ceux de la charruë, & ceux de ladite
charruë, iuſques à eſtre mis hors ſur le talud en ſauueté.

Du quay, tranſport s'en fait és Seulles & magaſins du proprietaire ou commiſſionaire, dont pareillement l'aſſeureur court la riſque ; mais auſſi les
Charretiers & Brouetiers ſont reſponſables depuis
qu'ils l'ont prinſe ſur le quay, iuſques à ce qu'elle
ſoit à ſauuement au magaſin ; car autrement elle
n'eſt cencée, ny reputée auoir eſté miſe ez mains,
& poſſeſſion de celuy qui les doit receuoir.

VIII.

En grains, vin, ſel, conſerues, figues, raiſins,
oranges, melaſſes, harenc, oliues, & autres prouiſions de viures: par ce qu'il aduient quelque fois
auāt eſtre deſchargées qu'elles ſont empirées, ou ſe
gardans dans le nauire s'eſchauffent, aigriſſent,
fondent, empuantiſſent, coulent, ſe gaſtent l'vn
l'autre l'aſſeureur ne porte nulle telle ſorte d'auaries ; mais ſi par tormente ce que deſſus fut aduenu,
par jet fait en mer, pillerie ou depredation, l'aſſeureur payera l'auarie ſi elle excede pour le regard
deſdits viures *cinq pour cent.*

Si qua tamen vitia ex ipsa re oriantur veluti si vinum coacuerit, hæc damno coloni sunt. l. ex conducto. §. 2. D. locati. Emptoris erit damnum. l prim 1. D. periculo & commodo rei venditæ, quia seruando seruari non possunt. Asseurances d'Amsterdam article 27. Le degat causé par les souris, teignes & le sit, ou moisisseure, n'est au peril de l'asseureur. *Santerna. De assecurationibus, parte 4. num. 3 1. Straccha. De Nautis, tertia parte, num. 48.*

Les Coustumes de la mer du Leuant, obligent le maistre du nauire à se pouruoir d'vn chat, s'il est en lieu qu'en puisse recouurer. *Si hauer sera gastat per rates, & que en la Nau no haia gat, lo Senyor lo deu esmenar. Chap. 68. du Consulat. l. item quæritur. §. si fullo. D. locati.* Les nauigations du Nort sont à ce regard plus, fauorables, notamment en Escosse & en Moschouie : D'autant que la vermine, singulierement les rats & souris n'y peuuent viure, mais y meurent d'abord. *Ortelius in Scotia.*

IX.

Si le maistre du nauire charge marchandises incompatibles : comme si au bas sous le premier tillac il y auoit raisins, alum, figues, ris, grains, sel, ou autres semblables danrées : Et entre deux tillacs au dessous du premier il charge vins, huiles, oliues, ou autre marchandise qui coule ; & que par lesdits coulages la marchandise bas fut gastée, apretiation sera faite du dommage lequel tombera sur le maistre, sans que l'asseureur y contribue.

Iugement d'Oleron. 11.

X.

Parquoy les maiſtres du nauire prendront garde, que pour accommoder leurs marchandiſes, ils mettent bas celles qui coulent, & deſſus les plus ſeiches.

XI.

D'autre part, ſi en bas il y a marchandiſes incompatibles dont l'vne gaſte l'autre, ce n'eſt la faute du maiſtre de nauire, s'il y à Facteur ou Commiſſionnaire dedans, preſent à la charge; mais du Facteur lequel y doit prendre garde, & ne permettre le meſlange des danrées incompatibles. Si le maiſtre de ſon chef les veut entremeſler, le commiſſionnaire doit proteſter, alos s'il ſuruient empirance elle tombe ſur le maiſtre en deſduction de ſon fret, autrement ſur le marchand chargeur ſans eſpoir de *reſtor* ſur l'aſſeureur, par ce que c'eſt ſa negligence, ou de ſon commiſſionnaire, de laquelle l'aſſeureur ne reſpond.

Si poſui cuſtodem ad me periculum ſpectabit, ſin minus ad eum penes quem relictum eſt. l. ſi vt certo, loce. §. ſi de me petiſſes. D. commodati. Ordonnance des Riuieres de l'an 1415. article 12. Mr. Cujas ſur la loy qui Roma 122. §. Callimachus. D. verbor obligat. remarque que les anciens auoient accouſtumé d'enuoyer, & mettre ſur le nauire vn commis ou facteur pour ſoigner

la marchandife, & leuer des debtes que les Grecs nommoient κερμακόλεθον ideſt lucri ſeqnacem dont eſt fait mention. l. 4. D. Nautico Fænore.

Ce qui ſe practique encor aujourd'huy, nommeément
aux voyages du long cours, & tel perſonnage eſt nommé
dans le nauire Facteur ou Marchand, & d'ordinaire c'eſt
le quatrieſme Officier dans le nauire.

XII.

Les Lamanages, Touages, Pilotages, Suages,
ſe payeront, ſçauoir eſt en marchandiſe de grand
valeur deux tiers, en marchandiſe de peu de valeur,
dont le fret vaudra autant que la marchandiſe, feront partagez par la moitié: S'ils ne ſe peuuent accorder ſur l'vn ou l'autre reglement, le Nauire ou
fret feront eſtimez, par apres les marchandiſes payeront au marc la liure les ſuſdites auaries.

XIII.

Pilotages ſont deriuez des Pilotes qui ſe prenent
par les Maiſtres de Nauire, entrant ou ſortant
des havres, où paſſans par des coſtes & paſſages
dangereux.

Cette Auarie eſt qualifiée dans les charte-parties, menus
pilotages. Iugement d'Oleron vingt-quatrieſme.

XIV.

XIV.

L'Amanage est prins pour les barques, ou petits
bateaux qui vont au deuant des nauires quand elles
er trent au port pour leur aider, & il est dit *lamanage*,
comme labourant, & trauaillant à mener les nauires auec cordes, crocs, harpins, auirons, & autres
irstrumens du nauire dont s'aydent les barque-
roles.

Lamaneurs sont mariniers de riuiere, lesquels sont employez pour Touer, Haler, & conduire les Nauires estrangers en icelles, sur les passages obsedés de dangers,
iceux mettre en rade ou en furain, le jugement d'Oleron
23. les nõme *locmans*, qui est à dire habitans sur les lieux:
Et la mer des histoires au liure 2. chap. 2. *lomen*, *on guide*;
les Alemans les nomment *leydsman*, qui est à dire, *comes &*
ductor itineris. *Iugement d'Oleron.* 23. C'est article le deriue du
trauail des mains, *Lamanur, quasi laborans manu* χειρέμϐολος
Dicuntur Helcyarÿ ab ἕλκω *quod est traho.*

XV.

Suage est le coust des gresses, ou suif, qu'il faut
pour dorer & conseruer le Nauire, quand il est
prest à partir, afin qu'il coule & fende mieux les
vagues.

Les mariniers de Marseille & du Leuant, nomment le
Suage *Sperme*, & ce radoub, *esparmer, ou espalmer, & dorer,*

donner le floré, & florer. Spaltum eſt vn Bitume qui vient du Leuant, la fumée duquel ſert à chaſſer les rats des maiſons. C'eſt l'*Asphalte* de la mer morte, ou du lac de Sodome en Iudée, *de quo Plinius Natural. hiſtor. lib. 5. cap. 15. & 16.*

XVI.

Touage eſt proprement ce qui eſt payé dans les riuieres, pour haler les Nauires, & les conduire touſiours au fil de l'eau, qui ſe change toutes les marées de Rouen au havre; en quoy ſont comprins les Pilotes, pour eſuiter les ſablons de Quille-bœuf, & les dangers du paſſage de Caudebec.

En la mer du Leuant, c'eſt *remoquer* ou *remolguer* du Latin *remulcare*, l'Italien dit, *Rimorchiare, tirare vn Nauilio con l'altro a forza d'remi*, l'Eſapgnol dit, *Halagar, lleuar la Naue a jarro.*

XVII.

Il y a guindages, qui eſt la charge & deſcharge des marchandiſes que font les compagnons, auſquels l'on fait quelque honneſteré, qui eſt reduite volontairement, ſans en faire vſage à deux ſols ſix deniets pour thonneau: *De toutes les choſes ſuſdites l'aſſeureur eſt exempt.*

XVIII.

Le Marchand chargeur eſt ſujet à toutes ces me-
nues deſpenſes, la marchandiſe d'autruy que l'on
dit *marchandiſe paſſagere* n'eſt ſubjete au ſuage, touage, ny à la contribution des chauſſes ou pot de vin
du Maiſtre, ſi pour cauſe expreſſe le connoiſſement
ne le contient.

CHAVSSES OV POT DV VIN DV MAISTRE.

C'eſt le preſent que le Marchand freteur ou chargeur fait
au Maiſtre, outre, & pardeſſus le fret, lequel preſent il
prend à ſoy, & en profite à ſon particulier, ſans en faire
part aux Bourgeois, Victuailleurs, ny à ſon equipage :
D'ordinaire c'eſt tout autant que le fret d'vn thonneau.

XIX

Derechef les lamanages, pilotages, touages ne
ſôt touſiours de neceſſité, le Maiſtre du nauire peut
bien éuiter tous ces fraix extraordinaires : De ſorte que les mettant en compte le marchand freteur
les peut rejetter, s'il ne luy apert eſtre loyaument
payez : La contribution ſe fait en ce cas, non pas
à la valeur de la marchandiſe, mais de ce qu'elle
occupe de lieu en la Nef à tant par chacun thonneau.

Iugement d'Oleron 24. nombre 3. & 4.

XX.

Si par fortune de temps on fait perte de cables, ancres, voiles, mast, cordages du Nauire, la marchandise n'y est contribuable, mais tout ce dommage tombe sur le Bourgeois de la Nef.

L. si laborante. §. si conseruatis. l. Nauis. D. lege Rhod.

XXI.

Mais si pour la saluation de la Nef & marchandises : En cas de vents impetueux, grande tormente, que sans fraude & deception il fut besoin couper cordages, masts, abandonner les voiles au gré du vent, faire jet des marchandises, ou des vtenciles du Nauire : Ou si estans en rade facheuse entre les mains des pillars, l'on fut contraint de faire ce que dessus ; la perte sera estimée sur les marchandises restantes, & sur le corps de la nef & aparaus, ou sur le fret à l'option du Maistre : Contribution en sera faite au sol la liure, s'entend que le compte du fret sera fait non seulement de la marchandise restante, mais aussi de celle qui est jettée, autrement le maistre du Nauire ne sera tenu contribuer, afin qu'il ne soit surchargé de double perte, sçauoir du fret de la chose jettée, & de la contribution au jet ; Mais au regard des asseureurs, sont tenus d'indemnifer l'affeuré.

XXII.

Semblablement fi faifant jet les marchandifes reftantes fouffroient dommage pour caufe & raifon du Maiftre, contribution fera faite comme deffus; foit qu'vne portion, ou le tout foit gafté, fans auoir efgard fi le dommage interuenu feroit plus, ou moindre que la contribution de la chofe jettée: Vray eft fi elle procedoit d'ailleurs, comme fi la houle ou la vague auoient moüillé en quelque coin du nauire la marchandife fans finiftre occafion du jet, il n'y aura contribution entre les fufdits; les affeureurs nonobftant payeront les auaries de la moüilleure.

XXIII.

Le mefme ne fera obferué pour le corps de la Nef, par ce que fi faifant jet elle a receu dommage, les marchandifes ne contribueront pas audit dommage: d'autant que le Maiftre du Nauire reçoit profit à caufe du fret, fi ce n'eft que les Facteurs ou Marchands paffagers eftans en la nef, pour preuenir plus grand orage, auroient tous confenti à la fraction du Nauire: pour toufiours plus aifement fauuer ladite marchandife, auquel cas tel degat fera *auarie.*

Iugement d'Oleron 8. nombre 12.

La couſtume de la mer eſt, que quand l'occaſion ou la neceſſité ſe preſente, qu'il eſt force de couper maſt, cables, ou faire jet d'vne partie pour ſauuer le reſte : en ce cas le maiſtre doit le propoſer au marchād & à ſon equipage, & par l'aduis & la reſolution commune il doit obeyr à la neceſſité. *Iugemens d'Oleron* 8. *& 9.* & ſur iceux Mornac *ad legem* 2 § *ſi conſeruatis. D. lege Rhod. & Paulus de Caſtro* ſur la meſme loy. C'eſt ce qu'ordonne & deſire le *Conſulat*, ou *la couſtume de la mer Mediterranée, chap.* 99. 284. *& 296.* *Co es la ſerimonia que deu fer lo Patron de la Nau en cas de get*, à quoy ſont conformes les Ordonnances de *Vvisbuy art.* 20. 21. *& 38. l'Ordonnance du Roy des Eſpagnes Philippe ſecond* au titre *des Auaries art.* 3. enſemble les ordonnances de la nauigation des Indes, *antes que ſe haga lechazon, ſe han de juntar los paſſageros y marineros, y todos juntos acordar ſi es conuenible hazerlo, y acordandolo lo ha de aſſentar y eſcriuir el eſcriuano de la Naue, y dar ſe dello, y de todo lo que ſe echare à la mar. Ordenança Real de la nauegacion de las Indias. n.* 190.

La raiſon eſt que, *ſubmerſio Nauis atribuitur Nautæ, vt cauſæ, Ariſtoteles* 1. *Phyſicor. D. Thomas in prima parte ſumma. quæſt.* 49. *art.* 2. *in fine. ideo Nauta tenetur facere ex Conſilio aliorum.*

XXIV.

Si le foudre auoit endomagé le Nauire ſans toucher à la marchandiſe, ladite marchandiſe ne doit rien, le meſme s'il a touché à la marchandiſe ſans offancer le Nauire.

L. Nauis aduerſa. D. lege Rhod. Iugement d'Oleron 5. deux choſes ſont neceſſaires pour venir à la contribution que l'auarie ou le jet ſoit fair, ſecondement que ce ſoit pour le ſauuement ou la conſeruation du reſte. *Iaſtura rerum ex una parte remouendi communis periculi causa, & conseruatio rerum ex altera. Duarenus ad legem Rhodiam. cap. 3.*

XXV.

Si l'vn & l'autre a paty, chacun porte sa perte, mais celuy qui est l'asseureur portera à sa cothe-part le dommage de ce qu'il aura asseuré.

XXVI.

En fait de contribution les marchandises à fret ne contribueront pas seulement, mais aussi les marchands passagers, non à cause de leurs personnes, mais des pierreries, or, argent, ou precieuses danrées qu'ils porteront sur eux.

Quia omnes quorum interest Nauem, saluam esse contribuere debent. l. 2. §. 2. D. lege Rhodia. Toutesfois pour y faire contribuer les habits & bagues il y a diuerses coustumes, les Ordonnances de *Vvisbuy* article 41. & du Roy des Espagnes Philippe second, au titre des auaries article 7. Exceptent de la contribution, non seulement les personnes libres, mais aussi leurs habits, bagues & argent qu'ils portent ordinairement sur eux. *Quia huiusmodi rebus Nauis non oneratur, nec earum jactus eam leuare posset,* Iugement d'Oleron 8. & au contraire en la nauigation des Indes tout s'apretie quand aux bagues, & entre en contribution, *perlas, piedras preciosas, oro, o plata, e altra quàlquiera cosa. Laberinto de comercio. lib. 3. cap. naufragio. num. 5.*

XXVII.

Sera faite l'eftimation, non au regard de ce qu'ils occupent ou tiennent de place en la Nef, mais à fçauoir de celles qui font jettées au prix de la carguaifon, & de celles qui reftent au prix qu'elles valent en l'effence comme elles font.

Quia in his non habetur ratio lucri fed tantum damni, comme il a efté notté cy-deffus au chap. 2. article 12.

XXVIII.

Si pour foulager le Nauire trop chargé, entrant au port & rade fafcheufe, il conuient defcharger portion des marchandifes en des barques ; & que les barques & les marchandifes defcenduës en icelles fe perdiffent, elles feront auffi bien *auarie* comme le fret d'icelles. Au contraire fi les barques arriuent à fauuement, & la nauire perit, la marchandife defdites barques fauuée ne contribuera ; car ce qui eft mis és barques eft au lieu du fret, lequel ne vient point en contribution fi la nauire n'eft fauuée, c'eft à dire ce qui eft jetté, & la nauire foit perduë on ne contribuera & ne fera *auarie*, car il n'y a auec qui contribuer. Si apres le jet la chofe jettée eft recouuerte elle ne contribue point, ains eft reftituée

ftituée au propriétaire payant le fauuage, non plus
ce qui eft jetté ou mis aux barques fauuées le Nauire eftant perdu.

C'eft article eft conforme, voire extraict de la loy *Na-*
uis onufla. D. lege Rhodia , & de ce que refoult *Iulius Paulus!* *re-*
ceptarum. Senten. lib. 2. tit. 7. ad legem Rhod. Cuiacius.

XXIX.

Mais fi la Nauire eftant enfondrée en vn hable ou
haure, & que pour la releuer fut neceffaire faire jet
de marchandife, & qu'apres eftre leuée fuiuant fa
route elle fut fubmergée, & qu'aucuns des Marchands entremiffent des plongeurs, pour retirer le
plus qu'on pourroit des marchandifes : Ce qui eft
tiré par les plongeurs contribuera au jet fufdit;
mais fi long-temps au precedent il y auroit eu autre jet en plaine mer, ce qui eft retiré par les plongeurs ne contribuera. La raifon de la diuerfité eft,
qu'au premier cas le jet eft pour releuer la Nauire
enfondrée : au fecond, combien que le jet foit fait
pour eluiter plus grande tormente, toutesfois il
ne femble auoir efté fait pour la faluation, puis que
la Nauire long-temps apres a efté perduë.

Dicta l. Nauis onufla. §. 1, D. lege Rhodia.

M m

XXX.

Les marchandifes defchargées en barques pour tranfporter par la riuiere : Si les barques fe perdent il n'y à quoy contribuer auec celles qui reftent au grand Nauire, d'autant que ce n'eft pas pour foulager le Nauire, mais feulement pour les tranfporter en la puiffance du proprietaire : l'affeureur nonobftant court telle perte, fans qu'il puiffe imputer qu'on les pouuoit tranfporter par terre, ou bien attendre quelque autre commodité.

Le Facteur ou Marchand eft en coulpe, lequel expofe à la mer les marchandifes qu'il peut enuoyer par terre, à caufe du peril. *Argumento legis cum duobus. §. damnum. D. pro focio. l. 3. D. donationibus caufa mortis. l. ciuitas C. officio Rectoris Prouincia.*

XXXI.

Si pour fauuer la Nauire & marchandife, le Maiftre ou le Marchand auoient promis à ceux qui fairoient le fauuage, la tierce partie, ou la moitié de ce qui feroit fauué : Nonobftant telle paction ils ne pourront eftre contraints de payer la moitié, tiers, ou quart du fauuage ; mais feront honneftement falariez de ce qui leur appartiendra, à l'eftimation de gens à ce reconnoiffans, ou par juftice.

Le jugement d'Oleron quatriefme fait femblable decifion, & declare toutes ces conuentions, ou promeffes
faites dans le peril nulles, & fubiectes à moderation, ou
reglement *quia periclitantes pro falute repromittunt Argumento legis Medicus. D. varijs & extraordinarijs. l. Archiatri C. Profefforibus & Medicis.*

XXXII.

Ce qui eft jetté, s'il eft recouuert doit eftre reftitué à qui il appartient, par ce que ce n'eft pas chofe abandôuée, mais forceément mife à l'incertitude
de la mer, qui ne priue le proprietaire du droit de
la vendiquer entre les mains de celuy qui l'aura
recouuerte payant le fauuage, à quoy eft tenu pre-
fter aide & coufort le luge du lieu.

*Res jacta Domini manet nec fit aprehendentis. l. 2. in fine. D lege
Rhod. l. vltima. D. incendio, ruina, naufragio.* Iugement d'O-
leron 29.
  Par la couftume de Normandie, au titre *du Varech* art.
597. & 598. à laquelle c'eft article fe rapporte, les Seigneurs des lieux, & les Officiers de Iuftice font refponfables, voire rendus depofitaires de juftice des chofes
naufragées, ou jettées, venuës à terre.

XXXIII.

S'il y a couftume du pays, au contraire comme
en aucuns endroits du pays de Bretagne: quicon-

que ne 'prend vn bref ou certificat des Iuges en la
Vicomté de Lion, que le vulgaire dit *parler aux Hebrieux*, au lieu de dire *vn Bref*. Et la Nauire se perd
ou sumerge en la coste, le tout est applicable au
Seigneur du lieu; en prenant *le Bref* ils éuitent la
confisquation : Partant seront tenus les Maistres de
Nauire suiure la coustume des lieux, prendre tous
congez, certificats & brefs, faire les hommages qu'il
conuiendra, & payer les droits où ils seront deubs,
sur peine de respondre en leur corps & biens des
dommages qui suruiendront.

Il y a des redeuances pour les vaisseaux, d'autres pour
la marchandise. *l. cum in plures. §. vehiculum. D. locati*: Et pour
discerner les vns des autres, la seule coustume du pays
sert de regle, suiuant qu'a remarqué Mornac sur cette
loy, *cum in plures, & Straccha de Nautis. tertia parte. num. 9.*
L'ancienne coustume de Bretagne, concernant *les
Brieus ou Bref*, est rapportée par *Garcie de Ferrande* en son
grand Routier, Pilotage & ancrage, au chapitre *des
coustumes & priuileges de la Duché de Bretagne*, & au chapitre
suiuant, de laquelle coustume procede l'vsage des *congés*
en la mer du Ponant, lesquels n'estoient pas practiquez
hors de Bretagne n'y à pas long-temps: Et *Mr. d'Argentré*
sur la coustume reformée de Bretagne article 56. est d'aduis que l'vsage des bref & congez procede des Romains
& de la coustume du Leuant, de tenir les mers closes.
ou la nauigation deffenduë pendant l'Hyuer. *l. quoties. De
naufragijs. lib. 10. cod. Iurisdiction de la marine, article* 79.

XXXIV.

Reuenant au jet, la premiere chofe qui doit eftre jettée feront les vtanciles de la Nef, comme vieux cables, fougon, ou foyer à faire & tenir le feu, Artillerie qui font de peu de feruice pefent neantmoins beaucoup, par apres les coffres & hardes des compagnons : Si pour cela le Nauire n'eft allegé de tormente, feront apres jettées les marchandifes d'etre deux tillacs; & s'il faut venir à celles d'en bas, & qu'il y ait huiles entre les marchandifes, fera la premiere prinfe, par ce qu'ordinairement elle appaife & adoucit la tormente de la mer.

ARTILLERIE, c'eft ce qui eft deffendu de jetter, enfemble les cordages & munitions, mais qui doit perir auec le Nauire, Par l'Ordonnance de la nauigation des Indes, *Con que no fe eche a la mar artilleria, xarcia, ni municion de la Naue, fo pena de que, lo que fe echera fe pierda, fin interuenir en contribucion con la otra mercancia.* C'eft pourquoy en ceft article il n'eft fait mention que des vtanciles prefque inutiles, & qui pefent beaucoup.

HVILES. *Oleo tranquillari mare, ob id vrinantes ore fpargere quoniam mitiget naturam afperam, lucemque deportet.* Plin. lib. 2. *natural. hiftoriæ. cap.* 103. *Beda hiftoriæ Anglicæ. lib.* 3. *cap.* 15. le Caftillan dit *Azeyta la mar,* c'eft à dire la mer eft calme & tranquille comme huyle.

XXXV.

Apres la tormente paſſée, & les dommages ſóu-
ferts , le Maiſtre pour reſtaurer ſon Naul.e peut
prendre argent ſur la quille, vendre de la marchandiſe au prix de-la carguaiſon , ce que ne luy ſera
permis en autre cas ; car s'il en prenoit, il la paye-
roit au prix qu'elle vaudroit en ſon dernier reſte.

En cas de grand neceſſité le Maiſtre peut obliger le nauire , & prendre argent ſur la quille , qui eſt emprompter
à la groſſe auanture , ou ſe peut aider des biens du marchand s'il n'a dequoy d'ailleurs : c'eſt la diſpoſition du
Conſulat chap. 106. des Ordonnances de *Vvisbuy* article
35.68. & 69. enſemble du Couſtumier des Aſſeurances
d'Anuers article 19. Mais en ce cas le iugement d'Oleron
22. (contre la diſpoſition de ceſt article) veut que le maiſtre paye les marchandiſes engagées ou venduës, au prix
que les autres ſemblables ſe vendront communement, au
lieu du reſte, ſon fret rabatu.

XXXVI.

S'il eſt fait vente par le Maiſtre, ou equipage
pour la ſaluation du total , comme aucune fois
il aduient, ils ſeront accomplis, & la deſpenſe
d'iceux miſe ſur la Nef, & la marchandiſe ſelon
l'ordre ſuſdit.

† *XXXVII.*

Au chapitre du deuoir du Greffier, il eſt traité de la *repartition des Auaries* : Maintenant il faut toucher dans quel temps ils ſe deuront notifier, afin de couper chemin à tous debats qui en pourroient ſuruenir : l'Aſſeuré ſera tenu de notifier à ſes aſſeureurs les Auaries de la marchandiſe, à ſçauoir pour choſe aduenuë au Haure, Diepe, Feſcanp, Honne-fleur, dont la charge aura eſté faite en l'vn deſdits haures, quinze iours apres la deſcharge, durant lequel téps il faira ſommer les aſſeureurs de voir le dommage, aſſiſter à l'eſtimation s'ils voyent que bien ſoit : S'ils ne ſe trouuent, ou ne ſe veulent trouuer apres l'aſſignation faite à domicile, le Marchand faira dreſſer ſes ateſtations & les eſtimations, pour enſemblement auec les connoiſſemens & carguaiſons faire dreſſer les departiſſemens, & le tout communiqué à ſix ſepmaines, ou bien deux mois apres la deſcente auſdits aſſeureurs, pour eſtre procedé ſuiuant le reglement contenu auſdits chapitres : Pour aſſeurance faite à Rouën ou à Paris, ſeront prins quinze iours d'auantage, ſi l'auarie apert en la charge ou deſcharge faite : Au pays de Flandre, Angleterre, Bourdeaux, baſſe-Normandie, Bretagne, dont l'aſſeurance ſera faite à Rouën ou à Paris dedans trois mois ; Et d'Eſpagne, Portugal, Barbarie, Mofchouie, Norouegue, & femblables lieux dedans fix mois : Et de Marfeille, cofte d'Italie, Brazil, Guinée, Caftel de mine, & autres tels lointains voyages dedans vn an, ledit temps paffé ils ne feront receuables (quelques excufes qu'ils propofent) à donner auaries en compte.

Il n'eft iufte ny raifonnable de faire languir par negligence, ou tenir en fufpens longuement l'affeureur, lequel doit eftre aduerty à temps, & au pluftoft des auaries, ou periclitation, & perte du Nauire & marchandifes, aux fins qu'il ait l'opportunité de s'informer, & faire les diligences de fa part : C'eft ainfi que par Arreft de la Cour de Parlement de Bourdeaux, du 29. Ianuier 1632. Vn Marchand fut declaré non receuable en fon Reftor ou Regres, pour vne lettre d'efchange de la fomme de neuf cens liures: D'autant qu'il ne l'auoit pas prefentée, ou fait fes proteftations dans le delay de veuë, apres en auoir eu la commodité, mais feulement deux mois apres, pendant lequel temps le debiteur eftoit decedé infoluable : les parties eftoient Venaut, pour lequel plaida Mentet, la vefue de la Haye Courratier, pour laquelle plaida Lauuergnac le jeune, & Duual pour Chegarai Banquier, fur vn appel des Iuges & Confuls de la Bourfe, Monfieur d'Aguefeaux Prefident.

Mercator damnum paffum intra annum nunciare debet apud judicem, alioquin poft annum non audietur. l. fi quis Nauicularius. De naufrag. lib. 11. Cod. & les marchands doiuent tous les ans purger leur liures, par la raifon de la loy *Neminem. De fufcept. lib. 11. Cod.*

Des

Des rachapts ou compositions.

Chap. VI.

I.

LEs Nauires & marchandifes eftant depredées
par Pillars ou Efcumeurs de mer , foy difans
amis, confœderés, ou ennemis declarez ; l'on à de
couftume pourfuiure le rachapt , ou faire compofition ; Si elle effectuë , elle eft auarie en principal ,
mifes , & autres acceffoires fur la valeur du Nauire
ou fret, & fur la marchandife, comme il a efté dit
au precedant chapitre. Mais fi le Pillart defrobe
portion de la marchandife, & qu'il laiffe aller le refte , ce qui eft defrobé n'eft auarie : car la perte tombe fur celuy à qui elle appartient ; s'entend fi dans
la Nef il y a marchandife appartenant à d'autres ;
car qui pert , pert , mais au regard des affeureurs ,
fera reparti fur le refte de la marchandife de celuy
à qui appartient celle qui eft depredée, laquelle
eftoit affeurée. Le mefme fera fi le Pillart robe cables , armes , viures , munitions , ou autres chofes
du Nauire , le dommage fera fur le Bourgeois ou
proprietaire de la Nef, fans que la marchandife y
participe : Toutesfois fi portion d'icelle , ou quel-

Nn

ques vtanciles du Nauire auroit efté concedés pour
efuiter plus grand rauage, le tout fera reparti comme rachapt & compofition.

Si Nauis a Piratis redemta fit Seruius, Offilius & Labeo, omnes con-
ferre debere aiunt, quod vero Prædones abftulerint eum perdere cuius
fuerint nec conferendum ei qui fuas merces redemerit. l. 2.§.3.D.
lege Rhod.

I I.

Les Maiftres de Nauire perdent leur fret de ce qui
eft robé, perdu, ou depredé; mais fi par conniuance qu'ils practiqueront auec les Pillars, ou fi par
leurs fuplications ils fiffent tant enuers iceux, qu'ils
obtinffent quelque portion de la marchandife en
lieu de leur fret, feront nonobftant tenus la reftituer à qui elle appartient, payant le fret de ce qui eft
reftitué: Semblablement s'ils font payez par les
Pillars de leur fret, ils rapporteront les deniers qui
feront repartis au marc la liure fur la valeur de la
marchandife robée, & fret.

C'eft tenir à titre de Pirate, comme dit Mornac fur la
loy vnziefme. §. 1. D. *hæreditatis petitione:* De façon que le
fourban n'a peu transferer, ou bailler droit de domaine,
ou de propriété, au Maiftre, qui puiffe empefcher, ou
detourner la reiuendication ou condition au vray Seigneur.

III.

En rachapts ou compofitions fera obferué ce Reglement : Si le Nauire eft en lieu, que le Mai-ftre puiffe donner aduertiffement de fon infortune à fon marchãd &, que fans danger, à caufe du fejour il peut attendre la refponfe, il ne doit payer la com-pofition. & fe hazarder derechef à la mer ; iufques à ce qu'il ait aduis de fon marchand chargeur; le-quel communiquera le tout à fes affeureurs , afin d'auoir leur confantement, & nouueau pouuoir de pourchaffer & conclure , ou ratifier le rachapt , felon qne la neceffité le requerra ; Mais s'il eft en lieu dont il ne puiffe donner aduis fi promptement, qu'il y ait danger à la demeure : Le Maiftre du Na-uire prendra le confeil de fept les plus fuffifans de fon equipage, s'ils trouuent que pour le bien & pro-fit de la marchandife & nef , il faille faire ledit ra-chapt pour efuiter la perte totale : Ils pourront en telle neceffité compofer iufques à la concurrence de vingt-cinq pour cent, que les affeureurs feront tenus, courir encore qu'ils n'ait donné leur confen-tement.

S'il n'y à affeurance faite , le marchand chargeur fera tenu d'accepter , & payer les letres d'efchange qui pour ce feront remifés fur luy, à la raifon defdits vingt-cinq pour cent, & à la valeur de fa marchan-

dife : Les Bourgeois de la Nef fourniront fembla-
blement vingt-cinq pour cent à la valeur de leur
Nauire, ou total fret, où y renonceront; le tout à
peine de payer tous les defpens dommages & interefts du change & rechange, proteftations & cour-
fes s'il y a afïeurance, combien que la letre d'efchange s'adreffe au chargeur : toutesfois les affeureurs feront tenus nantir chacun les vingt-cinq efcus pour cent des fommes qu'ils auront affeurées.
Sauf par apres à compter exactement, s'il y a plus
ou moins pour la repartition de ce qu'il faut pour
la contribution du Nauire & marchandifes, afin
que rien ne retarde le payement.

IV.

Le mefme fera permis au Facteur ou Commiffionaire qui va pour la conduite ou negoriation de
la marchandife; pourueu qu'il n'y ait fufpition de
dol & fraude, & qu'ainfi le faire il fut de befoin
pour la faluation du refte.

V.

Pourront en autre cas faire fraix ou auaries pour
la recuperation, amelioriffement, reintegration
de la marchandife iufques à dix pour cent, fans le
confentement dudit proprietaire & affeureur

Pourueu que lefdits fraix foient neceffaires, vtiles & profitables, & qu'ils fuffent faits en lieu, d'où il ne fe peut donner fi prompt aduis, ou qu'il y eut danger au retardement: de tout il fera fait atteftation valable, pour repartition eftre faite felon l'ordre fufdit.

VI.

Si l'auarie excède dix pour cent, & qu'il fut de befoin vendre portion de la marchandife ja gaftée pour efuiter plus grande ruine, & qu'il n'y eut moyen d'en aduertir le proprietaire, la neceffité le requerant, le maiftre du nauire faira fa requifition en jugement pardeuant le Iuge Royal, pour eftre deputé quelqu'vn auec luy pour verifier & vendre la marchandife: de tout il raportera proçez verbal, tiendra compte, & fera refponfable par corps de ce qu'il aura negocié.

VII.

Reuenant aux prinfes de Nauire: Si le Patron eft contraint d'abandonner fon Nauire & marchandife, & neaotmoins il y ait efpoir la pouuoir retirer par quelque rachapt ou compofition, il en conferera auec fon marchand, & le marchand auec fes affeureurs: lors d'vn commun accord ils donneront ordre le plus promptement qu'ils pourront,

de renuoyer le mefme Maiftre, ou quelquè autre
perfonne pour luy, ou bien adrefferont la commiffion à qui ils verront bon eftre, en ce cas le Maiftre
eft tenu de contribuer à l'equipollant de fon fret ou
valeur de la Nef. D'autre part fi le Pillart laiffoit aller le Nauire, & qu'il eut feulement retenu la marchandife, dont le rachapt fut pourfuiui comme
deffus, le maiftre fera tenu à la contribution, à la
raifon de ce qui luy peut reuenir de fon fret des
marchandifes, & fournir de Nauire fuffifant pour
la recharge d'icelles, comme il fera dit au traité de
Baraterie. Si le Patron apres la fommation ou proteftation faite, eft refufant de rachapt ou recharge,
il fera priué de fon fret, mais contribuant, il fera
payé iufques au lieu où il aura efté prins; foit fret
qui luy foit deub à caufe de la charte-partie paffée,
ou fret paffager: S'il fournit d'vn autre nauire pour
la refcharge, il fera payé de fon total fret, fuiuant
le contenu de fa premiere charte-partie ou connoiffement.

Par les Ordonnances Royaux de l'Admirauté, des années 1400. art. 5. & 1584. art. 66. Il eft deffendu aux
marchands d'abandonner le Nauire pour fauuer leurs
perfonnes, & pour doubte que ce fuffent ennemis, attendu qu'ils doiuent eftre armez fuiuant l'ordonnance, &
comme bons hommes font obligez de fe deffondre.

VIII.

Mais si par composition, sentence de justice, ou
arbitrale, le marchand chargeur fut esté condamné
payer au depredateur le fret de ce que doit la marchandise pour quitter le Nauire : raportant attestation, les marchandises restituées sont quittes du
fret, iusques au lieu auquel elles ont esté depredées.

IX.

En resolution, le nauire & marchandise estant
depredées, s'il y a espoir de recouurance, le chargeur sera tenu demander le consentement à ses asseureurs, s'il est en lieu & plasse, ou sans peril de
retardement il le peut faire, si non il suiura l'ordre
susdit, faira sommer le Maistre de contribuer : & l'vn
& l'autre, sçauoir est le maistre & l'asseureur seront
tenus respondre clairement du faire ou du laisser à
la premiere sommation faite à personne, ou sur le
second defaut de l'assignation faite au domicile,
sans tergiuerser, vser de response ambigue ; car
pour le fait du maistre, sa response incertaine equi-
pollera refus de contribuer, partant sera priué de
son fret : l'Asseureur au contraire, sa taciturnité ou
doubteuse response, l'abstiendra à payer les fraix
& principal du rachapt : d'autant que s'il ne veut

contribuer, il doit declarer qu'il fe contente de la
perte du principal, s'il ne le declare, l'on fupofe
que tacitement il prefte fon confentement, ce qui
s'obferuera en pareil cas, pour ce que les matieres
d'affeurances doiuent promptement s'expedier
comme tres-prouifoires, fpecialement en rachapts
ou compofitions, d'autant que chacun moment
de temps aporte changement de nouuelles de perte ou gain: Auffi il ne feroit pas de raifon que le
Marchand chargeur attendit l'euenement de la chofe, la refolution du faire ou du laiffer.

Nihil intereft neget quis an taceat interrogatus, aut obfcure ref-
pondeat. an incertum dimittat interrogantem dit le I. C. Vlpian. l.
De ætate 11. D. interrogat. in iure. l. ea quæ comendandi. §. dolus
D. contrahenda empt.

Des delais ou delaiffemens.

Chap. VII.

I.

IL eft en liberté du marchand chargeur faire delais à fes affeureurs, c'eft à dire quitter & delaiffer
fes droits, noms, raifons & actions de la propreté
qu'il a en la marchandife chargée, dont il eft affeuré,

ré, lors, & quand il aduient naufrage du tout ou de partie, ou bien auarie qui excede ou endommage la moitié de la marchandife, quand il y a prinfe d'amis ou d'ennemis, arreft de Prince, ou autre tel deftourbier en la nauigation, ou telle empirance en la marchandife, qu'il n'y ait moyen l'auoir fait nauiger à fon dernier refte, ou qu'elle ne valut le fret ou peu de chofe dauantage.

Le delais n'eft de neceffité, mais depend de la volonté du marchand chargeur, duquel il peut vfer comme d'extreme remede, quand par fon trauail il n'a fceu remetre ny recouurer ce qui eftoit perdu, ou en voye de perdre.

II.

Receuant le marchand aduertiffement d'aucune chofe fufdite, & s'il eft certioré par bon aduis de la perte ou naufrage, fans efpoir de recouurance, il ne doit confulter s'il fera fon delais ou non, mais le doit fignifier (comme il fera dit au chapitre du deuoir du Greffier) pour deux mois du jour de la fignification, efperant recouurer les fommes affeurées, & nonobftant dedans ledit temps, ou pluftoft fi faire fe peut, communiquera fes cargaifons, connoiffemens, atteftations, de la prinfe ou perte aux affeureurs.

III.

Sur ce, se forme vne dispute non decidée : sçauoir, si le seul acte de delais est suffisant aux asseureurs pour recouurer les marchandises depredées,
ou qui sont encor en essance entre les mains des
ennemis, ou des pillards. S'il est besoin de mandement special ou de procuration, veu que la cession
ou delaissement emporte transport de tous droicts.

Aucuns disent, que le plus souuent les asseurances, specialement les estrangeres, se font par man-
dataires ou comissionnaires, & ce par vertu des simples aduertissemens que leur donnent les proprietaires par lettres ; & si par faute de bailler procuration l'asseureur fondoit ses exceptions, il s'ensui-
uroit que le comissionnaire qui n'est delegué pour
icelle passer, ayant son proprietaire resident en Espagne, Portugal, Barbarie, ou Italie, auquel il ne
peut donner aduis, & auoir responce au plustost,
pourroit estre priué du recouurement des choses
asseurées.

Contre cela les autres respondent, si vn Com-
missionnaire a le pouuoir de faire les delais, la perte aduenant, il doit auoir le pouuoir de passer la
procuration, veu que c'est moins passer procuration, que faire l'asseurance & delais, lequel equi-
polle à vn transport s'il est en forme autantique : car

le delais se fait par vn Sergent Royal, par le Gref-
fi r des Poliſſes, ou par les Tabellions ou Notaires, au d micile des Aſſeureurs, ſans connoiſſance
de cauſe: aucuns des aſſeureurs ſeront abſens, autres reſpondront qu'ils ſe garderont de meſpren-
dre, ou qu'ils ont ouy l'exploit fait ſans aſſignation
pardeuant aucun Iuge, cela demeure pendu au croc
juſques aux deux mois que le temps du payement
vient; alors forment des procez ſur des exceptions
& fins de non receuoir? Que par faute de bailler la
procuration, rien n'eſt reconnu ny pourſuiui, combien qu'il y eut eu moyen? Que le delais porté par
l'exploit du Sergent n'eſt valable par deuers les Nations eſtrangeres, pour reclamer la proprieté d'vne
marchandiſe chargée ſoubs le nom d'autruy, ſans
ſon ſpecial mandement.

Or combien que cela ſoit demeuré indecis entre
les marchands, ſi a il trop plus d'apparance aux derniers, que l'Aſſeuré ou ſon Commiſſionnaire ſoit
tenus bailler du iour du delais en trois iours la procuration, & la paſſer ſoubs le nom de celuy des Aſſeureurs intereſſé pour la plus haute ſomme.

Cependant l'Aſſeuré ou ſon Commis fera faire
l'atteſtation qu'il doit fournir (comme il a eſté dit)
de la perte prinſe ou naufrage, iuſtifiera la cargaiſon & la qualité ou quantité, & couſt des marchandiſes chargées, le connoiſſement ou reconnoiſſan-
ce de la charge d'icelles au nauire, & ce dedans

deux mois: & ne font tenus les Affeureurs au payement que cela ne leur ait efté baillé, ou mis au Greffe des affeurances.

Le delais induit, non feulement vn abandonnement
& renonciation du droict que le delaiffant a en la chofe
quittée, *l. 1. D. pro derelicto.* Mais en outre vne ceffion &
tranfport de droict fans garantie à l'affeureur, qui eft præ-
fuppofé n'en auoir jamais eu au parauant: ce que en droict
eft nommé, *Ceffio in jure*, au Palais *Deguerpiffement*: l'Affeuré tranfporte, *Ius quod habet in re l. Prætor, D. Noxal actionibus.* Toutesfois pour la perfection d'vne telle ceffion, cet
article defire vne procuration, laquelle de droict n'eft
pas fort neceffaire, *l. emptor & ibi gloffa Cod. hæreditate vel
actione vendita*, & d'ordinaire telle procuration eft incerée
en la poliffe en faueur du marchãd affeuré &de fes cõmis.

IV.

Quand le nauire eft prins ou jetté à la cofte par
tormente en pays eftranger, & qu'il y a quelque
efpoir de recouurance du tout ou en partie, il eft en
liberté de l'Affeuré de faire fes delais, ou autrement
s'arrefter à proteftation, & quelque pourfuite ou
adionction qu'il donne aux Affeureurs, cela ne luy
portera de preiudice, que par apres il ne faffe fon
delais.

*Proteftatio conferuat ius ideo in actibus dubiis fieri debet, l. & fi
quis §. fed interdum D. Religiofis, & cum quis agit fuper vno, non*

currit tempus in alio priori contrario , l. contra majores , C.inofficioso testamento.

V.

Les pourſuites ſe feront ſelon l'ordre preſcrit au traité des Rachaps & compoſitions, & ſera adjouſté, que pour le bien & l'utilité du nauire & marchandiſe, il eſt plus expedient de commettre la pourſuite au proprietaire, s'il la veut entreprendre, pour ce que outre qu'il y court ordinairement bonne ſomme pour laquelle il eſt contribuable, il doit eſtre naturellement plus enclin à la recouurance que nul autre.

V I.

S'il eſt refuſant de ce faire, il paſſèra procuration pour faire la pourſuite à celuy qui eſt aſſeureur de la plus grande ſomme, ſoit qu'il la veuille ou non. Toutesfois ſi volontairement aucun des autres Aſſeureurs vouloit entreprendre la charge du conſentement de tous ou la plus part, luy ſera baillée, pourront l'vn ou l'autre ſubſtituer vn facteur, enuoyer vn Procureur aux deſpens de la choſe, pour moyenner la recouurance. Seront tous les Aſſeureurs, meſme le Marchand chargeur, tenus faire aduance de deux ou trois pour cent, à la raiſon de ce que chacun court, plus ou moins, pour les premiers frais : & en cas que par apres il fut prins argent au change, fur celuy qui auroit prins ladite charge, feront tenus les autres au mefme temps du payement apporter leurs cottes-parts en la maifon de celuy qui a prins le negoce en main ; apres vn fimple aduertiffement ou fommation, au refus ou defaut de le vouloir payer, il fera permis de prendre argent au change ou à l'intereft fans autre formalité, aux defpens des refufans ou dilayans: le mefme fera fait fi le marchand chargeur a prins fur foy la pourfuite.

Si le nauire ou marchandife font en arreft de Prince, hors le faict de la guerre, apres auoir fait voile & forti du port : le marchand chargeur pour ce ne fera delais, mais fera recherche de fa marchandife, comme il fera dit au Traicté *De Baraterie de Patron.*

Si le Prince a affaire, & qu'il print portion ou le tout de la marchandife, il ne pourra fi toft faire delais, mais fera tenu d'attendre fix mois : dedans lequel temps il fera fes pourfuites pour receuoir le payement. Si dans ledit temps il ne peut, il pourra faire fon delais, & fera auffi tenu d'attendre le mefme temps pour la charge, excepté en marchandifes periffables & groffieres, comme vins, fromens, grains, viures, qui n'ont que certaines faifons, l'Affeuré ne fera tenu d'attendre tel temps, mais don-

nera incontinant aduertiffement à fes Affeureurs,
fera fes pourfuites pour auoir main-leuée de fa marchandife, & pour receuoir fon nauire: s'il ne peut
fi promptement, il pourra faire delais fix femaines
apres l'arreft, afin de donner ordre à vendre ou à
profiter lefdites marchandifes auant qu'elles s'empirent du tout.

VII.

S'il y auoit portion de la marchandife gaftée, autre portion fans dommage, le marchand chargeur
pourra faire fon delais de la gaftée, & referuer celle
qui eft faine, autrement il fera eftimer le dommage,
ou vendre au comptant la gaftée par authorité de
Iuftice, dont il fera faire les atteftations & appre-
tiations, pour le dommage eftre reparti aux Affeureurs, comme il a efté dit au chapitre des auaries.

VIII.

En fruicts, fel, grains, victuailles, & autres prouifions delais ne fe pourra faire de portion d'vne
efpece, finon du tout, comme fi vne portion de
raifins eftoit gaftée, & que l'Affeuré voulut faire
delais de ce qui eft gafté, & referuer ce qui eft fain,
il ne pourra, mais faudra qu'il faffe delais de toute l'efpece.

IX.

Si en vne mefme cargaifon il y a diuerfes efpeces ou forte de marchandifes, fi l'vne eft gaftée, l'autre faine & preferuée d'empirance, il pourra faire delais de la gaftée en fruicts & victuailles, fi elles viennent hors de faifon, ou qu'il y eut grand raual, & pour quelque detourbier ou infortune, il fut aduenu auarie à la marchandife, pource le marchand chargeur ne prendra pretexte de faire delais fi l'empirance n'eftoit vniuerfelle, & qu'elle fit perdre vente de la marchandife, & qu'elle excedaft cinquante pour cent. Mais ce qui fe trouuera fain & entier, le marchand chargeur fera tenu le receuoir, parce que l'Affeureur promet bien indamnité du principal fe fommet aux auaries, mais il ne pactionne pas du profit ou perte fur la marchandife eftant arriuée à port de falut. *Quia in his non habetur ratio lucri.*

X.

Pareillement le marchand chargeur ne pourra delaiffer les marchandifes cy deffus declarées aux maiftres de nauire pour leur fret, fi l'empirance eftoit procedé du degaft qui furuient de foy mefme, ou pour le grand raual du prix qui furuient le plus fouuent apres les faifons paffées, comme en figues;

figues , raiſins , & harenc apres Paſques , ou pour la
trop grande abondance : comme en grains , vin ,
ou ſel; nonobſtât qu'en ſel autrefois il ſe ſoit practiqué (ce qui eſt contre raiſon) ſi par clauſe expreſſe
cette option n'auoit eſté reſeruée en la charte-partie.

. Le Maiſtre qui a le temps oportun à nauiguer & neglige , eſt tenu aux dommages de la ſaiſon perduë s'il arriue trop tard. *l. qui Romæ.* §. *Callimachus. D. Verbor. obligat. i.
vltima. De Nauicularijs , lib.* 11 *Cod. Straccha. De Nautis , parte
tertia num.* 3. *&* 5. *& de nauigatione num.* 13.

XI.

Marchandiſe contenuë en futaille , comme vins,
huiles , oliues , melaſſes , & autres ſemblables eſpeces , ſi elles ont tellement coulé que les futailles
ſoient vuides , ou preſque vuides , le marchand
chargeur les pourra delaiſſer pour le fret , auant que
les metre en terre; Partant ſoient aduiſez les Maiſtres quand ils receuront les futailles , qu'elles
ſoient bien reliées & conditionnées , l'aſſeureur eſt
tenu au coulage : Vray eſt que ſi par tourmente elles auoient eſté tellement preſſées qu'elles euſſent
jetté les fonds hors , fuſſent abatus & enfondrez;
pourueu qu'il n'y ait mauuais arrumage la perte ſera
auarie ſur les aſſeureurs , le maiſtre en perdra ſon
fret.

Faut voir les notes du jugement d'Oleron 11. *page* 59.

P p

XII.

Si apres l'an & iour expiré, à compter du iour du departement du Nauire, le chargeur n'auroit eu nouuelles de son Nauire, soit que les Pilotes se fussét fouruoyés des lignes de leurs Compas ou Astrolabes, prins route pour route, ou que par leur imperitie iis eussent failli à remarquer la hauteur du Soleil, ou l'aspect du lieu auquel ils se proposent d'aller, & par ce moyen tournent çà & la, & qu'ayant passé le terme, dedans lequel ils deuoient estre de retour; ou que de fait ils se fussent perdus en plaine mer dont l'on ne peut auoir nouuelles; L'on a accoustumé que le Marchand puisse faire *delais*, l'an & iour expiré, ce qui sera obserué aux loingtains voyages des Indes, Perou, Castel de mine, Canibales, & autres loingtaines nauigations des mers du Leuant, ou du destroit de Gilba ar & coste d'Italie, ce terme sera prolongé de six mois, qui est dix huit mois.

Aussi apres que le *delais* sera fait, si la nauire arriue par apres à port de salut, l'asseureur recuillira à sa part & portion le profit de la nauigation, sans que le marchand chargeur y puisse rien demander, si non à la raison de la portion dont il ne seroit asseuré.

Par ce mesme reglement, les auaries, ress rti-

mens, repetition de ce qui eſt trop aſſeuré, & autres repartitions touchant le fait des aſſeurances
n'auront lieu, ſi dedans l'an & iour elles ne ſont
pourſuiuies, par demande faite en jugement contradictoire, & qu'il ne ſoit verifié de la dependan-
ce, pour oſter les abus des ſommations & proteſta-
tions ſimples ſans aſſignation, qui peuuent cauſer
vne infinité de procez à des heritiers où jamais il
n'y auroit fin.

Mercator damnum paſſum intra annum nunciare debet alioquin
poſt annum non audietur. l. 2. C. Nauiculargis. l. ſi quis Nauicular.
De naufrag. lib. 11. Cod. & ſur icelle Bartol. & Rebuffe en ſon
traicté De Mercatoribus. articulo vltimo, gloſa vnica. num. 19.

La raiſon en eſt bonne, ſçauoir que tous les ans les loyaux marchands doiuent purger leurs liures de raiſon,
faire, & dreſſer les comptes & parties. *l. neminem. C. ſuſ-*
ceptoribus. lib. 11. Cod. cy-deſſus en la page 283.

Remittentibus actiones ſuas, non eſt regreſſus dandus. l. quæritur
§. ſi venditor. D. ædilitio edicto nec cedentibus jura ſua l. Rura. De
omni agro deſerto. lib. 10. Cod. Satis enim abſurdum eſt redire ad
hoc cui renuntiandum putauit. l. ſi quis iusiurandum. D. rebus creditis.

Des Atteſtations.

CHAP. VIII.

I.

CY-deuant a eſté traicté des auaries, rachapts,
compoſitions & delais: En quoy il a eſté fait

mention qu'il eſtoit beſoin fournir d'atteſtations
valables, par leſquelles neantmoins il ſe commet
de grands abus ; veu que par le moyen d'icelles,
les Patrons des Nauires rejettent tous les accidens
ſur la tourmente & cas fortuit, pour affranchir leur
Nef de la contribution des auaries, meſmes les
Marchands chargeurs qui ont les Maiſtres de Nauire à leur deuotion, les font dreſſer à leur fantaiſie :
Parquoy à l'aduenir leſdits Maiſtres ne ſeront croy-
ables, ny leur equipage, au ſimple rapport qu'ils
font au premier Bureau de leur deſcente.

Mais ſi la periclitation, naufrage, rachapt &
compoſition, ou auarie, ſe peut faire atteſter par
autres moyens, que par la depoſition de l'equipage, ce ſera le plus ſeur : d'autant que le teſmoigna-
ge de l'equipage eſt touſiours ſuſpect pour la part
qu'ils ont au fret. Toutesfois defaillant autre preuue, faut conſiderer ſi les vns des compagnons ſont
au tiercement , autres à loyer, la depoſition de
ceux qui ſont au loyer ſera preferée & prinſe, ſommation prealablement faite au Facteur, ou Commiſſionaire de celuy auquel apartient la marchandiſe, à ce qu'il ſoit preſent à la jurande, & luy ſera
licite bailler articles pour les examiner. S'il n'y a
Facteur ou Commiſſionaire, ſera tenu le Maiſtre
communiquer ſa requeſte au Subſtitut du Procureur general du Roy pour y garder l'intereſt des
abſens.

Si c'eſt le Marchand chargeur qui fait faire l'atteſtation au Haure, Dieppe, Feſcamp, & Honneflèur, il faira ſommer les aſſeureurs, d'eux trouuer ou Procureur pour eux au iour prefix, à voir faire les atteſtations.

Car ſi le marchand ou l'aſſeureur les veulent debatre, requerront en faire d'autres, ou recoler les teſmoins, le Iuge ordonnera ſelon que le cas requerra; mais il ne laiſſera à tirer outre ſur la premiere information, à la prouiſion pour le fret, ou ſommes aſſeurées en la forme cy-deſſus dite.

Les Compagnons de l'equipage peuuent eſtre non ſeulement prins à teſmoins. *l. quoties.* C. *naufragÿs. lib.* 11. mais auſſi bien ſouuent ils ſont conſtituez iuges des cas arriuez en la nauigation. *Iugement d'Oleron* 20.

Au ſurplus, quand les Iuges reconnoiſſent de l'affeſtation, ou de l'artifice aux depoſitions des teſmoins, ſuiuant ce qui eſt remarqué en la loy troiſieſme. D. *Teſtibus,* ils ne doiuent pas s'y arreſter, mais auoir eſgard aux autres argumens & vray-ſemblances, *quæ relaptiora, & vero proximiora eſſe comperient.* l. *ob carmen.* §. *ſi teſtes.* D. *teſtibus.*

De Barat, Baraterie, & de l'Arreſt de Prince.

CHAP. IX.
I.

Barat, ou Baraterie de changement de Patron, eſt le changement qui ſe fait des Maiſtres de

Nauire, voyages, escales, restes, haures, maluersations, roberies, larcins, alterations, desguise-
mens des marchandises, le tout procedant du Patron du Nauire, equipage & negligence d'iceux;
dont l'asseureur court la risque, & tenu d'indamni-
ser son asseuré, à la charge toutesfois que le Marchand chargeur, ou son Facteur, estant en lieu où
il puisse auoir justice, faira les poursuites en premiere instance contre le Maistre, faira son deuoir luy
rabatre le dommage sur son fret auant que s'adresser sur ses asseureurs.

BARATERIE, c'est *onus auersum. l. in Nauem D. locati,*
& ibi glossa: Baratteria, en Italien, *Cioe inganno, frode,* & proprement c'est vne troque ou marché de trompeur, *ogni*
huom vè barattier, dit le Poete *Dante* parlant des habitans de
Lucques en son Poeme de l'Enfer *Canto* 21. l'Espagnol vse
du mesme terme, *Barateria* pour tromperie, le Portugais
dit *Ribalderia* qui est aussi terme Italien, *NEQVITIA bara-*
tro & balatro idest NEQVAM.

En France & en Portugal, la *baraterie du Patron* est censé,
& passe pour cas fortuit, l'asseureur y est tenu & en est
responsable. *Santerna. De assecurationibus tertia parte. num.* 68.
& 8. la raison est prinse des ordonnances de l'Amirauté,
1543. aricle 44. & 1584. art. 71. à quoy conuient la raison de la loy *quod si seruus.* §. 9. D. *in rem verso.* En Italie, toutesfois la baraterie est au peril de l'asseuré, s'il n'est dit par
exprez en la police. *Decis. rota genua tertia, num.* 15. & pareillement à Castille, *el seguro que es à cargo d'el assegurador, se*
entiende sucediendo por caso fortuito: mas no si sucede por culpa del as-
segurado, ny por culpa del Maestre de la Nane, Laberinto De comer-

cio , cap. seguro num. 24. *y el seguro de tempestad nō ēs de ladrones ,* C'eſt pourquoy le plus aſſeuré pour eſuiter a proces , ſer a d'incerer en la police auec les autres riſques de mer *la Baraterie de Patron* , comme apert cy-deſſous au formulaire de la police.

Par l'ordonnance des riuieres de l'an 1415. article 12. le Batelier doit rendre par compte les marchandiſes qu'il aura reçeu par compte ; Mais ſi le marchand met gardes de par luy au batel pour garder ſa marchandiſe , le voiturier ne ſera point tenu d'en rendre compte.

II.

Si le Patron s'eſt allé rendre aux Ennemis, ou entre les mains des Pillars , vendu la marchandiſe, robé les denrées ou marchandiſes , en ſorte qu'il n'y ait pas moyen de le pourſuiure, ou d'en auoir juſtice ; Il ſuffira de fournir d'atteſtation valable, & laiſſer la pourſuite à l'option des aſſeureurs en leur faiſant le *delais* , autrement s'il y à eſpoir de recouurance, ſuiura l'ordre contenu au chapitre *des rachapts ou compoſitions.*

III.

Baraterie de Patron eſt forcée ou volontaire. Forcée, comme ſi par le commandement du Prince amy ou ennemy , les marchandiſes & nauire eſtoient arreſtez, confiſquez , ou par apres recou-

uertes & chargées en autres nauires ; ou bien fi les
nauires eftoient arreftez pour leur feruice, & les
Maiftres de Nauire contrains quitter leurs vaiffeaux pour commander en autres : aufquels cas l'affeureur ne laiffera de courir la mefme rifque que
deuant, foit en vne, ou plufieurs Nauires : Et en
outre il fera tenu contribuer aux fraix , mifes,
& auaries , & la defcharge, récharge, foulage ou
chayage & empirance qui à caufe de ce feroit fur-
uenu ; pouruen que la Nauire fur laquelle il y a
changement fut fortie hors du port, fait voile & arreftée ailleurs : car fi l'Arreft auoit efté fait en mefme lieu & port, ledit marchand chargeur eft tenu
d'en aduertir fes affeureurs, & declarer en qu'elles
autres Nauires ils veulent recharger les marchandifes : Par ce que fi aucun des affeureurs auoit auparauant figné ou affeuré quelque fomme, ou bien
chargé marchandife ez Nauires efquels l'affeuré
voudroit recharger : L'Affeureur ne feroit tenu courir la rifque, faifant aparoir qu'il eut figné, ou chargé marchandife au prealable, ce qu'ils feront tenus
declarer à la notification qui leur fera faite, afin
que l'affeureur donne ordre de l'affeurer par d'autres.

La raifon eft que les Marchands, ou ceux qui font affeurances defirent rifquer, & repartir leur bien en plufieurs Nauires, efuitant foigneufement d'hazarder tout
en

en vn , comme apert par les ſtatuts generaux de la Hanſe , *Apud Ioannem Angelium Vverdenhagen, parte quarta, cap. vn-*
decimo. De communibus Hanſæ Decretis. De façon que ſi ce qu'ils
ont aſſeuré en vn vaiſſeau, eſtoit à leur deſceu remis &
chargé en vn autre, ſur lequel ils auroient auſſi aupará-
uant la remiſe aſſeuré quelques autres ſommes, ils ſeroient ſurprins & fruſtrez en leur deſſein.

IV.

Changement volontaire procede du vouloir du
Maiſtre, du Bourgeois de la Nef, ou du Marchand
freteur : Quand pour le bien de la nauigation ils
trouuent conuenable de changer le Maiſtre, ouNa-
uire. Si le changement ſe fait ſur le port, ſuiuant
que deſſus ; car hors le port, apres auoir fait voile
l'aſſeureur court la riſque, & n'eſt tenu en ce cas
l'aſſeuré le notifier : d'autant que par la police il en
a le pouuoir, toutesfois il en doit faire ſon deuoir,
s'il ne le declare, il ne luy ſera reproché, ou propoſé par fin de non receuoir, mais ſuffira qu'il iu-
ſtifie à ſes aſſeureurs, que la remotion, ou changement a eſté fait pour bonnes & iuſtes cauſes.

V.

Si le Maiſtre neglige charger la marchandiſe de-
ſtinée pour porter en ſon Nauire, ſoit pour faire
plaſſe à ſes viures & munitions, ou que par malice

Qq

il ne voulut porter à fret fait à trauers, à faute du bon arrumage, combien que les peut porter : la verification faite de sa faute, il sera tenu aux interests & dommages du Marchand freteur.

VI.

Si le Prince arreste le nauire comme s'il s'en vouloit seruir ? s'il auoit affaire de portion, ou de toute la marchandise ? s'il ne veut permetre aux nauires de sortir qu'en flote, ou redoublement d'equipage, ou s'il preuoyoit à plus grand danger les arreftans pour quelque temps, l'asseureur n'est en aucune indemnité quand telle chose aduient dedás le mesme port, pour ce que ce sont *des dangers de la terre* procedans du vouloir du Prince.

Euictio procedens de plenitudine potestatis principis nullum laudat auctorem. l. Lucius Titius. D. euictionibus. Tiraquellus De retractu. §. 1. glosa 9. num. 34. Chop. de legibus Andium. lib. 2. parte 3. cap. 1. tit. 4. num. 12.

VII.

Si la marchandise ou Nef sont sortis du premier port, fait voile, & singlé en haute mer, & relaché par apres en autre port, où elles sont arreftées ; le chargeur fera tenu attendre six mois pour vuider l'arreft, ou recharger en autres nauires, suiuant qu'il a esté declaré au Chapitre des delais article sixiesme.

VIII.

Si l'arrest procedoit pour droits non payez, acquits mal dressez, debtes du chargeur, maluersation d'iceluy, l'asseureur n'est tenu d'aucune indemnité. Si le Maistre du Nauire auoit chargé, ou voulu charger marchandises prohibées appartenant à d'autres? s'il a failly ou maluersé sans l'adherance ou consentement de l'asseuré, le Maistre du Nauire en respondra s'il a dequoy payer; s'il est insoluable par droit *de Baraterie de Patron* l'asseureur en est tenu.

Intelligitur in se suscipere periculum fortunæ non culpæ. l. cum proponas. C. Nautico fænore.

IX.

D'autre part si l'asseuré auoit commis le maistre pour ses acquits, & payer les droits, ou luy eut permis de s'immiscer en ses affaires, dont fut aduenu faute, & à suite arrest ou confilquation, l'asseureur n'est tenu, parce que telle chose ne depend du deuoir du Maistre, mais du chargeur ou son facteur, en lieu desquels le maistre a esté commis,

X.

Le congé du Nauire, & l'enregiſtrement ſe doiuent faire aux deſpens du freteur, la caution ſera baillée par le Maiſtre.

Ce texte entend du congé, ou permiſſion de faire ſortir marchandiſe prohibée; car pour le congé ordinaire ou permiſsion de nauiger, c'eſt au Maiſtre de le leuer à ſes deſpens : mais quand il y a marchandiſe de contrebande chargée, c'eſt au marchand qui fait faire le tranſport, de requerir & payer la permiſsion, & le Maiſtre du Nauire, ou le Marchand, l'vn ou l'autre ſont tenus bailler caution au Greffe de l'Admirauté, & s'obliger de raporter dans certain delay, certificat au Procureur du Roy de la deſcente deſdites marchandiſes dans le Royaume ou autre lieu permis. *Ordonnance de l'Admirauté de l'an* 1398. *article* 6. *ordonn. de l'an* 1498. *art.* 1. *juriſdiction de la marine art.* 7. 8. *& 9.* Il eſt vray que par priuilege les honorables ʙourgeois de ʙourdeaux ne ſont tenus qu'à leur caution iuratoire, faire les ſoumiſsions, de raporter certificat de la deſcente, & tous autres doiuent bailler caution aſſeurée.

XI.

Tout ainſi que le maiſtre eſt tenu faire porter, & nauiguer la marchandiſe *à ſon dernier reſte* à ſes deſpens dommages & intereſts: De meſme ſi le Marchand freteur veut rompre, ou changer le voyage contenu en la charte-partie, il eſt tenu au deſdom-

magement du Maiſtre duquel ils accorderõt amia-
blement: ſi non le Maiſtre & le Marchand ſeront
tenus ſubir le jugement des gens à ce connoiſſans.
S'il y a marchandiſe *paſſagere*, & que les proprietaires de leur bon gré les veuillent deſcharger, apres
les reconnoiſſemens ſignez, & prix du fret accordé, ils ſeront tenus contanter le Maiſtre, autrement
il pourra à la rigueur ſe faire payer à la moitié du
fret.

Iugement d'Oleron 19. & les notes ſur la fin d'iceluy.

XII.

Pour le regard de l'aſſeureur, dés le port l'aſſeurance ſe peut défaire, ſi forceément, il n'aura rien ;
mais ſi volontairement le voyage ſe rompt, défait,
ou change, il ſera payé d'vn pour cent s'il a conuenu le tranſport de la riuiere, ſi non demy pour cent.
Si apres auoir fait voile il y a changement volontaire, l'aſſeureur ne court les riſques, ſi non à la
hauteur & veuë du lieu du *reſte*, contenu en la police & charte-partie: S'il eſt moindre que le premier
ſera tenu ce reglement, à ſçauoir ſi c'eſt pardeça la
moitié du voyage, il faira tare de la moitié du prix
de l'aſſeurance, ſi c'eſt pardela, il ne rabatra rien.
Si par tormente il arriuoit en aucun lieu, & apres il
fit vente de ſes marchandiſes audit lieu, l'aſſeureur

Qq 3

rabatra le prix de l'affeurance au dire de gens à ce connoiffans, *veuë par veuë, lieuë par lieuë*.

Les Italiens, Portugais & Caftillans fuiuent la raifon contraire : fçauoir eft que l'affeureur ceffe tout à fait de courir les rifques en cas de changement de voyage, leur raifon eft que *affecuratio intelligitur de primo viagio: Nauis autem diuertens mutat primum viagium, & fecundum peragit.* C'eft le raifonnement des *Decis. de Gennes.* 25. *nuis.* 7. *& Decis.* 40. *num.* 2. *Straccha de affecurat. golof.* 14. *num.* 3. *Santerna. De affecurat.* 3. *parte. num.* 52. *Laberinto de comercio. cap. Seguro. num.* 22. Bien exceptent ils, fi le changement eft forcé, pour crainte des Ennemis ou des Pirates, par tourmente & force de gros temps, ou pour radouber le Nauire, aufquels cas ils tiennent que l'affeurance court toufiours, nonobftant tel changement contraint, *No fe entiende el feguro por la mudança del viaje, o recta via apartandofe d ella, Saluo haziendo la tal Mudança, por caufa forçofa de refaccion de la Naue, o de tormenta y de enemigos : Laberinto de comercio. cap. Seguro. num.* 22.

XIII.

Si la Nauire fuiuant fon voyage eftoit arrefté par priuilege, ou neceffité de quelque pays, hors le fait de guerre, comme pour auoir viures, ou autres denrées portées dans la Nauire, dont vente fe fait pour la prouifion de la terre : l'affeureur fubira le dommage de la *non-vente*, & reftituera le prix à l'eftimation, ou à la raifon de ce qu'il n'a tout couru la rifque au dernier refte, pourfuiura l'affeuré le

payement iufques à fix mois, pendant lequel temps
il faira fes diligences aux defpens de la chofe ; s'entend fi la marchandife eft venduë au prix qu'elle
coufte, ou au deffoubs., l'affeureur contribuera
au fol la liure de ce que la marchandife a valu, à la
raifon de ce qu'il affeure; comme auffi le maiftre, à
la raifon de ce qu'il luy faut pour fon fret; mais fi
elle eft beaucoup plus venduë qu'elle n'a coufté
par la carguaifon & couft de fon fret, l'affeureur
contribuera à la pourfuite, à la raifon de ce qu'elle
auroit plus valu. Si fur la vente il y à des mauuais
debtes feront mis en *auaries*, & fi les fix mois expi-
rez il ne fe peut rien recouurer, le chargeur faira
fon delais.

XIV.

Si fur vne rupture de paix, il y auoit arreft de
marchandife eftant encore au Nauire, l'affeuré ne
faira pourtant delais, fi actuellement il ne iuftifioit
la marchandife faifie auoir efté declarée confifquée
par juftice ou vouloir du Prince, eftant icelle encore dedans le Nauire, en la poffeffion du Maiftre
& temps de fon fejour. Si fur vne opinion de guerre le chargeur ou fon facteur vouloient laiffé paffer
le fejour, & ne voulut defcharger la marchandife
pour faire porter la perte aux affeureurs, il ne feroit
pas raifonnable.

XV.

Si la Nauire touche, ou sejourne en lieu pestiferé, dont l'on ne luy voulut donner pour ce traité, iusques à certain iour & temps qu'il eut fait esuanter la marchandise, tel temps ne courra pour le sejour de la charte-partie.

Le Maistre, ou le Marchand s'obligent de faire descharger dans huit, quinze iours, ou autre delay, apres que la marchandise, ou le nauire seront arriuez au lieu du reste reuenant d'vn lieu pestiferé : ce delay ne court qu'apres les quarante iours de la purification, ou apres la licence de descharge obtenuë, suiuant la raison de la loy derniere. *D. eo per quem factum erit*, & la doctrine de Monsieur *d'Argentré* sur la coustume de Bretagne, *des aproprian-ces. article 266. chap. 9.*

XVI.

Aduient que les marchandises destinées charger en tels Nauires declarez ez polices, ne pouuant estre chargées comme si elles arriuoient trop tard, que la Nauire fut partie ou eust sa charge : Pour oster les abus qui se comettent en tels cas, le chargeur sera tenu de declarer à ses asseureurs dedans le temps qui a esté cy-dessus dit pour le fait des ressortimens au chapitre 3. article 3.

XVII.

XVII.

Si au mefme temps que la nauire arriuoit au Haure l'affeurance fe faifoit à Rouën, le prix de l'affeurance eft deub ; mais s'il eftoit deflors entre au
haure en feureté, mis au quay, & pofé deux heures, & l'affeurance faite apres, le prix n'eft deub ;
ains fera payé à la raifon de ce qu'il faut du havre à
Rouën, qui eft vn pour cent : Auffi s'il aduenoit
en ce temps inconuenient au nauire & marchandife l'affeureur ne doit rien : ce qui fera particulier
en ce cas, car aux autres l'affeureur court la rifque
iufques apres la defcharge, & que la marchandife
foit mife en la poffeffion de celuy qui la doit receuoir, comme cy-deffus a efté dit au Chap. des Auaries article 7.

Des lettres de-marque ou repreffailles.

CHAP. X.

I.

LEtres de marque ou repreffailles fe concedent
par le Roy, Prince, Potentats, ou Seigneurs
fouuerains en leurs terres : Quand hors le fait de

la guerre, les ſujets de diuerſes obeyſſances ont pillé, rauagé les vns ſur les autres, & que par voye de
juſtice ordinaire droit n'eſt rendu aux intereſſez, ou
que par temporiſation ou delais juſtice leur eſt
deſniée.

Car comme le Seigneur ſouuerain, irrité contre
autre Prince ſon voiſin, par ſon Heraud, ou Am-
baſſadeur, demande ſatisfaction de tout ce qu'il
pretend luy auoir eſté fait, ſi l'offence n'eſt aman-
dée il procede par voye d'armes : auſſi à leurs ſubjets plaintifs, ſi iuſtice n'a eſté adminiſtrée font
leurs griefs, mandent leurs ambaſſadeurs qui reſi-
dent en Cour, vers leurs Majeſtez, leur donnent
temps pour aduiſer leurs Maiſtres. Si par apres reſtitution & ſatisfaction n'eſt faite par droit commun à toutes nations ; de leur plain pouuoir & propre mouuement concedent *lettres de marque*, contenant permiſſion d'aprehender, ſaiſir par force ou
autrement, les biens & marchandiſes des ſujets, de
celuy qui a toleré, ou paſſé ſous ſilence le premier
tort : Et comme c'eſt huy droit eſt de puiſſance ab-
ſoluë, auſſi il ne ſe communique, ny delegue aux
Gouuerneurs des Prouinces, Villes & Cités, Admiraux, Viſadmiraux, ou autres Magiſtrats.

Du droit de *Répreſſailles & letres de marque*, traitent amplement les Docteurs ſur *l'authentique*, *ſed omnino. Ne vxor
pro marito. lib. 4.* Cod. Papon au liure huictieſme du troi-

fiefme Notaire. *Cujas ad titulum* 57. *vt nullus ex vicaneis. lib.* 11. *Cod. Chop. lib. 3. De Domanio. tit.* 25. *Guido Papæ, decis.* 32. *& sequent. M Honoré Bonnet* en son traicté *des batailles,* chap. 79. & suiuant *Ioannes Iacobus à Canibus. D. Martinus laudensis,* aux traitez qu'ils en ont fait, incerez au Volume intitulé *De Mercatura,* & autres plusieurs bons Autheurs.

II.

Elles se concedent aux naturels subiects, & regnicolés pour chose pillée, depredée, retenüe, ou arreftée par force à eux appartenant, mesmes par benefice du Prince aux Eftrangers naturalisez, ou à ceux qui ont droit de Bourgeoisie pour pareilles causes que dessus.

Du droit de *Bourgeoisie,* traicte Bodin au liure premier de la Repub. chap. 6. qui eft auoir part aux droits & priuileges d'vne Cité qui nous eft naturelle ou eftrangere, comme ceux de la *Hanze Teutonique, les Suisses, les alliés, lignés, & confœderés de la Coronne ou Republique.*

III.

Le plus frequent vsage se practique pour les Marchands depredés sur mer, trafiquans en eftrange pays, lefquels en vertu d'icelles trouuent par mer aucuns Nauires des subiects de celuy qui a toleré la premiere prinse, l'abordant, s'ils font les plus forts metent en effect leurs repreſſailles.

IV.

Et pour les grands abus qui ſe commettent eſdites letres, deux reſtrinctions y ſeroient requiſes, la premiere, que vraye eſtimation fut faite en principal & intereſts de ce qui a eſté pillé; tout ainſi comme en jugement contradictoire l'impetrant eut obtenu effect en cauſe, & que la ſomme fut deſignée eſdites lettres, ou à l'attache d'icelles, afin qu'ayant fait reprinſe, l'eſtimation fut faite au premier port de leur deſcente (appellé le Subſtitut du Procureur general du Roy) de la valeur de la prinſe, & les droits Royaux ou d'Admirauté leuez, ce qui reſte fut endoſſé auſdites letres, & que certain temps fut limité, hors lequel elles ſeront preſcriptes.

DROITS ROYAVX ſont les droits d'entrée, & autres deubs au Roy pour les marchandiſes eſtrangeres. *Ordonn.* 1572. article 14. *Code Henri. liure* 14. *titre* 4. *Des traitez foralnes.* DROITS D'ADMIRAVTE', de toutes les prinſes faites ſur les Ennemis, le dixieſme appartient au Seigneur Admiral. *Ordonnances de l'Admirauté* 1400. *article* 15. *&* 17. *Ordonn.* 1543. *article* 25. *&* 38. 1584. *article* 25. 26. 28. 51. *&* 54. *&* 1582. *Guido Papæ. decis.* 32. *&* 33. Le Roy d'Eſpagne prend le cinquieſme des prinſes. *leye* 21. *tit.* 4. *libr.* 6. *recopilat..* *Iuriſdiction de la marine article* 70.

Ce Reglement d'endoſſer ſur les letres de marque, la

quantité des choses leuées en consequence d'icelles, merite d'estre obserué, pour ceux lesquels en temps suspect
de cherté, impetrent du Roy letres de priuilege ou de permission, de tirer de la Prouince certaine quantité de victuailles, & autres denrées necessaires au pays ; aux fins
que les letres estant exploitées, leur amplete & carguaison estant complete, ils n'en puissent tirer tout autant en
vn autre port.

V.

Tout ainsi comme tort peut auoir esté fait en
terre ferme par arrest ou saisissement par force : en
cas pareil sa Majesté concede letres de marque,
pour estre arrestez & saisis les biens & marchandises des autres la part où elles seront trouuées.

Aussi si par faux donner entendre les letres se-
roient impetrées, la chose connuë elles seront
reuoquées : & si l'impetrant les a mis en effet,
il doit estre condamné au quadruple pour la temeraire poursuite : Ce qu'à esté besoin de desduire
pour estre l'vsage desdites letres de grande consequence entre les Marchands dont ils font de grands
differents, tant pour leurs prinses, arrests, & fraix
des nauires, que pour les asseureurs.

CONDAMNE' AV QVADRVPLE, suiuant la loy
*ab his. De Nauicularijs seu Naucleris. lib. 11. Cod. in quo quadruplo
simplum non continetur, sed totum quadruplum est pœna*, comme

dit la glofe.

V I.

L'Affeureur s'eftant foumis aux perils, il rifque auffi la fortune, ou l'effect des lettres de matque, tout ainfi comme d'arreft du Prince, ou autre cas fortuit, fans que l'affeuré foit tenu de difputer fi les repreffailles font bien ou mal concedées; finon en cas qu'il eut donné la caufe de l'impetration d'i-celles, pour auoir luy mefme pillé, robé & arrefté, ou retenu les biens des porteurs d'icelles, auquel cas l'affeureur n'eft tenu à l'indemnité : Mais fi le maiftre du nauire, auquel les denrées affeurées font chargées, auoit efté caufe des repreffailles fans le confentement de fon chargeur, pour auoir efté participant du premier butin, neantmoins l'affeu-reur en eft tenu par droit de *Baraterie de Patron*, fans qu'il puiffe imputer à fon affeuré, faute d'auoir chargé fes marchandifes en tel vaiffeau, conduit par tel maiftre : La raifon eft, qu'il ne connoift les actions du maiftre non plus que luy, ou que telles rencontres en mer font de hazard ; L'Affeureur au premier cas à fon *reftor ou fa reffource*, fur ceux qui ont donné la caufe aux lettres s'il les peut appre-hender, & au dernier fur le maiftre du nauire s'il à dequoy.

VII.

Mais fi fans letres de marque , pour precedentes inimitiez les marchandifes de l'affeuré eftoient depredées ; l'on à efgard fi lefdites inimitiez ont prins origine par la faute du marchand chargeur, alors l'affeureur n'eft tenu , pour raifon que les rancunes de l'affeuré ne luy doiuent preiudicier ; mais fi le predateur auoit prins injufte occafion de vengence, l'affeureur en eft tenu, comme de chofe fuccedée par violence, encore qu'il eut donné pretexte à fon larcin par declaration expreffe defdites rancunes dont il n'eft croyable. La charge des preuues tantez letres fufdites de marque, qu'inimitié tombe fur l'affeureur, lequel n'eft receuable en fes fimples exceptions fans les prouuer.

Damnum quod quis patitur ab inimicis fuis , fua culpa pati intelligitur. l. fi merces. §. 4. *D. locati. l. in fuis rebus. D. foluto matrimonio. Mornac* fur la loy *quod fæpe.* §. *fi res vendita. D. contrahenda emptione*, y porte vne reftrinction , fçauoir eft , *nifi hoc inter Reipub. turbines*, Citant à ce fujet le raifonnement *de Me. Charles Loifeau* en fon traicté *du deguerpiffement. lib.* 5. *chap.* 6. *nombre* 27. *& 28*.

Regulierement la preuue doit eftre faite par celuy qui allegue , qui affirme , ou qui auance le fait , mais principalement en ces matieres de coulpe. *l.* 2. *De naufragijs. lib.* 11. *Cod. Mornac ad legem* 12. *& ad l.* 20. *D. commodati*, & pour ce regard en matiere de telles exceptions, *reus parti-*

bus actoris fungitur. l. in exceptionibus. D. probationibus.

Des Prinses que font les Nauires.

CHAP. XI.

I.

SI les Maiſtres de Nauire combatent contre les Mores, Pirates, Eſcumeurs de mer, ou contre les Ennemis, pour ſe deffendre, ou pour eſuiter le peril; & en ſe deffendant ils conqueſtent par force nauires ou marchandiſes, ou s'ils trouuent quelques marchandiſes flotâtes vers le riuage de la mer, ou bien ambre, pierres precieuſes, perles, Balaines, Marſouin, ou autre poiſſon dont ſe fait greſſe & tire profit, ou quelques denrées regorgées ſur le riuage & ſablon de la mer qui n'ayent eſté poſſedées, en ſorte que de droit elles ſont au premier occupant. Le droit de *Sirie*, ſe droit y à où la choſe eſt trouuée. Droit d'Admirauté leué & payé, qui eſt le dixieſme ſur le tout de ce qui eſt conqueſté dans la mer, le reſte ſera partage, à ſçauoir vn quart pour le Bourgeois, quart & demy pour les Victuailleurs, & autre quart & demy pour le Maiſtre & compagnons mariniers : En outre les mariniers
auront

auront pour leur abordage les defpoüilles, habillemens, harnois, & baftons des ennemis qui feront
forcez, auec l'or & l'argent qu'ils trouueront fur
eux, iufques à la fomme de dix efcus, fi plus y en
auoir, demeurera pour partir tout au butin, & pour
eftre partagé comme deflus.

Cet article eft vn abregé extraict des Ordonnances de
l'Admirauté, 1543.art. 27. 1584.art. 39. 41. 45. & 50.

I I.

Mais s'ils aloient de leur bonne volonté affaillir
quelques nauires, foit qu'elles fuffent des pillars
ou non, & les prinfent; les Affeureurs n'ont nulle
part à la prinfe, auffi n'auroient ils eu en la perte fi
le maiftre & les compagnons auoient dequoy les
garantir. Si le chargeur aduouë la prinfe, l'Affeureur eft defchargé de courir la rifque du refidu du
voyage, & neantmoins il fera payé du prix de l'affeurance.

Les Maiftre & Mariniers n'ayant rien à la marchandife, ne doiuent hazarder le bien d'autruy au
combat, s'ils le font ils en font refponfables en
leurs corps & biens: doiuent fuiure leur droite route, euiter les dargers fi la neceffité ne les coi ftraint:
s'ils trouuent vne nef abandonnée de cordes, chables, filets, & pefcherie delaiffées, ou autres vtan-

Sf

ciles de nauire, doiuent eſtre reſtituez à qui ils appartiennent, excepté s'ils appartenoient à des Pillars, ſeront de bonne prinſe, partagés comme deſſus.

Si le proprietaire ne peut eſtre reconnu, & la na-
uire & autres vtanciles ſoient trouuées au pays de
Normandie, l'Ordre & la Couſtume du *Varech*, *&*
Choſes Gaiues, au Couſtumier ſera ſuiui.

Iugemens d'Oleron 34. & ſuiuans.

Comment ſe doit faire aſſeurance ſur tous & tels Nauires
qui portent la marchandiſe, ſans autrement les
nommer ou deſigner.

Cʜᴀᴘ. XII.

I.

CI deſſus a eſté dit que la Poliſſe deuoit contenir le nom des Nauires & Maiſtres, ce
qui eſt du deuoir ordinaire, toutesfois extraordi-
nairement l'on permet que l'aſſeurance ſe puiſſe
faire ſur nauires nõ declarées, ou deſquelles le nom
ſera laiſſé en blanc. Les nauires partant du Havre,
Honnefleur, de Diepe, le chargeur ſera tenu notifier le nom dedans quinze jours, à compter du

jour de la ſignature faite à Rouën : ſi c'eſt pour le
retour dedans vingt jours, à compter du jour de la
poliſſe, lequel ſe doit faire par le Greffier, conſe-
cutiuement apres les ſignatures, pour le plus huiĉt
jours apres les dernieres ſignatures, ſur peine au
Greffier d'en reſpondre des inconueniens qui en
pourroient ſuruenir.

II.

Si la poliſſe eſt faite en termes generaux, *Sur*
tous & tels nauires qui portent telle marchandiſe à charger
en tel port, reuenir ou aller en tels autres, il en faut diligemment aduertir (afin d'euiter les abus,) par les
connoiſſemens, carguaiſons, & poliſſes, ſoit quand
au nom des proprietaires, qualité des marchandiſes, marques, ports, havres, adreſſes, conformes,
& relatif les vns aux autres. Que la marque ſoit
apoſée en la poliſſe, le nom du proprietaire, nom
certain de celuy à qui elle va conſignée en dernier
reſte, par ce que le nom des facteurs, des havres
interpoſé cauſe vne infinité d'abus, à raiſon qu'vne
ſeule perſonne eſdits havres fait pour pluſieurs,
qui n'a toutefois autre commiſſion que de receuoir
ou faire l'enuoy ſuiuant le paquet d'adreſſe. Où ſi
le nom du facteur, des havres, eſt contenu au connoiſſement, contiendra par meſme moyen, *Pour*
faire la vente, pour conſigner à vn tel, ou faire la vo-
lonté d'vn tel à Rouen, à Paris ou en autre lieu.

Sſ 2

Des difficultez qui furuiennent des marchandifes chargées en Barques, Bateaux & Alleges.

CHAP. XIII.

I.

SI vn marchand vouloit repartir ou diuifer fa marchandife en diuers nauires, & fur chacun d'iceux fait faire affeurance : & s'il aduenoit qu'il eut chargé à Rouën toute fa marchandife en vne barque, ou heus, pour porter au havre à bord d'iceux nauires, & que la barque fe perdit, ou fit auaries. La difficulté n'eft pas petite, fçauoir fi ces mots contenus en la poliffe, *Courront la rifque en barques, heus ou bateaux qui porteront lefdites marchandifes à bord*, aftiendront l'Affeureur à payer les fommes integrables affeurées en diuers nauires, foit par vn mefme contract de poliffe ou en diuers.

Ces mots fi eftroitement prins à la lectre, fembleront obliger l'affeureur, fi la raifon & primitiue intention n'y repugnoit, qu'il a efleu & declaré fa bonne volonté de courir fur chacun nauire telle & telle fomme, & non pas en vne feule barque. Puis donc que les barques ne font qu'aydes & alleges à fecourir, pour transporter par la riuiere la

marchandife deftinée pour les grands nauires, aufquels confifte le principal rifque, & fur lefquels
l'affeurance fe fait nommément: faut auffi que les
moindres rifques fuiuent & foient redigées à cette
mefme volonté. Partant l'affeureur ou affeureurs
ne pourront pas eftre contrains payer la perte ou
dommage de telles barques que iufques à la raifon
de la plus haute fomme que chacun d'eux aura figné en l'vne des poliffes, ou fur l'vne des nauires.

Cet article fe doit raporter au douziefme cy deffus *titré*
de Barat. & veulent dire l'vn & l'autre, que comme le
chemin ou le voyage entreprins peuuent eftre racourcis,
le danger ou la refponfion du peril de la nauigation doit
fouffrir la mefme diuifion, *veue par veue*, *lieuë par lieuë*, &
qu'ayant affeuré fur diuers nauires il ne doit fouffrir toute la perte arriuée en vn feul vaiffeau contre l'intention
des affeurances.

Le Guidon a efté dreffé pour les marchands de la
ville de Roüen, fcituée fur la riuiere de Seine, grandement perilleufe pour les bancs de fable qui s'amoncelent & fe changent en icelle à chafque mauuais
temps, c'eft pourquoy les grands vaiffeaux ne montent que fort rarement iufques à ladite ville, mais ils fe
tiennent d'ordinaire au Havre de Grace, Honneflur, &
Dieppe, qui font plus bas aual l'eau, où c'eft que les marchands de Roüen enuoyent leurs marchandifes par barques, heus, & autres vaiffeaux de feruice.

II.

Cette difficulté vuidée s'en prepare vne autre:

Sf 3

Q

fçauoir, s'il y a affeurance fignée par vn feul marchand fur dix nauires pour diuerfes perfonnes, la
marchandife defdits nauires fut mife en vne feule
barque, comme il peut aduenir en char e de ba-
lots, de toiles, ou autre forte durant les foires.
Si la barque fe perdoit, au regard des affeureurs,
ils fuiuroient le reglement fufuit, mais entre les
marchands chargeurs affeurez : quel d'eux recouurera cette haute fomme, de ce il y a diuers jugemens. Car aucuns ont fuiui cette opinion, tout
ainfi comme l'Affeureur ne paye qu'à la raifon de la
plus haute fomme qu'il aura fignée fur l'vn des nauires, auffi elle doit eftre recoûuerte par celuy qui
fera Chargeur de la plus grand quantité de marchandife : fi les marchands font efgaux à la charge,
celuy qui aura fait affeurer le premier preferera les
autres.

L'vn n'y l'autre n'eft raifonnable & n'y a partie
de raifon entre l'Affeureur & le Chargeur, par ce
que l'Affeureur doit payer à la raifon de la plus haute fomme, à caufe qu'il a voulu courir icelle fur
l'vn des nauires. Mais le Chargeur, fa quantité ne
luy donne aucune prerogatiue, d'autant qu'à celuy
qui eft moindre en facultez, fon peu luy eft autant
que la quâtité du riche, moins auffi auroiét de priuilege les chargeurs, efgaux en preferance, par ce
qu'il n'y va de difcution de biens, efquels les pre-
ferances pourroient auoir lieu, mais de perte com-

mune, & aduenuë pour pareille caufe en mefme temps & dedans vne mefme barque, qui fe doit repartir efgalement.

Partant les chargeurs feront vne mefme maffe des fommes qui fe recouuriront des Affeureurs, comme cy deffus eft dit, & les repartiront entre eux au marc la liure, felon la valeur de ce qui eft affeuré de leurdite carguaifon chargée en barque. Si quelqu'vn des Chargeurs n'auoit fait affeurance,& neantmoins fut participant à la perte, il ne participera à ce qui fe recouure des Affeureurs.

VNE MESME MASSE, à cecy eft conforme la doctrine de Cujas, *ad Papinianum* fur la loy, *in ratione*. §. *quod vulgo.* D. *ad legem falcidiam.*

De la reduction des payemens d'vn pays en autre.

CHAP. XIV.

I.

AVtres difficultez furuiennent à la reduction des monnoyes, efpeces d'or & d'argent, façon de compter d'vn pays à l'autre, fpecialement en France plus qu'aux autres terres circonuoifines, en forte que la reduction des anciens ne fe peut te-

nir, qui eſtoit de cent ſeptante marauedis monnoye d'Eſpagne pour liure de France : ſept liures
quatre ſols monnoye de France pour liure de gros
de Flandres : dix liures Françoiſes pour liure ſterlin
d'Angleterre : quatre cens raits pour ducat de Portugal valant vnze reales : vnze Iules pour eſcu d'Italie, & autres reductions d'eſpeces qui eſtoient valables pour le temps : mais de preſent que les reales & les Iules valent cinq ſols, la liure de gros,
comptant le change, paſſe ſept liures quatre ſols:
la liure ſterlin dix liures Françoiſes, il n'y auroit apparance vouloir faire ſemblable reduction, la tare
& perte ſeroit trop grande, dont il s'en pourroit
enſuiure vne infinité de debats : car celuy qui voudroit faire reſſortiment des derniers Aſſeureurs de
la poliſſe, eſtimeroit la reale & le ducat au plus bas
prix, l'Aſſeureur reſſortant au contraire au plus haut,
le ſemblable aux auaries.

Pour la reduction & valeur des monnoyes, faut voir les
anciennes Ordonnances Royaux faites à ce ſujet, comme
auſſi la quarte partie des Annales d'Aquitaine de Maiſtre
Iean Bouchet, Monſieur Bude, de Aſſe, du Moulin, *tractatu contractuum & vſurarum quæſt.* 90. *& ſequent.* Chopin *de
legibus Andium lib.* 1. *cap.* 3. *num.* 5. 6. *& 7. Didacus Couaruuias* en
ſon traicté, *veterum collatio numiſmatum.*
La grand viſée en ſes matieres, eſt d'entendre & reconnoiſtre la loy de chaſque eſpece de monnoyes pour les
eualuer l'vne à l'autre. Par exemple les beſans, les ducats,
& les anciens florins ſont au pied de vingt & quatre carats
de fin:

de fin : c'eſt à dire, tout eſt or pur ſans alliage, ou meſlange, de cuiure, d'argent, ou autre metal : les eſcus de
France ſont à vingt & trois carats de fin, ou de droiƌ de
loy, c'eſt à dire qu'vne vingt & quatrieſme partie de l'eſcu de France eſt cuiure, argent, ou autre metal,
moins noble que les Monnoyeurs appellent tare ou empirance : de ſorte que la difference du poids du ducat ou florin diſtraite, il faut auſſi diſtraire la tare de l'or qui eſt à
l'eſcu : ſçauoir, vn carat qui eſt vne vingt & quatrieſme
partie, que l'or en eſt moins pur qu'au florin ou ducat, &
de là, la reduƌion vient nette. Et ſur ce ſont fondées les
Ordonnances Royaux des monnoyes, & la tarife qui eua-
lue le prix des eſpeces, tant eſtrangeres que du Royaume, à proportion que les vnes ſont d'or plus pur, ou d'argent plus fin que les autres : c'eſt la doƌrine des Iuif, &
Banquiers, nommée *le pair & la touche.* Car de s'abuſer
au prix courant & du change à chaſque foire, comme on
a veu cy deuant augmenter à tous momens le prix des
eſpeces d'or, nonobſtant les Ediƌs : c'eſt ſe fonder ſur la
diſette & la neceſſité du peuple, ce n'eſt qu'incertitude,
& grand matiere aux Vſuriers, Iuifs, Roigneurs, Billon-
neurs à faire leurs beſoignes.

II.

De preſcrire auſſi certain prix, il ne ſe peut, pour
raiſon que le prix des payemens n'eſt ſtable en France, mais variable, autres font l'eſtimation au prix
du change qui ſe prend, ny à plus haut, ny à plus
bas prix, qu'il ſeroit changé à la derniere foire des
lieux où la carguaiſon a eſté dreſſée ; mais entre l'vn
& l'autre faudroit moyenner vn prix raiſonnable,

T t

auquel les payemens felon les faifons & lieux feront reduits : Autres font l'eftimation en leurs polices, ou chartes-parties des ducats, reales, ou liures de gros, & fterlin : Mais pour efuiter la con-
fufion & tout debat, feroit le plus certain, qu'en
chacune année affemblée fe fit des Marchands entendans le pair & le change, les traitez eftrangeres,
& qui connoiffent la valeur des efpeces, & en faire
la reduction à liures Françoifes : Ce qui s'obferue-
roit en chaque année, & felon la hauffe ou diminution reformeroit ladite reduction.

DVCATS. *Longinus* Gouuerneur de l'Italie, s'eftant
rebellé contre fon fouuerain Seigneur l'Empereur *Iuftin
le jeune*, & deuenu *Exarque*, c'eft à dire *fans Seigneur*, Duc,
& Maiftre abfolu de fon Gouuernement, porté d'emula-
tion ou de fuperbe, voulant marquer fon independance,
fit forger à fon nom, & à fon emprainte dans la ville de
Rauenne des monnoyes d'or tres-pur; ce que les Empereurs fouffroient mal volontiers, & à grand defplaifir aux
Eftrangers, dit *Procopius. lib. 2. De bello Gottorum.*

Ces efpeces de Longinus furent nommées *ducats*, lefquelles ne cedoient en bonté ou beauté aux pieces Imperiales. C'eft d'ou procede le titre *d'or de ducat*, fuiuant que
remarque la Chronique *d'Anfelmus in Catalogo annorum. fol.*
39.

LIVRE. Le fol fut jadis la plus groffe & la plus forte
efpece de monnoye, dont les vingt faifoient la liure d'argent. *Capitulariorum. lib. 3. cap. 14.* Mais d'autant que les fols
eftoient forgez en diuerfes Prouinces, les vnes plus abondantes, autres plus diferufes d'argent, ce qui a produit

l'Bſcharcete & le Billonage. C'eſt auſsi ce qui a cauſé la varieté, & la diuerſité des liures, à proportion que les vingt ſols de chaque Prouince ettoient plus ou moins forts de loy : Par exemple le ſol Pariſis, tient vn cinquieſme de fin plus que le ſol tournois : c'eſt pourquoy la liure de vingt ſols Pariſis, vaut d'vn cinquieſme plus que la liure tournois : de ſorte que vingt ſols pariſis valent vingt cinq ſols tournois.

La liure Bourdelois ne vaut que demy liure Pariſis, ou dix ſols Pariſis, qui fait douze ſols & demy evalué au tournois : Et neantmoins la liure Pariſis, Tournois & Bourdelois ineſgales entre elles, valent chacune vingt ſols de leur pays.

GROS *Sainct Louis* à ſon retour du voyage d'Egypte reforma ſes monnoyes, & fit forger en ſa ville de Tours des beaux & grands ſols, que la Clementine ſeconde *de Magiſtris* nomme *Argenteos Turonenſes,*leſquels furent nommez *Gros,* & ſont à vnze deniers de fin, qui eſt le titre des quarts d'eſcu, ou des pieces de vingt vn ſol aux armes & coings de France, leſdits gros au poids d'vne dragme chacun, qui eſt la huictieſme partie de l'once, laquelle huictieſme à ce ſujet on nomme *gros* · les gros valurent ſix ſols des autres ſols tournois *petits* ou *noirs,* beaucoup plus chargez de billon, ſemblables à ceux qui courent à preſent contremarquez, d'ou vient que *liure de gros,* ou vingt gros, valent ſix liures vſuelles de ces petits ſols, *Cardinalis De vio. cap.* 1. *De Cambÿs, Sanutus Torſellus in tractatu fidelium Crucis. cap.* 20.

STERLIN. C'eſt vn denier blanc ou d'argent forgé, à huit deniers de fin, c'eſt à dire, allié de deux tiers d'argent & vn tiers cuiure, le ſimple eſt au poids de vingt & quatre grains, valant cinq deniers monnoye noire, le double ou grand blanc valoit dix deniers auſsi monnoye noire : De ſorte qu'vn ſol à l'eſterlin vaut dix ſols courans,

Tt 2

tout ainſi que le denier ſterlin vaut dix deniers noirs. *cap. tertio. De arbitris extra.* & la liure ſterlin vaut dix liures viueles ou communes. *Froiſſart au chap.* 15. *du premier volume. Monſtrelet chap.* 2. *du premier volume.*

Regulierement les payemens ne peuuent eſtre exigez, qu'apres le dernier iour du terme expiré. *l. eum qui calendis. D. verbor. obligat.* de ſorte que celuy qui s'eſt oblige de payer à la foire, le terme va, & court iuſques à la fin & dernier iour d'icelle. *l. Eum qui certarum. D. eodem titulo. De verbor. obligat.*

Toutesfois les foires de Lyon qui ſont quatre en nombre tous les ans, à durer quinze iours continuels chacune, ſont priuilegiées à ce point, que les debiteurs obligez par contract, cedulle, promeſſe, lettre de change, ou autrement, de payer à la foyre *des Roys*, laquelle commence le lundy apres ladite feſte, ne peuuent eſtre exigez ou contraints, que ſeulement le premier iour de *Mars* ſuiuãt. Aux obligez de payer à la foyre de Paſques, laquelle commence le lundy apres *Quaſimodo*, le terme eſcheoit au premier iour de *Iuin*. A la foyre d'Aouſt qui cõmence le quatrieſme du mois, le terme court iuſques au premier *Septembre*. A la foyre de Touſſains laquelle commence le quatrieſme Nouembre, le terme des payemens va au premier de Decembre.

Ce qui eſt franchiſe, liberté & grand priuilege, aux fins que les Marchands frequentans leſdites foyres, ayent le loiſir de trouuer argent pour payer; & ſi les affaires ſont refroidis, & que par malheur ils n'en puiſſent pas cheuir, que nantmoins ils ayent aſſeurance, ſans pouuoir eſtre moleſtez tant au ſejour qu'au retour, *patrocinio ſolẽnitatis Nundinarum. l. vnica. C. Nundinis & Mercatoribus.* Les autres priuileges des foires ſont inſerez au quatrieſme liure. tit. 12. *de la Conference des Ordonnances*, leſquels priuileges neantmoins couſtent bon & bien gros aux debiteurs, qui manquent, comme il eſt repreſenté par *du Moulin* en ſon *ſommaire des contracts, vſures, rentes, intereſts*, nombre 70. & ſuiuans.

Des Aſſeurances ſur corps de Nef.

CHAP. XV.

I.

PAr vſance de la Bourſe de Rouën, aſſeurances ſe font non ſeulement ſur les marchandiſes, mais auſſi ſur les corps des Nefs, agrés, & apparaus, victuailles à rendre ſur certains voyages, & nullement ſur le fret.

Le ſemblable eſt ſtatué par les aſſeurances de la Bourſe d'Anuers article 9. & par le couſtumier d'Amſterdam article vnze.

Le fret aſſez priuilegié d'ailleurs ne peut eſtre aſſeuré, *quia duæ ſpecialitates non poſſunt concurrere circa idem.* Et d'abondant pour rendre le Maiſtre plus ſoigneux de la conſeruation du nauire & marchandiſe qu'il pourroit negliger s'il eſtoit aſſeuré, *ne detur occaſio ad delinquendum.* cy-deſſous chap. 19. article 4.

II.

Les proprietaires des Nauires ſont appellez *Bourgeois de la Nef*: leſquels d'vn mutuel conſente-

ment, apres l'edification ou l'achapt du Nauire, y
eftabliffent vn Maiftre, qu'ils accueillent ordinairement à quelque portion de la nef, afin qu'il en
foit plus foigneux. Le Maiftre prend vn Pilote, contre-maiftre, & l'equipage plus grand ou moindre,
felon la capacité des Nauires & voyages : les Bourgeois feront tenus de fournir, & d'agreer leur vaiffeau en fuffifant eftat de radoub, viures, munitions,
artilleries, & de toutes chofes neceffaires pour le
voyage entreprins au gré & confentement du Maiftre & de l'equipage, qui expofent leur vie à la nauigation.

*Iugement d'Oleron premier. Ordonn. de l'Admrauté de l'an 1 5 8 4,
article 5 9.*

III.

Le Bourgeois fe peut faire affeurer, non feulement de la part qu'il a en la nef, mais auffi fur le prix
que luy a coufté fa portion, iufques à eftre franc,
finglant le nauire mis hors en furain ou rade, au
moyen, ou pourueu qu'il fe referue courir le dixié-
me, y comprenant le couft de l'affeurance & couft
du prix : & du tout il baillera l'eftat qu'il certifiera
veritable fur fon feing, toutesfois, & quand en fera requis, tout ainfi que le Marchand chargeur fa
carguaifon : Pourra le Bourgeois eftimer en la po-

lice la part qu'il a en la nef, & fur l'eftimation faire
fon affeurance.

IV.

Si l'affeurance eft faite fur corps de Nef, l'affeureur n'eft aftraint à la maluerfation, dol, ou fraude
du Maiftre du Nauire, par ce que le Bourgeois qui
fe fait affeurer, l'a efleu; & choifi pour agreable la
prud'homie & fuffifance d'iceluy : En forte que s'il
n'eft fidelle, ou tel qu'il doit eftre, il le doit depofer
de fa maiftrife. Si c'eft le Maiftre qui s'affeure, les
affeureurs ne courront pour fa propre negligence
ou maluerfation.

L. inter artifices. D. Solutionibus.
Illud nulla pactione effici poteft ne dolus præftetur. l. fi vnus. §. il-
lud. D. Pactis. l. cum proponas. D. Nautico fœnore. La Iurifdiction
de la marine article 33. femble decider au contraire : toutesfois ceft article eft vn cas fpecial du Bourgeois, lequel
affeure fon Nauire, conduit par le Maiftre que luy mefme a prepofé, & qu'il peut depofer ce qui eft different du
marchand, lequel affeure fa marchandife chargée en tel
nauire comme il le trouue, & lequel n'a nulle forte d'authorité fur le maiftre. *Y no es contrario fino diuerfo. l. prima. D.*
exercitoria act.

V.

Les rifques de l'affeurace fur corps de nef, agrés,

ᵃpparaus & victuailles, commencent du iour & heu-
ʳe que la Nauire faira voile, & non pluftoft, iufques à ce qu'il foit arriué à fon refte, ancré, & pofé
vingt-quatre heures à fon havre. Si le maiftre en-
treprend autres reftes que celles contenuës en la
police, l'affeureur ne les court.

VI.

Les Maiftres de Nauire font leurs nauigations en
deux fortes ; les vns vont au fret, les autres au tiers :
ceux qui vont au fret, font quand il y a charte-partie d'afretement faite à tant pour thonneau, qui fe
peut faire pour l'enuoy ou pour le retour feulemét :
L'ordinaire toutesfois eft l'allant ou venant à tant
par thonneau, payable au Maiftre du Nauire, felon les pactions contenuës en la charte-partie, lefquelles ils feront tenus d'entrenir, & d'accomplir
de point en point, fans aller aucunement au contraire.

VII.

Charte-partie eft diftinguée d'auec le connoiffement, par ce que charte-partie eft le contract d'affretement de la totalité du Nauire : *Connoiffement* eft
promeffe particuliere que fait le Maiftre du Nauire
de la reception de telle & telle forte de marchandi-
                                                    fe

se appartenant à tel marchand ; & faut autant de connoiffemens , comme il y a diuerfité de perſonnes à qui elles appartiennent. Plus charte-partie fe peut faire pour aller & retourner : connoiffemens font toufiours diuers ; car les vns font pour aller, autres pour retourner. En affeurãces faites fur le corps de Nef , l'exhibition de la charte-partie eſt autant neceſſaire comme la marchandife.

TOTALITE' DV NAVIRE. *locatio per auerſionem, vel vno prætio. l. & hæc diſtinctio. D. locati,*

VIII.

Les Nauires vont ordinairement au tiers , quand ils entreprenent voyages loingrains : comme à la coſte de ' Guinée ; Braſil, Cap de Vert , Indes , Perou , Caſtel de mine, Canibales , Terres neufues, ou autres femblables lieux, dont la defpence eſt plus grande pour le corps de Nef & victuailles, que pour la marchandife.

IX.

En femblables voyages , les Bourgeois rendront leur Nef en fuffifant eſtar , pour entreprendre telles nauigations ; fourniront comme Bourgeois l'artillerie , boulets , pinces , manches , toiles , coins de

V v

toutes fortes, & autres menus vtenciles feruant à ladite artillerie, plomb & platines , cuirs verds, foultes, auirons, picques, plomb & lignes à fonder, arquebuts, planches, brai, goudron , cloux , fiches , compas , horologes, & toutes autres chofes requifes à porter en mer pour la feureté defdits Nauires.

X.

Les Victuailleurs fourniront outre les victuailles & marchandifes, les poudres, lances à feu, fauces lances, auec les menuës vtenciles defdites victuailles : comme bidons, corbillons, lanternes, gameles, manes, coffres des Barbiers, fuages, lamanages, deniers des finglages, & autres auaries raifonnables, qui toutes fe metront fur la haute fomme, ou la totalité du rapport.

Ces deux articles font extraits, quoy que foit grandement conformes aux Ordonnances Royaux de l'Admirauté. *Iurifdiction de la marine article* 56. & 57.
BIDONS, font chopines, ou canetes de bois cerclées à tenir la boiffon, il y en a d'eftain & de terre cuite, & ceux là font nommés *Frifons.* GAMELES, font plats de bois à mettre la pitance. MANES, font paniers à reborts.

X I.

Si les Bourgeois ne veulent fournir les victuaillés, le Maiftre du Nauire s'affeurera de Marchand

vn ou plufieurs, aufquels il communiquera l'eſtat
fommaire de la defpence des victuailles&marchan-
difes, auec lefquels ayant accordé les faira ſigner au
bas de l'eſtat, felon la portion qu'ils voudront he-
riter ou amander: & font iceux Marchands appellez *Victuailleurs*, par ce qu'ils font l'aduance de toutes les victuailles & marchandifes: mais d'icelle aduance y a vn tiers pour le Bourgeois de la Nef, autre tiers pour le Maiſtre & l'equipage, s'ils prenent
à profit des victuailleurs à trente, trente-cinq, quarante, & iufques à cinquante pour cent de profit,
felon la longueur & difficulté des voyages, payables
principal & profit au retour: au moyen que les victuailleurs prenent les rifques & hazards de la nauigation fur eux: De tous ces accords, il s'arreſte
compte paſſé par contract deuant les Tabellions,
aufquels le Maiſtre & l'equipage font nommez,
auſſi les Bourgeois & les victuailleurs, chacun felon les qualités & parts qu'ils heritent.

XII.

LeNauire eſtant de retour, la totalité du rapport
eſt partagé en trois parts, l'vne eſt pour le Maiſtre
du Nauire & l'equipage, qui fe repartit & fubdiuife
entre eux, felon les appointemens qu'ils ont fait:
car aucuns des compagnons font à loyer pour le
voyage, autres au tiercement, c'eſt à dire qu'ils

participent au tiers, contribuant fur leurs portions
au tiers : Au refidu du loyer des compagnons, faut
prendre en prealabie le principal & profit de l'aduance fufdite faite par les victuailleurs, l'autre tiers
eft pour les bourgeois de la Nef, fur lequel pareillement ils payeront principal & profit de l'aduance
faite pour eux, le refte & troifiefme reuient aux victuailleurs.

XIII.

Le Bourgeois fe peut faire affeurer fur le corps
de la nef en la portion qu'il herite felon la forme
prefcrite, pareillement le Victuailleur mettra en
compte generalement tout ce que luy a coufté, tant
à caufe de la portion qu'il a audit voyage, que pour
l'affeurance de l'aduance qu'il a fait à fa cotte-por-
tion pour lefdits deux tiers fufdits : y adjouftera les
coufts de l'affeurance & coufts du prix, autrement
eftimera la portion qu'il a au voyage, & fur icelle
faira fon affeurance, fans eftre fubiect de monftrer
autre compte que celuy paffé deuant les Tabellions,
fe referuant comme il a efté dit courir le dixiefme

XIV.

Suruient vne difficulté qui refulte de ce que les
Maiftres de Nauire, outre l'aduance qu'on leur fait
du tiers fufdit, prenent ordinairement quelque ar-

gent à profit ou groffe aduanture : & bien fouuent les Victuailleurs leur aduancent.

On demande fi lefdits victuailleurs fe faifant af-feurer, peuuent mettre en compte la part qu'ils ont audit argent à profit : d'autant qu'il y auroit de l'vfure, c'eft à dire que fans rien hazarder du prin-cipal, le Nauire venant à bien, ils receuront outre, & au deffus de vingt pour cent de profit, les fraix & couft de l'affeurance : & cependant feroient af-feurez de ne rien perdre du principal.

L'vfage d'entre les Marchands, permet pouuoir mettre en ligne de compte le principal dudit ar-gent feulement, quand celuy qui baille à part foit en la nef ou victuailles ; mais s'il n'y a pas de part le mefme vfage ne permet le faire.

Duæ fpecialitates non poffunt concurrere circa idem, Duæ caufæ lucratiuæ. l. fi feruus. §. 4. D. legatis primo.

XV.

On demande auffi à quel prix s'eftimera la mar-chandife de femblables voyages loingtains, fpe-cialement fur le retour quand il aduient *auaries, ra-chapt, compofitions ou jet* ; veu que les marchandifes ne font acheptées à prix d'argent, mais en trocque : Le Victuailleur pour fon regard ne pourra l'affeu-rer, pour aller & retourner de plus haute fomme

que celle qu'il a desbourcé jouxte l'eftat, en y ad-
jouftant le couft de l'affeurance & couft du prix, fe
referuant dix pour cent; mais au regard des auaries
fi aucunes fe font à l'aller, s'eftimeront les marchandifes & victuailles au prix de l'eftat. Si c'eft au retour fera obferué cette diftinction. Si le Nauire a
fait auaries pardela la moitié de fon voyage, & que
le pays voifin ne reçoiue eftimation à prix d'argent,
comme il aduient aux terres où le tout fe negocie
par trocque, la marchandife du rapport fera eftimée à la valeur, non feulement de ce qui a efté baillé en trocque, mais y fera adjoufté & reparti la valeur de la moitié des victuailles. Si c'eft à la moitié
du voyage, & fur pays qui reçoiue eftimation à prix
d'argent, fera eftimé au prix qu'elle vaut à la plus
prochaine ville, ou plaffe du lieu où l'auarie fera
aduenuë, dont à cette fin le Maiftre du Nauire faira prendre atteftation fi faire fe peut : le pareil, fi
pardeça l'autre moitié du voyage auarie aduenoit.

DIX POVR CENT, c'eft à dire la rifque du dixiefme. Et au furplus pour regard de l'eftimation, faut voir
le jugement d'Oleron 8. nomb. 13. & 14.

XVI.

Le prix & couft de l'affeurance eft plus grand ou
moindre, felon la diftance & le danger des lieux,

faiſon du temps, d'Hyuer ou d'Eſté, paix ou guerre ; Le prix ſe fait & accorde deuant le Greffier entre les Marchands, & auec ceux qui ſuiuent les aſſeurances, lequel prix hauſſe ou diminuë ſelon les
occurances, non tant pour les dangers de la mer,
que pour le renom des mauuais Nauires Pillards
dont l'on aura nouuelles.

Si le marchand chargeur qui déſire ſe faire aſſeurer à Roüen eſt eſtranger, il doit payer contant,
ou doit donner reſpondant au Greffier, ou faire
ſouſcrire les cedulles du couſt de l'aſſeurance par
vn reſceant dans la ville: ce qui s'entend de l'eſtranger paſſager qui ne ſoit domicilié.

─────────────────────

Des aſſeurances qui ſe font ſur le corps des perſonnes.

CHAP. XII.

I.

EN autres pays, eſquels le corps des perſonnes
ſe peut captiuer & reduire en ſeruitude, il y a
diuerſes vſances pour aſſeurer le corps & vie des
hommes, ſoient qu'ils ſoient de libre condition,
ou eſclaues, dont icy ne ſera fait mention : pour ce
qu'en France, les hommes de quelque nation qu'ils
ſoient, ſont de franche & de libre condition.

II.

Seulement fera remarqué ce qui fe practique en
ce pays, par ceux qui entreprenent loingtain voyage, comme en la cofte d'Italie, Conftantinople,
Alexandrie, ou autres tels voyages en la mer Mediterranée & Atlantique, pour la crainte qu'ils ont
des Galeres, Fuftes, & Fregates de l'armée du Turc
ou Corfaires, lefquels font trafic de la vente des
Chreftiens, qu'ils rauiffent tant par mer que par
terre: qui donne occafion aux Maiftres & Patrons
de ce pays, quand ils entreprenent tels voyages de
pactionner auec leurs marchands freteurs, ou autres pour la reftitution de leurs perfonnes, en cas
qu'ils fuffent prins, ce qu'ils peuuent faire, mefmes
pour les gens de leur equipage.

III.

En tel cas, faut que le Maiftre par la police eftime fa rançon, & celle de fes compagnons à tant
pour tefte: declare le nom du Nauire, les Reftes
ou Efcales qu'ils doiuent faire, le fejour de chacun
refte, & à qui on doit bailler les deniers de la rançon: L'Affeureur fera tenu quinze iours apres la
verification & certification faite de la captiuité,
payer la fomme affeurée pour la rançon, fans attendre

tendre les deux mois comme en delais, & fans autre formalité de voir carguaifon, connoiflement,
charte-partie : il fuffira monftrer l'atteftation de la
prinfe, & la police.

IV.

Les Pelerins allant au Sainct Sepulchre en Hierufalem, ou en autres loingtains voyages, peuuent
fe faire affeurer pour leur redemption eftimée à tant:
En outre defcription fera faite de leurs perfonnes,
noms, furnoms, pays, demeure, âge & qualité :
Et plus il fera limité dedans quel temps ils entreprenent de faire & parfaire le voyage, le plus long-
temps fera de trois ans inclufiuement, fans admettre excufes de maladie, ou autre telle quelle detention : à l'imitation d'iceux, ceux qui entreprenent
voyages, ou vœux pour long-temps, ou vn paffage d'vn pays en autre, fe pourront faire affeurer
pour leur rançon.

V.

Autre forte d'affeurance eft faite par les autres nations fur la vie des hommes, en cas qu'ils dece-
daffent eftant fur leur voyage, de payer telles fommes à leurs heritiers ou creanciers. Mefmes les creanciers pourront faire affeurer leurs debtes, fi leur

debiteur paſſoit de pays en autre, le meſme fairont
ceux qui auront rentes ou penſions, en cas qu'ils
decedent, de continuer par telles années à leurs
heritiers, telle penſion ou rente qui leur eſtoit
deuë ; Qui ſont toutes pactions reprouuées contre
les bonnes mœurs & couſtumes, dont il ſourdoit
vne infinité d'abus & tromperies, pour leſquelles
ils ont eſté contraints abolir & deffendre leſdits
vſages, qui ſera auſſi prohibé & deffendu en ce
pays.

Talis ſtipulatio admittenda non eſt cùm ſeruus erit, quamuis dixe-
rimus futuras res emi poſſe, nec enim fas eſt eiuſmodi caſus expe[c]tare.
Dit le I. C. *Paulus. l. ſi in emptione. D. contrahen. emptione. l. in-*
ter ſtipulantem. §. ſacram. D. verbor. obligat. Straccha de ſponſioni-
bus in quarta parte. Santerna. De *aſſecurat. prima parte. gloſ. 2.*
num. 8.

Aſſeurances de ce qui ſe tranſporte par les riuieres d'vne
en autre Prouines, meſmes par charge
de Mulets.

Cꜧ ᴀ ᴘ. X.

I.

ASſeurances pareillement ſe peuuent faire ſur
ce qui ſe tranſporte par les riuieres de Seine,

Loire, Garonne, Somme, Rhofne, autres riuieres & fleuues, auec bateaux, caboriers, vrengues,
couraux, haloupes, ou autre forte de vaiffeaux qui
portent les marchandifes d'vne ville ou Prouince
en autre; efquels contracts l'Affeureur courra la
rifque qui pourra aduenir efdites riuieres, par eau,
feu, larrecins, pilleries, & tous autres inconueniens penfez & non penfez, arreft de Prince, villes, communautez, mefmes la baraterie des bateliers, & auffi generalement tout ce qui peut furue-
nir fur les riuieres tout ainfi que fur la mer, le prix
s'accordera comme pour le fait d'affeurance fur
mer: & feront dreffées polices par le mefme Greffier des Affeurances, qui les enregiftrera en la forme fufdite.

I I.

Pareillement affeurances fe peuuent ftipuler fur
ce qui fe tranfporte par charge de Mulets, jumens,
cheuaux, charriots, charretes ou harnois, par telle referue que l'affeureur ne courra la negligence,
maluerfation, bonne ou mauuaife des muletiers &
charretiers pour les abus qui en furuienent: joint
que les voitures, chariots & cheuaux, font refponfables de leurs mesfaits.

Xx 2

Du Contract de Bomerie, qui est argent à profit, ou grosse aduanture.

CHAP. XIX.

I.

LEs Maiftres de Nauire, ou Bourgeois de la Nef, qui n'auront le pouuoir ou les commoditez pour mettre hors leurs Nauires, & qui ne pourront fournir les victuailles, radoub, agreils, apparaus, & cottes-parts, auront recours à deux remedes. L'vn eft de s'affeurer de Victuailleur, qui à leur reputation contribuera deniers pour la moitié, quart, demy-quart ou fixiefme, ou autre part de victuaille pour le voyage entreprins. L'autre, s'ils ne trouuent perfonnes qui faffent lefdites victuailles, n'ayent moyen de fournir à leur radoub, ils prendront argent à profit fur le voyage qu'ils efperent faire.

II.

En nul autre pays on ne peut admettre cette couftume, combien qu'ils en ayent d'autres plus dangereufes; C'eft pourquoy l'vfage, forme, &

maniere de prendre argent à profit, ne se trouue
en nulle part descrite par les anciens ny modernes, combien qu'ils ayent assez parlé d'vsure & de
profits maritimes, transport de deniers, & stipula-
tion d'iceux, peines & interests qui se doiuent payer, faute d'accomplir les pactions sur ce interue-
nuës: & combien que telles obligations en la diction; ayent quelque ressemblance à la maniere &
façon de cest vsage, ont neantmoins peu de conformité: ce que l'on pourra discerner, redigeant
par escrit l'vsage & la façon d'en vser.

Ce contract est communement nommé *Bomerie* ou *prest
à la grosse ou haute aduanture*: *Bomé* en langage Flamand, signifie la quille du Nauire, *Bomerie*, quille equippée & garnie. Il est fort practiqué à present, & duquel font mention les Ordonnances de la Hanse-Theutonique. article
55. 56. & 57. Par lequel contract le Maistre ou le Bourgeois qui emprompte oblige le Nauire, ou prend sur le
gage, ou l'engagement de la quille du Nauire: c'est à
dire, l'obligation sera estainte si le Nauire se pert en voyage, que s'il reuient la somme principale, auec l'interest & profit stipulé seront payez, lequel interest monte
d'ordinaire à grosse somme, comme de vingt-cinq pour
cent. *Cujacius ad legem quartam. D. Nautico fœnore.* Ce contract est approuué & receu, nonobstant les constitutions
Canoniques. *cap. vltimo.* De *vsuris*, suiuant le raisonnement
de Dumoulin en son traité. De *vsuris. num.* 98. & 102. &
sequent. & tractatu Contract. vsurar. De traiectitijs. quæst. 3.
& 4. Ce contract est sujet aux mesmes risques, & semblables euenemens que la police d'asseurance, cy-dessus en
l'article 4. du titre premier. page. 232.

X x 3

III.

Le Bourgeois ou Maiftre du Nauire qui aura fu-
brogé en fon droit & portion le Victuailleur, par-
tageront à la moitié ce que leur vient de perte ou
profit au retour du voyage, felon qu'il a efté expliqué au Chapitre *des Affeurances fur corps de Nef.*

IV.

Le Maiftre ou Patron a cette authorité de commander à fon equipage, & auoir la libre conduite
& adminiftration de fon Nauire, & a pouuoir d'o-
bliger icelle ayant fait voile : Tellement que pour
l'argent à profit qu'il prend pour fon voyage, non
feulement il oblige fa part de la Nef, por de vin ou
chauffes, & ce qui luy reuient particulierement à
caufe de la portion qu'il a au Nauire, mais auffi les
deux autres tiers du fret reuenant aux Bourgeois &
Victuailleurs. La raifon eft, que les Bourgeois l'ont
efleu, & prins pour agreable fa prud'homie & fuffifance ; le faifant Maiftre, le font poffeffeur & do-
minateur du Nauire, & de ce qui en dépend : Auffi
auec luy feul les Charte-parties d'affretement fe
paffent : à luy feul fe paye le total du fret, dont il
fait par apres diftribution : En forte que celuy qui
fera Bourgeois pour vne moitié de la Nef, ne pour-

ra reclamer aucuns deniers du fret, fi ce n'eft de l'accord du Maiftre quile confentira de bonne volonté, ou par voye de juftice.

Le Maiftre peut obliger le Nauire au defceu des Bourgeois, auec raifon toutesfois, mais non pas le vendre. Iugement *d'Oleron premier. Ordonn. de Vvisbuy. art.* 1 3. *Ordonnance* alleguée fans datte, par *Mornac* fur le titre *De Nautico fœnore.*

La eleccion del Piloto y de los Marineros, compete al Maeftre de la Naue, el qual en efta conformidad, es obligado por ellos à la que ellos lo fon en efte minifterio. Laberinto de comercio. cap. Nauegantes. num. 2 9. & 3 2. Iugement d'Oleron article 1 3. nombre 8. & cydenant au chap. 1 5. art. 2.

V.

Autre regard y aura ez nauires qui vont au tiers, par ce que le maiftre ne pourra obliger le tiers des Victuailleurs, ny le tiers des Bourgeois : La raifon de la diuerfité eft, par ce que outre que la defpence y eft plus grande pour les Victuailleurs, ils fourniffent auffi les marchandifes, & eux mefmes font l'auance pour le maiftre, mefme que par raifon, claufion generale de l'eftat, & contract qui fe paffe, ledit maiftre referue de fe pouuoir faire reconnoiftre à fes affociez : tel bourgeois pour telle part, tel victuailleur pour l'autre : Toutesfois s'il en prend, le pot du vin du maiftre qui monte à bonne fomme, fera obligé auec ce qui luy reuient de fa part

s'il eſt bourgeois : En outre il a ſon plain tiers du
tiers des compagnons : l'auance faite par les victuailleurs en principal & profit au prealable payé,
lequel plain tiers demeure obligé à ſes debtes, ſpe-
cialement à l'argent à profit qu'il aura prins.

---

*De la diuerſité des obligations que contracte le Maiſtre
de Nauire.*

CHAP. XX.

I.

LEs obligations contractées par le maiſtre du
nauire, pour ſubuenir au radoub, viures, munitions, ou autres choſes pour voyages entreprins
ont ſpeciale hypoteque ſur les deniers procedans
du fret, au preiudice des debtes anterieurs, ſoient
mobiliaires, hypotequaires ou foncieres ; pour rueu
que le procedé ſoit en la premiere nature arreſté ou
pourſuiui : Car s'il paſſe en autre main, & qu'il aye
ſouffert changement, la ſpecialité eſt perduë.

*L. interdum. & l. huius enim. D. qui potiores in pignore. Iuriſdi-
ction de la marine, article. 5. nombre 15.*

II.

II.

Pour retirer cette ſpecialité, ceux à qui le maiſtre ſera debiteur d'ailleurs, ou pour autres voyages
caſſent ordinairement leurs obligations, les re-
nouuellent auec quelque peu d'argent qu'ils baillent, ou rafraichiſſent par nouuelle promeſſe: par
laquelle le maiſtre confeſſera auoir receu comptant
ce qu'il n'aura receu, & s'obligera payer au retour
de ſon voyage, & ce à deſſain de priuer les autres
creanciers concurrans en meſme cauſe: mais d'autát
que cela ſe fait par dol, & ſur vn faux narré, non
ſeulement telles nouations n'obtiennent le priuilege d'eſtre portées par ſpeciale hypotheque ſur les
deniers du voyage, ains ſont declarées puiſnées de
toutes les verifications faites *du Renouage* qu'ils appellent, en laquelle eſpece de Renouage ſont comprins les cedulles d'argent à profit, continuées de
voyage en voyage. Comme ſi le marchand prenoit
tout le profit de chaſque nauigation, & laiſſat tout
ſon principal ez mains du maiſtre, pour les voyages eſperez à faire, ce faiſant il s'aſſeure de la ſuffi-
ſance du maiſtre: Ce qui ſera bon, non pas au prejudice des Bourgeois & Victuailleurs, ny auſſi de
tous ceux qui actuellement baillent leurs deniers
à profit: car ils prefereront: auſſi les pleiges interue-
nus pour ledit argent à profit, leſquels eſtant en-

trez pour vn voyage, ils font defchargez, la nauigation eftant accomplie, fi tant eft que le creancier laiffe le principal pour d'autres voyages, fans le confentement du pleige.

Verfuram facere, changer l'obligation d'vn mefme debte. *Glofa ad legem fecundam, C. Nouationibus. Affecurationes intelliguntur de primo viaglo. Decif. rotæ Genuæ 63. num 4. argumento l. fideicommiffa. §. fi quis ita. D. legat. 3. & l. Dotem. D. Iure Dotium. In vnum cafum concepta cautio non extenditur ad alium. l. fed fi mors. D. Donat. inter virum & vxorem.*

III.

En la concurrance de tous les deniers baillez à profit, ceux qui feront actuellement baillez fans renouage prefereront, & fur tous iceux deniers ceux que le marchand freteur aura auffi baillé à femblable ou pareil profit, d'autant qu'il femble eftre baillé en forme d'aduance fur le fret qui fera deub au retour pour aduancer la nauigation au profit de tous.

L. fed fi damnum. D. Peculio, l. in Prædÿs rufticis. D. In quibus caufis pignus.

IV.

Les autres qui auront baillé argent à profit pour

le mefme voyage : ne viendront à la preferance pour les autres debtes ou reconnoiffances de leurs cedulles , toutefois s'il y a affez d'argent feront payez, finon ils partiront ce qu'ils trouueront en effence au marc la liure.

L. fi hominem.§. 3. D. depofiti. l. Pro debito. C. Bonis auctoritate iudicis pofsidendis.

V.

L'argent à profit n'eft contribuable en aucune auarie, referué qu'aux rachaps, compofitions, & jets faits pour la faluation du total, & pour le foulagement ou l'euafion des dangers.

Ce qui eft fort jufte, afin que cette groffe vfure paffe ou paroiffe, *Penfatio vel aequamentum periculi*, comme dit Dumoulin fur la loy *Periculi pretium. D. Nautico faenore*, en fon Traitté, *Contract. vfur. quaft. 3. de traiectitÿs.*

VI.

Les Maiftres, Bourgeois ou Victuailleurs peuuent prendre autant d'argent à profit, comme il en faudra à leur cotte part des victuailles & radoub en quoy ne fera comprins la valeur du corps de nef, pource que s'ils doutent l'hazarder, ils ont moyen le pouuoir faire affeurer à moindre prix que le pro-

fit de l'argent qu'ils prendront: la valeur du radoub,
agreils, apparaus & victuailles, se prendront suiuant l'eſtat de la deſpence raiſonnable qui ſera faite, lequel eſtat ils certifieront eſtre veritable ſous
leur ſeing qu'ils en reconnoiſtront auant le partement du nauire, afin qu'apres la perte de leur nauire ils n'en dreſſent à plaiſir.

VII.

Le Maiſtre outre ce que deſſus aura cette permiſſion de prendre autant d'argent à profit que montent ſes chauſſes ou pot de vin qui luy eſt promis
par la charte-partie, en conſideration de l'aduance
qu'il peut faire à ſes compagnons.

VIII.

Si outre les permiſſions ſuſdites il s'aduance de
prendre argent à profit pour laiſſer en la maiſon
(comme il y en a qui le font ordinairement) & il
ſe perde. Nonobſtant les atteſtations de la perte
& prinſe il ne ſera deſobligé, mais ſera tenu par reglement de tirer le compte de ſa deſpence du radoub & victuailles combien ſe monte la part du
maiſtre, y adjouſtant ſes chauſſes ou pot de vin. En
contrepartie ſeront couchez les deniers qu'il a
prins à profit ſur le voyage, s'il ſe monte d'auanta-

ge, chacun des bailleurs auront *reflor* au marc la
liure, tant sur luy que sur ses pleges, si aucuns y a,
& s'il en a baillé : autrement sur son corps & biens
auec interest , à la raison de dix pour cent par an.
Pource n'est il pas raisonnable qu'il butinat à son
profit le residu des deniers qui n'ont point esté employez à la nauigation.

Ordonnance de l'Admirauté 1584. art. 95. Ordonnance de la Hanse theutonique, article 55. Les compagnons Basques allant en Terre neufue ont accoustumé
d'emprunter quelque raisonnable somme à la grosse aduenture sur leur part du voyage, pour laisser dequoy viure à leurs femmes & enfans pendant leur absence.

IX.

S'il se descouure de la maluersation prouenant
de la part du maistre ou equipage, cela uerifié ils
seront punis comme larrons ou escumeurs de mer.

X.

Le trop d'argent prins à profit fait vne vehe-
mente presomption contre le maistre du nauire,
qu'il est consent ou participant de la perte ou prinse de son nauire : car comme en toute traite, soit
maritime ou terrestre, le but & fin des trafique-
urs est de gagner & profiter, cettuy-cy ne peut

Y y 3

auoir entreprins fon voyage en intention de gagner qui auparauant que de commancer eft defia
au rettor, partant il eft à inferer de neceffité qu'il
fe foit imaginé quelque malheureufe fin en fa nauigation, pour, par finiftre moyen s'acquiter de
fes debtes, lefquels loyaument il ne peut payer fa
nauigation eftant accomplie : car l'abus y eftant tel
on confiderera la ruine & perte des nauires, marchandifes perdues, pillées ou prinfes plus par la
defaute fufdite, que par l'impetuofité & tormente
de la mer, dont cette prefcription auec la moindre
preuue que l'on poutra faire, les rendra coulpables
de la mort.

Nul ne peut bailler à profit aux mariniers plus grand
fomme qu'il ne leur eft neceffaire, fur peine de perdition
dudit argent. Ordonnance de l'Admirauté 1584. art. 95.
Ordonnance de la Hanfe-thebtonique article 55. Iurifdiction de la Marine article 52.& 53.

Le denombrement des cas ou caufes pour lefquelles
le naufrage & autre perte ou dommage font prefumez
faits par la coulpe du maiftre & compagnons eft amplement traité par *Straccha Tractatu de nautis in tertia parte.*

XI.

Par les anciennes Conftitutions, fi aucun marinier pendant le naufrage, ou durant le combat de
mer, auoit robé & pillé aucune chofe feruant au
nauire, ou frauduleufement emporté & recelé les

vtenciles d'iceluy, empefché la faluation pour le
faire precipiter ou donner occafion au naufrage, la
perte des biens eftant de grand valeur, ils eftoient
fuftigez & mis aptes aux galeres pour trois ans, ou
releguez aux œuures publiques pour le mefme
temps : que fi auec la perte des biens ils euffent
donné occafion de mort aux autres perfonnes du
nauire, ils eftoient punis comme homicides. Si les
biens perdus n'eftoient pas de grand valeur, l'on
auoit efgard à leur mauuaife volonté, ils eftoient
flagellez d'auantage. Pour auoir feulement refufé
leur ayde & fecours au nauire periclitant ils per-
doient leurs loyers, & en outre ils encouroient punition de corps. A plus forte raifon les maiftres de
nauire, qui de propos deliberé ayant prins plus
d'argent qu'ils n'en peuuent payer, font perdre
leur nauire pour enfeuelir auec icelle leurs debtes
en la mer.

L. Pedius D. *incendio, ruina, naufragio,* Ordōnance de l'Admirauté 1584. art. 67. Iugement d'Oleron, troifiefme
Ordonnance de VVisbuy, article 15. Hanfe theutonique
article 36. 44. *Leges Rhodiæ apud Leonclauium ; fecundo tomo*
Iuris Græco Romani.

Du deuoir du Greffier des Polisses.

CHAP. XXI.

I.

LE Greffier ou Clerc des Polisses d'Asseurance doit estre esleu & prins personne de bonne reputation, connoissant & entendant le trafic, principalement celuy qui se negocie par mer: doit estre vigilant & fort expert à tenir comptes & liures de raison, afin que selon l'ordre & style vsité entre iceux il puisse tenir bon registre de toutes & chascunes les polisses d'asseurance qui se font par deuant luy, pour en faire enregistrer auec icelle leur estre en.

II.

Il aura son comptoir en lieu public le plus frequent, auquel sera proposée & affichée l'inscription *Comptoir & Bureau des Asseurances*. Et sera tenu y faire residence, ou vn Clerc entendu pour luy, depuis le matin jusques au soir, à ce que ceux qui auront à soy faire asseurer ne soient trauaillez à le tercher çà & là, mesmes ceux qui suiuent ez plasses & heures de la Bourse, se puissent retirer au Bureau pour

pour signer asseurances si aucunes se presentent.

III.

Plus ledit Greffier prestera serment chaque année, non seulement d'obseruer les reglemens, mais
qu'il ne signera pour soy directement ny indirectement les Asseurances. Pareillement qu'il ne prendra, ny faira prendre dons, estraines, ou prouisions
de quelque personne que ce soit, pour preferer les
vns plus que les autres esdites signatures, sur peine
non seulement de priuation dudit Creffe, mais de
correction ou d'amande arbitraire: Que fidelement
il portera les polices qui luy seront commises. Premierement aux Marchands originaires de cette ville, si telle est la volonté du marchand chargeur:
par apres les repartira aux vns & aux autres, à ce
que chacun grands & petits, se ressentent esgalement du profit & dommage.

*Non licet ex officio quod quis administrat emere, vel per se, vel
per aliam personam. l. 46. D. contrahenda emptione.* Asseurances
d'*Amsterdam article* 30. La prohibition de prendre estraines
& presens, est conforme à la disposition de l'Ordonnance
de *Blois.* art. 114.

IV.

Sera nonobstant licite à ceux qui se veulent fai-

re affeurer, bailler les billets, ou memoires des
perfonnes qu'ils entendront que fignent en leurs
poliffes, mefmes les faire porter par leurs domefti-
ques à qui bon leur femblera, à la charge toutefois,
leur fomme eftant complete, de les rapporter par
deuers le Greffier, pour d'autant & plus promptement que faire fe pourra enregiftrer le nom des affeureurs, le jour & fommes qu'ils auront figné,
pour clorre l'affeurance, tant fur fon regiftre qu'au
bas de la poliffe, comme il eft vfité en toutes places, pour par apres dreffer fuiuant lefdites fignatu-
res les cedulles du prix d'affeurance à payer par le
marchand chargeur dudit jour en deux mois pour
le plus court, ou long terme felon les pactions.

Nos marchands nomment le prix des affeurances, *la
Primeur*, ou *la Prime*, *quod primum folui debeat antequam fponfio
fignetur, raro enim fides habetur de pretio.*

V.

Prendra auffi garde le Greffier que ceux qui fignent par commiffion d'autruy ayent à luy bailler
coppie approuuée de la procuration de ceux pour
lefquels ils fignent, laquelle il enregiftrera fur fon
regiftre, afin que s'il en aduient faute, l'on aye recours audit regiftre, parce qu'il y en a plufieurs qui
ne veulent eftre denoncez aux poliffes, s'ils font
figner autre pour eux, il demandera leur pouuoir,

ou s'ils font refidens en la ville, les fera figner fur
les regiftres, & promettre qu'ils tiendront pour valable les affeurances que tel fignera pour eux, jufques à la valeur de telle fomme, nonobftant ce le
Procureur ou Commiffionnaire ne fera defchargé,
mais refpondra en fon propre & priué nóm, fauf
fon *reffor* fur celuy qui l'aura commis, & d'autre
part fi ledit Procureur ou bien fon Commis n'eft
foluable, ou qu'il foit tombé en decadance de fes
biens, l'affeuré fe pourra bien toufiours adreffer au
principal en vertu de fa procuration, ou de fon
pouuoir enregiftré, pour la fomme ou fommes dont
il aura le pouuoir.

Commiffions & procurations des negocians pour autruy doiuent eft enregiftrez, Ordonnance de Blois article
358.

Negotiorum Geftores laünt ipfi quidquid vel apofito nomine officij
repromiferunt in negotijs eorum quorum negotia agunt, l. eum qui C.
fi certum petatur, & ibi Mornac, & l. ei qui C. quod cum eo qui in
aliena poteftate.

VI.

Item le Greffier eftant requis pourra faire notifi-
cations, declarations & delais, & toutes autres diligences que l'on a accouftumé de faire en affeurances, defquelles il fera tenu de faire memoire fur fon
papier & regiftre, auec la datte & nom du reque-

rant, deliurera auſſi acte de la requiſition & reſpon-
ce que luy ſera faite.

VII.

Pareillement baillera les coppies en bonne &
deuë forme des aſſeurances, toutefois & quand requis en ſera, au plus bref temps que faire ſe pourra, dont il ſera ſalarié de gré à gré.

VIII.

Et pour les grands abus commis à la repartition
des auaries ou reſortimens, le Greffier pourra bien
voir à la requiſition des marchands, les atteſtations,
apreciations, des dommages, cargaiſons, connoiſſemens, & faire vn projet de la repartition ou reſortimens, ſuiuant les reglemens cy deſſus contenus.
Mais il ne les clora ne ſignera, qu'au prealable il
n'ait conferé auec deux ou trois aſſeureurs des principales ſommes, & qu'auec iceux il ſoit demeuré
d'accord : S'il y a contredit ou oppoſition, proce-
deront les aſſeureurs & marchands chargeurs pardeuant les Prieurs & Conſuls, deuant leſquels s'ils
ne s'accordent, leur feront nommer de part & d'autre chaſcun vn marchand, s'ils ne le veulent, qu'ils
ne puiſſent ou ſoient refuſans, les nommeront d'office de juſtice, & verront iceux les atteſtations,

apreciations, cargaisons, & connoissemens, auec
le projet du Greffier pour les accorder : sinon ils re-
tourneront pardeuant le Prieur & Consuls, lesquels
donneront jugement, lequel lesdits Asseureurs seront contrains de nantir ou executer, & desbour-
cer les sommes qui seront asseurées ou les auaries,
parce que toutes matieres d'asseurances sont tres
prouisoires, le Greffier sera coutanté de sa peine, de
gré à gré, autrement luy sera fait taxe par les Prieur
& Consuls.

IX.

Ne pourra le Greffier dresser repartition d'aucunes auaries, si elle n'excede vn pour cent en frais &
victuailles, & quand l'auarie aduient par tormente
si elle ne passe cinq pour cent.

Modicum damnum ferre debet cui immodicum lucrum non aufer-
tur, l. si merces §. vis maior D. locati. Asseurances d'Amsterdam, art. 26.

X.

Aura le Greffier pour ses peines & salaires de faire signer les asseurances & tenir registre, la moitié
du quart pour cent, qui monte cinq sols pour chacun cent de liures asseurées, les autres deux sols six
deniers reuiendront à la polisse, pour subuenir aux

affaires d'icelle. Plus fera tenu auoir en fon comptoir vne boëte pour les pauures, pour laquelle le
marchand chargeur, outre le quart fufdit qu'il paye,
payera de chafcun millier de liures affeurées *dix de-*
niers, à la raifon d'vn denier pour cét de liures, qui
reuiendront au bureau des pauures de cette ville
pour vne moitié, l'autre moitié pour donner aux
pauures mariniers qui auront efté pillez fur la mer
ou fait naufrage : mettra auffi vne boëte hors fon-
dit bureau, pour le mefme effet, dans laquelle fe
mettra *le denier à Dieu*, des marchez qui fe font par
la ville, ou les aumofnes de ceux qui voudront
donner.

Fin du Guidon.

FORMVLAIRE
DE LA POLISSE
D'ASSEVRANCE SVIVANT
LE GVIDON.

I N NOMINE DOMINI AMEN: Nous les asseureurs cy desoubs nommez, connoissons & confessons auoir prins & prenons à nos risques, perils, & fortunes, les sommes de liures tournois que chacun de nous cy dessous aura escrit & signé de nos propres mains, lequel dit risque prenons de vous *Iacques Cocquart*, marchand demeurât à Rouën, pour & au nom de *Iean Colomb* demeurant en la ville de Bourdeaux, sur bled froment de quelque sorte qu'il soit chargé ou à charger deuant Rouën, & dans le Port & Havre de Grace, par vous ledit Iacques Cocquart, ou autre pour ledit Colomb à luy appartenant, ou que appartenir puisse, de quelque estat, qualité, nation, ou condition qu'il soit, dans deux Nauires que DIEV sauue qui ensuiuent, le premier nommé *l'Esperon*, du port de quarante tonneaux ou enuiron, duquel eſt maiſtre apres DIEV Richard maniſſier demeurant à Feſcamp. Et le deuxieſme nommé *La bonne Aduenture*, du port de quarante tonneaux ou enuiron, duquel eſt maiſtre, apres DIEV, Iean Bachalaict, demeurant audit Havre de Grace: lequel dit riſque courons & auons prins des les jour & heure que ledit bled froment, fut ou ſera chargé dedans leſdits nauires, courons meſme leſdites riſques ſur les Heus de Iean Sauſſé qui portera partie dudit bled froment de cette ville de Rouën audit Havre de Grace, à bord dudit nauire de Iean Bachelaict, & aſſi des qu'iceuxdits nauires partirent ou partiront, ou qu'ils firent ou feront voile de deuant le Quay de cettedite ville de Roüen, & de deuant le Port dudit Havre de Grace, juſques à ce qu'ils ſoient arriuez & venus ſauuement deuant la ville de Bourdeaux, & audit lieu ledit bled froment deſchargé & deſcendu en terre, & l'auoir mis au pouuoir dudit Iean Colomb, ou de celuy ou ceux qui auront charge ou commiſſion de receuoir: parce que nous les Aſſeureurs ne ſerons tenus à l'eſchaufeture & pourriture deſdits bleds & fromens, pendant lequel voyage nous auons prins ledit riſque & aduanture totalement à nos perils & fortunes, tant de peril de mer, de feu, de vent, amis ou ennemis, ou de quelque prinſe, d'Arreſt de Roy ou de Prince, ou de quelque autre Seigneur, de lettres de marque, contremarque, barateriede Patrons ou Mariniers

niers, & generalement de tous autres inconueniens penſez ou non penſez, qui pourroient aduenir auſdites marchandiſes ou portion d'icelles:
Nous dits Aſſeureurs, nous metons en voſtre plaſſe,
& lieu pour vous ſauuer & garder de tous dommages & pertes de quelque maniere que ce ſoit, &
donnons congé audit Maiſtre ou Maiſtres, mener
& conduire ſondit Nauire ou Nauires & marchandiſes, entrer & ſortir és ports & haures forcément
& volontairement, iuſques à eſtre arriuez audit
lieu de Bourdeaux, comme deſſus eſt dit. Meſmes
ſi le cas aduenoit que deuant ou apres les marchandiſes chargées dedãs leſdits nauire ou nauires ne puiſſent faire ledit voyage, ſõmes contens & accordans,
que leſdites marchandiſes ſoient rechargées en vn
autre ou pluſieurs nauires ſans nous demander nul
congé, auquel nauire ou nauires courons leſdites
riſques: ainſi qu'au premier nauire nous obligeât &
prometant chacun de nous, que ſi autre choſe que
bien aduenoit deſdites marchandiſes ou portion d'i-
celles (que DIEV ne veüille) durant ledit voyage,
de payer à vous ledit Iaques Coquar, pour & au
nom de Iean Colomb, ou à qui pour vous ſera, les
ſommes tournois que chacun de nous icy deſſous
aura eſcrit ou ſigné en cette preſente poliſſe d'Aſſeurance dedans deux mois prochains, apres la verité conniie, ou le dommage qui pourroit eſtre
chacun au ſol la liure, vous donnant pouuoir à

Aa a

vous Iaques Coquar audit nom que deſſus, ou à autre pour vous, en cas que fortune aduiene, de metre, ou faire metre la main pour la recuperation deſdites marchandiſes, tant en noſtre profit qu'en noſtre dommage, les pourrez vendre & diſtribuer ſi beſoin eſt, ſans nous demander permiſſion ny congé : & payerons tous fraix aduancez & deſpen-cez qui ſe fairont, deſquelles aduances & deſpens ſerez creu à voſtre ſimple ſerment, ou de celuy, ou ceux qui les auront faits & payez, ſans eſtre tenu à faire autre preuue ny certification : Accordant de par nous de vous pouuoir faire aſſeurer tant du principal, que des autres fraix & deſpens qui ſe fairont, auec l'argent que vous couſte à vous faire aſſeurer. Pour leſquelles choſes ainſi garder, ac-complir & payer, obligeons tous nos biens, meu-bles & heritages preſens & à venir. Si donnons pouuoir & puiſſance à toute Iuſtice quelconque, tant de ce Royaume que des autres parts, qu'ils nous faſſent garder & accomplir le contenu de cet-te preſente poliſſe, laquelle nous maintenons d'auſ-ſi grand force & valeur, comme la pourront trou-uer en quelque autre poliſſe que ce ſoit, comme ſi elle eſtoit faite & paſſée deuant Notaire & Tabel-lion public. Fait audit Rouën le quinzieſme iour d'Octobre 1629.

Quatre mille quatre cens liures, à ſix liures ſur chaque

centaine de liures, à courir fur le Nauire de Richard Manif-
fier deux mille quatre cens liures, & fur le Nauire de Iean
Bachalet deux mille liures.

Soufcriptions des Affeureurs.

Ie Iaques Schot, fuis comptant de courir, & rifquer en
cette prefent poliffe aufdits deux Nauires que DIEV fauue la fomme de huit cens liures, à fçauoir quatre cens liures fur chacun Nauire. Fait à Rouën le iour & an que
deffus. Signé, Iaques Schot.

Ie Guillaume Gautier, luis comptant de courir en cette prefente poliffe d'affeurance, aufdits deux Nauires que DIEV
fauue la fomme de fix cens liures tournois. Fait à Rouën
ledit iour & an que deffus. Signé, Gautier.

Ie Iaques Coquar, fuis comptant de courir en cette prefente poliffe d'affeurance, aufdits deux Nauires que DIEV
fauue la fomme de huit cens liures tournois, fçauoir quatre cens liures fur chacun Nauire. Fait à Rouën ledit iour
& an que deffus. Signé, Iaques Coquar.

A fuite font femblables foufcriptions de Nicolas Coc-
quar pour huit cens liures, Dauid Coquar pour huit cens
liures, Philippe Vandale pour fix cens liures fur l'vn &
l'autre Nauire.

800 l.
600.
800.
800.
800.
600.

4400.

Clofe, & arreftée a efté cette prefente poliffe d'affeurance à la fomme de quatre mille quatre cens liures, & le
prix d'icelle, à fix liures pour chacune centaine de liures
payer à deux mois : & a fait cedulles ledit Iaques Coquar
pour ledit Iean Colomb, dont moy *Mathieu Alorge* Commis pour les Marchands ay figné au bas d'icelle. A Rouën
ce quinziefme Octobre 1629. figné *M. Alorge.*

Il m'a efté payé à moy Mathieu Alorge par le fieur Iaques Coquar,
à la requefte de Iean Colomb, pour le quart pour cent de quatre mille
quatre cens liures vnze liures deux fols tournois, dont le quitte.

Acte du Delais.

IE Mathieu Alorge, Commis pour les Marchands
à faire & dreffer les polices d'Affeurance qui fe
font en cette ville de Rouën. Certifie à tous qu'il
appartiendra, que le dixiefme iour de Mars 1630. à
requefte de fieur Iaques Coquar, pour & au nom
de Iean Colomb demeurant à Bourdeaux, j'ay fig-
nifié, dit & declaré aux fieurs Iaques Schot, Guillaume Gautier, Iacques Coquar, Dauid Coquar,
& Philippe Vandale en parlant à tous en leur perfonne, & le vnziefme dudit mois de May parlant à
Nicolas Coquar : Comme le Nauire nommé l'Efperon, du port de quarante thonneaux ou enuiron, duquel eft Maiftre apres D I E V Iean Bachalet demeurant au Haure de grace, fur lequel ils ont
affeuré fur bled, froment, pour aller de Rouën à
Bourdeaux. Que depuis le departement dudit Na-

uire de cette ville de Rouën il n'a reçeu aucunes
nouuelles dudit Nauire. Ce qui fait auoir opinion
audit Coquar, ô dit nom qu'iceluy dit Nauire en
allant & pourfuiuant fon voyage, a efté perdu &
periclité en mer, ou bien prins & depredé par les
Turcs & mené en Barbarie, dont requerant que
deffus j'ay fait delaré aufdits deffus nommez pour
les fommes par eux affeurées fur ledit Nauire : Et
que ledit Iaques Coquar audit nom entend eftre
payé d'icelles fommes par eux affeurées fur ledit
Nauire au bout de l'an & iour, du iour dudit delais
a eux fait. Lefquels Iaques Schot, Guillaume Gautier, Iaques Coquar, Dauid Coquar, Nicolas Coquar, & Philippe Vandale ont refpondu qu'ils m'a-
uoient ouy ; en refmoin de quoy moy dit Alorge
en qualité que deffus ay figné la prefente. A Rouën
ledit ious vnziefme May 1630. Ainfi figné, M.
Alorge.

ORDONNANCES
DV ROY CATHOLIQVE.

POVR LES ASSEVRANCES DE LA Bourſe d'Anuers.

PHILIPPE PAR LA GRACE de DIEV Roy des Eſpagnes, &c.

ARTICLE I.

Rdonnons que nulle marchandiſe de prix ne pourra eſtre aſſeuɾée, ſi elle n'eſt chargée dans des Nauires equipez & accompagnez d'autres Nauires, ſuiuant & conformement à nos Ordonnances de la marine.

Cette Ordonnance citée au texte, eſt incerée en la troiſieſme partie des couſtumes de la mer, *de la juriſdiction de la marine ſous l'article 56.* laquelle eſt conforme aux Ordonnances de l'Admirauté de France 1584. article 60. concernant l'equipage, les armes & munitions que chacun Nauire de chaque port doit auoir pour ſe bien deffendre. Bien eſt vray qu'elle eſt plus ample & beaucoup mieux obſeruée ſur les ports de la domination d'Eſpagne, que l'autre n'eſt en France.

II.

Et ſeront toutes les Aſſeurances faites ſur mar-chandiſes ſuiuant la couſtume de la Bourſe d'Anuers, de la teneur & ſubſtance de la poliſſe d'Anuers comme s'enſuit, ſans y pouuoir adjouſter aucune autre clauſe.

Formulaire de la Poliſſe d'Aſſeurance de la Bourſe d'Anuers.

NICOLAS D'EMEREN Bourgeois & Marchand habitant d'Anuers, ſe fait aſſeurer à l'vſance & couſtume de la Bourſe d'Anuers, & Ordonnances Royaux: Sur les marchandiſes & biens par luy, ou autre pour luy, & en ſon nom chargées ou à charger en la Nauire appellé *Sainct Iaques*, duquel eſt Maiſtre apres DIEV Pierre Henry d'Amſtelredam, ou autre du port, havre ou plaſſe de cette ville, pour, ou vers ladite ville d'Anuers, à l'encontre de toutes riſques, perils & aduantures qui pourroient auenir, leſquelles courront à la charge des ſoubsſignez Aſſeureurs, dés l'heure & iour que leſdits biens ou marchandiſes ſeront menées audit port, haure ou plaſſe, pour les charger dedans ladite Nauire, & mis en barques, bateaux ou souleges, pour eſtre menées & chargées en icelle Nauire afin de faire ledit voyage : & durera ladite aſſeurance iuſques à ce que leſdits biens & marchandiſes ſoient arriuées audit Anuers, & deſchargées illec en terre à bon ſauuement ſans quelque perte ou dommage : Et eſt conuenu qu'en cette aſſeurance participera tant le dernier aſſeureur comme le premier : & pourra ladite Nauire nauiguer auant, arriere, à dextre à ſeneſtre, & en tous endroits, & faire toutes eſcales & demeures, forcées, neceſſaires & volontaires, comme bon ſemblera au Maiſtre & gouuerneur d'icelle : & aſſeurent leſdits aſſeureurs audit aſſeuré, de mer, de feu, de vent, d'amis, d'ennemis, de lettres de marque, de contre-marque, d'arreſt & retention de Roy, de Prince, & de Seigneur quelconques : & generalement de tous autres perils & fortunes qui pourroient auenir en quelque maniere que ce ſoit, ou qu'on pourroit imaginer : Et du tout l'Aſſeureur ou les Aſſeureurs ſe metent en la propre plaſſe & lieu de l'aſſeuré, pour le garantir de toutes pertes & dommages ; & aduenant autrement que *bien*, ce que DIEV ne veüille auſdits biens & marchandiſes, leſdits aſſeureurs s'obligent de payer audit aſſeuré, ou au porteur de la preſente, tout ce que chacun d'eux aura ſousſigné, ou le dommage qu'aura eu ledit aſſeuré

chacun

chafcun à l'aduenant de fon obligation, & ce dedans deux mois premiers fubfequens, apres auoir
efté deüement aduertis de la perte ou dommage:
& audit cas de peril, lefdits Affeureurs ont donné
& donnent pouuoir audit Nicolas d'Emeren affeuré & fes commis, qu'ils puiffent au profit & dommage d'iceux Affeureurs, mettre la main à la faluation defdits biens & marchandifes, promettant
payer tous defpés qui feront faits pour icelle faluation, foit que quelque chofe foit recouurée ou nô?
defquels defpens feront creus & adjoufté foy au
compte & ferment de celuy ou ceux qui les auront
faits. Et confeffent lefdits Affeureurs eftre payez du
tout, ou partie de cette affeurance, par les mains de
Iean Entigues, à raifon de fept pour cent: veulent &
confentent lefdits Affeureurs que cette poliffe d'affeurance foit d'auffi grand valeur, comme fi elle fut
faite & paffée pardeuant Efcheuins, Notaires publics, ou autres, le tout fans fraude ou mal-engin.
Fait à   l'an de grace   le   du mois de

III.

De mefme fi quelqu'vn veut faire affeurer fon nauire le pourra faire à la forme & fubftance de ladite
poliffe.

Bbb

IV.

Il ne se pourra plus faire aucune asseurance, soit
en forme d'asseurance, gageure, ny autrement en
aucune maniere sur les nauires, marchandises
loyers, fret du nauire, ou autres choses quelconques apres qu'elles auront esté mises ou exposées
au peril de la mer, mais doit la faction & souscrip-
tion de l'asseurance preceder l'hasard. Pareillement
nul ne se pourra faire asseurer du larcin ou mauuais
comportemens du maistre ou matelots, desrogeant,
cassant, & adnullant toutes les vsances & coustumes qui sont au contraire, & s'il se fait ou trouue
aucun contract ou escriture au contraire, les declarons nuls & de nul effet & valeur.

Pacta seruanda non sunt quæ ad delinquendum prouocant l. illud
conuenire D. Pactis dotalibus.

V.

Ordonnons que tous ceux qui se voudront seruir de la Coustume de la Bourse d'Anuers (portant
que celuy qui a asseuré est tenu de consigner ou
payer la somme par luy asseurée, en cas que l'on
ne reçoiue aucune nouuelle du nauire dans l'an &
jour, apres la datte de ladite asseurance) seront
obligez de verifier & faire apparoir par acte authentique ou judiciaire que le nauire estoit encor

en eſtat lors du jour de l'aſſeurance.

VI.

Il eſt inhibé, ou n'eſt pas permis, en cas d'aſſeurance de changer de route, au prejudice de ceux qui
auront aſſeuré, ſoit que le voyage ſe faſſe plus long
ou plus court, ou à la trauerſe.

VII.

Et s'il ſe peut verifier par charte-partie, lettres
d'auis, connoiſſemens, teſmoins, ou autrement,
que le voyage a eſté changé: celuy qui ſe ſera fait
aſſeurer ne pourra rien demander aux Aſſeureurs à
cauſe dudit changement.

VIII.

Nul ne pourra faire aſſeurer ſon nauire contre le
peril de la mer, feu, ennemis, fourbans, ou autrement, s'il eſt vuide & ſans charge: mais s'il a moitié de ſon leſt, pourra eſtre aſſeuré pour la moitié:
que ſi le nauire à plus que de la moitié de ſa charge,
tout le corps du nauire, canons, poudres, boulets,
pourront eſtre aſſeurez, ſans en ce cas comprendre
le cordage viures & dependances.

IX.

Nul Maiſtre, Pilote, Officier, ou Matelot, pourra faire aſſeurer ſes gages ou loyers.

X.

Tous ceux qui voudront faire aſſeurer le corps du nauire, canon, poudres, bales, ſeront obligez de faire eſtimer le tout au parauant par gens expers, ſans toutefois que ladite eſtimation puiſſe prejudicier à celuy qui aura aſſeuré lequel pourra verifier que ladite eſtimation a eſté faire frauduleuſement par colluſion, intelligence, faueur, ou autrement.

XI.

Si les marchandiſes n'ont pas couſté du premier achapt à celuy qui ſe fait aſſeurer la ſomme de deux mille eſcus, outre & ſans en ce comprendre les frais, ledit aſſeuré ſera tenu de courir riſque d'vn dixieſme de la valeur deſdites marchandiſes. Par exemple s'il a chargé pour deux mille eſcus, il ne pourra faire aſſeurer que mil huiɛt cens eſcus, & s'il a chargé pour plus de deux mille eſcus de marchandiſes, les pourra faire aſſeurer entierement, ſauf de deux cens eſcus qu'il doit riſquer, outre les frais qu'il aura payé deſdites marchandiſes.

XII.

Et ne pourront eſtimèr leurs marchandiſes à
plus haut prix qu'elles valent à l'ordinaire, ſoubs
pretexte de quelque achapt, troque ou autrement.

XIII.

Tout auſſi toſt que le nauire ſera arriué à port
de ſalut, celuy qui s'eſt fait aſſeurer, eſt obligé de
faire deſcharger les marchandiſes au pluſtoſt, & ce
dans quinze iours, ſi ce n'eſt par inconuenient ou
cauſe legitime, qu'il eſt obligé de verifier. Et ſi l'aſſeurance eſt faite pour aller d'vn Havre, ſans qu'il
ſoit parlé de porter leſdites marchandiſes à terre,
ladite aſſeurance commencera lors que leſdites
marchandiſes ſeront dans le nauire, & prendra fin
lors que le nauire ſera arriué au lieu du reſte, & demeure vingt quatre heures à l'ancre en ſauueté.

XIV.

Si quelqu'vn fait aſſeurer le nauire ou marchandiſes en pluſieurs lieux, pour par ce moyen auoir
le double, ou le triple de la valeur de ſon nauire ou
marchandiſe, ou qu'il faſſe aſſeurer, plus qu'il ne
luy eſt permis par la preſente Ordonnance, il ne

pourra rien demander à ſes Aſſeureurs, mais ſeront
les choſes aſſeurées confiſquées, le tiers à nous, les
deux tiers aux Officiers & Denonciateur, ſauf que
celuy qui a aſſeuré prendra demi pour cent, ſuiuant
les anciennes couſtumes, au cas qu'il n'en ait rien
ſceu, & non autrement.

XV.

Et ſi l'on trouue que les nauires ont eſté aſſeurés en pluſieurs lieux, ſans fraude du proprietaire qui fait aſſeurer, la premiere aſſeurance tiendra,
& ſera bonne : & ſi elle n'eſt pas ſuffiſante, & que
les marchandiſes valent beaucoup plus, tant qu'elles puiſſent eſtre aſſeurées, ſuiuant cette noſtre Ordonnance, le reſte ſera prins ſur la ſeconde aſſeurance, juſques à proportion de ce qui ſera permis :
& pour le ſurplus ſera nulle & pour non aduenue,
ſauf toutefois que ceux qui ont aſſeuré retiendront
demi pour cent à leur profit, ſuiuant l'ancienne
couſtume.

XVI.

Que ſi quelqu'vn fait aſſeurer les marchandiſes,
que ſon maiſtre, ſon facteur ou autre tierce perſonne pour laquelle il peut ſtipuler doit charger, & que
la charge ne s'en faſſe point, de maniere que celuy

qui a asseuré ne court aucune risque, l'Asseureur est tenu de rendre ce qu'il aura receu à celuy qui à fait asseurer pour ladite asseurance, sauf le demy pour cent qui luy demeurera, suiuant l'ancienne coustume.

XVII.

Celuy qui aura à demander quelque chose en vertu des lettres ou polisses d'asseurãce, est obligé de le faire dans quatre ans prochains apres la datte de la polisse : ledit temps de quatre ans passez en seront descheus & forclos purement & simplement, & ne pourront iamais plus en faire petition ny demande.

XVIII.

Les Asseureurs seront obligez de payer le domage & perte arriuée au Nauire ou marchandises, deux mois apres que ladite perte leur aura esté deüement inthimée & notifiée, & celuy qui a fait asseurer, est tenu de verifier par certificat, attestation ou tesmoins de bonne foy ladite perte, & compter par le menu les marchandises chargées & perdues.

XIX.

Le maiftre du nauire ne pourra prendre argent à
la groffe aduanture fur le nauire, fi ce n'eft en pays
eftranger, en cas de neceffité ; comme pour auoir
fouffert fortunal de mer, ennemis ou autrement, &
en ce cas doit porter certificat iuftificatif, comme
quoy il a efté contraint de ce faire, pour n'auoir
trouué argent au change, & neantmoins l'emprunt
n'excedera pas le quart de la valeur du nauire, fi ce
n'eft que ledit quart ne fut pas fuffifant, auquel cas
en pourra prendre d'auantage, en portant certificat de la neceffité qui l'a contraint de ce faire. Et
ne pourra ledit maiftre de nauire vendre ny engager aucune marchandife tant qu'il trouuera argent
au change, ou à la groffe aduenture, mais à faute de
change ou de groffe aduenture, pourra à toute extremité vendre des marchandifes chargées jufques
ques à la valeur du quart & dauantage en cas de neceffité, portant neantmoins certificat, comme il
eft dit cy deffus, lefquelles marchandifes feront
payées au marchand au prix que les autres fe vendront, en luy payant fon fret defdites marchandi-
difes vendues, comme des autres, le tout à peine
de tous defpens, dommages & interefts enuers le
marchand & bourgeois du nauire.

XX.

X X.

Nous ordonnons & declarons tous les Contracts, Poliffes d'Affeurance, groffe aduanture, contraires à nofdites Ordonnances, nulles, & de nul
effect & valeur : Et commencera l'effect de nofdites prefentes Ordonnances, fix femaines apres la
publication d'icelles ; & enjoint à tous nos Officiers
de faire publier nos prefentes Ordonnances annuellement de fix mois en fix mois, à celle fin que perfonne n'en pretende caufe d'ignorance.   Donné à
Bruxelles le dernier d'Octobre 1593.

Ccc

COVSTVMIER
POVR LES ASSEVRANCES
D'AMSTERDAM.

EV la Requeste à nous presentée par plusieurs & diuers Marchands tant Bourgeois que Forains ; afin d'estre par nous establie vne Chambre d'Asseurances, & vn reglement & ordre en icelle. Auons apres meure deliberation, examen, & audition de plusieurs notables marchands, & gens à ce connoissans & entendus : Ordonné, statué, ordonnons & statuons les points & articles suiuans.

ARTICLE I.

Premierement sont declarez nuls & de nulle valeur, tous contracts d'asseurance faits & passez au preiudice de nos Ordonnances, quoy que les parties ayent stipulé & contracté au contraire.

II.

Il ne se faira aucunes asseurances, soit par quel-

que particulier, ou plufieurs perfonnes fur l'enuoy
ou retour des marchandifes, que iufques à la iufte
valeur d'icelles: Encore doit il demeurer dix pour
cent aux rifques & perils de celuy qui fe fait, ou qui
fe faira affeurer: qui eft vne dixiefme partie de la iufte valeur, à compter felon l'achapt defdites marchandifes, en ce toutesfois comprins l'embalage,
droits de fortie, l'auitaillement, l'argent donné
pour l'affeurance, & tous autres fraix & mifes qu'il
a conuenu faire pour icelles embarquer: Comme
fi quelque Marchand à chargé dans vn nauire la valeur de plus de douze mille liures tournois, il luy
eft permis rabatre dix pour cent; dont il court les
rifques & perils, & peut faire eutierement affeurer
le furplus.

III.

On doit cotter par fpecial, & defigner en tous
les contracts & poliffes d'affeurance le nom du nauire, tant allant, que retournant des pays & Royaumes Eftrangers, pareillement le nom du Maiftre, ou de celuy qui doit commander: comme auffi le lieu où le nauire doit prendre fa charge, l'aller
& le venir, à peine de nullité defdits contracts: &
defaillant le recours contre l'affeuré, s'en pourra
prendre au Notaire qui a fait les obmiffions s'il y à
de fa faute.

S'EN PRENDRE AV NOTAIRE. *l. vltima. C.*
Magiſtratibus conueniendis. Ordonn. de Blois art. 180. *Expili. arreſt*
100. *Rebuff. De literis obligatorÿs. art.* 4. *gloſa* 4. *num.* 4.

IV.

Les polices d'aſſeurance faites & paſſées ſur les
marchandiſes auront cours, & leur eff.ct du iour &
heure que les marchandiſes ſeront portées à la Cale ou ſur le Quay, pour embarquer dans le nauire
ou nauires qui doiuent icelles prendre ou receuoir,
voire dés que leſdites marchandiſes ſont chargées
dans les gabarres, bateaux & chaloupes pour les
porter à bord du nauire. Et durera ladite aſſeurance iuſques à ce que leſdites marchandiſes ſeront arriuées à bon port, & deſcenduès à terre en bon ſau-
uèment.

V

Et aduenant que quelque nauire aſſeuré ou marchandiſes ſe perdent, & que l'an & iour expiré,
apres ſon partement du port ou haure où il auoit
prins ſa charge, l'on n'en entend vent n'y nouuelle au lieu de ſa charge, n'y la part qu'il deuoit deſcharger, ſi c'eſt en Europe, Barbarie ou ez enuirons; lors tel nauire ou marchandiſes ſont tenües
pour perdues: Et peut on trois mois apres (ayant
au prealable inthimé les aſſeureurs) ſe faire payer.

Que ſi le voyage entreprins eſt plus eſloigné l'on doit attendre l'eſpace de deux ans auant que de rien attenter.

VI.

Eſt à notter auſſi que toutes aſſeurances, trois mois apres le partement des nauires voyageans en Europe, Barbarie, & ce qui en dépend : & aux lieux plus eſloignez, ſix mois apres le partement ſont pour neant & de nulle valeur : ſi ce n'eſt qu'au prealable l'aſſeureur en ſoit aduerti, & que ladite aſſeurance ſoit paſſée *ſur bonnes|ou mauuaiſes nouuelles.*

VII.

Item, Ne peut l'Aſſeuré faire changer au Maiſtre ſon voyage, encore moins le Maiſtre aller en quelque autre port ou haure, ains doit ſuiure ſa route ſelon le contenu en ſa police, autrement l'aſſurance ſeroit pour neant : toutesfois il eſt permis au Maiſtre d'aller en tel port & haure que bon luy ſemblera, pourueu qu'il ſoit preſſé par neceſſité ; mais faiſant autrement, & ſans congé exprez de celuy qui s'eſt fait aſſeurer, l'aſſeurance ne laiſſera de demeurer en ſon entier, ſauf à l'aſſeureur de ſe pouruoir contre le maiſtre, ainſi, & comme il aduiſera eſtre à faire.

VIII.

Et aduenant que quelque Nauire faisant son voyage entreprins, fut arresté, ou empesché par detention des Roys & Princes, ou autres Seigneurs
estrangers, auec esperance toutesfois de faire tollir
& cesser ledit arrestement, & liberer ledit Nauire :
D'ailleurs s'il arriue quelque deffaut au Nauire qui
le rende incapable de pouuoir parfaire son voyage;
en ce cas ceux qui se fairont asseurer, soit nauire
ou marchandise, ou autres pour eux, seront tenus
(ores que ce soit au grand preiudice du Nauire ou
marchandises) d'attendre encore six mois premier
que pouuoir abandonner, ou faire delais du nauire
& marchandises, & subroger l'asseureur en son lieu
& place, à compter lesdits six mois du iour & heu-
ré de la signification & inthimation (en la plasse
publique) faite par les Corratiers ou autre personne publique, de l'impossibilité, & de la fortune aduenuë, lesquels six mois auront lieu : pourueu que
tels arrests, detentions & prinses soient aduenuës
en Europe ou Barbarie; Mais hors de la on ne pourra abandonner, ou faire delais de tel nauire ou
marchandise qu'vn an, apres bonne & deüe inthimation comme dessus ; Cependant il est permis à
l'asseuré de se faire garantir par prouision des sommes par luy pretenduës, soit en baillant caution,

gages ou autrement, felon qu'ils aduiferont eftre
à faire pour leurs feuretez : Et pourront les marchands qui auront chargé dans tels nauires, ou autres pour eux dans ledit temps de fix mois & vn an,
recharget leurs danrées & marchandifes en vn ou
plufieur, nauires pour parfaire le voyage entreprins,
& où ils ne le fairoit, il eft permis aux affeureurs de
le faire, en payant par eux feulement les defpers,
dommages & interefts, enfemble le nouueau fret
encouru pour raifon du fufdit Arreft.

IX.

!Mais pour ce qui regarde les autres groffieres
marchandifes fujetes à deperition, comme vins,
grains, fruits, legumes, & autres femblables,
l'Affeuré ne fera tenu au temps cy-deffus limité de
fix mois & d'vn an; ains tout à l'heure pourra pourfuiure fon inftance, & former fa demande felon le
cas requis, ayant au prealable deuëment inthimé
les affeureurs, ou la plufpart d'iceux.

X.

Il eft inhibé d'affeurer fon nauire, canons & mu-
nitioos de guerre, qu'énuiron les deux tierces parties de la iufte valeur, fans y comprendre le fret, les
victuailles, les poudres, bales, vitres, & chofes

semblables sujetes à diminution.

XI.

Tous Maiftres, Pilotes, Mariniers, gens de guerre, & autres supofts ou vaffaux du nauire, ne pourront affeureur leurs loyers, gages, ou salaires, ny
aucune chofe à eux appartenante, fi ce ne font marchandifes prouenans de leurs salaires & vaccations,
ou d'ailleurs selon qu'il a efté dit, plus à plain cy-
deffus, le tout fans fraude.

XII.

Tous dommages & interefts encourus par les nauires & marchandifes que l'on appelle (*auarie groffe*)
fe doiuent repeter en vne année & demy, fi elles
font aduenuës dans le renclos & limites de l'Europe ou Barbarie, & hors delà, dans trois ans pour
toute prefixion de delay, à compter le temps de
l'vn & de l'autre incontinent apres l'entiere defcharge des vaiffeaux.

XIII.

Et quand aux Nauires & marchandifes affeurées
perdües, depredées, gaftées, ou autrement endom-
magées, les affeurez feront tenus d'intanter leur
action

action contre les Affeureurs, eftans au prealable aduertis de la perte pour toute prefixion de delay dás
vn an & demy, pour ce qui regarde l'Europe &
Barbarie, car hors de là nous auons prefcript trois
années entieres.

XIV.

Et eft à noter que nos prefentes ordonnances &
ftatuts, regardent tant feulement ce qui eft du fait
de l'enuoy, & du retour des danrées & marchandifes, & des nauires allans & venans en nos Prouinces par mer, des pays & Royaumes eftrangers.

XV.

Mais pour ce que concerne l'enuoy, & retour
des marchandifes par terre ou par riuieres, attendu
que cela fe fait auec moins de danger au prix de la
mer, toutes les conuentions faites entre les parties
auront lieu: Sans toutesfois qu'il foit permis d'affeurer fa carguaifon entierement: felon qu'il eft
plus amplement exprimé au fecond article de nos
ordonnances, qui en fubftance veut que l'affeuré,
ou autre pour luy, en tout euenement doit courir
la rifque d'vne dixiefme partie. Deffendons en outre à tous Charretiers, Rouliers & Brouetiers, d'affeurer leurs charriots, charretes, & cheuaux, que

Ddd

la moitié seulement du vray prix constant ; non toutesfois leur salaire, & argent prentendu de la voiture.

XVI.

Et pour ce que concerne les marchandises cy-deuant specifiées ez derniers articles : si tant est qu'elles reçoiuent dommage nommé *auarie grosse*, l'action en doit estre intantée pour toute prefixion de delay dans vn an selon qu'il escherra, comme aussi de tous autres dommages & interests si aucuns sont dans pareil temps.

XVII.

Item, quiconque voudra faire asseurer grains, fruits, vins, huiles, sel, harencs, sucre, argent, suif, beurre, fromages, houblon, melasses, miel, rabete, graine de lin, & semblables marchandises sujetes à deperition & degast. Pareillement munitions de guerre, or & argent, monnoyé ou non monnoyé, il faut que toute telle nature de danrées & marchandises soit exprimée en la polisse d'asseurance par mots exprez, autrement ladite asseurance est declarée nulle, entendans que ce terme *marchandise* comprend toutes les especes d'icelle, mais n'exprime pas la qualité & la sorte.

XVIII.

Il eſt permis aux parties qui auront conuenu de quelque aſſeurance, en paſſer les actes pardeuant nos Eſcheuins, Notaires ou Tabellions, ou autre perſonne publique, voire vne ſimple lettre de poliſſe, cedulle, ou obligation ſignée par l'aſſeureur, quoy que ce ſoit preſens quelques ſuffiſás teſmoins du conſantement des parties.

XIX.

Et pour obuier à toute fraude & tromperie, tous Courratiers, & autres qui d'ores en auant ſe meſleront de faire courir quelque lettre de poliſſe d'aſſeurance, ſeront tenus de dreſſer icelle conformement à nos Ordonnances, retenir coppie de mot à mot de tout le contenu en ladite lettre eſcrite à la main, à peine de perte de leur prouiſion, voire d'vne quadruple amande applicable aux pauures, & de ſuſpenſion de leurs offices ſelon que le cas le requerra.

XX.

Nous diſons auſſi qu'il eſt permis de faire aſſeurer quelque Nauire ou marchandiſes ja depreçdées,

gaſtées ou perduës, pourueu que cela ne ſoit venu à la notice de la perſonne qui ſe fait aſſeurer.

XXI.

Mais aduenant que le Nauire & marchandiſes
ſoient depredées, ſubmergées & gaſtées deſia par
long-temps, & que pendant iceluy temps la perſonne aſſeurée en ait peu auoir la connoiſſance, ſoit
par mer ou par terre, en comptant lieuë & demie
pour chaſcune heure, telle aſſeurance eſt de nulle
valeur: Et faut entendre & preſumer que celuy qui
s'eſt fait aſſeurer en auoit la connoiſſance: Et ne
doit on pour ce regard faire autre enqueſte ny preuue; Si ce n'eſt que l'aſſeurance fut faite *ſur bonnes ou*
mauuaiſes nouuelles: car ces mots y eſtant elle doit
auoir cours & valeur: Si non auſſi que l'aſſeureur
fit apparoir qu'auant la paſſaſſion de la lettre de poliſſe, l'aſſeuré fut deſia aduerti de la perte, & en outre encore la perſonne aſſeurée ſe doit purger
par ſerment.

Par la diſpoſition du Droit *Ignorantia præſumitur, at ſcien-*
tia probari debet. l. verius. D. probationibus. l. ſuper ſeruis. Qui mi-
litare poſſunt. lib. 12. Cod. Auguſtinus de ciuitate Dei. lib. 22. cap.
22. Mais d'autant que les hommes ſont naturellement
enclins à la malice, comme dit le meſme Sainĉt Auguſtin
audit lieu; C'eſt pourquoy ceſt article fonde vne preſomption de ſçience ſur la durée du temps, pendant le-

quel la nouuelle de l'infortune peut eftre fceuë. *Molineus ad Reg. Cancell. de verifimili notitia. num.* 27. *& Rebuff. in additionibus regul.* 30.

XXII.

Quelqu'vn s'eftant fait affeurer fur quelques marchandifes, & de la à quelque temps il fe reauife & ne les enuoye pas : & de fait il ne les charge, ou ne les y enuoye point, ou peut eftre il fe trouue qu'elles valent beaucoup moins que la fomme affeurée; lors il eft permis à l'affeuré de repeter contre l'affeureur le furplus du prix de l'affeurance, en donnant toutesfois à l'affeureur demy pour cent.

XXIII.

Le dernier affeureur participera autant que le premier, foit perte ou profit.

XXIV.

Deffendons par exprez d'affeurer la vie d'aucun. Pareillement de faire aucunes gageures fur quelque voyage ou entreprife, ou fur friuoles, inuentions, & où il s'en fairoit les auons declarées nulles.

D d d 3

XXV.

Et aduenant qu'vn Nauire par cas fortuit demeure inutile pour nauiger, quoy qu'il en soit? Que les marchandises, ou nauires asseurées soient prinses, depredées ou gastées par les Ennemis ou Pirates de mer, sans esperance de recouurement. C'est à l'asseuré si bon luy semble de faire delais, d'abandóner tel nauire ou marchandises au profit de l'asseureur ou asseureurs. Et trois mois apres les ayant deuëment subrogés en son lieu & plasse, les côtraindre chacun pour les sommes par eux asseurées.

XXVI.

Toutes & quantes fois qu'vne *auarie grosse* faite pour raison de certains despens, dommages & interests n'excedera qu'vn pour cent, l'asseureur n'est tenu d'aucun payement ou indemnité pour son regard.

XXVII.

La marchandise asseurée qui de soy-mesme se gaste & se deperit, sans autre accident ou fortune de mer, l'asseureur est exémpt de tout tel inconuenienr.

XXVIII.

En general tous ceux qui deformais se fairont affeurer, & principalement ceux qui font fur le lieu
auquel a efté paffée ladite lettre d'affeurance, feront
tenus de denoncer aux affeureurs, & ce par le miniftere des Corratiers ou autre perfonne publique,
tous aduertiffemens quelconques qu'ils entendront de quelque defaftre, ou fortune, arreft, ou
dommages aduenus : dont, & defquels aduertiffemens les Notaires, Corratiers, ou autres perfonnes publiques en retiendront bons & valables actes
dans leurs regiftres.

XXIX.

A cette noftre Ordonnance font foumis tous nos
fujets, & tous eftrangers traitans & negocians auec
eux, pour enuoy ou renuoy des marchandifes de
nos Prouinces, par nauires, charretes & cheuaux,
tant à eux apartenans, qu'aux Eftrangers. De forte
que toutes autres lettres d'affeurance faites au preiudice de nos Ordonnances, fans auoir efgard à la
qualité des perfonnes ou marchandifes font declarées nulles, felon que nous auons plus à plain touché cy-deuant en nos Ordonnances.

XXX.

Inhibitions & deffeces font faites à tous Officiers,

& particulierement au Secretaire de la Chambre des
Affeurances, & à fon Clerc ou Commis: enfemble
aux Corratiers de faire en public, ny fous main ou
clandeftinement aucune affeurance, directement
ou indirectement pour leur compte.

XXXI.

Et pour ce que tous contracts d'affeurance doiuent eftre purs & fimples, & faits de bonne foy : s'il
fe découure que l'affeuré, ou autre pour luy, foit
Maiftre ou Pilote, foit atteint ou conuaincu de fraude, tel ne doit tirer profit de fes cauteles & decep-
tions, au contraire nous l'auons dés à prefent condamné & condamnons à tous les defpens dommages & interefts enuers l'affeureur, & outre à punition corporele pour feruir d'exemple aux autres,
voire fur peine de mort comme voleur & brigand;
pourueu que la maluerfation fut notoire, le tout
felon la rigueur de nos Edicts.

XXXII.

Item tous differens meus ou à mouuoir pour caufe de lettres d'affeurance en noftre ville, feront auffi toft notifiés, & fuiuant nos Statuts decidez par
deuant les Commiffaires de noftre Chambre, laquelle fera compofée de trois notables Marchands,
vn Greffier & fon clerc, lefquels annuellement feront renouuellez le jour du vendredy deuant Pafques, ou bien feront continués en ladite charge:&
fera la premiere fceance ledit jour l'an 1599. aufquels

quels nous donnons pouuoir de decider & terminer, jouxte & fuiuant nos Statuts, tous procez &
differens meus ou à mouuoir pour raifon des contracts & lettres d'affeuräce, ores qu'elles foient faites par des Eftrangers, pourueu que de leur confentement ils fe rapportent à noftredite Iurifdiction
de la Bourfe, & à ladite Chambre, laquelle decide-
ra, tant le paffé que l'aduenir. Et auront lefdits
Commiffaires, enfemble le Greffier, leur Adjoint
eftablis par Mefsieurs les Eftats, pour leurs peynes
& vaccations, fix fols & huict deniers pour chafque
centaine de liures, contenuës en la lettre de Poliffe,
qui fe payeront par aduance par le demandeur.

XXXIII.

Pardeuant lefquels Commiffaires ayant fait ap-
paroit de leur lettre de Poliffe, connoiffement, cargaifon, de bon & loyal certificat, ou d'autre fuffifante preuue en bonne forme de la perte du nauire,
ou du degat des marchandifes, & les parties ayant
efté deuëment inthimées trois mois au parauant,
lors lefdits Commiffaires pourront condamner les
Affeureurs par prouifion à garnifon de main, foit
de tout ou en partie, & des à prefent donnons
main-leuée de tels deniers au demandeur, moyennant bonne & fuffifante caution, & foubs obligation de reftituer lefdits deniers en fin de caufe, fi dit
eft, enfemble les interefts à raifon du denier douze,
moyennant & donnant au prealable au defendeur

E e e

copie de toutes les pieces produites, & assignation
à bref jour, pour impugner & debattre son droict
pretendu : sans que dans ce temps il soit permis aux
Commissaires de juger definitiuement des deniers
nantis.

XXXIV.

Item quiconque se trouuera greué ou interessé
du rapport ou Sentence de nos Commissaires se
pourra porter pour appellant par deuant nos Escheuins de ville.

XXXV.

Tous Rapports & Sentences des Commissaires
seront executées contre les condamnez ny plus ny
moins que les jugemens prononcez ou donnez par
nos Escheuins.

XXXVI.

Et seront tenus les appellans de releuer leur appel dedans dix jours, & iceluy signifier aux Commissaires, & dix jours apres se pouruoir par requeste pardeuant nosdits Escheuins, & au premier iour
des plaids consigner entre les mains desdits Escheuins la somme de douze liures tournois, lesquelles
demeureront à leur profit, au cas que la Sentence
des Commissaires soit confirmée, & qu'il soit dit
bien iugé mal appellé.

*Fait & publié Amsterdam au son de la cloche, le
dernier jour de Ianuier 1598.*

FIN DE LA SECONDE PARTIE.

TROISIESME PARTIE
DES VS ET COVSTVMES
DE LA MER.

Contenant la Iurisdiction de la Marine où d'Admirauté, tant en temps de Paix qu'en temps de Guerre.

ARTICLE PREMIER.

MONSIEVR L'ADMIRAL, ou à ses Lieutenans Generaux, Iuges & Officiers de l'Admirauté, appartient la connoissance, Iurisdiction & definition de tous faits de nauigation, tant pour raison des contracts passez, pour la guerre nauale, que pour la marchandise, pescherie, qu'autres actes ou choses quelconques, qui concernent, dependent, ou touchent le faict de la nauigation : & non seulement de la mer, havres, costes, & greues d'icele ; mais auffi des riuieres nauigables , riuages , & ports enclos, tant ez villes, bourgades, que dehors , & ce tant que le grand Flo de mars fe peut eftendre.

CONFERANCE.

Ordonnauces des Roys Charles VI. de l'an 1400. *De Louys XII.* 1450. *François I.* 1517. *article* 15. *Henry III.* 1584. *article* 2. & 1586.

1. *Les Ordonnances de l'Admirauté de France font les plus authorifées du Ponant.*

2. *Tous les peuples Chreftiens d'Europe les obferuent.*

3. *Sont conformes au Droict & aux Couftumes de la mer Mediterranée.*

4. *Interprétation des termes de riuage.*

5. *Confuls.*

6. *Le Roy de France à fes Confuls en Turquie.*

7. *Nolis.*

8. *Robes.*

9. *Comandes.*

10. *Ports , enclos , es villes & bourgades.*

1. Cet article, & tous les autres , en ce recuïl font extraicts & colligez du Texte des Ordonnances Royaux de l'Admirauté ; reduits ou rangez à l'imitation du Code-Henry, fans defein neantmoins de changer, adjoufter, alterer, ou tordre le nez au texte, ou à la difpofition des Ordonnances cottées par Conferance au deffous de

chaſque article, leſquelles Ordonnances de l'Admirauté
de France ſont les premieres & les plus authoriſées du
Ponant.

2. A cauſe dequoy, tous les Princes & Republiques d'Europe, qui attouchent à l'Ocean les obſeruent, ſoit comme Françoiſes, ou quelques vns par emu-
lation, ou pour ne perdre pas leur grauité, en ont fait
de ſemblables & de meſme teneur. De ſorte qu'on peut
dire, à cauſe de ce qu'elles ſont generales, & comme telles obſeruées par toute l'Europe Chreſtienne. Et d'abondant elles ſont fort conformes au droict Ciuil Romain, &
aux Couſtumes de la mer Mediterranée.

3. Le Conſulat au chapitre 22. fait le denombrement des matieres de la Iuriſdiction de la marine en ces
termes: *Totes queſtions que ſon de Nolit, & de damnage de Robes
que ſien carregades en Nau, de loguer de mariners, de part de Nau à
fer encantar, de fet de get, de comandes fetes à Patro ô a mariner,
de deute degut per Patro que haia manleuat a ops é à neceſſari de ſon
veixell, de promiſſio feta per Patro, de Roba trobada en mar, de-
liura, o en plaia, de armaments de naus, galeres, ô leuys, è generalement de tots altres contractes loſquals en les Coſtumes de mar ſon
declarats.* C'eſt à dire, toutes queſtions & controuerſes,
quand il s'agit de nolit ou fret, de dommage donné aux
robes chargées en nef, du loyer ou ſalaire des mariniers
de faire inquanter ou vendre la part de nef, de get, de
commandes ou commiſſions baillées au Patron ou à mariniers, de debtes ou ſommes empromptées par le Patron
pour l'expedition & neceſſité du nauire, des promeſſes
faites par Patron: des robes ou richeſſes trouuées en mer
libre en plaige, ou paragé, d'armer leſdites nef ou galeres
ou autres vaiſſeaux, & generalement de tous autres contracts declarez aux Couſtumes de la mer.

4. RIVAGES, ſoubs ce terme, *largè ſumpto*, eſt
comprins le chemin, qui par diſpoſition de droict & de

l'Ordonnance, doit eſtre entretenu le long des coſtes &
riuieres nauigables pour la ſuitte de l'eau, & le haſle des
bateaux, *l. nemo, l. riparum, D. Diuiſione rerum & qualitate. l.* 1.
D. Fluminibus, lequel chemin doit eſtre entretenu de vingt
& quatre pieds de lé ou de large, Ordonnance 1415. article 2. Nauigation des riuieres article 21.

5.   CONSVLS, Conſuls & Comptes, ſont termes
vniuoques, & ſignifient dans les autheurs du moyen eage, Iuges ordinaires, ſuiuant qu'ont remarqué Monſieur
d'Argentré en ſon hiſtoire de Bretagne, au liure 2. chap.
8. Monſieur Marca en ſon hiſtoire de Bearn au liure 3. ch.
3. En la mer du Leuant les Iuges de la marine ont retenu
le nom de Conſuls.

6.   Le Roy de France a des Conſuls en Alexandrie
d'AEgypte, en Alger, à Tripoli, Alep, & en autres villes d'Aſie & d'Afrique, obeyſſans au Turc : & ſont ces
Conſuls inſtituez pour proteger & dire droict à ſes ſubjets & autres Chreſtiens frequentans leſdits lieux ſoubs
la banniere de France. Et ce par le concordat d'Alliance,
renouuellé par les Roys Henry le Grand, & Louys XIII.
auec le Grand Seigneur, article 1. & 29. tout ainſi qu'il ſe
pratiquoit anciennement auec les Soldans d'AEgypte,
M. Iean le Maire à la fin des illuſtrations de Gaule chap.
du Saufconduit.

7.   NOLIS, eſt deriué de *Naulum*, qui eſt fret ou loüage de nauire, en Occident le loyer des vaiſſeaux qui vont
en marchandiſe eſt nommé *Fret*, & des nauires de guerre
Naulage.

8.   ROBES, les Pouenceaux, Catalans, Italiens, &
autres trafiquans en la mer du Leuant, appellent toute
ſorte de marchandiſe & de biens *Robes*, les Caſtillans vſent
du meſme terme, *la Ropa y mercancias*, & c'eſt, *Idem quod Pecunia nomen, l. Pecunia. D. Verborum & rerum ſignificatione :* contracts maritimes chap. 2. article 5.

9. COMMANDES, c'eſt procuration ou commiſſion d'acheter ou negocier pour autruy, Couſtume du Bailliage d'Amiens, article dernier.

10. PORTS ENCLOS, il y a des villes de ſi fauorable ſcituation, que le port eſt enclos en icelles, telle fut jadis la ville de Bourdeaux, pareillement la ville de Byſance, s'il en faut croire *Dion Caſſius, in Seuero.cap.* 10. En quoy il a prins *Galatie* ou *Pera* pour partie, & pour vn departement de Conſtantinople. Et telles ſont à preſent les villes de Veniſe, la Rochelle, Bayonne, Amſterdam, les Citez de Tyr, & de Ptolemais ou Achon au Royaume de Hieruſalem, de Rhodes, de Themiſtitan ou Mexique en l'Inde Occidentale, comme auſſi les bourgs de Sainct Iean de Luz & Ciboure en Baſque.

II.

Doiuent connoiſtre priuatiuement à tous autres Iuges des cauſes, querelles, & differens de tous eſtrangers, comme ſont ceux de la Hanze-theutonique, Oſterlins, Anglois, Eſcoſſois, Portugais, Eſpagnols, & autres Forains, ſoit que les procez, & differens fuſſent entre eux, ou auec aucun François en quelque maniere que ce ſoit ou peut eſtre.

Ediſt du 12. *Feurier* 1576. *Ordonn. du mois de Mars* 1584. *article* 3.

✂✂✂✂✂✂✂✂✂✂✂✂✂✂✂✂✂✂✂✂✂✂✂✂✂✂✂✂

1. & 4. Iuriſdiction des cauſes & procez des eſtrangers

digne de priuilege, & de Iuges particuliers.

2. Estrangers sont cencez au nombre des miserables personnes.

3. Prætor Peregrinus à Rome.

5. Iurisdiction des estrangers atribuée à Messieurs de Requestes du Palais à Rouën.

6. Reuoquée & remise aux Officiers de l'Admirauté.

7. Explication du terme d'Ostrelin.

8. Nouueaux Officiers surnommez Iuges conseruateurs des François & Anglois.

9. Iurisdiction des Corratiers Royaux.

10. La France grandement fauorable aux estrangers.

11. Le commerce de la France entretient & fait subcister ses voisins.

12. Ingratitude des estranges & voisins contre la France.

13. Mauuais artifice des Commissionnaires estrangers pour ruiner le commerce de France.

14. Remede excogité par le Corps de ville de Bourdeaux pour y pouruoir.

15. Communauté & societé des Corratiers salutairement instituée.

16. Confirmez par diuers Arrests de la Cour, & par Edicts.

17. Mauuais succez & desordre des Corratiers.

18. Laschetè des Directeurs de la Compagnie des Corratiers.

19. L'interest particulier à corrompu la Compagnie.

20. L'ambition de deuenir Officiers Royaux les a perdus.

21. Corratiers deuenus captifs des Partisans.

22. Argo-

1. Les cauſes & procez des eſtrangers ſont d'autant plus dignes de priuilege, de recommandation, & de Iuges particuliers, que les eſtrangers ſont cencez au nombre des perſonnes de commiſeration, qu'ils ſont viuans & mourans, reputez pour miſerables. *Præcipue nauigantes. Rebuf. In Bulla Cænæ Domini, verbo Piratas.* Si c'eſt pour demander leur bien en Iuſtice, ils ſont tenus auant que pouuoir eſter à droict bailler caution, ſont d'abondant incapables d'obtenir & tenir Offices & Beuefices ſans diſpenſe, finalement ſont inteſtables. Le diſert Tertullian en ſon Apologetique, rejettant en apparance, & feignant n'auoir pas beſoin des artificieuſes recommandations ordinaires aux Orateurs, recommande neantmoins fort puiſſamment la cauſe de la Religion Chreſtienne, luy attribuant la qualité deſtrangere, laquelle il repreſente par ce moyen digne de protection & de grand faueur, *Scit ſe peregrinam in terris, inter extraneos facile inimicos inueniri.* C'eſt pourquoy les eſtrangers & gens de marine auoient leurs Iuges particuliers en toutes les villes maritimes de Grece, que Lucian en vn de ſes Dialogues des Putains MYPTION nommé ναυτοδίκας.

3. Les Romains firent vn Magiſtrat particulier pour dire droict aux Eſtrangers, *Prætor Peregrinus l. 2. §. poſt aliquot D. Origine Iuris. Liuius lib. 2. Decad. 3. Feneſtella. de Magiſtrat. Rom. cap. 19.* Apres la decadance de l'Empire que les Eſtrangers furent maiſtres, *Romanis Romanus Iudex erat, Gothis Gothus, & ſub diuerſitate Iudicum vna inſtitia complectebatur*

Fff

vniuerfos. Caſſiodorus lib. 7. Variarum cap. 3.

4. La jurifdiction & conno.ſſance des caufes des Eftrangers eſt cencée pour cas Royal & priuilegiée, auſſi c'eſt pour eux principalement que furent eſtablis les Iuges Royaux Conſeruateurs des Foires. Et par les Lettres patantes du Roy Philippe le Bel, du mois de Decembre 1295. ſa Majeſté octroye & fait don aux Maire & Iurats de Bourdeaux, de la Iurifdiction & Iuſtice haute, moyenne & baſſe, en la ville & banlieüe de Bourdeaux. Mais les caufes & procez des Eſtrangers frequentans en ladite ville, ſont nommement & par expres referuez à la connoiſſance du Iuge Royal de Lombriere, leſquelles Lettres ſont au feuillet 16. du liure des Boüillons, & la coppie eſt incerée aux Chroniques Bourdeloiſes, par Maiſtre Gabriel de Lurbe Aduocat en la Cour, & Procureur Sindic de la ville de Bourdeaux, au feuillet 19.

5. Meſſieurs des Requeſtes du Palais au Parlement de Rouën, lors de leur inſtallation, obtindrent Lettres en forme d'Edict, portant attribution de la Iurifdiction des caufes des eſträgers, mais elles furent bien toſt reuoquées ſur l'oppoſition & la plainte qu'en fit Monſieur l'Admiral d'Annebault pour la Iurifdiction de la marine, & ce par Arreſt du Conſeil du premier Iuillet 1544.

7. OSTRELIN, c'eſt Oriental à l'Angleterre, *Second liure de la mer des hiſtoires feuillet* 137.

8. ANGLOIS en l'an 1614. Pierre Datia Citoyen, & Iean Gourin bourgeois & Marchand de Bourdeaux, Iean Bolthon, & Guillaume Roſtlinc marchands Anglois obtindrent des preuiſions de certains nouueaux Officiers ſurnommez *Iuges Conſeruateurs des François & Anglois*, inſtituez pour decider & juger les queſtions & differens d'entre les ſubjets de France & d'Angleterre en conſequance de certain concordat fait par les Roys de France Henri le Grand, & Iaques Roy de la Grand Bretagne, du 24.

Feurier 1606. Mais fur la prefentation faite au Parlement
de Bourdeaux, par Arreft du 3. Decembre 1614. baillé
au rapport de Monfieur de Maluin fieur de Ceffac pour
lors Doyen de la Cour, fut dit, qu'auant proceder à la
verification, les impetrans feroit apparoir de l'eftabliffement de femblables Officiers, & de la reception du
Concordat fait à Londres, & autres villes d'Angleterre,
du defpuis on n'en a eu vent ny nouuelle.

9. Par la raifon des Ordonnances 1576. & 1584. fur
lefquelles c'eft article eft extraict, la connoiffance & jurifdiction de tous les faicts & differents des Corratiers, concernant les marchez, ventes, achaps, trocques & autre
negociation qu'ils font pour les eftrangers, enfemble ce
qui regarde les Offices entre eux, fut par Arreft du Confeil du 6. May 1637. conferué au Lieutenant General &
Iuge de l'Admirauté de Guyenne au Siege de la Table de
Marbre au Palais à Bourdeaux. Mais depuis la Compagnie des Corratiers eftant pourfuiuie pour la fuppreffion
de leurs Offices par les Maire & Iurats, pour faire leur
paix, ils pafferent entre eux Arreft d'apointé du Priué
Confeil, en datte du 20. Iuillet 1644. par lequel la Iurifdiction concernant le fait du corretage, fut transferée aux
Maire & Iurats.

10. Les eftrangers ne font pas tant fauorablement
traitez ailleurs comme en France, ce que fes enuieux
mefmes font contraius d'admirer & d'aduouer. Mathieu
Paris aucunement libertin en fes efcrits, au delà la condition de Moyne, & fort contraire à l'honneur des François : toutesfois en fon hiftoire Royale d'Angleterre, *ad
annum* 1242. l'a corde fort ingenuement, *Antiqua Galliæ
dignitas quæ omnibus profugis etiam & exulibus præcipue pacificis
tutum Afylum præbuit & tutamen, finum oftendens defenfionis, vnde
FRANCIAE nomen in lingua propria originaliter eft fortita.*

11. Comme de fait la France ne protege pas feule-

ment les eftrangers en fon fein au temps de leur affliction:
mais en outre par fon commerce elle les entretient &
leur fournit à fuffire, & bien largement les moyens de fub-
cifter en leur propre pays: la priuation duquel commerce
les reduit en grand neceffité, de laquelle il leur eft impof-
fible de fe deueloper ou garantir que par fa feule affiftan-
ce.

12.   Neantmoins pourtant de graces & de bien-faits
les eftrangers, notamment fes plus proches voifins luy re-
tribuent de fort mauuaifes reconnoiffances, *ficut Mus in Pera, Serpens in Gremio, Ignis in finu, male remunerant hofpites fuos*:
fuiuant le reproche que font les Hiftoriens de la guerre
Sainte aux Cheualiers Templiers, venus eftrangers, pauures, pieds poudreux & defchaus en la ville de I E R V-
S A L E M, en laquelle ils furent charitablement accueil-
lis, comblez de liberalitez & de bien faits, defquels eftant
deuenus monftrueufement riches & fuperbes à grand im-
pudence, ils s'efleuerent & prindrent à tache de mefconnoiftre & deftruire leurs bien-facteurs: de forte que la
Saincte Cité n'eut pas de plus grands ennemis que les Templiers, *Iram Dei fuper capita fua cumulantes, & inimicos crucis ex-
tollentes*. De pareille ou pire ingratitude la France, & particulierement la Prouince de Guyenne font ordinairement mal traitez par ceux qui ne peuuent fubfifter fans
fon ayde, & notamment au commerce, par quelques marchands & commiffionnaires Anglois, Flamans & Portugais, refugiez & habitans dans le pays.

13.   Leurs mauuais artifices, leurs fraudes, complots,
monopoles, cabales, Iuifueries qu'ils exploitent ordinairement pour apauurir la France, & pour ruiner les fortunes des naturels François, font naïfuement reprefentez
par vn Manifefte cy deuant imprimé & donné au public,
foubs le nom d'vn bourgeois de Bourdeaux: par la lecture duquel il appert nettement des ruineufes conjurations,

des grands dommages, brigandages, & bien notables pertes que ces Commiſſionnaires eſtrangers cauſent ordinairement, & de partie faite au public, & aux particuliers, au grand detriment & diminution des droiêts & reuenus du Roy, montant annuellement à bon calcul en la ſeule Prouince de Guyenne, de trois à quatre cens millions de liures. Les demonſtrations & preuues de ce ſont tant euidantes, & les conſequences tant manifeſtes, qu'à la ſeule ouuerture des yeux, & du premier aſpeêt elles paroiſſent ſans hyperbole tres veritables.

14. Pour y pouruoir le Corps de ville de Bourdeaux deſirant liberer la Patrie de ſa vermoulure de ces negocians eſtrangers, eſtima d'y pouuoir porter quelque remede en deriuant ou rappellant la direêtion du commerce entre les mains, & à la diſpoſition des Corratiers, pour lors Officiers & Creatures de la ville.

15. Entre leſquels apres pluſieurs deliberations fut contraêtée ſociete d'vn mutuel conſentement, par l'inſtitution de laquelle fut arreſté que les direêteurs de la compagnie des Corratiers auroient & prendroient cônoiſſance de toutes les ventes, trocques, achapts, emprunts, & autres faiêts de marchandiſe, à negotier auec l'eſtranger, ſoit à credit ou au comptant, & qu'il n'en ſeroit fait ou paſſé aucun par les particuliers Corratiers, ſans l'adueu & l'approbation des Direêteurs de la Compagnie. A cet effet fut arreſté conformement aux anciens Statuts, que les Commiſſionnaires ne pourroient faire aucuns achaps, ventes, trocques, ou autre negociation pour l'eſtranger ſans l'entremiſe & en compagnie d'vn Corratier approuué & commis par leſdits Direêteurs. D'abondant que les Commiſſionnaires exhiberoient & feroient apparoir aux Direêteurs de leurs procurations & commiſſions, conformement & à l'intention de l'Ordonnance de Blois article 358. Enſemble manifeſteroient les prouiſions pour y ſa-

tisfaire : & neantmoins pour rendre tant la compagnie
que les particuliers Corratiers intereſſez à ſoigner le bien
public, à prendre garde de pres & s'oppoſer fortement
aux afrontemens & maluerſations eſtrangeres; fut conuenu, que tant la Compagnie, que tous les Corratiers en
particulier ſeroient ſolidairement obligez & reſponſables
du payement de toutes les ventes & negociations qui ſeroient faites par leur miniſtere; & moyennant où en conſideration de ce, leur fut attribué de grands & bien amples emolumens.

16. Ce que la Cour de Parlement auroit ſainement
& ſainctement approuué, homologué & confirmé par ſes
Arreſts, comme auſſi *Sa ſacrée & tres-Chreſtienne Majeſté* par
ſes Edicts, par la faueur deſquels leur loyer ou proxenete
eſt conuerti en droicts attribuez, de ſorte que pour la leuée & cueillette d'iceux ils ont bureau public & maiſon
de recepte eſtablie.

17. Mais d'autant que la compagnie des Corratiers
ſe rencontra compoſée de diuerſes, & de fort diſcordan-
tes pieces, que partie d'iceux eſtoient eſtrangers, ſupor-
tans & preſtans le nom aux Commiſſionnaires Anglois,&
Flamans, & pour le tout c'eſtoient perſonnes ramaſſées
non choiſies ny eſprouuées, diſcoles, & ſans diſcipline,
chacun abondant en ſon ſens, & de caprice tout different
les vns des autres, accordans ſeulement en vn poinct, de
preferer leur intereſt particulier à leur honneur propre,à
leur conſcience, & au bien public ou du general.

18. Les Directeurs n'eurent iamais la volonté, ny
peut eſtre l'eſprit de ſe faire valoir, l'adreſſe ou l'induſtrie
de prendre en main le gouuernail du commerce, pour le
manier ſuiuant leur inſtitution leur manqua. Tous les
Corratiers ſauf quelques vns des plus gens de bien tire-
rent chacun à ſoy, ils conniuerent tout à deſſain de manifeſter au Bureau les commiſſions & les prouiſions de leur

emploÿ , pour les faire reconnoiftre bonnes & foluables
aux Directeurs , & n'en parloient fi ce n'eft feulement
lors qu'il y auoit plainte qu'elles fe trouuoient mal faites,
apres auoir payé les droicts, & que la compagnie eftoit
engagée par la quittance de leur Receueur·

19. Le grãd defordre proceda de ce que nul Corratier
ne voulut defemparer le truandage de fes chalãs ou pratiques pour ne perdre le tour du bafton , les beates , les fur-
uentes , & les grands lucres fecrets qu'ils amandent clan-
deftiment & reçoiuent de toutes mains, outre les droicts
de la recepte commune qu'ils n'eftiment pas à eux , *quæ
communia funt , non funt fingulorum.*

20. Et le pis fut qu'auffi toft qu'ils fe reconnurent
aux termes d'vne ample recepte, & gros butin l'ambition
les furprit, ils furent obfedez de la vanité & paffion de
l'illuftre & releuée qualité d'Officiers Royaux pour ne
defpendre que de *fon Eminence* general du commerce &
de la marine, pour s'exempter par libertinage , comme firent jadis les Templiers de la Iurifdiction naturelle de leurs
Patrons , & pour fe releuer par l'efclat Phainomene du titre venteus d'Officiers Royaux fur la commune bourgeoifie, & fe mettre en pofture de la traitter de haut en
bas , comme eliens & leurs foubmis.

21. Ils debuterent & prindret l'effor tant à l'eftour-
die , que d'abord & au premier vol ils y ont rencontré l'a-
chopement & la cheute en precipice dans leur ruine : eftimant s'efleuer ils font tõbez bien miferablemét pour eux
dans les ferres de certains Partifans, traitans, fous-traitans,
arriere traitans, particips, cautions, intereffez, banquiers,
clercs, commis, commiffionnaires , & autres generalement quelconques, qui les tondent, les deplument, les
defchirent & mal-traitent à la Iuifue : en telle forte que la
liberte de leurs perfonnes, la recepte de leur *Bureau* , &
leurs propres Offices de Corratiers Royaux ne font plus à

eux, les Harpies en font gorge & curée, enſemble de la
remiſe du parti, & continueront au temps auenir, attendu que leur recepte, leurs offices, toutes leurs fortunes,
de leurs femmes, enfans, tout ce qu'ils ont ou peuuêt eſpe-
rer au monde bien ou mal, n'eſt capable de les abſoudre,
ou liberer, & d'acquiter pendant le cours de pluſieurs
ſiecles les cētaines de miliers de liures du parti auec l'intereſts au denier dix, les gratifications, faux-frais, changes, rechanges, proteſts, prodigalitez, preuarications,
barateries, & autres telles auaries & parties honteuſes,
leſquelles excedent & ſurmontent le principal, croiſſent
& augmentent tous les jours en cangrene.

22. Outre ce, les Argonautes de Cour, Meſſieurs les
Heros les nobles porteurs des quittances, les viſitent ordinairement, pour les ſaluer en qualité d'Officiers Royaux,
& viennent ſouuent au voyage ou à la conqueſte de la
Toiſon d'or, de ſorte que l'apparence meteore, le faſte,
ou la fumée ambitieuſe du titre ſpecieux d'Officiers
Royaux n'a pas fort accommodé, mais a deſtruit tout à fait
leurs affaires, & rendu leur condition chetiue & miſera-
ble : *homo cum in honore eſſet non intellexit*, &c.

23. Et d'autre part, la Prouince ne s'en porte pas
mieux, la maladie du commerce a grandement empiré le
Bureau des Corratiers n'eſt plus qu'à charge & à tribut, la
ſocieté des Corratiers, leur miniſtere & leur cautionne-
ment n'eſt pas aſſeurance, c'eſt en effect vn neant, cependant les Commiſſionnaires eſtrangers ont de la deſroute
de Corratiers prins de grands aduantages : car ſur ces de-
ſordres ils ont fait & font leurs jeux ordinaires, ils perſe-
uerent de triompher impunement de leurs larcins & monopoles, ils continuent à ſpolier annuellement les naturels du pays de leurs reuenus : la recepte du Roy eſt par
eux affoiblie de la moitié, & finalement lors qu'ils ſont
chargez de butin ils ſe portent tout à leur aiſe ſans empeſchement

chement l'vn apres l'autre à la banque-route qui eſt leur
Port, leur but, & le lieu de leur reſte.

24. Et d'autant que les maladies ſont ſouuent guaries,
& les malades reuienent en conualeſcence, ou recouurent leur en bon-point *per experimenta* par eſpreuues, en ſe
ſeruant des remedes, que les autres tombez en ſemblables
infirmitez ont vtilement experimenté, & s'en ſont bien
trouuez: Le corps de ville de Bourdeaux peut prendre
exemple de la cure, du regime, & forme de viure en ſemblable rencontre des villes Hanſeatiques d'Alemagne, &
des bourgeois d'icelles intelligens au ſupreme degré du
comerce, & grands Docteurs à la manutention d'iceluy
dans la loyauté, qu'ils conſeruent & font ſubſiſter, non
par autre moyen, que par l'obſeruance exacte & rigide
de leurs Statuts & Reglemens generaux du negoce, ra-
portez par *Angelius de Verdenhagen. De Rebuspublicis Hanſea-
ticis, parte quarta, cap. vndecimo, de communibus Hanſa Decretis.*

25. Premierement pour les *Corratiers*, les Hanſeatiques Alemans ne ſçauent que c'eſt, & ne connoiſſent
pas ces gens: Ils n'eurent onques beſoin de leur miniſtere; auſſi à bien conſiderer ſe ſont pieces fort inutiles, voire de grand empeſchement au comerce: Les Hanſeatiques ſont tous les achapts, trocques & ventes auec l'e-
ſtranger ſans entremeteur, tout ainſi que ſur la riuiere de
Charante, ou vers Bayonne, les achapts & ventes ſe
ſont *fide Græca*, tenant à tenant, de Turc à More, comme
on dit: *Nemo Hanſeaticus cum extraneo aliter quam in (Bahris)
vt loquuntur id eſt in continenti ſatisfactione mutua comercia tractare
debet, articulo 79.* auſſi eſt ce la verité que le credit ne s'in-
ſinuë au comerce, que pour y faire paſſer la banque-route
& le feu de la chiquane : Et pour les Commiſſionaires
Anglois & Flamans ce ne ſont pas leurs gens, mais ce
ſont des nations auec leſquelles les Hanſeatiques ne ſe

frotent, & ne se fient que de la bonne façon: Car sur tout
ils ne souffrent point qu'ils glissent, ou mettent le nez en
leurs comptoirs pour se mesler, soit directement ou indirectement de leur negoce, auquel neantmoins ils reçoiuent les François & tous autres estrangers, apres les
auoir esprouuez. C'est la disposition de l'article 23. de
leurs statuts generaux. *Quod si quis extraneus per septennium
Hanseatico inseruierit, aut per septennium in ciuitate Hansæ aliqua
jus ciuis possederit, etiam si non homo liber extiterit, aut putatus sit,
nihilominus in emporijs cunctis ad residentiam, & negotia talia qua-
lificatus est & admissibilis: Exceptis tamen Anglis, Hollandis, Fla-
mingis, Brabantinis, & Norimbergensibus qui in his ciuitatibus re-
cipi non debent,* ce qui est tout dire: Tenant pour certain
qu'en quelque façon que cette sorte de gens portét le pied
en aucun lieu, en intention d'y practiquer le comerce,
ils y entrent en Renards, & y resident en Espions, pour
reconnoistre la foiblesse & la necessité du pays, pour y
fonder & bastir leur fortune par finesse & supercherie sur
les ruines d'iceluy; & finalement ils sortent en Loups ra-
uissans par interuersion & banque-route.

27.   De façon qu'à tous rencontres ils donnent de
l'ombrage, & portent les Hanseatiques sur la mesfiance,
mesmes hors le fait du comerce: iusques là, qu'ils ne veulent permetre, & ne peuuent souffrir que les Flamans enuoyent leurs enfans ou leur jeunesse en Liuonie & Russie,
sous pretexte d'estude, pour y apprendre la langue & les
mœurs du pays. *Nulli extraneo & præsertim Hollandico concedatur, vt in liuonia russicam addiscant linguam. articulo* 75. Il est
vray qu'à ce regard les Hollandois & Zelandois les ont
esludez. Car ils expedient & depeschét annuellement par
la mer Glaciale leurs commissionaires, auec des flotes qui
doublent le cap du Nort, la Norouegue ou Scandinauie,
sur la route du Port d'Archange & de Colmogra, & pous-
sent iusques à la cour du grand Duc de Moschouie, au-

quel ils ont proposé diuers partis pour s'infinüer, & ont obtenu de fon Alteffe la liberte du comerce en fes pays.

28. D'abondant les Hanfeatiques reprouuent & prohibent les focietez particulieres entre leurs Bourgeois & les Flamans, *Mercatores Flandrici non admittantur ad focietatem Orientalium. artic. 74.*

29. Ils ne fretent point les vaiffeaux, ny ne croyent pas leurs danrées & marchandifes à voiturer aux equipages & Maiftres de Nauire Flamans, *Nec in primis Belgico Nauclero verfus liuoniam concredantur fub certo prætio Merces, fub pœna confifcationis talium bonorum. artic. 73.*

30. Si ces galans leur portoit du vin muté ou farlaté, qui eft à prefent leur negoce le plus frequent en nos quartiers: Ils feroient traictez haut & court comme empoifonneurs & fauffaires. *Nemo corrompat vinum, fed ita in bonitate fua relinquatur, velut ex Dei benedictione natum eft: quod fi adulteratum inueniatur juxta crimen, falfi judicabitur, artic. 69.*

32. Mais la grand precaution eft, qu'ils ne fouffrent pas que ces commiffionaires eftrangers s'habituent dans leur pays. Pour c'eft effect ils remarquent curieufement, & tiennent regiftre du iour qu'ils font arriuez nouuellement en leurs villes, & ne leur permetent de fejourner en icelles que feulement pendant trois mois, apres lefquels iceux efcheus & paffez, ils les font defloger fans fourrier & fans trompete; Ils les congedient imperieufement, & s'ils refufent ou protelent ils les chaffent honteufement. *Nulli extraneo Mercatori concedatur, vt vltra tres menfes in aliqua ciuitate Hanfæ, viuat in comercijs aut aperte mercaturam tractet. artic. 77.*

III.

Iurifdiction de la marine pour les Eftrangers &

Marchands Forains, se traicte de iour en iour, &
d'heure en autre.

Ordonnance de l'an 1543. article 6. ordonn. du mois de
Mars 1584. article 14.

꙰꙰꙰꙰꙰꙰꙰꙰꙰꙰꙰꙰꙰꙰꙰꙰꙰꙰꙰꙰꙰꙰꙰꙰꙰꙰꙰꙰꙰꙰꙰꙰

Les causes doiuent estre traictées sommairement d'heure en
heure, mesme les iours de feste. 1. appellations de l'admirau-
té ressortent en la grand Chambre du Parlement. 2.

1. Les causes de la marine doiuent estre traictées sommairement, *Extra ordinem, leuato velo, de Plano, sine strepitu ju-*
dicÿ. l. 3. D. Ferÿs & dilationibus. l. de submersis. cod. naufragÿs.
lib. 10. Rebuff. de pacificis possessor. num. 267.
Notamment quand la necessité presse, soit des victuailles ou du depart, en effect *si periculum sit in mora,* les Iuges
doiuent faire droit promptement, fut ce à iour de Dimanche ou de Feste. *cap. licet de ferÿs apud Gregorium. Necessitas*
ferÿs caret dit *Palladius. lib. 1. de re rustica. cap. 6. l. secunda. D.*
ferÿs, & l. omnes judices. c. eodem & ibi Mornac. comme aussi
quand il est question de faire le procez aux Pirates & sales criminels. *l. Prouinciarum. c. ferÿs.*
2 A quoy peut estre adjousté, qu'a cause de ce les appellations des Iuges de l'Admirauté, des Iuges de Police,
des Iuges & Consuls des Marchands, & autres causes ci-
uiles qui se traictent sommairement de moment en moment se doiuent plaider en la grand Chambre du Parlement.

I V.

Doiuent áuſſi connoiſtre leſdits Iuges de l'Admirauté, des ſaiſies, ventes & decrets des nauires, barques, bateaux, & marchandiſes qui ſeront en iceux.

Ordonnance de Guyenne 1517. article 18. ordonn. 1543. article 46. ordonn. au mois de Mars 1584. article 2.

V.

Il eſt inhibé à tous Iuges, Vicôtes, Viguiers, Maiſtres des Eaux & Foreſts, Verdiers, Gruiers, Grenetiers, Maiſtres des Ports, ou leurs Lieutenans & autres quels que ſoit, de ſaiſir & mettre en arreſt les nauires & marchandiſes chargées en iceux, n'y d'en prendre aucune cour ou connoiſſance ; mais la doiuent laiſſer aux Iuges & Officiers de l'Admirauté, auſquels ils pourront remonſtrer, ou faire remonſtrer le droit qu'ils pretendent eſdits nauires, danrées & marchandiſes pour leur en eſtre fait droit.

Ordonn. de Guyenne 1517. article 18. ordonn. 1543. article 46. ordonn. 1584. article 74.

Ggg 3

1. *Authorité des Fermiers des droits du Roy, de pouuoir decerner mandemens & contraintes.*

2. *Explication des termes de Vicomte & Viguier.*

3. *Verdiers, Gruiers.*

4. *Maistres des Ports, Refue.*

5. *Si en vente & decretation, les nauires doiuent estre vendus comme bien meuble ou immeuble.*

6. *En vente ou decretation des choses precieuses, les solemnitez doiuent estre obseruées.*

7. *A Paris les pierres precieuses sont decretées comme meuble.*

8. *Si en vente de nauire y a traict linager, & s'il en est deub lots & ventes.*

9. *Arrest de preiugé du Parlement de Bourdeaux pour vn moulin à nef.*

10. *Autre Arrest du mesme Parlement decisif de la question.*

11. *Nauires ne peunent estre infeodez, ny chargez d'aucune seruitude.*

12. *Nauires cencés immeubles pour la suite par hypoteque.*

13. *Forme de proceder à la saisie & decretation des Nauires.*

14. *Forme de proceder à la decretation des bateaux non pontés.*

15. *Opposans priuilegiez & preferables.*

1. Les Fermiers des Conuois, Contablie, & autres droicts, du Roy au Bureau de Bourdeaux, ont par leurs baus à ferme, & deliurances faites au Conseil priué, l'authorité de pouuoir faire arrester & saisir les nauires & marchandises sur les simples extraicts de leurs liures, ou simples mandemens escrits & signez de leur main. Et s'il y a appel interjetté de telles saisies, les causes sont traictées & jugées de plain vol en la Cour des Aydes de Guyenne.

2. VICOMTES, sont les Lieutenans generaux ou Iuges de grand authorité tel que le Vicomte de l'eau à Rouën, *Vicomte* & *Viguier*, est le mesme *Vicarij Comitum*, le terme de Viguier ne se practique en France, si ce n'est en Languedoc & Limousin, mais il est fort frequent ez Royaumes d'Aragon, Valence, Sardaigne, Corsegue, & ô Comté de Barselonne, *Pasquier au liure second des recherches chap. 13.*

3. VERDIERS, GRVIERS, sont les Lieutenans des grands maistres des eaux & forests, lesquels exercent sur les lieux. *Coustume de Borgogne, titre des forests.* *Chassanée de gloria mundi, parte septima, consideratione 27.* & les titres de Verdier, Gruier, Garde, Maistre garde, Chastelain, Forestier ou maistre Sergent, ez Ordonnances des eaux & forests, ne signifient qu'vn seul office ainsi diuersement nommé, selon la diuersité des temps ou des lieux, & pays que les Officiers furent establis. *Terrien liure 14. chap. 4. Saict Yon des eaux & forests, liure premier, tit. 5. article 18.*

4. MAISTRES DES PORTS, sont les Officiers pour la leuée des traites impositiōs foraines: *RESVE* est le subcide du vin, & haut passage. *Decision de Bourdeaux 246. nombre 10.*

5. Cy deuant la question fut grande. Si les Nauires en vente & decret iudiciaire, sont cencez, ou traitez comme biens meubles ou comme immeubles, & si les criées

doiuent eſtre faites tout ainſi que d'vn fonds ou d'vn heri-
tage, ſuiuant les formalitez de l'Ediƈt des criées du 3.
Septembre 1551. *Couſtume de Normandie article* 519. & 581.
Coquille ſur la couſtume de Niuernois, au titre quelles choſes ſont
cencées meubles, article 8. *Chopin. lib.* 1. *De moribus Pariſiorum.*
tit. 1. *num.* 32.

6. Eſtant certain que la vente judiciaire des choſes meubles, precieuſes & de grand prix, doit eſtre faite auec
beaucoup plus d'eſgard & de formalité que des meubles
vils & communs: Comme il fut jugé en l'Audiance de la
grand chambre du Parlement de *Bourdeaux* le 10. Feurier
1628. Monſieur de Gourgue premier Preſident, en la
cauſe d'vn Marchand Portugais, lequel auoit engagé
pour trois mille francs vn Diamant de haut prix, & de la
valeur de douze mille francs à vn marchand de Limoges.
Le terme à payer eſtant eſcheu, le creancier veut faire
vendre le diamant comme meuble: le Portugais debiteur s'oppoſe, dit que la choſe eſtant precieuſe, merite
bien que les formalitez de l'Ediƈt des criées ſoient obſeruées en la décretation. *l. quæ tutores* C. *adminiſtrat. tutorum.*
La cauſe eſtant euoquée en la Cour du conſentement des
parties, & plaidée par M. Mirat à preſent Conſeiller du
Roy en la Cour pour le Portugais oppoſant, Bonnalgues
le jeune pour le creancier; La Cour faiſant droit de l'oppoſition, ordonna que le diamant dont eſt queſtion ſeroit
vendu, & à ces fins que pendant vn mois proclamats ſeront faits, & les affiches placardées tant en la ville de Limoges, qu'aux villes circonuoiſines du reſſort que bon
ſemblera tant au debiteur qu'au creancier: Enjoint ladite Cour cependant à celuy qui tient ledit diamant, de l'exhiber, & le repreſenter à ceux qui ſe preſenteront pour
le voir pendant le mois. & ledit mois paſſé les proclamatiõs
faites & parfaites, enſemble les encheres, ſera procedé à
la deliurance au plus offrant & dernier encheriſſeur.

7·

7. Toutesfois à Paris, où c'eſt que tant la pierrerie de tout prix, que toutes autres richeſſes abondent, il s'obſerue tout autrement. Là les pierreries quoy que de haut prix ſont venduës comme meuble. *Mornac ad l.* 6. D. *Ad exhibendum, & ad l. emptori. D. euictionibus. Bouchel & Ioli au recueil d'Arreſts chap. 8 4.*

8. Paſſant plus outre, on à diſputé ſi ſur la vente des Nauires y auoit traict linager, & s'il en eſtoit deub lods & ventes au Roy noſtre Sire.

Monſieur Boyer en la deciſion de *Bourdeaux* 177. nombre 6. allegue à ce ſujet la vieille couſtume de *Bourdeaux* ſemblable à celle de *Bretaigne*, par leſquelles lods & ventes eſtoient deubs anciennement ſur la vente des nauires : Toutesfois ces anciennes couſtumes ſont abrogées par la reduction des nouuelles, & par la Iuriſprudence moderne. *Monſieur Ferron ſur la couſtume reformée de Bourdeaux. De dote.* §. 8. *Monſieur Tiraqueau. De retractu.* §. 1. *gloſa* 7. *num.* 88. *& 100. Chopin de moribus Pariſ. lib.* 2. *tit.* 1. *num.* 14. *Argentré ſur* la couſtume de Bretagne, *Tractatu de laudimijs.* §. 29. *de Naue vendita. Mornac ad l.* 1. *De exercitoria actione, & ad l. primam. D. Tributoria actione. Grimaudet au liure premier des retraits chap.* 17. *Straccha tractatu de Nauibus, ſecunda parte. num.* 31. reſoluent tous qu'il n'en eſt pas deub.

9. Sur ce ſujet le 23. Iuin 1606. fut plaidée vne cauſe en l'Audiance de la Grand Chambre au Parlement de *Bourdeaux*, par Monſieur Duſault pour lors Aduocat & Conſeil de la Reyne Marguerite Comteſſe d'Agen, & à preſent Conſeiller du Roy en ſes Conſeils, & Aduocat General audit Parlement, la Reyne Marguerite pretendoit & demandoit à certain marchand lods & ventes pour l'achapt d'vn moulin à nef, dequoy elle fut deboutée. Lequel Arreſt peut eſtre prins à conſequence & pour prejugé pour les nauires & bateaux pontez, y ayant plus d'apparance de raiſon d'eſtimer les moulins à nef

Hhh

immeubles pour eftre faits & deftinez à demeurer per-
petuelement en arreft & à l'attache, qu'vn nauire lequel
ne s'exerce que par le mouuement, & qui n'eft fait pour
autre fin, *Chop. de legib. Andium lib. 1. cap. 16. num. 2.*

10. Du depuis la queftion a efté jugée en propres
termes, par Arreft prononce folemnelement en Robes
rouges, par Meffire François de Pichon Prefident en la
Cour de Parlement de Bourdeaux, à la prononciation
de Pafques, le mardy 14 Au il 1620. En la caufe de Maiftre Eftienne Goutte Aduocat au Confeil & Partifan, à
faire ou renouueller le Terrier du Domaine du Duché de
Guyenne, demandeur en faifie feodale fur vn nauire, à
faute de payement des lods & ventes, contre - - - - - - - -
Dauriol Bourgeois & marchand de Bourdeaux, par lequel
Arreft fut dit n'y auoir lieu ou caufe de payer aucuns lods
& ventes, & à tant la faifie fut tollüe, & les parties pour
raifon de ce mifes hors de Cour & de procez.

11. La raifon eft, que les nauires font veritablement
meuble, & comme tels font incapables d'infeodation &
d'impofition de feruitude, *Angelus, in l. Foramen.* D *Seruitutt-*
bus. Vrban. prædiorum. Straccha de Nautis. Parte 2. num. 20. & 31.
Paris de Puteo Tractatu. De Reintegrat. Feudi.

12. Au regard des hypotheques, & de la fuite d'icelles vn nauire eft cencé immeuble, & fut ainfi jugé par
Arreft d'Audiance, en la Grand Chambre du Parlement
de Bourdeaux, le 26. Iuin 1612. plaidans Gaufreteau &
Lauille Aduocats des parties, *M. Godefroy & Iofias Beraud*
fur la Couftume de Normandie, article 519. *M. Argentré des apro-*
priances article 265. *glof. B. nombre* 8.

13. Pour les ventes & decretations des nauires, barques,
& grands bateaux pontez, l'vfage & la pratique eft, que
le Sergent apres les commandemens faits en confequan-
ce de quelque condamnation, ou contract portant execution parée fait la faifie & par fon exploict doit defigner

le nauire par nom, port, forme, & capacité d'iceluy, le nom du Maiſtre, & du Port & Havre où il eſt giſſant & amarré. Et ſi le debie procede du fait du Maiſtre, il y comprendra la maiſtriſe : en outre fera deſcription & inuentaire de tous les agreils, poudres, canons, & generalement de tout ce qu'il y trouuera : particulierement ne doit obmettre de faire mention expreſſe, & comprendre les eſquifs & chaloupes, leſquelles ne ſont pas cencées contenues ſoubs les termes d'apparaus, appartenances & dependances, ny ne viennent en la vente du nauire, *l. vltima. D. inſtructo vel inſtrumento legato. l. Scapham. D. Euictionibus*, ſi ce n'eſt qu'il ſoit dit par expres, *l. Marcellum §. ornamenta D. Rei vendicatione. & ibi Bartolus. Non enim ſunt nauis inſtrumentum quippe generis eiuſdem eſt vtrumque, ac ſola magnitudine differunt, alterius autem generis eſſe inſtrumentum oportet, alterius rem principalem, dit* le *I.C. Labeo*, en la loy derniere, *D. inſtructo vel inſtrumento legato.*

Ce fait le Sergent executeur eſtablit Commiſſaires pour la garde ſeulement, leſquels ne reſpondent aucunement des fruicts ou de la jouyſſance, & de l'exercice qui s'en pourroit faire, nonobſtant l'Arreſt cité par le ſieur de Lurbe ſur *les Statuts de Bourdeaux titre du Port & Havre*, du 12. Iuin 1572. & pour laquelle garde il leur eſt fait taxe.

Il n'eſt pas neceſſaire de faire eſtablir le Commiſſaire general, d'autant que ce n'eſt pas matiere comprinſe en l'Edict de ſon inſtitution du mois de Feurier 1626. verifié au Parlement de Bourdeaux le 28. Octobre 1628. Et d'abondant pour la difficulté & la grande diſpence qu'il faudroit expoſer à luy faire porter & mettre en main les voiles & autres apparaux qui font nauiger le vaiſſeau, & que le Sergent executeur doit ſortir & tirer du nauire ſaiſi.

Le Sergent doit proceder à faire quatre criées à quatre diuers Dimanches conſecutifs, ſans interruption à la porte de l'Eglife Parroiffe, & ce pour les nauires, barques, & bateaux pontez · & à quatre jours ouurables quels que foit vn chafque femaine fur le Quay : *la Couftume de Normandie, & l'Arreft du Parlement de Roüen du 4. Septembre 1609. ne defirent que trois criées.*

Les Penonceaux & affiches de la faifie & criées fe placquent fur le grand maft du vaiffeau, à la porte du Parquet de l'Admirauté, fur la porte de ville, & principalement fur la porte de l'Eglife Parroiffe en laquelle fe font les criées, bien fouuent foubs l'image de fainte Catherine, qui eft fur vn pilier proche l'embarquement des Salinieres, en effet *frequentioribus locis l. iubemus C. Defenforibus Ciuitatum.*

Pendent lefquelles criées & proclamats les encheres font faites, & en fuite la deliurance s'en ordonne en jugement au plus offrant, fans attendre les quarante jours apres les quatre criées faites & parfaites: n'eft aucunement neceffaire de faire certifier les criées, ny pareillement d'obtenir jugement d'affiches.

14. Pour la vente & decretation des autres batteaux moindres, les proclamats fe doiuent faire par le Sergent executeur, & par vn trompette à trois d'uers iours ouurables fur le Quay, & ce fait la deliurance s'en ordonne en jugement au plus offrant, *Godefroy fur la Couftume de Normandie article 581.*

15. Les oppofans pour deniers preftez au radoub, achapt d'apparaus & victuailles, fi la faifie eft faite auant ou au retour du voyage, pluftoft d'auoir commancé vn autre voyage, font apres les defpens de criées priuilegiez & preferables à tous autres creanciers, & concourent toutes femblables oppofitions au fol la liure, *l. interdum. cum lege fequenti.* D. *qui potiores in pignore habeantur. l. qui in nauem. l. quod quis* D. *priuilegijs creditorum.* Et les autres oppofans font colloquez apres les fuſdits en leur rang & ordre Confulat chap. 32. & 34.

VI.

Les Fermiers ou Receueurs des Couſtumes, Telons, Peages, Conuois, & autres Contributions, ou Leuages deubs au Roy, & les Seigneurs particuliers qui ont le droiât d'en leuer ſont tenus en dreſſer le denombrement ſur vn tableau qui ſera mis en lieu eminent en chacun Siege d'Admirauté, contenant la taxe des droiâts deubs ſur chaſque marchandiſe : & s'ils en exigent plus outre, ſera informé par le Seigneur Admiral ou ſes Lieutenans pour en faire la punition.

Ordonn. 1584. article 94. Ordonn. 1629. article 445. Arreſt du Parlement de Bourdeaux baillé ſur la nauigation des Riuieres du 27. May 1581.

VII.

Doiuent pareillement connoiſtre du tranſport des marchandiſes.

Ordonnance du 12. Feurier 1576.

---

1. *Marchandiſes de contrebande ou prohibées.*
2. *De ſortie.*

3. D'entrée.

4. Iuges & Consuls de la Bource commune des Marchands incompetans de connoistre du transport des marchandises.

5. Marchandises de contrebande surprinses, ne doiuent de droict faire confisquer les permises chargées dans le mesme vaisseau.

6. Toutesfois il y à grand peril.

7. Tant l'acheteur que le vendeur des choses prohibées sont esgalement punissables.

1. Il est notoire qu'en tout temps & en tous lieux il y a des marchandises de contrebande, c'est à dire, que le transport est prohibé, tant pour entrer que pour sortir, *toto titulo. C. quæ res exportari non debeant*: Il y en a desquelles la sortie est defendüe en certain temps, comme les bleds & les victuailles, lors que sa Majesté ou la Cour de Parlement en fait la prohibition, autres qu'il n'est pas permis de trâsporter ou faire apporter en aucun temps, & il y en a qui ne peuuent entrer qu'en certaines villes, & par certaines portes d'icelles, notamment les soyes estrangeres, & les espiceries. *Edict du 25. Octobre 1539. Ordonn. 1540. article 3. 1549. article 1. Ordonnance 1572. article 3. & 4.*

2. Il est inhibé de faire sortir & porter hors le Royaume en tout temps ce qui est necessaire en iceluy, l'or, la pierrerie, l'argent monnoyé, ou non monnoyé, les monnoyes defendues ou descriées, vaisselle d'argent rompue, en masse, ny autrement ouurage d'Orphevrie, soit en grosserie, qui est vaisselle d'argent: ou menuserie, qui est bagues, jazerans, & autres joyaux, ny matiere quelconque d'or, d'argent, ou billon: plus les armes, salpetres, pou-

dre à canon, cheuaux de prix, harnois & toute forte de munition de guerre, comme auſſi laines, lins, chanvres, cordages, fil, filaces, eſtoupes, drapeaux, fer, acier, mitraille qui eſt eſtofe de metal, papier à faire charte, c'eſt à dire pour eſcrire; cuirs, cires, ſuif, & graiſſerie, *Bulla Cœnæ Domini. & ibi Rebuffus: Annales d'Aquitaine quarte partie feuillet* 274. Le bray & la reſine ne peuuent eſtre tirez de la Prouince de Guyenne, qui la produit en abondance ſans bailler caution de ne l'apporter pas aux ennemis de ſa Majeſté, & de rapporter certificat en bref delay de la deſcente dans le Royaume ou en terre d'amis, & ce par Ordonnance de *ſon Eminence Monſeigneur le Cardinal Duc de Richelieu,* du 26. Nouemb. 1640. car c'eſt munition de guerre.

3. Il eſt inhibé de faire entrer & receuoir les marchandiſes des ennemis de la Couronne, & de leur porter quoy que ce ſoit, comme pareillement l'entrée eſt prohibée du ſel eſtranger, & des huiles de poiſſon eſtrangeres, par Edict du 20. Aouſt 1644. Les hures, *improbata lectionis.* Edict de Chaſteau briant du Roy Henry ſecond de l'an 1547. *l. cetera §. 1. D. Familiæ ercifcunda. l. 3. §. 1. & 3. C. ſumma Trinitate. l. Mathematicos. C. Epiſcopali audientia.*

Par l'Ordonnance 1572. article 3. & 1538. les draps, toiles, paſſemens d'or, d'argent, ou rayes, toute ſorte de tapiſſerie eſtrangere, draps de Parpignan, Catalogne & autres lieux eſtrangers ſont prohibez *loqual ſe complio muy mal.* C'eſt ce qui ne s'obſerue plus, les fermes des Doüanes en ſeroit diminuées, les Loix & les Edicts ſumptuaires ſont annaus & de petite durée, contracts maritimes chap. 2. nomb. 3.

4. Les Iuge & Conſuls des Marchands à Bourdeaux obtindrent cy deuant de ſa Majeſté des Lettres Patantes de Declaration du 18. Feurier 1615. par leſquelles ils eſtoient fondez de juriſdiction pour connoiſtre de tous faicts de marchandiſe qui viennent, ſoit par mer ou par

terre: *Monſieur l'Admiral de Montmorency* fut oppoſant à la verification & enregiſtrement , pour ce que concerne le
tranſport des marchandiſes qui viennent par mer, la cauſe fut traittée au Parlement de Bourdeaux , & finalement
euocquée au Conſeil, où c'eſt que par Arreſt du 24. Ianuier 1619. l'oppoſition fut declarée bien faite , & les Iuge
& Conſuls deboutez pour ce que concerne le tranſport &
le rapport des marchandiſes par voye de la mer.

5.　　Sur quoy vient à remarquer que ſi les marchandiſes de contrebande ſont chargées à cacheres & en tapi-
nois , au deſceu du maiſtre du nauire, de droict ſi elles
ſont deſcouuertes & ſurprinſes, le maiſtre n'y doit pas patir , & le nauire ne doit pas eſtre confiſqué, *l. cotem ferro §.*
Dominus. D. Publicanis & vectigalibus. Chopin. lib. 1. de legib. An-
dium cap. 53. num. 1. & 2.　Couſtume de Tours, au titre des
Droicts de baſſe juſtice article 5.

6.　　Toutesfois le ſiecle eſt tant peruers, les hommes
ſont tant malicieux , & la præſomption de communiquer
à la friponnerie , eſt ſi forte contre le Maiſtre & le Marchand, que tout y paſſe *Guido Papæ Deciſione 572. licitum*
propter illicitum publicatur Rebuf. de Priuilegijs Scholaſticorum. lib. 1.
num. 257. Mornac. ad legem. Si Colonus. § euenit D. locati. & ad le-
gem, cum proponas C. vſuris. Ordonnances Royaux redigées
au Code Henry liure 14. tit. 5.

Sauf neantmoins la garantie du Maiſtre contre le Marchand, ou contre celuy qui a chargé telles marchandiſes à
ſon deſceu, *l. Fraudari §. ſed ſi vnus D. Publicanis.*

7.　　Au ſurplus , tant l'acheteur que le vendeur des
marchandiſes prohibées ſont eſgalement puniſſables , *l.*
quia nonnunquam C. quæ res vendi non poſſunt. Lettres en forme
d'Edict du 22. Septembre 1638.

VIII. Auant

VIII.

Auant partir, les Maiſtres de Nauire & les Marchands doiuent exhiber, & monſtrer les marchandiſes & danrées aux Officiers de l'Admirauté, leſquels viſiterōt, ou fairōt viſiter leſdites marchandiſes: Et contre les contreuenans ſera procedé par amandes, punition corporelle, & auſrement ainſi qu'il appartiendra ſuiuant l'exegence du cas.

Ordonnance de Guyenne 1517. *article* 16. *ordonn.* 1543. *art.* 41. *ordonn.* 1584. *article* 31. & 57. *Arieſt de Reglement du Parlement de Bourdeaux, au* 16. *Iuillet* 1596. *Couſtume de Bayonne: Titre, quelles choſes ne peuuent eſtre venduës, article* 3. & *ſuiuans.*

Et d'autant que ſa Majeſté veut & entend que ſes ſujets ſe puiſſent aider reciproquement les vns aux autres, des danrées & marchandiſe deſquelles le tranſport eſt prohibé hors le Royaume. C'eſt pourquoy

IX.

Ceux qui chargent marchandiſes de contre-bande, deſquelles le tranſport ou la ſortie ſont deffendus, ſont obligez & tenus en prenant le congé, de bailler caution au Procureur du Roy & au Greffe de l'Admirauté, de rapporter certificat dans certain temps, & bref delay fuiuant la qualité du voyage, de la defcente defdites marchandifes dans le Royaume, où ez lieux que le tranfport fera permis.

Ordonn. 1398. *article 6. ordonn.* 1498. *article 2.*

X.

Nuls Notaires, Tabellions, Iuges & Officiers, autres que de l'Admirauté, peuuent bailler lettres ou certifications de la defcente des marchandifes, & autres chofes qui viennent & arriuent par mer; leur eftant inhibé fur peine d'amande arbitraire, aplicable moitié au Roy, & moitié à Monfieur l'Admiral.

Ordonn. de Guyenne 1517. *article* 17. *ordonn.* 1543. *article* 45. *Edict, ou lettres de declaration du 6 Aouft* 1582. *Ordonnance* 1584. *article* 73.

X I.

Nul vaiffeau ne peut fortir, foit en guërre ou marchandife, ny à la pefcherie ou voyage loingtain, fans prendre *congé* du Roy, ou de Monfieur l'Admiral.

Auant partir, les Capitaines, Maiftres, & autres

Chefs, ou perſonnes de commandement, doiuent
preſter le ſerment audit Seigneur Admiral, ou ſes
Lieutenans, qu'ils ne mesfairont aux ſujets, alliez,
& amis de la Couronne, & ne leur porteront aucune nuiſance ou dommage, mais les deffendront à
leur pouuoir.

Donneront pareillement le nom, ſurnom, &
demeure de tous ceux de leur equipage pour en
rendre compte au retour, & garderont les Ordonnances Royaux.

*Ordonn. du Roy Charles V I. de l'an 1400. article 2. &
3. ordonn. 1543. article 48. Edict du Roy Charles I X. en
Auril 1562. article 47. ordonn. 1582. 1584. article 23. &
ſuiuans.*

1. *Les Ordonnances deſquelles ceſt article eſt extraict,
ſont conformes au droict Romain.*

2. *Raport ou declaration, que les Capitaines & Maiſtres
de Nauire ſont tenus faire au retour.*

1. Le contenu en ceſt article eſt conforme au droict
Romain. *l. vnica. De littorum & itinerum cuſtodia. lib.* 12. *Cod.* les
conge_z ſont appe'lez *ſecuriates* en la loy ſecot de de *Nauicularÿs lib.* 11. *Cod. & in lege* 21. *Cod. Theodoſiano eodem titulo.*

2. Au retour du voyage, & au premier abord, les capitaines & Maiſtres de Nauire ſont tenus de faire leur raport à Monſieur l'Admiral ou à ſon Lieutenant, & decla-

rer les rencontres qu'ils au ont fait, ce qu'ils auront veu
en leur voyage, afin que les lug s de l'Admirauté en puiffent donner aduis à Monfieur l'Admiral : rendront compte
te s'ils ont ramené tout leur equipage, s'ils ont porté aucuns paffagers : Et à c'eft effect exhiberont leur congé
qu'ils ont prins au lieu du depart, & les marchandifes
qu'ils auront dans le bord. A ce fujet

XII.

Les Greffiers de l'Admirauté font tenus de faire
deux Regiftres feparez : en l'vn defquels ils mettront l'enregiftrement des congez qui feront donnez au partir par le Seigneur Admiral, fes Lieutë-
nans ou Commis : & en l'autre les raports des Capitaines, Maiftres de Nauire & compagnons, qu'ils
font obligez de faire au retour du voyage.

Ordonnance de l'an 1584. *article* 15.

Le contenu en cet article eft extraict non feulement
de la fufdite Ordonnance, mais auffi de l'Arreft de Reglement de la Cour de Parlement de Bourdeaux, du 16.
Iuillet 1596. : comme auffi de l'Arreft du Priué Confeil,
donné entre Monfieur l'Admiral de Chaftillon, contre
Monfieur de Grammond Gouuerneur de Bayonne, du
9. Aouft 1605.

XIII.

Nul autre que le Roy noſtre Sire, Monſieur l'Admiral ou ſes Lieutenans, peut bailler *congé*, *paſſage*, *ſeureté*, *ſaufconduit ou paſſeport* : Eſtant par exprez deffendu à tous les Gouuerneurs, Lieutenans generaux des Prouinces, Capitaines des Chaſteaux & Plaſſes, & autres Officiers, de bailler aucuns ſaufconduits, attaches, n'y verification aux Lettres du Roy, pour tirer hors les Ports & Havres, n'y faire entrer, ou naviguer aucunes perſonnes ou danrées, de quelque qualité ou condition que ſoit ſur peine de confiſcation du Nauire, artillerie, munitions, marchandiſes, & autres peines indictes contre ceux qui naviguent contre la volonté du Roy.

Ordonn. de l'an 1584. article 58. Lettres de Declaration du Roy du 25. Octobre 1637. enregiſtrées au Greffe de la Cour de Parlement de Bourdeaux, le vingt-neufuieſme Ianuier 1638.

XIV.

Toutesfois le Procureur du Roy, ne peut arreſter, ou faire ſaiſir les Nauires, ſous pretexte qu'il n'aura eu communication deſdits congez, n'y conſtraindre les Maiſtres à les exhiber, ains les verra au Greffe. Si bon luy ſamble.

Ordonnance 1584. article 15. par la raiſon de la loy der-niere. De Nauicularijs lib. 11. Cod.

XV.

Connoiſſent des naufrages & ject des marchan-diſes.

Ordonn. 1584. article 22.

1. *Les Mariniers qui ont eſchapé le naufrage on autre pe-ril, ſont obligez de faire atteſtation iudiciaire de l'ac-cident.*

2. *A faute d'autres teſmoins, leur equipage eſt reçeu à depoſer.*

3. *L'atteſtation faite, ils doiuent au pluſtoſt denoncer, & le faire ſçauoir aux Marchands Chargeurs, aux Bourgeois, à leurs aſſeureurs & creanciers à la groſ-ſe aduanture.*

1. Les Maiſtres de Nauire, & autres mariniers qui ont ſouffert, & neantmoins garanty leurs perſonnes du nau-frage ſont obligez par les loix de la mer, de faire atteſta-tion iudiciaire de tout ce qui leur eſt arriué, & ce au pre-mier port qu'ils deſcendent.

2. Et pour faire cette atteſtation leur equipage eſt receu, *l. 2. & 3. De naufragÿs lib. 11. Cod. l. prima 2. & 3. Cod.*

Theodoſiano eodem titulo. Conſulat. chap.2 2 3 .& ſuiuans.

3. L'atteſtation faite, ils doiuent le denoncer, & faire ſçauoir l'accidét au pluſtoſt aux bourgeois ou proprietaires du nauire, aux Marchands chargeurs, &à leurs Aſſeureurs & creanciers de groſſe aduanture, & autres intereſſez, auec leſquels ils pourſuiuront la cancellation de la charte-partie: & s'ils ont des Aſſeureurs pourſuiuront leurs aſſeurances par l'ordre judiciaire, le ſemblable doiuent ils faire s'ils ont eſté Piratiſez, ou s'ils ont eſté contrains de faire jet.

XVI.

De tout ce entierement qui ſe tire de mer à terre, tant Spariées ou Eſpaues, Varech, que Barbaries, ou choſes du Flo, toutes marchandiſes peries & peſchées, & generalement de tout ce qui ſeroit allé à fonds de la mer, & qui par engin ǒu par force ſe pourra peſcher & tirer hors: la tierce partie appartiendra à ceux qui l'auront tiré ou ſauué ; vne tierce partie à Monſieur l'Admiral pour le droiĉt de ſon Office ; & l'autre tiers au Roy, ou aux Seigneurs auſquels ſa Majeſté à donné ſon droiĉt au lez de leurs terres: au cas toutesfois que le Marchand ne pourſuiue ſa marchandiſe dans l'an & iour de la perte d'icelle ; car s'il pourſuit dans ce temps d'an & iour, il la recouurera , en payant les frais du ſauuement à ceux qui auront iceluy fait, & verifiant deuëment qu'elles luy appartiennent.

Ordonnance de l'an 1543. article 11. & 12. Ordonnance
du mois de Mars 1584. article 20. & 21. Coustume de Nor-
mandie au titre de Varech article 597. & suiuans.

---

1. *Explication des termes de Spariées.*
2. *Varech, choses du Flo, choses Gayues.*
3. *Barbaries.*
4. *La Lance estenduë sur la mer est signe & terme de pos-*
    session.
5. *Delay d'an & iour, à requerir les naufrages & choses*
    perduës reduit à deux mois.
6. *Droit du sauuement reglé au tiers.*
7. *Les autres deux tiers des choses sauuées doiuent estre*
    conseruez pendant le delay.
8. *Arrest sur ce sujet de la Cour de Parlement de Bour-*
    deaux.

1.   SPARIES, à σπείρω *quod est femino*, ce que la mer
espand & disperse vers la terre, tel est l'ambre dit *succinum*
ou glessum, l'ambre aromatisant, *ambra*, de couleur gris, cen-
dré, roux, noir, que la seule coste de Guyenne produit en
Europe : le coral blanc, & rouge & autres choses du creu
de la mer.

2.   VARECH, par ce terme de *varech & choses du*
flo, choses gayues, doiuent estre entendues toutes choses qui
ont eu maistre que la mer iette & pousse à terre par tormente ou fortune de mer.

3.   BARBARIES, c'est à dire estrangeres, d'autre
nation ou d'autre pays. C'est ainsi que les Grecs & La-

tins

ains appelloient tous les Eſtrangers, & ce qui leur appartenoient Barbares. *Barbarico poſtes auro ſpolijſque ſuperbi. Aeneidos 2.*

4. Le texte de la couſtume de Normandie *au titre de varech*, explique toutes ces matieres, & donne la forme la plus haute pour les apprehender, & pour en prendre poſſeſſion : ſçauoir eſt, par l'attouchement du bout de la lance. C'eſt ainſi que le Roy Charlemagne print poſſeſſion des riuages d'Eſpagne, & Biſcaye au rapport de l'Archeueſque Turpin, *capit. tertio, Carolus Magnus venit ad Petronum & infixit in mare lanceam, Agens Deo & ſancto Iacobo Grates, qui eum eo vſque perduxerant, quo antea ire non poterat.* Ce que Nicole Gilles en ſon hiſtoire traduit en ces termes. *Apres ces choſes faites Charlemagne alla viſiter le ſepulchre de Monſieur Sainct Iacques en la cité de Compoſtelle, & apres alla iuſques au port de la mer qui eſt outre* (c'eſt ce que ſignifie Petronum) *& là ficha ſa lance dedans la mer, rendant graces à Dieu & à Sainct Iaques qui l'auoit mené iuſques là, où c'eſt qu'on ne pouuoit y aller au parauant.*

C'eſt ainſi que par l'attouchement du verrouil la poſſeſſion des Benefices peut eſtre apprehendée lors que les portes de l'Egliſe & du Presbytere ſont fermées, & que l'entrée vers le Chœur, & l'Autel ou Manoir ſont fermez & inacceſſibles.

5. Le delay d'vn an à requerir les choſes naufragées, eſt du droict Ciuil, *l. 2. Cod. Naufragijs*, & de la Couſtume de Normandie au titre prealleguè *De varech*, & ce qui eſt obſerué au Parlement de Bourdeaux, mais la Cour de Parlement de Paris procedant à la verification de l Ordonnance de l'an 1543. modifia & reſtraignit le delay d'vn an & jour, à deux mois : ce qui bailla ſujet à l'Ordonnance 1584. article 21. laquelle ne donne que les deux mois de delay, Iugement d'Oleron, 30. au nombre premier des notes.

KKK

6. En outre par ce reglement ou modification du 10. Mars 1543. rapporté par Fontanon & Terrien, au liure 13. Chap. 5. Est ordonné que le tiers des choses sauuées sera acquis & deliuré incontinant aux sauueurs, soit que le Maittre du nauire, les Marchands ou leurs heritiers viennent reclamer leur bien ou non.

7. Et les autres deux tiers seront mis en despot entre les mains de quelque preud'homme ou notable bourgeois & personne asseurée, qui se chargera de la garde jusques à deux mois, pendant lesquels ceux à qui appartiennent les nauires, biens & marchandiles qui sont sortis d'iceluy, ou leurs heritiers pourront reclamer lesdits deux tiers, en venant faire la reclamation dedans lesdits deux mois, & iceux escheus, lesdits deux tiers appartiendront, l'vn au Roy, l'autre audit Seigneur Admiral: le tiers en tout cas demeurant toufiours à celuy ou ceux qui auront tiré ou sauué.

8. Par Arrest solemnel prononcé en Robes rouges au Parlement de Bourdeaux, par Messire Guillaume d'Affis premier Président, à la prononciation de Noel, le 22. Decembre 1606. En la cause des Maire & Iurats de Bourdeaux, lesquels pretendoient & reclamoient vn ancre dragué ou pesché dans la riuiere, au trauers de la ville, ledit ancre fut adjugé vn tiers au Roy, vn tiers à Monsieur l'Admiral, & l'autre tiers à celuy qui l'auoit trouué & tiré du fonds nommé *Baritaud*, la moitié des frais prealablement payez sur le tout.

XVII.

Des fretemens & afretemens.

Ordonnance du mois de Mars 1584. article 2.

1. *Fretement & afretement deriue du Latin.*
2. *Naulage & Nolit.*
3. *Deux faſſons de freter.*
4. *Priuilege du fret.*
5. *Nauires de la nation doiuent eſtre fretez par preferan-*
   ce aux eſtrangers.

1. Ces termes de *Fret, Fretement & afretement*, viennent
ou ſont deriuez du Latin *Fretum*, qui eſt vne manche ou
bras de mer, vn deſtroit entre deux terres, ou du verbe
Latin *Fero* : le Maiſtre frete, & le Marchand chargeur
afrete.

2. Les Marchands du Leuant ou de la mer mediter-
ranée diſent *noliger* & *nauliſer*, qui eſt à dire loüer, & le prix
du loüage *Nolit ou Nolis*. Les Capitaines de nauire au Ponant qui loüent les nauires pour aller en gaerre, ou pour
courre le bon bord, nomment le loyer *Naulage*, le tout
deriué de *Naulum* ou ναῦλον.

3. Les fretemens ſe font en deux ſortes *aut per auerſio-*
nem pour pouuoir charger tout le vaiſſeau entierement, *cap*
& *queue*, ſans aucune reſerue, ou pour y mettre de la marchandiſe paſſagere: ſçauoir eſt., certain nombre de tonneaux, où de fardeaux, *l. vltima, §. vltimo. D. lege Rhodia.*

4. Le payement du fret eſt preferable ſur le prouue-
nu de la cargaiſon, à tous autres debtes quels que ſoit, *l.*
huius enim, & ibi Mornac. D. qui potiores in pignore.

5. Les Marchands ſont tenus d'afreter & preferer
les nauires de leur nation aux eſtrangers, & n'en peuuent
loüer d'autres tant qu'il y en aura de leur pays, ſuiuant les
lettres de declaration du Roy Louys XII. de l'an 1504. Et

Kkk 2

l'Arreſt du Conſeil d'Eſtat du 5. Octobre 1617. conforme à vn autre Arreſt du Parlement de Roüen du 10. Iuin
1617. ce qui s'obſerue pareillement en Angleterre, *Ordi-*
nauit Henricus ſeptimus Rex Angliæ, vt vina & glaſtum ex partibus
Gaſconiæ & Languedociæ non niſi nauibus Anglicis, in regno ſuo im-
portarentur, dit *Franciſcus Baconus in hiſtoria Regis Henrici ſeptimi.*
paginâ 45.

Mais il s'obſerue auec plus de jalouſie & de rigueur en
Heſpagne, où s'eſt qu'vn nauire du pays ſuruenant doit
eſtre preferé pour le meſme fret au nauire eſtranger qui
aura commancé de charger, *leye* 1. *cap.* 7. *Tit.* 13. *lib.* 3. *Re-*
copilat. y aunque tales eſtrangeros tengan carta de naturaleza. leye 8.
tit. 10. *lib.* 7. *Recopilat.*

XVIII.

Des loyers ou ſolde des compagnons.

Ordonnance 1555.

1. Mariniers ſont nommez compagnons.
2. Eage requis aux mariniers & forſſats.
3. Le ſalaire des compagnons peut eſtre hauſſé & augmenté, mais nullement ratiſſé ou diminué.
4. Priuilege du loyer des mariniers.
5. Priuilege du loyer des charpentiers & calſateurs.
6. Priuilege de ceux qui ont preſté argent ou materiaux
pour la conſtruction ou refection du vaiſſeau.

1. COMPAGNONS, font les mariniers de l'equipage, *focÿ nauales* dans *Tite liue*, *lib. 4. Decadis tertia, tum primum factum eft vt claffis Romana Socÿs naualibus priuata impenfa paratis compleretur.*

2. Le marinier ou compagnon doit eftre aagé de dixfept à cinquante ans, ne moins ne plus, s'il eft plus jeune il eft page ou garçon, s'il eft plus vieux de cinquante ans fans office, il fera inepte. Comme auffi les Forçats ne font receus ou retenus en galere, ny plus jeunes ny plus vieux, *Leye 9.& 1 3. tit. 1, lib. 8. Recopilat.* Iugemens d'Oleron 1 3. nombre 7.

3. Le Patron ne doit efcamoter ou retrâcher les falaires à nul de fon equipage, mais trouuant quelqu'vn digne de plus grand loyer qu'il ne luy aura promis du commancement, venant à reconnoiftre fon merite, il doit luy croiftre & augmenter: parce que plufieurs vaillans hommes defirent fortir de quelque lieu, auquel ne font connus, & pour en fortir prenent petit falaire, c'eft le raifonnement du Confulat chap. 1 50.

4. Les loyers des mariniers font preferables en la decretation du nauire & marchandifes à tous autres debtes, en forte que quand il ne refteroit que cela du nauire & des marchandifes, & jufques au dernier cloud, ils le doiuent auoir, Confulat chap. 138. 139. & fuiuans, *Couftume de Bretagne article* 1 8 3. *l. huius enim D. qui potiores in pignore. Hypotheca eft tota in toto & indiuifibilis, l. quamdiu D. Diftract. pignor. nec perditur nifi re perempta Bartolus ad legem rem alienam. num. 7. D. Pignoratitia actione.* Par l'Ordonnance des riuieres 1 4 1 5. article 10. les compagnons d'eau, peuuent faire faifir & vendre les marchandifes qu'ils ont amené, pour fe payer de leurs loyers, mefmes en abfence du marchand lequel apres aura fon recours contre le Patron.

5. L'hypoteque eft auffi fpeciale & priuilegiée pour le loyer des maiftres d'ache, charpentiers, calefats & au-

tres ayans trauaillé à leurs journées ou marées: & pour
ceux pareillement qui ont fourni goudron, ou bray, fu-
ſtaille, bois, cloüage, ſartie, eſtoupe & autres agreils
pour la fabrique ou radoub du vaiſſeau.   C'eſt la diſpoſition du Conſulat chap. 3 2. & ſuiuans, conforme au droict
Ciuil, *l. non amplius D. legatis primo. l. ſed & hoc §. cuidam* D. *con-*
ditionibus & demonſtrationibus, & les textes prealeguez, *l. qui*
in nauem, *l. quod quis* D. *Priuilegij credit.*

XIX.

Connoiſſent auſſi de l'execution des charte-parties, breuets, ou connoiſſemens, poliſſes d'aſſeurance, & de tous autres contracts faicts concer-
nans la nauigation.

Edict ou lettres de Declaration du 6. Aouſt 1582. Or-
donnance du mois de Mars 1584.

※※※※※※※※※※※※※※※※※※※※※※※※※※

1.   *Charte partie.*
2.   *Breuet ou connoiſſement.*

1ᵉ   CHARTE-PARTIE, eſt le contract de cargaiſon ou de fretement, paſſé entre le Maiſtre du nauire
& le marchand chargeur, contenant la facture, enſemble ce à quoy chacun d'eux eſt reciproquement obligé
lequel contract le maiſtre du nauire eſt tenu de porter &
rapporter quant & ſoy en voyage.   Monſieur *Boyer* en la
deciſion de Bourdeaux 105. donne l'ethimologie ou de-

riuation de l'appellation de charte-partie, *quod per medium litere, & charta incidebantur, & sic fiebat charta partita*, ce qui print origine du temps que les Notaires estoient Clercs, & neantmoins clers semez : le marchand & le maistre faisoit escrire leurs conuentions sur vne charte ou papier à suite coupoit la piece en deux , chacun en retenoit vne portion, & au retour adjustoit les deux pieces pour demeurer d'accord par cet assemblage des pactes & conuentions qu'ils auoient faits, ce que ledit sieur President Boyer dit auoir veu pratiquer. Et c'est de la sorte que Gregoire de Tours dit au second de son histoire, qu'en vserent le Roy Childeric & Guinemault son fidelle Conseiller, *Diuisere simul vnum aureum & vnam partem secum detulit Childericus, aliam vero amicus eius retinuit , dicens quando hanc partem tibi misero, partesque coniuncta vnum fecerint solidum, tunc tu securo animo in Patriam repedabis.* Et c'est ainsi qu'encor aujourd'huy les Cordonniers maltraitent à Bourdeaux les titres de leur frerie, ils n'ont point d'Arrest ou de contract dans les archiues d'icele , qui ne soit partis & coupez par grands scissures ou tranchées de ganiuet bien affilé , dequoy ils ont esté reprins, voire mulctez souuant, mais n'importe, c'est leur coustume qu'ils obseruent tousiours, & ne s'en sçauroient abstenir.   2. LE BREVET OV CONNOISSEMENT, est vne escriture priuée conceue en moins de termes, & plus succintement que la charte-partie, mais qui a mesme effet pour le particulier ou partie de la cargaison que la charte partie pour le total , Guidon au chapitre des asseurances sur corps de Nef, article 7.

X X.

Pareillement connoissent des Lettres Royaux

concernant le faict de la marine & nauigation : & des excez commis fur la Mer, Ports, & Greues d'icelle, & des Ifles adjacentes, de toutes lefquelles l'adreffe doit eftre faite aux Officiers de l'Admirauté.

Ordonnance 1517. *article* 15. 1582. *& 1584. article* 2.

---

1. *Ifles adjacentes.*
2. *Le lieu du delict foumet les delinquans àla Iurifdiction du mefme lieu.*

1. ISLES ADIACENTES, celuy qui eft Gouuerneur ou qui a plain pouuoir fur les coftes de la mer, l'a pareillement fur les Ifles adjacentes *Dion Caftus in Pompeie num.* 3. *Bartolus, in tractatu, de Infula verbo. Nullius enim.*

2. Le lieu auquel le delict a efté commis, attire ou foumet le delinquant, à fubir la jurifdiction du mefme lieu *Authentica Qua in Prouincia. C.vbi de criminibus agi oportet. C an. qui crimen* 3. *quaeft. 6.* la raifon eft, *ob facilitatem teftium. Ordonnance de Rouffillon article* 19. *Reglement de la Cour de Parlement de Paris fur l'Ordonnance de l'Admirauté* 1543. *du dixiefme Mars audit an, rapportée par Fontanon au titre de l'Admiral* & *par Terrien liure* 13. *chap.* 1.

X X I.

Des prinfes fur mer.

1. *Senef-*

1. *Seneschaux & Admiraux n'ont pas la jurisdiction contantieuse.*

2. *La decision ou jugement des prinses, & autres matieres d'importance, reserué à Monseigneur le Grand Maistre, Chef, sur-Intendant general de la nauigation & comerce de France.*

3. *L'instruction si les prinses sont bonnes, bien ou mal faites, appartient aux Iuges & Lieutenans generaux en l'Admirauté.*

4. *Matiere des prinses sur mer traictées par les Ordonnances de l'Admirauté.*

5. *Considerations remarquables en matiere de prinses.*

6. *Lieux d'asile & de liberté sur mer.*

7. *Choses, ou biens depradez sur les François ne peuuent estre ramenez en France par traicte de marchandise.*

1. Les Seigneurs Admiraux & Seneschaux n'ont point de jurisdiction contantieuse, laquelle apartient entierement à leurs Lieutenans generaux, & autres Officiers de robe longue : comme il fut jugé par Arrest du Parlement de Bourdeaux, le 28. Mars 1613. sur l'apel d'vne Sentence baillée par Monsieur de Bourdeille Seneschal de Perigord, entre deux Gentils-hommes du pays ; celuy qui auoit esté condamné releua apel en la Cour, & l'autre le fit anticiper deuant Messieurs les Mareschaux de France. La cause portée en l'Audiance sur la cassation d'exploict lequel fut cassé, requerant Monsieur de la Tour Aduocat general, qui representa doctement & curieusement par l'histoire, comme les Seneschaux, sous le nom desquels les mandemens de justice sont decernez, auoit

par fucceſſion du temps abdiqué & perdu la jurifdiction:
& neantmoins conſerué les autres honneurs de leurs charges, de fceance, de goouerner & conduire la Nobleſſe,
&c. La Cour ordonna que le Sergent lequel auoit foit
l'exploiĉt comparoiſtroit en perſonne pour reſpondre,
& cependant interdit; au principal les pieces furent miſes,
inhibitions & deffences furent faites de ramener la Sentence à execution.

2. Mais depuis la fupreſſion des charges d'Admiraux
& viſ Admiraux, & l'erection de l'Office, ou Dignité de
Grand Maiſtre, Chef, & Surintendant general de la nauigation & comerce de France, de laquelle fut pourueu
S. E. Monſeigneur le Cardinal Duc de Richelieu, en l'an
1626. Ce fut auec tant de fplandeur, que ſa Majeſté luy
octroya l'authorité de decider, & juger ſouuerainement
toutes les queſtions, notamment les plaintes contre les
Officiers de la marine, ô pouuoir de leur donner, & faire
des Reglemens en leurs charges, & de declarer ſeul les
prinſes faites fur mer, bonnes ou reſtituables, des bris,
des eſchoüemens, & autres cauſes d'importance.

3. De façon que les Lieutenans generaux & Iuges de
l'Admirauté, n'ont en ces matieres que la ſimple inſtru-
ction des procedures, icelles faites, ils les enuoyent clo-
ſes & ſcelées, pour la diſcution & jugement deſquelles Son
Eminence dreſſa le Conſeil de Marine, compoſé entierement des Seigneurs Conſeillers d'Eſtat, lequel Conſeil
de Marine s'aſſemble vne fois la ſepmaine, & font le raport deſdites procedures & donnent leur aduis, Son Emi-
nance en jugeoit ſouuerainement, Monſeigneur de Brezé
à ſuiui le meſme ordre, apres le decez duquel Seigneur,
(qui arriua le 14. jour de Iuin 1646. comme il eut emporté la victoire Nauale fur la Coſte de Toſcane, la ſuiuant & chaſſant courageuſement les ennemis de la France, il fut atteint d'vn mal-heureux coup de canon laſché

par les fuyans) La Reyne Mere du Roy Regente de
les Royaumes referua , & le fit pouruoir de la charge de
General, laquelle charge par ce moyen eſt eſleuée au plus
haut point d'hôneur & d'authorité , *nil vltra.*

4. Les matieres des prinſes ſont amplement traictées
par les Ordonnances Royaux de l'Admirauté, leſquelles
Ordonnances neantmoins les Parlemens n'aprouuent, ou
n'ont pas verifié entierement, quoy que les Eſtrangers les
obſeruent : notamment d'ameiner le bourſſet, & ſe ranger au deſſous du vent au rencontre d'vn Nauire Royal, à
peine d'eſtre prins & declarez de bonne prinſe. *Monſieur
Seruin en ſon plaidoyé des Hamburgois.* Secondement que les
choſes prinſes , eſtant recouruës apres auoir demeuré
vingt-quatre heures au pouuoir des Ennemis, ne ſont pas
reſtituées aux anciens proprietaires, mais ſont declarées
de bonne prinſe : Ce que toutesfois fut obſerué au Conſeil de marine, pendant les Guerres de la Rochelle & des
Anglois.

Comme auſi l'outre-paſſe de la ligne Aequinoctiale
vers le Sud, eſt prohibée par les Caſtillans & Portugais à
toutes autres nations, tant en temps de paix que de guerre. *Ordenanças y cedulas Reales de la nauigacion de las Indias* , &
juſques à icelle ligne ils les ſouffrent, ou leur doiuent paſſage libre, tant en l'Afrique qu'en l'Amerique: Mais le
Roy de France Louys XIII. par ſes Lettres de declaration
du premier de Iuillet 1634. données à Sainct Germain en
Laye, incerées en la Conferance des Ordonnances Royaux de la derniere impreſſion declare les prinſes bonnes
ſur les Eſpagnols, & permet à ſes ſujets de leur courre
ſus & les depreder, non ſeulement au dela l'æquinoctial
mais auſſi dés l'Iſle de *Ferro* qui eſt la plus Occidentale des
Iſles Canaries en auant vers le Sud , laquelle Iſle eſt au
deça l'æquinoctial de 27. a 28. degrés de dix-huict lieuës
chaſque degré.

5. Vient à confiderer pour declarer vne prinfe bonne, premierement en temps de paix fur l'Efpagnol. Si elle a efté faite au dela la ligne, ou vers le Sud de l'Isle de *Ferro* fuiuant la fufdite Declaration ; Ce qui fe verifie par l'audition des prifonniers : Examen & depofition des equipages, & reprefentation des regiftres ou journaux des Pilotes de l'vn & l'autre Nauire.

En temps de Guerre, la prinfe pour eftre declarée bonne doit eftre faite de parti à parti, apres le defi, & la denonciation de guerre entre les deux Couronnes ou fouuerainetez : comme auffi le lieu que les prinfes font faites ; car fi c'eft en port, plage, ou mer, d'amis communs à l'vn & l'autre parti, ou fi proche que les terres peuuent eftre veuës. (Ordonnance de Philippe fecond des Efpagnes, cy-deffous inceré en l'article 55.) telles prinfes ne doiuent eftre aprouuées. Voire le Roy, ou le Prince predominant efdits parages, plages & mers à fujet de s'en prendre, & fe picquer pour l'infraction & le mefpris, fuiuant qu'il eft refolu en la decifion douziefme. *Gomefiij Leonij Lufitani*, incerée. *Secundo Tomo, Decifionum Grauifsimarum, fubtilifsimarum quæftionum, pag. 9.*

6. D'abondant, fi la prinfe a efté faite en lieu d'afile ou de refuge, comme font les Isles & mers de Gerzay & Grenezai, en la cofte de Normandie, aufquelles les François & Anglois, pour quelque guerre qu'il y ait entre les deux Couronnes, ne doiuent infulter ou courre l'vn fur l'autre, tant & fi loing que s'eftend l'afpect ou la veuë defdites Ifles, comme aufsi les chambres Royales d'Angleterre, qui font des grands efpaces de mer aux enuirons de l'Ifle d'Angleterre, defignées & figurées par *Seldenus lib. 2. de dominio maris, cap. 19. & 22.* dans lefquelles chambres ou efpaces de mer, les Efpagnols & les Holandois ne peuuent fe mefaire fans offencer fa Majefté d'Angleterre.

7. Par Lettres de declaration du Roy Louys XIII. du 22. Septembre 1638. les choses & biens depradez, ou prins sur les François par les Ennemis, ne peuuent estre acheptées d'eux par les Sujets ou Estrangers, pour estre amenées & reuenduës en France : & en ce rencontre les anciens proprietaires sont receuables à les vendiquer; bien est permis à ceux qui ont esté depradez de se rachepter, & leurs biens.

XXII.

Ou aucuns Nauires à la semonce qui leur sera faite par les Nauires de Guerre, ameineront sans aucune resistance leurs voiles, & monstreront leur congé, charte-parties & reconnoissances, il ne leur sera fait aucun tort : Mais si le Capitaine du Nauire de Guerre, ou ceux de son Equipage luy robent aucune chose, ils seront tenus ensemblement, & l'vn seul pour le tout à la restitution entiere : Et auec ce condamnez reaument & de fait executez à la mort & suplice de la roüe nonobstant l'apel ; Pourueu qu'audit jugement y assistent six Aduocats, ou notables personnes de conseil, lesquels oyront de bouche les prisonniers, & seront tenus de signer le *Dictum* du jugement.

Ordonnance 1555. & 1584. article 26.

LII 3

1.   *Ameiner.*

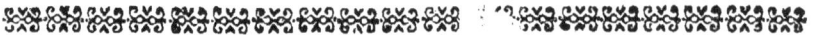

2.   *Saluts deubs aux Nauires de Guerre, & aux forte-*
      reffes d'importance.

3.   *Le Pauillon Royal estant arboré, ne se doit jamais aba-*
      tre pour saluer.

4.   *Disposition du droict Romain contre les larrons & de-*
      prædateurs.

1.   AMEINER, c'est abaisser la voile, & le salut ordinaire deub par les vaisseaux au rencontre des Nauires
de Guerre, en passant il conuient soumetre & abaisser le
grand boursset qui est la seconde voile du grand mast.

LE SALVE, est lascher le canon ou le mousquet sans
bale; c'est salut par ciuilité entre les nauires, & par deuoir
au deuant les Citadeles ou plasses maritimes. Iugement
de S. E. *Monseigneur le Cardinal Duc de Richelieu*, en faueur
de la ville de Blaye, contre Nicaise Petreuin & Valen-
tin Flote, Pilote, & contre-Maistre d'vn nauire Anglois:
Donné à Ruel le 18. Feurier 1638. Les Reglemens de
Malthe au titre *des Galeres* article 57. ordonnent qu'à l'a-
bord des Ports, & Villes qu'il y a des Chasteaux & forte-
resses, deuant lesquelles l'on a accoustumé de faire des
salues: la Capitane en faira de quatre coups & non d'a-
uantage. Que si c'est vne ville en laquelle y a Vice-Roy
ou plus grand Prince, toutes les Galeres fairont de mesme *le salue* de quatre coups ; mais si les Galeres sont saluës
par les Vaisseaux, la seule Capitane leur respondra d'vn
coup de fauconeau, sans qu'il en soit tiré d'auantage.

2.   Quand quelque nauire particulier rencontre, ou
passe prez vn nauire Royal ou de Guerre, il doit amei-

ner le grand bourſſet, abatre l'enſeigne, prendre le deſoubs du vent, & pour ſaluer ſe preſenter, non directement & par coſté, mais biaiſant : Prendre le deſoubs du
vent, eſt la plus grand marque de ſoumiſſion qui ſe puiſſe
faire ſur mer, Ordonnance de Malthe au titre *des Galeres* article 47. & ſuiuans.

3. Surquoy vient à remarquer, que le Pauillon Royal
eſtant arboré il ne ſe doit iamais abatre pour ſaluer : Et ſi
on veut contraindre de ce faire ſe doiuent excuſer, & finalement à toute extremité ſe deffendre, & ſe perdre
pluſtoſt : C'eſt la loy generale de la mer, & l'Ordonnance du Roy Philippe ſecond des Eſpagnes. *Titre de l'equipa-*
ge & armament des Nauires article 32. inceree cy-deſſous en
l'article 55.

4. Par le droict Romain les larrons qui auoient depræ-
dé les nauires *in quadruplum condemnabantur. l. ab his. De nauicu-*
larijs lib. 11. *Cod. l.* 29. *eodem titulo. Cod. Theodoſiano.* Et en
ces matieres & mesfaits, *omnes tenentur in ſolidum. l. ſuper.*
Cod. naufragijs.

XXIII.

Si vn nauire d'Amis ou François, refuſe apres la
ſemonce d'ameiner le bourſſet : Il eſt licite aux nauires de Guerre de leur courre ſus, & leur tirer artillerie iuſques à les contraindre par force ; En quoy
faiſant, & venant au combat par la temerité & l'o-
piniaſtriſe de ceux qui ſeront dans le nauire, & la
deſſus le nauire eſtant prins, la prinſe ſera declarée
bonne.

Ordonnance 1584. article 65.

※☓☒☓☒☓☒☓☒☓☒☓☒☓☒☓☒☓☒☓☒☓☒☓☒☓☒☓☒

1. *Le contenu en ceſt article, extraict de l'Ordonnance*
   1584. n'eſt pas verifié en la Cour.
2. *Les Anglois en prenent auantage, & preſument, ou*
   ſupoſent que la Cour ne la pas ozé verifier, mais la
   refuſé pour ne defroger, ou diminuer l'authorité de ſa
   Majeſté d'Angleterre.

1. C'eſt article, n'y l'Ordonnance entiere 1584,
n'eſt pas enregiſtrée au Greffe de la Cour de Parlement
de Paris, comme apert par le plaidoyé de Monſieur Seruin au ſujet des Hambourgois, ou de la Hanſe-theutonique : & par l'Arreſt interuenu ſur iceluy, du 12. Decembre 1592. ny pareillement au Parlement de Bourdeaux.

2. De ceſt Arreſt des Hâbourgois &, du plaidoyé de
Monſieur Seruin, les Anglois prenent de grands aduantages & de fort mauuaiſes conſequences, preſumant que
la Cour à refuſé la verification par defaut de puiſſance ou
manque de droit, & pour ne defroger, ou faire breche à
l'authorité, & à la ſouueraine puiſſance maritime du Roy
de la grand Bretagne, qu'ils eſtiment auoir ſeul, ce droit
de faire ameiner & ſoumetre les voiles aux Eſtrangers,
au rencontre de ſes nauires de Guerre. *Seldenus lib. primo*
maris clauſi. cap. 18. & lib. 2. cap. 26.

XXIV.

Nul nauire qui n'aura combatu, ou fait tel ef-
fort

fort que par fon deuoir l'ennemi ait améné les voiles, ou bien qu'il en ait efté en partie caufe, dont
les prifonniers en feront creus par ferment, ne
pourra demander ou pretendre part à la prinfe : fi
ce n'eft qu'il y eut pacte ou promeffe entre les vns
& les autres de defpartir les prinfes faites en prefence ou en abfence.

Ordonnance 1584. *article* 62.

Sed cæcidiffe in irritum labores fi præmia periculorum af-
fequantur qui periculis non affuerint. Tacitus lib.3. Hifto-
riarum. Sicut enim æqum eft defidiofis laborantium Præmia
denegare, ita conuenit excubantibus remunerationis optata
concedere. Caffiodorus lib. 11. variarum. Epiftola 25.

XXV.

Marchandife des ennemis trouuée en nauire d'a-
mis, ou au contraire marchandife d'amis en nauires d'ennemis, eftant prins feront declarez de bonne prife, mais pourront les alliez & amis faire trafic en leurs vaiffeaux par gens qui font de leur fub-
jection, & porter leurs marchandifes où bon leur
femblera, pourueu que ce ne foit munition de
guerre.

Ordonnance 1543. *article* 42. & 1584. *article* 69.

❧❧❧❧❧❧❧❧❧❧❧❧❧❧❧❧❧❧❧❧❧❧❧❧❧❧

1. *Difpofition du droiƈt Romain conforme aux Ordonnances qui compofent cet article.*

2. *Les Marchands doiuent præferer pour leur feruice les nauires apartenans & conduits par les hommes de leur nation.*

1. Cet article eſt conforme à la diſpoſition du droiƈt Romain, & aux deciſions du Palais, *l. cotem ferro* §. *Dominus. D. Publicanis*, & *ibi Bartolus. Guido Papæ decif.* 572. *Mornacius ad legem. Si colonus* §. *euenit, D . locati. Monfieur Seruin en fon Plaidoyé des Hambourgois ou de la Hanze theutonique.*

2. Il eſt plus decent & plus aſſeuré que les marchands chargent dans les nauires de leur nation pour beaucoup de conſiderations, & particulierement que c'eſt la ſainƈte intentioɥ des Roys & Republiques, que leurs ſubjets viuent les vns auec les autres en bien faiſant, qu'ils trauaillent & faſſent les profits par preferance aux eſtrangers, comme il eſt repreſenté cy deſſus en l'article dix & ſeptieſme.

XXVI.

Si les amis portent en leurs vaiſſeaux, & par leurs gens, armes & munitions aux ennemis, ils peuuent eſtre arreſtez, & telles munitions retenues, ſuiuant l'eſtimation raiſonnable qui s'en fera par Monſieur l'Amiral ou ſon Lieutenant.

Inimicis noftris communicantes Præfumuntur inimici no-Stri. cap. Repellantur, de Accufation. Extra. Il eft vray que pour vn ennemi il n'en faut pas faire deux, mais la traite des armes aux ennemis ne peut eftre tole-rée, *l.2. Cod. Quæ res exportari non debeant, cap. Ita quo-rundam, & cap. Ad liberandam. De Iudæis & Sarracenis, apud Gregorium.*

XXVII.

Incontinent apres l'abordement & prinfe du na-uire, les preneurs faifiront les charte-parties, & au-tres lettres concernant le chargement du nauire prins, qu'ils remettront tout auffi toft apres leur arriuement par deuers les Officiers de l'Admirauté, afin de connoiftre à qui le nauire & marchandifes appartiennent: & ou le maiftre & compagnons au-roient fupprimé ou recelé lefdits enfeignemens, feront le nauire & marchandifes declarées de bon-ne prinfe.

XXVIII.

Apres la prinfe, les Maiftre, Contre-maiftre &

compagnons de quartier feront faire tout auffi toft
inuentaire des charte-parties, lettres de cargaifon
& d'adreffe, & des biens eftans efdits nauires prins:
& a luant que rien defcendre en aduertiront Monfieur l'Admiral ou fes Lieutenans , & s'il y a prifonniers feront amenez pour eftre examinez auant
toutes chofes , afin de fçauoir le pays d'où ils font,
& à qui appartiennent les marchandifes.   Et ne
pourront les preneurs les mettre en franchife fans
le congé de Monfieur l'Admiral ou fon Lieutenant.

Ordonnance 1400. *article* 4. *& fuiuans.* 1584. *article*
42. *& 45.*

XXIX.

Les preneurs ne feront ouuerture des coffres,
bales, bouges, pipes, & tonneaux des marchandifes prinfes fur les ennemis , fans premierement
auoir reprefenté les prifonniers & les prinfes à
Monfieur l'Admiral ou aux Officiers de l'Admirauté.

Ordonnance 1400. *article* 10. 1543. *article* 24. 1584.
article 37.

X X X.

Et en cas que les preneurs faſſent ouuerture ſans authorité ou licence de Monſieur l'Admiral, ils perdront leur part du butin : en outre feront punis par ledit Seigneur Admiral ou ſon Lieutenant corporelement ſelon le mesfait, en ſorte que tous les autres y ait à prendre exemple.

Ordonnance 1584. *article* 38.

X X X I.

A Monſieur l'Admiral appartient le dixieſme ſur le total des prinſes & butin, aux Bourgeois proprietaires des nauires, la quarte partie du ſurplus d'icelle prinſe & butin, ſoit des marchandiſes, priſonniers, rançons, & quelques que ſoit leſdites prinſes & butin, ſans aucune choſe en reſeruer ny excepter : & les trois quarts reſtans les Auictuailleurs en auront quart & demy, & les Mariniers & autres compagnons de guerre autre quart & demy pour le partir entre eux ; lequel departement ſe fera deuant ledit Seigneur Admiral ou ſes Lieutenans, qui en feront retenir inuentaire compte & calcul d'iceux pour y auoir recours ſi meſtier eſt.

Ordonnance 1584. article 39. & 50.

1. *Diſtribution des profits aux voyages du Nort pour la peſcherie des Balenes.*

2. *Des profits extraordinaires.*

3. *Diſtribution des profits à la peſcherie des Mourues.*

1. Ordinairement aux nauires qui vont à la chaſſe ou peſcherie des baleines en Groenland & Norouegue & Spisberg, le departemēt des prinſes ſe fait entre les Bourgeois, les Victuailleur & l'equipage par tiers, ſans que Monſieur l'Admiral y prenne part.

2. Comme pareillement les recompenſes ou bonnes fortunes qui ſe gagnent outre le fret, le tiers eſt aux Bourgeois, le tiers aux Victuailleurs, le tiers au Maiſtre & à l'Equipage, quoy que le jugement d'Oleron 22. les regle au quart.

3. Les Baſques aux voyages de Terre neufue, qui eſt plus loin de quelques trois cens lieuës que le Grandbanc, & qui font ſeicher le poiſſon à terre, au vent, & au ſoleil & partant employent plus de temps & de victuailles, diſtribuent le prouenu de leur peſcherie, ſçauoir le tiers à l'Equipage, les Bourgeois vn cinquieſme, & les Victuailleurs amandent le reſte. Par exemple, à la prinſe de vingt & vn poiſſon, l'Equipage en tire ſept, les Bourgeois quatre & vn cinquieſme, & le reſtant appartient aux Victuailleurs, attendu la grand deſpence qu'il faut faire de victuailles en ſi long voyage : à preſent les equipages ſe contentent du quart, mais ils ſtipulent & ſe font promettre le *Pot de vin*, lequel reuient à haute ſomme de quatre-vingts ou cent liures par chaloupe : chaſque chaloupe eſt eſqui-

pée de trois Matelots , le Maiſtre de la chaloupe qui la
gouuerne , le Teſtier qui tire la rame deuant, l'Arrimier,
tire au milieu , leſquels departent entre eux cette ſomme
ſuiuant les conuentions qu'ils ont fait auec le Maiſtre , lequel pour ne perdre pas ſa grauité , trauaille à la ſecherie
à terre, & auec les autres gagne les mortes ſoldes. Tous
les jours les Equipages font de nouueaux marchez & pactes inſolites pour ſe faire valoir quand ils ſe reconnoiſſent
neceſſaires.

X X X I I.

Aduenant prinſe ſur l'ennemi, les Mariniers &
Compagnons de guerre auront pour leur pillage
toute la deſpoüille des habillemens des ennemis
qui ſont forcez eſdites prinſes, auec l'or & l'argent
qu'ils trouueront ſur leſdits mariniers & gens de
guerre ennemis , juſques à la ſomme de trente liures : & ſi plus y auoit demeurera à butin, reſerué
leſdits dix eſcus qui demeureront auſdits mariniers
& gens de guerre pour leur pillage : auſſi auront les
coffres & communs habillemens ſeruans auſdits
mariniers & compagnons de guerre ennemis , excepté les habillemens de grand valeur , ou qui ſeront faits pour vendre en fiċt de marchandiſe, &
nulle choſe ne peut eſtre dite pillage qui excede la
valeur de trente liures.

Ordonnance 1543. article 27. 1584. article 41. & 45.

Marchands & autres qui auront equipé ou aui-
ctuaillé les nauires, ne font refpofables des cas &
depredations faites par les gens de guerre en iceux,
finon entant qu'ils en auront profité.

Ordonnance 1543. *article* 44. 1584. *article* 71.

⁂⁂⁂⁂⁂⁂⁂⁂⁂⁂⁂⁂⁂⁂⁂⁂⁂

1. *Par la difpofition du droiĉt Romain , le Bourgeois eſt*
reſponfable des mefaiĉts du Maiſtre.

2. *Et le Maiſtre eſt reſponfable des maluerfations de fon*
equipage.

3. *Quand le Maiſtre eſtoit Combourgeois les autres Bour-*
geois n'eſtoient pas reſponfables.

4. *L'Ordonnance n'approuue pas telles reſponfions de*
mefaits.

5. *Le Bourgeois & Viĉtuailleurs leſquels ont profité du*
mesfaiĉt font fimplement tenus à la reſtitution de ce
qu'ils auront receu.

6. *Les Affeurez ne font tenus de la Baraterie du Pa-*
tron.

7. *Quand le Bourgeois paye pour le Maiſtre , le Maiſtre*
eſt tenu de l'indemnifer.

8. *Le Capitaine & le Maiſtre fe doiuent affeurer des Com-*
pagnons de guerre & de marine criminels , pour au
retour les rendre à Iuſtice.

1. *Deliĉto*

1. *Delicto vnius alter quandoque obligatur. l. vnica. D. Furti aduersus Naut. Caupon. l. jure prouisum. De fabricens. lib.* 11. *Cod.* particulierement les Bourgeois estoient obligez, & responsables pour les mesfaits des Maistres qu'ils auoient commis *l.* 1. §. 1. *D. exercitoria actione*, & le Maistre respondoit du mesfait de ceux de son Equipage. *l. debet exerciter. D. Nautæ, Caupones, stabularij : Harmenopulus in promptuario, Titulo de rebus Nauticis, & Leonclauius Basilicorum. lib.* 53. *titulo de nauticis obligationibus : Ex contractibus nautarum exercitor non tenetur, ex delictis autem ipsorum tenetur. Nam curare debet, vt dolo & culpa hoc est malitia careant, Guidon des Asseurances sur coprs de Nef article* 4.

3. Toutesfois si le Maistre auoit part en la proprieté du nauire il en respondoit tout seul. *l. si tamen plures D. exercitoria actione.*

4. Mais les ordonnances de l'Admirauté desquelles c'est article est extraict, n'aprouuét point cette responsion ou plegerie de mesfaits, & en exemptent fort equitablement les Bourgeois & Auictuailleurs innocens, en cas de depredation, ou autres maluersations & delicts commis par les equipages ou gens de guerre, si non entant que lesdits bourgeois en auront profité ; ce qui est le plus juste suiuant le raisonnement de *Ludouicus Romanus Consilio* 74. auquel cas qu'ils ayent profité, ils sont tenus à la simple restitution de ce qu'ils auront reçeu.

5. C'est ce que l'Ordonnance dit par exprez. *Ils soient contraints rendre ce qu'ils en auront reçeu, ou la iuste valeur. Suficit enim non in lucro versari, non etiam damnum sentire. l. quod est. D. vi & vi armata. l. vnica. C. ex delictis defunctorum*, & pour le surplus, *delictum aut noxa cap. sequitur. l.* 1. §. 18. *D. depositi. l. licet. C. an seruus pro suo facto*, à quoy peut estre raporté la raison de la loy premiere. §. *hæc in factum actio. T. jis qui effuderint.*

6. C'est pourquoy les asseurez ne sont pas tenus de la

baraterie du Patron : Comme il a esté jugé *nouissime* en la grand chambre du Parlement de Bourdeaux au raport de Monsieur *du Duc*, par Arrest donné en vuidange de regiftre du 31. Aoust 1646. au procez d'entre Pierre Lafon Bourgeois & Marchand de Bourdeaux, Nicolas d'Iris, & Pitres Piterffon Bourgeois de Rouën, Herman Hem marchand Flamand, appellans du Lieutenant general en l'Admirauté de Guyenne, & creanciers de notables fommes preftées à la groffe aduanture ; Et André Seigneuret bourgeois & marchand de Bourdeaux inthimé, qui auoit empromptité des appellans lefdites fommes pour le voyage de Terre-neufue, où c'eft que quelques compagnons de l'equipage fe mefleréc de la trocque de peleterie auec les Sauuages ; quoy que foit fous ce pretexte les Garde-cofte d'Acadie s'emparerent du nauire & du poiffon : La nouuelle en eftant venuë & aduerée, les appellans voulurent contraindre Seigneuret au payement, & releuerent apel des inhibitions données par le Lieutenant general de l'Admirauté, prefupofans que Seigneuret fut refponfable de la baraterie : neantmoins par ledit Arreft il fut abfous, & les parties mifes hors de cour & de procez, fans preiudice aux vns & aux autres de fe pouruoir contre le Maiftre, l'equipage & les depredateurs. *Hugon* auoit efcrit au procez pour Seigneuret, & *Paris* pour les apellans. ce qui eft fuiuant la refolution du *Guidon chap. 9. de barat & baraterie.*

7. D'abondant fi le bourgeois paye pour le maiftre, en ce cas le maiftre eft tenu de l'indemnifer. *l. fi colonus.* D. *aqua & aqua pluuie : Stracha cap. de nautis, parte vltima in fine.*

Et pour les foldats ou compagnons coulpables de crime, le Capitaine ou le Maiftre s'en doiuent affeurer, & les tenir fous boucle, pour au retour les deliurer à Iuftice. *Ordonnance de l'admirauté 1540. article 2. 1584. article 46. 47. & 49.*

XXXIV.

Vn nauire prins par les Ennemis , s'il à demeuré entre leurs mains iusques à vingt-quatre heures , & apres il soit recous & reprins par les François, la prinse sera declarée bonne ; mais si ladite recousse est faite auparauant les vingt-quatre heures , il sera restitué auec tout ce qui estoit dedans : En aura toutesfois le nauire de Guerre qui l'aura recous & reprins , le tiers.

Ordonnance 1584. article 61.

1. *La disposition de l'Ordonnance sur laquelle cest article est extraict , obseruée au Conseil de marine.*

2. *Mais les Parlemens de Bourdeaux & de Rouën jugent tout autrement.*

3. *Raisons contraires à la disposition de l'Ordonnance.*

4. *Le droict Romain & d'Espagne en matière de recousses.*

5. *L'Ordonnance ne peut estre appliquée aux recousses faites sur les Pirates.*

6. *Recousse faite par l'estranger bonne pour luy.*

1. Cet article extraict sur l'Ordonnance fut obserué suiuant la lettre , par diuers jugemens de S. E. Monseigneur le Cardinal Duc de Richelieu , pendant la guer-

re & le fiege de la Rochele.

2. Mais les Parlemens de Bourdeaux & de Rouën reprouuent cette prefcription de 24. heures, & ont toufiours iugé le contraire, concernant les nauires & marchandifes appartenant aux François, recous par les François qu'ils n'eftiment pas deuoir eftre fujets au droiɕ de
guerre ; ains eftant retirez des mains, & du pouuoir des
ennemis, des Pirates ou rebelles, doiuent eftre rendus fidelement à ceux aufquels elles apartiennent, en payant
toutesfois les fraix de la recouffe.

3. C'eft la decifion de la loy *Mulier in ofus. D. captiuis &*
Poftliminio, & la raifon *in lege ab hoftibus capti.* C. *Poftliminio,*
reuerfis, receptos enim eos non captos iudicare debemus, & militem
noftrum defenforem eorum effe decet non Dominum, difent les Empereurs *Diocletian & Maximian:* en telles recouffes. *Ediɕto aui-*
ti Domini ad res fuas nofcendas recipiendafque præftita die vocabantur
diɕt. Tite liue. lib. 3. & 10. Decadis primæ.

4. Comme auffi en Efpagne les chofes recouffes font
fidelement renduës aux propriezaires anciens fi les nauires du Roy les ont reprinfes, *por la obligation que tiene el Rey de*
defender y gardar fus fubditos y la mar de coffarios y librarlos dellos,
por los derechos Reales, que por efto lleua.

Et n'importe de quelle façon la recouffe, ou le recouurement foit fait par force, par fineffe, ou par traiɕté de
comerce. *l. 1. § non quærimus. D. fi quis omiffa caufa teftamenti*,
mais la finance du rachapt doit eftre reftituée. *l. ab hoftibus.*
Cod. *de poftliminio reuerfis.*

C'eft ainfi qu'il fut jugé au Parlement de Bourdeaux en
la caufe de François de la Confourque, contre le fieur
de Sambray Gouuerneur & Garde-cofte de Launay en
Bretagne, par Arreft du 11. Decembre 1628. Plaidant
Lauuergnac de Taudias pour la Confourque, & Cleirac
pour le fieur de Sambray. Prefident Monfieur d'Affis, &
par autre Atreft du 15. Feurier 1629. plaidant, Cleirac

pour vn marchand & maiſtre de nauire Zelandois, Corbies le jeune pour des Portugais naturaliſez : Et il ſe juge
le meſme au Parlement de Rouen, lequel n'a non plus
aprouué ou verifié cette Ordonnance. *Charondas au liure 7.*
de ſes reſponces chap. 2 2 3. ce qui eſt fort iuſte ſuiuant le raiſonnement de *Couarruuias, in relectione capitis peccatum. De re-*
gulis juris in ſexto. §. 1 1. De captis in bello num. 7.

5. Vient à remarquer que l'Ordonnance parle des
Ennemis & non pas des Pirates, ou Rebelles, leſquels de
droit ne peuuent iamais faire perdre la proprieté du legitime Seigneur, n'y preſcrire contre luy. *l. ſequitur. §. 17. D.*
vſurpationibus & vſucapionibus, & la loy *Mulier in opus. D. capti-*
uis & poſtliminio. l. poſtliminium. §. à Piratis. D. eodem Tit.

6. Toutesfois la repriſe faite par vn Eſtranger ſur
les Pirates eſt bonne pour luy · comme il fut jugé par Arreſt d'Audiance au Parlemement de Bourdeaux, confir-
matif d'vne Sentence du Iuge de l'Admirauté de Guyenne, le 8. Mars 1635. Plaidant la Iaunie pour vn marchand
Breton appellant, lequel vendiquoit vn nauire que les
Turcs d'Affrique auoient prins ſur luy trois mois auparauant, Hugon pour le Capitaine de marine Hollandois
iorhimé ; Monſieur d'Agueſſeaux Preſident, l'apel fut ſimplement mis au neant.

XXXV.

Maiſtres, Pilotes, contre-Maiſtres, ou Gouuerneurs, & autres ayant charge des Nauires, ſont
tenus ramener leſdits nauires & leurs prinſes au
port duquel ils ſont partis pour faire leurdit voyage, & au lieu de leur reſte, ſur peine d'amande arbitraire, & de perdre tous les droits qu'ils auront

en la prife & butin, & outre de punition corporelle. Si non que par force d'ennemis, ou par tempefte ils fuffent contraints eux fauuer en autre port;
Efquels cas feront tenus eftant arriuez efdits autres
ports & haures, aduertir les Officiers de l'Admirauté, pour eftre prefens à l'inuentaire defdites marchandifes auant qu'en defcharger aucune, & en
raporter verbal ou certificat defdits Officiers, efdits haures dont ils font partis, pour eftre deliuré
aufdits marchands proprietaires & victuailleurs:
ce qui a lieu en femblable pour les nauires marchands qui font voyage hors le Royaume, ou dans
iceluy.

Ordonn. 1584. article 43.

1. *Le Nauire doit eftre ramené au mefme lieu de fon de-*
   part.

2. *Le Maiftre qui ne peut faire porter les marchandifes par*
   le vice ou le defaut de fon nauire, eft tenu d'en freter
   vn autre à fes defpens.

3. *Priuilege des Ports de Lisbonne & de Seuille.*

4. *Le fujet pour lequel deux Naos ou Carraques de Por-*
   tugal, & fept Galions ou Nauires de Guerre qui leur
   faifoient efcorte, fe vindrent perdre fur les coftes de
   Guyenne le mois de Ianuier 1627.

5. *Le Roy & la Reyne de Portugal font porter tout le poi-*

ure, la muſcade, & le cloud de geroſle à leur compte, ſans qu'aucun particulier en puiſſe faire venir.

6. *Le Roy d'Eſpagne prend le cinquieſme de toutes mar-*
chandiſes venant des Indes.

1. Toutes les loix & couſtumes de la mer qui ſont à
preſent en vſage, ſont conformes & d'accord, en ce que
le Capitaine, le Pilote, le Maiſtre, les Officiers, Compagnons & Matelots, ſont tenus de ramener le nauire au
meſme lieu du depart ou ſortie, le comancement & la fin
ou l'accompliſſement du voyage aboutiſſent au meſme
lieu s'ils ne ſont autrement accordez, jugement d'Oleron d'ix-huictieſme.

2. Par les Ordonnances de *Vuisbuy* articles 31. & 35.
il eſt dit que ſi le nauire manque par ſon defaut, & ne
peut parfaire le voyage entreprins, le Maiſtre eſt tenu
de faire porter à ſes deſpens les marchandiſes en autres
vaiſſeaux iuſques au lieu qu'il s'eſt obligé, & pour cette
auarie ne peut demander autre choſe que le premier fret
conuenu pour ſon nauire: D'abondant que ſi les compagnons ou matelots pour leurs neceſſitez veulent eſtre payez auant main, ou par auance de tout leur loyer, ils doiuent bailler caution pour l'accompliſſement & perfection
du voyage, & qu'ils ſeruiront iuſques à ce que le Nauire
ſoit ramené au propre lieu du depart. *jugement d'Oleron*
18.

3. Les Caſtillans & les Portugais obſeruent religieuſement vne couſtume qu'ils tiennent pour grand priuilege: Sçauoir eſt que tous vaiſſeaux voyageans aux Indes
Orientales, doiuent partir de Lisbone en Portugal, & reuenir faire leur deſcharge au retour dans le meſme Port:
Et pour les Indes Occidentales les nauires doiuent partir, & au retour faire la deſcharge à Seuille.

En telle forte, que pluſtoſt qu'enfraindre ou fauſſer ce priuilege, les Portugais & Caſtillans prefereront pluſtoſt riſquer le naufrage, que ſouffrir la deſcharge eſtre faite ailleurs.

Et de fait les deux Naos ou Carraques qui firent naufrage ſur la coſte de Guyenne, l'vne au lez de ſainĉte Helene de l'eſtang en Medoc, l'autre, & la moindre à Cap Berton le mois de Ianuier 1627. eſtoient heureuſement & ſainement arriuées au Port de la *Couronne* en Galice, le Roy & la Reyne Catholiques eſtoient les plus intereſſez en leur carguaiſon ; car toutes les eſpiceries de poiure, noix muſcades, cloud de gerofle qui eſtoit la plus grande charge, apartenoit enſemble ſes vaiſſeaux à leurs Majeſtez en propre, nul autre n'en pouuant faire venir qu'eux ; de la canelle, de la lacque ou cire ardente, des ſoyes, de la toile de cotton, de la vaiſſele de la Chine, des perles & des biſails de diamans, enſemble de tout le reſte des marchandiſes, la cinquieſme partie eſtoit deüe au Roy pour ſon droit d'Admirauté, lequel par ce moyen eſtoit le plus intereſſé.

Toutesfois les Portugais furent tant jaloux de leur priuilege, qu'ils aymerent mieux riſquer, & prendre l'hazard du naufrage qui leur arriua, que de faire breche, ou deſroger à iceluy en deſchargeât autre part qu'à Lisbone : nonobſtant que la *Couronne* où c'eſt qu'ils eſtoient paruenus, fut lors de la meſme domination d'Eſpagne.

XXXVI.

Nul marchand, ou autre perſonne de quelque qualité ou condition que ſoit, ne peut acquerir, achepter, eſchanger ou prendre, ſoit en payement

ou

ou par don, foubs quelque couleur ou pretexte que ce foit, ne receler ou occulter par eux ou autres directement ou indirectement les marchandifes ou biens depredez & amenez de la mer auant que Monfieur l'Admiral ou fon Lieutenant ait declaré les prinfes bonnes, & juftes, de bon & licité gain.

Ordonnance 1581. *article* 49.

***

1. *Les recelateurs font les pires larrons.*
2. *Aux recelateurs & agreffeurs tout le crime eft imputé.*

1. Les recelateurs font les pires larrons, & la raifon eft donnée par le Iurifconfulte Vlpian, *In lege congruit D. officio Præfidis. quia fine receptatore latro diutius latere non poteft.* C'eft pourquoy par le Droict les recelateurs font eftimez plus coulpables & plus criminels que le larron ; & à l'inftar des agreffeurs tout le mesfait leur eft imputé, *l. quo naufragium §. 3. D. incendio, Ruina, Naufragio,* & pour les Agreffeurs, *l. quoniam multa facinora, C. ad legem Iuliam, De vi publica. Mornac. ad legem primam. §. cum arietes. D. Si quadrupes pauperiem.* Ordonnance de l'Ordre de Sainct Iean de Hierufalem au titre des Galeres, article 10.

XXXVII.

Si les preneurs en leur voyage auoient enfondré aucun nauire, ou noyé les corps des prifonniers, ou iceux prifonniers defcendus à terre en au-

cune lointaine coſte, pour celer le larrecin & meſ-
fait : ou s'ils ont rançonné les paſſans ou amis,
Monſieur l'Admiral en doit faire punition & juſtice ſelon les cas, ſans aucun delay, ſans deport ou
faueur.

*Ordonnance 1400. article 7. 1517. article 5. 1543. art.
22. 1584. article 35.*

XXXVI.

Iuges & Officiers de l'Admirauté à la Table de
marbre, peuuent euoquer & prendre connoiſſance de premiere inſtance des cauſes qui excedent la
valeur de mille eſcus, à trois liures piece. Et ſi aux
Iuges inferieurs aduient matiere de grand prix, &
que les Iuges veiſſent qu'ils ne peuuent eſtre obeys
ou recouurer du conſeil pour faire le jugement, les
pourront renuoyer s'ils voyent que bon ſoit auec
les parties au Siege de la Table de marbre.

*Ordonn. 1400. article 14. 1517. article 2. 1543. article
36. Ordonn. Du mois de Mars 1584. artiele 11. & 13.*

1.　*Euocation eſt propre des Iuges Souuerains.*
2.　*Ionction d'inſtances.*

1. C'eſt grand priuilege des Sieges de l'Admirauté, à la Table de Marbre, de pouuoir euoquer les cauſes introduites & pendétes aux Sieges Subalternes, attendu que regulierement l'euocation eſt traict & faculté des Iuges Souuerains : & de faict par l'Ordonnance Meſſieurs des Requeſtes de l'hoſtel ou du Palais ne peuuent euoquer, quoy qu'ils s'en aydent & le faſſent ſouuent, ny pareillement les Seneſchaux ou Iuges Preſidiaux. *Ordonnance de Blois article 148. Ediĉt des Preſidiaux 1551. article 44. Rebaffé ſur les Ordonnances Traĉtatu de Euocationibus. Mornac ad legem 54. D. Iudicijs.*

2. Bien peuuent leſdits ſieurs joindre vne inſtance pendante deuant le Iuge inferieur, à vne autre inſtance pendante deuant eux s'il y a de la connexité eſdites cauſes, & cependant faire inhibitions & defences, tant aux Iuges inferieurs d'en prendre connoiſſance, qu'aux parties de ſe poouoir ailleurs que pardeuant eux, toutesfois ce doit eſtre auec moderation, & ſans vſer du terme *D'euocation.*

X X X I X.

A Monſieur l'Admiral & aux Officiers de l'Admirauté apartient la connoiſſance, juriſdiĉtion, & definition de tous crimes, deliĉts, & malefices commis, tant durant la guerre, & à l'occaſion d'icelle, que pareillement pour le faict de marchandiſe peſcherie & autres choſes quelconques, ſutuenant ſur mer & par les greues d'icelle, laquelle connoiſſance eſt interdite à tous autres Iuges.

Ordonnance 1400. *art.* 1. 1543. *art.* 1. 1584. *art.* 2. *cy deſſus en l'article* 1. *& * 20.

XL.

Peuuent les Officiers de l'Admirauté mettre & tenir les priſonniers en toutes priſons, ſoit Royales ou des Seigneurs prochains, des Ports ou Coſtes de la mer.

Ordonnance 1517. *article* 14. 1543. *article* 5. *du* 6. *Aouſt* 1582. *du mois de Mars* 1584. *art.* 13.

1.　*Toutes les priſons ſont au* Roy, *& à la viſitation des Officiers Royaux.*

1.　Toutes priſons en France ſont au Roy, & doiuent eſtre veuës, corrigées & reformées à l'Ordonnance des Iuges Royaux, Bacquet des droicts de Iuſtice, chap. 18. nombre 8. & ſuiuans: cy deſſous au titre, Des droicts & Preéminances de l'Admiral de France article 9.

XLI.

De toutes les prinſes qui ſe feront ſur mer, deux ou trois des plus apparans des priſonniers ſeront amenez à terre deuers Monſieur l'Admiral, Viſadmiral, ou Lieutenant, pour au pluſtoſt que faire ſe pourra, eftre par luy examinez & ouys, auant que aucune chofe defdites prinfes foit defcenduë, afin de fçauoir le pays d'où ils feront, à qui appartiennent les nauires, & biens d'iceux. Pour fi la prinfe eft trouuée auoir efté bien faite, telle la declarer: finon, & ou elle fe trouueroit mal faite, la faire reftituer à qui elle appartiendra : & en cas qu'il n'y ait moyen d'amenerdes prifonniers, conuient s'informer auec les preneurs chacun d'eux à part, & faire vifiter la nef & marchandifes prinfes à gens à ce connoiffans.

1. Ordonnance 1400. article 4. 1543. art. 20. & 21. 1584. art. 33. & 34.

XLII.

Les amandes adjugées és Cours & Iurifdictions ordinaires & de premiere inftance, appartienent entierement à Monfieur l'Admiral. Et quand à celles qui feront adjugées és Iurifdictions de la table de marbre, la moitié en appartient au Roy, & l'autre moitié audit Seigneur Admiral.

1. Ordonn. 1400. article 15. 1517. article 12. 1543. article. 4. 1584. article. 12, & 14.

XXXIII.

Contre les Piratès & autres gens frequentans la mer pour leurs aduantures, les condamnations d'amandes seront executées nonobstant l'appel jusques à la somme de huict escus vn tiers.

Ordonn. 1562. article 52. 1537. 1584. art. 52.

XXXIV.

Il est defendu à tous Huissiers & autres de donner aucunes assignations des choses depédentes du faict de la marine trafic & commerce d'icelle pardeuant autres Iuges que de l'Admirauté, sur peine de dix escus d'amande, au payement de laquelle les contreuenans seront constrains par emprisonnement de leur personnes, nonobstant oppositions ou appellations quelconques, & sans preiudice d'icelles.

Ordonn. 1582. Ordonn. 1629. article 448.

XLV.

Les condamnéz peuuent estre constrains par prinse & confiscation de corps & de biens, & autrement ainsi qu'il appartiendra & verra estre à faire, jusques à ce qu'ils ait obey.

XLVI.

Les appointemens ou jugemens interlocutoires lefquels fe pourront reparer en definitiue des procez, s'il en eft apellé feront executoires, quant à la reftitution des biens reaument & de faict, contre les Pirates, & Aduanturiers, nonobftant oppofitions ou appellations quelconques, & fans preiudice d'icelles, en baillant toutesfois caution par lefdits marchands de rendre & reftituer, ce que par Iuftice en definitiue fera ordonné, & pour le regard des condamnations d'amande feront executées nonobftant l'appel, iufques à la fomme de huict efcus vn tiers.

Ordonnance 1543. article 37. 1584. articl: 32.

I. *Garnir la main.*

1. Ces matieres de recreance & de garnifon de main pendant le procez foubs caution, font affez frequentes & notoires, & s'adjugent ordinairement à celle des parties qui a le plus clair & le plus euidant droict. Ordonnance du Roy François premier 1539. article 68. *Stilus curiæ Parlamenti parte prima cap. 1 3. §. 1 2.*

XLVII.

Les Sentences & Iugemens qui feront données

contre les deferteurs, & les compagnons qui quittent le voyage encommancé font auctorifées pour
eftre reaument & de faict executées, nonobftant
l'appel, comme s'ils eftoient arreftez en Cour Sou-
ueraine: àla charge toutesfois d'appeller fix Aduocats ou notables perfonnages de Confeil qui feront venir par deuers eux les prifonniers & les
oyront par leur bouche, & figneront le *Dictum* auec
le Iuge, lefquels jugemens ne feront cencez ny reputez concluds ou arreftez s'ils ne paffent de deux
opinions pour le moins.

Ordonnance 1498. art. 76.
Ordonnance 1584. *article* 64.

XLVIII.

Aux Iurifdictions ordinaires les Sentences feront
executoires nonobftant l'appel, au defoubs & iufques à la fomme de deux efcus, & en la Iurifdiction
de la table de marbre, au defoubs & iufques à quatre efcus, fans appel.

Ordonnance 1562. *article* 53. 1584. *art.* 53.

PRIVILE-

*PRIVILEGES DES OFFICIERS ET GENS
DE MARINE.*

XLIX.

Les Capitaines Garde-cofte, ifles, ports & haures, enfemble les autres Capitaines, Commiffaires & Conterroleurs de la marine, & tous autres
Officiers couchez & employez en l'eftat d'icelle,
font exempts du ban & riere-ban, maintenus en
tous autres priuileges, defquels ceux de la marine
ont accouftumé de jouyr.

Ordonnance 1584. *art.* 9. *&* 11.

~~~~~~

1. *Denombrement des anciens priuileges des Officiers &*
   gens de marine.
2. *Des loix Iulia & Papia.*
3. *Taxe du loyer des mariniers fur les grains qu'ils ame-*
   noient d'Alexandrie.
4. *Taille qui fe payoit en efpece.*
5. *Autres priuileges.*
6. *Les honorables marchands qui mettent à la mer, &*
   qui font venir les viures, doiuent auoir, ou jouyr
   des mefmes priuileges.
7. *En Guerre les mariniers font foldats, & jouyffent des*

Ppp

méfmes priuileges.

1. Les autres priuileges des Officiers & gens de marine employez, & trauaillans pour amener les victuailles & prouifions à Rome ou à Conftantinople font declarez en la loy cinquiefme, *de jure immunitatis. lib.* 50. *D.* & au Code Theodofien foufle titre *de Nauicularijs*, principalement en la loy feptiefme en ces termes.

Imperator Conftantius Nauicularijs Orientis.

Pro commoditate vrbis quam æterno nomine jubente Deo donauimus. Hæc vobis priuilegia credidimus deferenda. 1. *Vt Nauicularij omnes à ciuilibus muxeribus & honoribus, & obfequijs habeantur immunes.* 2. *Et ne honores quidem ciuicos, ex quibus aliquod incommodum fentiant fubire cogantur.* 3. *Ab adminiftratione Tutelæ fiue legitima, fiue eius quam Magiftratus aut Prouinciæ rectores iungunt habeantur immunes.* 4. *Et vacatione legis Iuliæ & Papiæ potiantur : vt etiam nullis interuenientibus liberis & viri ex teftamento uxorum folidum capiant, & ad uxores integra voluntas perueniat maritorum.* 5. *De proprietate, etiam vel hæreditate, vel qualibet alia ciuili caufa pulfati, nec ex refcripto quidem noftro ad extraordinarium judicium euocentur, fed agentibus in fuo foro refpondeant.* 6. *Et ad exemplum Alexandrini ftoli quaternas in frumento centefimas confequantur, ac præterea per fingula millia fingulos folidos : vt his omnibus animati, & nihil pene de fuis facultatibus expendentes cura fua frequentent maritimos commeatus.*

2. Par la loy *Iulia de Maritandis ordinibus*, eftoit ordonné & commandé que chacun fe mariat auec perfonne fortable à fa condition, & par la loy *Papia Poppæa*, que le mary & la femme qui contractoient mariage fuffent d'aage conuenable à faire des enfans, propofant de grands priuileges aux peres de plufieurs enfans : defquelles loix

Monſieur Briſſon à doctement traicté. *libro ſingulari. De jure con-*
nubiorum. Item lib. 19. *De verborum ſignificat.*

3. ET AD EXEMPLVM ALEXANDRINI
STOLI. ϛόλος *ideſt claſſis.* C'eſt le droit, ou la taxe du loyer, ou fret des mariniers de la flote d'Alexandrie, à pré-
dre ſur les grains qu'ils portoient de prouiſion de ladite
ville Metropolitaine d'Egypte, & autres lieux aux villes
de Rome & de Conſtantinople ; outre lequel droit ils
jouyſſoient de grands domaines, francs & immunes de
toutes charges & preſtations, *toto titulo de prædÿs Nauicula-*
riorum. Cod.

4. *Popı'o alendo conferebant Prouinciales frumentum oleum,*
porcinam, Bubulam, & hoc eſt quod dicebatur Canon & Commea-
tus populi Romani : De Canone frumentario vrbis Romæ. lib. 11.
Cod.

5. Autres priuileges leur furent concedez ez loix
cinquieſme & dix-ſeptieſme ſous le meſme titre au *Cod.*
Theodoſ. 7. *vt à conlationibus, & omnibus oblationibus integris patri-*
monÿs Nauiculariũ munus exerceant 8. *Naues quoque eorum (quan-*
tæcunque fuerint) ad aliud munus ipſis inuitis teneri non conuenit ad
quodcunque littus acceſſerint 9. *delatam vobis à Diuo Conſtantino, &*
Iuliano Principibus æternis, Equeſtris ordinis dignitatem nos firma-
mus. lege 16. *De Nauiculariÿs Cod. Theodoſ.* 10. *Iudæorum Corpus &*
Samaritanorum ad Nauiculariam functionem non jure vocari cognoſ-
citur. neque inopes vilibuſque occupati comercÿs. l. 18. *eod. Tit.*
11. *Solos Nauicularios à vectigali præſtatione immunes eſſe præcipi-*
mus. l. 23. *eod. Titulo.*

6. Les marchands qui *annonam vrbis adiuuant,* leſquels
font venir les grains & autres prouiſions à leurs deſpens
& riſques, doiuent jouyr des meſmes priuileges des gens
de marine. *l. ſemper. §. negotiatores. D. jure immunitatis,* pourueu que ce ne ſoit des reuendeurs qui acheptent ſur le
port pour reuendre au marché. *§. licet, eadem lege.*

7. *In claſſibus omnes Nautæ milites ſunt, & jure militari teſtari*

posse nulla dubitatio est. dit *Vlpian* en la loy vnique D. *bonorum possessione ex testamento militis.*

L.

Les Officiers employez en l'estat de la marine, qui ont fait seruice au Roy, sont exempts de toutes tailles, ceux qui leur succedent & seront nouuellement reçeus, joüiront jusques à vingt liures d'exemption.

Edict du Roy Louys XIII. *du mois de Iuin* 1614. *article* 21.

1. Conditions requises pour jouyr de l'exemption des tailles.
2. Priuilege des villes maritimes,
3. Priuilege des Parroisses scituées à demy lieuë de la mer.

1. Pour jouir de l'exemption des tailles les Officiers doiuent estre couchez sur l'estat, seruans actuellement, & payez des gages: Et tous les ans lesdits estats contenant le nom & surnom, lieu du domicile desdits Officiers doiuent estre envoyez à la Cour des Aydes, signé du Tresorier pour y auoir recours. *Mornac. ad legem* 16. D. *legibus & Senatus-Consultis.*

2. Les villes maritimes & frontieres doiuent iouyr des priuileges, exemptions, abonnemens & afranchissemens, dont elles ont iouy auant l'Edict du mois de Ian-

uier 1634. lequel est reuocqué à ce regard. *Arrest du Conseil donné à Chantili le Roy y estant, en datte du vingt-sixiesme Iuillet 1634. enregistré au Bureau des Treseriers à Bourdeaux, le 3. Aoust audit an 1634.*

3. Les gens de guerre tant de Caualerie que d'Infanterie, ne peuuent loger ez Parroisses scituées proches, & à demy lieuë loing de la mer : prendre, leuer, n'y exiger aucunes estapes sur les habitans d'icelles ; d'autant qu'elles sont obligées, & ont accoustumé de faire le guet & la garde le long des costes de la mer. *Lettres de Declaration du Roy en datte du dernier Feurier 1625.*

L I.

Ceux qui fairont construire nauires excedans le port de trois cens thonneaux, seront gratifiez de deniers, ou autres priuileges par l'aduis de Monsieur l'Admiral, selon la grandeur desdits vaisseaux.

Ordonnance 1584. article 72.

1. *Ancien priuilege de ceux qui faisoient jadis bastir des grands vaisseaux.*
2. *Les Senateurs Romains ne pouuoient posseder, ou tenir en propre que des barques ou moindres nauires.*
3. *Les Ordonnances prometent des gros presens & recompenses à ceux qui font construire des Carraques du port de six cens thonneaux ou dauantage.*

1.   Iadis à Rome les Latins, lesquels estoient de condition quasi semblable aux hommes questaus, ou mainmortables d'apresent ; En leur viuant ils estoient en quelque sorte de liberté, mais ils mouroient esclaues : Neantmoins quand vn Latin faisoit bastir quelque beau nauire il deuenoit Citoyen Romain, capable de tenir offices & dignitez, & en plaine liberté de pouuoir tester & disposer de son bien : *latini multis modis consequuntur ciuitatem Romanam, vt si quis nauem ædificauerit duorum millium modiorum capacem*, dit le Iurisconsulte *Vlpian* en ses Institutes. *Titulo de Latinis. num 6.*

2.   Toutesfois les Patrices ou Senateurs de Rome ne pouuoient posseder ou tenir en propre, si ce n'est des barques ou moindres vaisseaux. *lege 3. D. vacatione munerum, ne quis Senator maritimam Nauem, quæ plus quam trecentarum amphorarum esset haberet : Quæstus omnis Indecoras Patribus visus est. Limius. lib. 1. Decadis tertiæ.*

LII.

Nul Tauernier, Hostelier, ou autre ne pourra pour despense de bouche, ou pour prest d'argent, prendre en gage, n'y par vente, aucunes armes, equipage, ou hardes des soldats ou mariniers : si ce n'est par le congé du Capitaine, ou du Maistre qui en aura respondu, sur peine de perdre ce qui aura esté par lesdits Tauerniers & Hostes baillé & presté, & de rendre lesdites hardes.

Ordonn. 1555. & 1584. article 63.

1. La Politique & la Morale, n'aprouuent pas l'engagement des choses necessaires à meriter & gaigner la vie.

2. Ce que par priuilege ne doit estre saisi par justice, ne peut estre valablement engagé.

3. Membres des laboureurs, des artisans, des soldats & des escholiers.

4. Les instrumens necessaires pour gagner la vie, viennent sous le nom d'Armes.

5. Marinier estant en expedition ou in procinctu, ne doit estre arresté prisonnier pour debtes ciuils.

6. Obseruance d'Espagne pour ce sujet.

1. La Iustice n'aprouue point, & souffre mal volontiers que le laboureur engage les instrumens aratoires, l'artisan les outils de son mestier, le soldat ses armes, & l'escholier ses liures; veu mesme qu'elle restraint sa puissance sur telles choses, elle en refuse l'execution, & deffend fort estroitement à ses Huissiers & Sergens de porter les mains sur icelles. l. executores. C. quæ res pignari obligari possunt, vel non, Authentica. nullum credentem Agricolæ collatione. 4. Ordonnance du Roy Henry le Grand du 16. Mars 1595. Rebuff. de literis obligatorijs articulo 2. num. 94. Moruac ad legem. Si filius familias. C. familiæ herisсundæ.

2. D'ou se tire vne consequence, que les choses qui ne peuuent pas estre executées, ou saisies par main de Iustice ne peuuent pas estre bonnement engagées.

3. Les instrumens aratoires, les armes, & les liures sont censez les membres des laboureurs, des soldats, &

des efcholiers, fuiuant le raifonnement de Ciceron en fes Offices. C'eft pourquoy les vns & les autres n'ont pas la faculté d'en abufer. *l. liber homo. D. ad legem Aquiliam. Canone. Si non licet* 23. *quæft.* 5. *Mornac ad legem vltimam.* §. *fin autem. Cod. ad. S. C. Macedonianum.* D'abondant le but principal de ces chofes eft le feruice du public, & le tout vient fous la denomination d'Armes.

4. *Quæ fint duris agreftibus arma*, dit *Virgile, fecundo Georgicorum. Arma Rhetoricarum difciplinarum*, dit *Gellius cap.* 3. *lib.* 7. les apparaus de nauiguer font nommez *armamenta, armamentum*, les armes font facrées, & partant doiuent eftre tenuës hors la friponnerie du comerce des Cabaretiers & Tauerniers, *Authentica. De armis. collatione fexta. glofa ad Rubricam de fabricenfibus. lib.* 11. *Cod.*

5. Par l'Ordonnance de *Vvisbuy article* 6. il eft deffendu d'arrefter prifonnier le Maiftre, le Pilote, contre-Maiftre & matelots, & les prendre dans le nauire pour debte ciuil lors qu'ils font en voyage, ou prefts de le faire: d'autant qu'ils font confiderez comme gens qui vont en Foire, aufquels nul ne doit porter empefchement ou nuifance, mais doiuent eftre en toute feureté tant allant, fejournant, que venant. *l.* 1. *De Nauicularijs lib.* 11. *Cod. & l. vnica. Cod Nundinis. M. Louis Guicciardin en fa defcription d'Anuers.* Les creanciers peuuent feulement faire arrefter & faifir les danrées, qu'ils trouueront dans le bord appartenant à leurs debiteurs, fauf les armes & apparaus.

6. Les Ordonnances du Roy Philippe fecond des Efpagnes de l'an 1563. article 20. veulent que nul Officier ou matelot puiffe eftre arrefté prifonnier pour debte ciuil. Lors, & fur le point que le nauire eft preft à faire voile, bien eft permis d'executer fes biens & faifir fes loyers: Et en cas que lefdits biens & loyers ne valent le deub, le creancier le peut arrefter prifonnier, en toutesfois fourniffant par prealable vn autre perfonnage auffi

capable

capable au contentement du Maiſtre & non autrement,
afin que le voyage ne ſoit pas rōpu ou retardé : M. Lau-
rens Bouchel en ſa Bibliotheque ou Treſor du Droict
François. *In verbo*, Commandement de payer. Cite à ce ſujet vn Arreſt du Parlement de Paris du 2. de May 1535.
par lequel l'execution & prinſe faite d'vn certain debiteur eſtant en vn nauire fut jugée tortionnaire ; l'executant condamné aux deſpens, dommages, & intereſts, pour
autant que les commandemens auoient eſté faits lors que
le debiteur eſtoit entré au vaiſſeau ſe preparant à ſe garantir en temps de guerre : *quaſi interpellatus non opportuno loco*
l. Mora D. vſuris.

L I I I.

Nul ne peut bailler à profit aux mariniers ('c'eſt
à dire leur preſter à la groſſe aduanture) ou prendre
d'eux par poliſſe d'aſſeurance plus grand ſomme
qu'il ne leur eſt requis pour leur voyage ; ce qui eſt
defendu, tant au bailleur que preneur, ſur peine
de perdition dudit argent, & de dix eſcus d'amande, aplicable moitié au denonciateur, & le reſte à
Monſieur l'Admiral : ny pareillement d'en bailler
ou prendre qu'en la preſence & du conſentement
du Maiſtre du nauire, & principal Bourgeois, dont
ſera par eux fait regiſtre, pour y auoir recours ſi beſoin eſt.

Ordonnance 1584. *article* 95. *Ordonnance de la Hanſe-*
theutonique articl. 55.

1. Les marchands & mariniers ne peuuent emprompter plus d'argent, ou se faire asseurer plus que ne vaut l'expedition.

2. Ceux qui nauigent aux Indes ne peuuent emprompter ou asseurer plus haut que au tiers.

3. En Europe les neuf dixiesmes de la cargaison.

4. En la mer mediterranéc des huict pars les sept.

5. Compagnons ne peuuent asseurer leurs loyers.

6. Mariniers ne juoyssent d'aucune exemption s'ils ne sont receus Officiers, ny pareillement les Officiers de nom & sans effet.

1. Le marchand chargeur, ou le marinier empruntant plus d'argent qu'ils ne peuuent esperer de profit en leur voyage, sont suspects & presumés attendre plus de lucre & d'aduantage à la perte & naufrage du Vaisseau, qu'à la conseruation & à la prospere Nauigation. *Guidon. chap.* 20. *article* 10.

2. C'est pourquoy par les Ordonnances d'Espagne de la nauigation des Indes de l'an 1587. les Bourgeois, les maistres, & marchands, ou les mariniers ne peuuent prendre d'argent à profit ou se faire asseurer plus haut que du tiers de la valeur du nauire, marchandises ou loyer des compagnons.

3. Et aux voyages en Europe, les Bourgeois ou les Marchands, ne peuuent emprunter ny asseurer que jusques à la valeur des neuf dixiesmes du nauire & marchandises:car ils doiuent risquer vn dixiesme. En la mer du Leuant des huict pars les sept, & les estrangers des quatre parts les trois Consulat chap. 340.

5. Par les affeurances d'Anuers article 9. Nul Mai-ftre Pilote, Officier ou Matelot, peut faire affeurer fes gages ou loyers.

6. Au demeurant les mariniers ne font pas confide-rez, & ne jouyffent d'aucune immunité ou priuilege, juf-ques à ce qu'ils ayent merité pour eftre receus Officiers, *l. 1. D. iure immunitatis*, ny pareillement ceux qui font Offi-ciers de nom & en apparence fans exercice, ou par forme d'acquit fans effet, *l. femper §. 5. & fequent. D. eodem Titulo l. fancimus. C. Reftitutionibus militum, & ibi Mornac:* C'eft pour-quoy,

LIV.

Maiftres de nauire, Pilotes, & Lamaneurs feront examinez auant que d'eftre receus, & ne le doiuent eftre s'ils ne font trouuez capables : & les Lama-neurs feront réduits en chafque Port en nombre reglé & competant.

Ordonnance 1584. article 86. & 87. Ordonnance 1517. art. 21.

7. *La Mechanique.*

8. *Phyfique.*

9. *Painture.*

10. *Bon & ferme jugement.*

11. *Lamaneurs.*

12. *Menus Pilotages.*

13. *D'où deriue le nom de Lamaneur.*

1. L'art de nauiger confifte en la connoiffance & pratique de plufieurs nobles fciences, notamment de la Cofmographie, & des Mathematiques.

2. Les Maiftres & Pilotes doiuent entendre particulierement l'Aftronomie, en ce qui eft du mouuement du Soleil, entant qu'il approche ou qu'il decline tous les iours de la ligne Equinoctiale, fon cours diurnel fur l'horifon, & fur les Rumbs de la rofe ou compas, le mouuement de la Lune pour les marées, & des gardes du Pole qui font la pe.ite Ourfe, pour la nuict, l'vfage de l'Aftrolabe, & de l'Arbaleftille.

3. La Geometrie pour defcouurir & trouuer les diftances, veuës & non veuës.

4. La Trigonometrie ou mefure des triangles.

5. Les Meteores pour preuoir les orages entant qu'il fe peut faire.

6. De l'Arithmetique fans laquelle les autres Mathematiques ne peuuent bonnement operer, ils en ont befoin pour faire la fuppuration de leurs routes : & d'abondant leurs comptes & repartimens en cas de iect ou d'auaries.

7. La mechanique pour le facile remuement des gros fardeaux, & pour dreffer & bien adiufter les inftrumens Meteorofcopes qui leur feruent à prendre les hauteurs.

8. La connoiſſance des choſes naturelles, entre autres les qualités de la Pierre d'Aimant, & la variation de l'aiguille aimantée.

9. Comme auſſi la painture, en tout cas l'exercice du crayon leur eſt neceſſaire.

10. Et ſur tout vn bon & ſolide iugement, car ce ne ſont pas matieres pour des ſots, c'eſt pourquoy l'Ordonnance les oblige de ſouffrir l'examen auant que d'eſtre receus Maiſtres, Pilotes, ou Contre-Maiſtres, & veut qu'ils ſoient trouuez capables.

11. LAMANEVRS, ſont Pilotes & Guides des Riuieres & Havres particuliers, que les Maiſtres de nauire & Pilotes eſtrangers lors qu'ils ne connoiſſent pas les routes & dangers deſdites riuieres & havres ſont obligez de prendre & louer pour les conduire & touer.

12. Et c'eſt ce qui eſt nommé dans les charte-parties, *Menus Pilotages,* Le Guidon eſtime que Lamaneur eſt ainſi nommé, *Quaſi laborans manibus,* χειρέμβολ☉ *qui manu res apprehendit:* par les Iugemens d'Oleron article 24. ils ſont nommez *Locmans,* qui eſt à dire habitans ſur le lieu. L'Empereur Conſtantius nomme *Leuamentarios,* ceux qui faiſoient alternatiuement les voyages au ſoulagement l'vn apres l'autre, *l. 1. & l. commoda, de Nauicularijs Cod. Theodoſiano.*

ARMEMENT DES NAVIRES.

LV.

Les nauires de trente à quarante tonneaux, doiuent eſtre equippez de douze hommes & deux pages auec deux doubles Barces, deux moyennes &

leurs munitions de poudres & de boulets, fix demi
piques, & quatre arquebuts ou arbaleftes garnies
de chofes neceffaires pour leurs exploicts.

Les nauires de cinquante à foixante tonneaux
feront equipez de dixhuict hommes, deux paffeuolans, quatre Barces & leur munition, fix piques,
autant de demi piques, & quatre arquebuts ou arbaleftes.

Les nauires de quatre vingts dix à cent tonneaux de trente fix hommes, deux pieces de grand
calibre, tirant boulets de baftarde, deux paffe-vo-
lans, & huict barces : douze piques, autant de demy piques, douze lances à feu, huict arquebuts ou
arbaleftes lefdits nauires bien pontez, bien pa-
uoifez.

Les nauires de cent dix à fix vings tonneaux, de
quarante cinq hommes auec deux cardinales, ou
autres pieces tirant boulet de baftarde : quatre paf-
fe-volans du nouueau calibre, douze barces, deux
douzaines de picques, vne douzaine de demy piques, vne douzaine de lances à feu, deux fauces
lances, dards de hune ferrez à fuffifance, vne douzaine d'arbaleftes ou arquebuts : ledit nauire auffi
bien ponté & pauoifé, & tous lefdits nauires foient
pour guerre ou pour marchandife, fournis de poudre & boulets neceffaires pour l'exploit de ladite
artillerie.

Et quand aux autres nauires feront equipez fui-

uänt le particulier reglement que Monfieur l'Admiral y pourra donner du plus plus , du moins
moins à proportion.

Ordonnance 1584. *article* 60.

1. *Inuention de l'artillerie & de la poudre à Canon.*

2. *L'vfage de l'artillerie fort rude en fon commancement.*

3. *Les Venitiens s'en feruirent les premiers en guerre, & fur Mer, mais ce fut fans effeêt.*

4. *Les ouuriers fe font eftudies d'en faire vn art.*

5. *Les nouuelles pieces decreditent & font mefconnoiftre les anciennes.*

6. *Bombardes , Cardinales , Paffeuolans & Berces.*

7. *Faux foldats , & Canons de Bois.*

8. *La jufte proportion de la charge & du calibre eft mef-connue.*

9. *Artillerie de fonte verte , canon, couleurine , baftar-de, moyenne.*

10. *Faucon , fauconneau.*

11. *Artillerie de fer coulé.*

12. *Artillerie de fer batu, & des boutefeux de l'amorce.*

13. *Connoiftre fa force & reconnoiftre fon ennemi.*

1. La poudre à canon & fon artillerie, font d'inuention affez moderne en Europe, ce fut enuiron l'an 1354.
qu'vn Alemand, perfonnage de petite eftoffe, & de baffe

condition en defcouurit le fecret fortuitement & fans l'a-
uoir premedité, fuiuant que le reprefente Polydore Ver-
gile, au liure fecond chapitre vnze, *De rerum Inuentoribus.*
Belle-Foreft en l'hiftoire du Roy de France Charles VI.
nomme cet Alemand Bertold le Noir. Et Pafquier au liure quatriefme de fes recherches chap. 22. declare fa condition ou qualité.

2. Cette maudite inuention qui deuoit eftre fupri-
mée en fa naiffance, fuiuant le defir & l'imagination de
l'Ariofte *Canto* 9. & 11. *d'Orlando Furiofo,* parut à fon commancement fort ruftre & mal traictable, & ceux qui la mettoient en practique fort mal adroicts : car c'eft l'ordinaire
de toutes chofes d'eftre groffieres en leur commancement. *Principium omne eft rude, fed tractu temporis in melius pro-
cedit, Ambrofius contra Symmachum.*

3. Les Venitiens en firent les premiers l'effay, en la
guerre qu'ils eurent auec les Genois en l'an 1380. au
combat qui fe paffa à leur defaduantage, *ad Foffam Clodiam,*
qu'on nomme à prefent *Chiofa,* comme dit *Sabellicus, Enneadis 9 lib.9.* mais ce fut fans effet, auffi n'auoient ils que
des petites pieces mal eftoffées, mal montées, pofées en
chantier, fur des petits bateaux, deftinez non pour affaillir ou pour l'ataque, mais pour la garde du Port *delle due
Caftelle,* pour en defendre l'abordage : comme il eft reprefenté en l'hiftoire de Genes, *d'Agoftino Giuftiniano lilb.4.
carta* 143. *Gioanni Barbarico capitano de la gente di Venetiani con
gran numero di fchiffi tutti forniti di bombardelle guardaua il porto
con bona diligenza,* il ne dit pas, *bombarde groffe,* mais *bombardelle,* petite artillerie.

4. L'inuention eftant efclofe & reconnue, les ouuriers fe font eftudiez de temps en temps d'y adjoufter,
& luy donner les regles & la politeffe d'vn art : (quoy que
le feu foit vn Element fort incapable de difcipline, & de
fe gouuerner par raifon & mefure,) ils ont fait diuerfes

pieces

pieces & modes qu'ils ont baptifées à leur fantafie de diuers noms, dont la plus part fe font renduës mefconnuës
auec le temps, par la furuenance, & l'inuention d'autres
pieces de meilleur feruice, & de plus commode vfage qui
ont fait oublier les precedentes. Les Religionaires peu
auant l'an 1579. inuenterent le petard, dont le plus fi-
gnalé exploit au commancement, fut à la furprinfe qu'ils
firent de la ville de Cahors en Quercy. d'Aubigne liure
4. du Tome 2 de fon hiftoire chap. 7. *Es petardo vna pieça de*
artilleria nueuamente inuentada por los hereges del Reyno de Francia,
poco mas larga que vn morterete, dit l'Efpagnol, *Luis de Bauia in*
fu hiftoria Pontifical en la vida de Sixto V. Pontifice. cap. 35. Les
faulciffes font pareillement de leur inuention, & pour les
autres pieces il ne fe peut gueres rien dire des inuenteurs.

6. Il ne fe parle plus de Bombardes, de Cardinales,
de Murlais, Paffeuolās, n'y de Verteuils ou Saultereaux:
les Bombardes balancées fur des cordages, fouftenuës
par des Cheures ou Grues, ne paroiffent plus que dans
quelques vieux Arcenacs, conferuées comme des anti-
ques & raretez, ou figurées dans les vieilles tapifferies; les
Cardinales font mefconnuës, les Bafilics qui font doubles
canons ne font plus de feruice, les Sacres qui font demy
canons fe font conferuez, les Paffeuolans font prefumez
eftre les Fauçōs, & les doubles & fimples barces font feblæ-
bles aux Faucons & Fauconeaux. Toutesfois il n'en eft riē
limité ou reglé; quoyque l'Ordonnance d'Efpagne qui
eft cy-deffous en faffe de differentes efpeces de l'vn &
de l'autre.

7. A prefent les canons de bois bronzé qui n'ont que
la menaffe, & les foldats que les Capitaines exhibent, &
fuppofent à la monftre pour friponner la paye du Roy font
furnommez *Paffeuolans*, telle eft la loy de l'inconftance du
monde, tant fur les chofes, que fur le langage & les fim-

Rrr

ples paroles.

8. Et d'autant que l'experience n'a pas encore fait reconnoiſtre la juſte proportion de la longueur de la pieſſe
& grandeur du calibre, auec la force de la poudre & la
quantité de la charge ? Il n'y a point de regle certaine pour
la grandeur des pieces d'artillerie, & pour en determi-
ner de differentes eſpeces iuſtement proportionnées.

9. Neantmoins les pieſſes les plus regulieres de fonte
verte ſont le *Canon ou Courſſier* de neuf à dix pieds de long,
calibre de Roy, qui eſt la bouche de ſix pouces de diametre, porte bale peſant trente-trois liures vn tiers : *La Cou-*
leurine eſt plus longue que le canon, le calibre moindre,
la bouche de quatre pouces dix lignes de diametre, tire bale de ſeize liures & demy: *La moyenne* qui eſt demy Couleurine, eſt à la proportion de moitié moins, *& la Baſtarde*
participe des deux, elle à moins que la couleurine, & plus
que la moyenne.

10. *Le Faucon* à de bouche trois pouces de diametre,
tire bale peſant liure & demy, *Le Fauconneau* à la bouche
de deux pouces de diametre, tire bale peſant trois quarts
& demy, ce ſont pieces de campagne.

11. L'artillerie de fer coulé & de fer batu eſt beaucoup
plus irreguliere, la mode en eſt remiſe abſolumét à la fan-
taſie ou deſir des Ouuriers ou des achepteurs. Les canons
de fer tirent bale de douze liures pour le plus, les autres
d'en bas de ſix liures, de quatre, & de trois liures, ſuiuant
le calibre que les Ouuriers luy donnent : Et les Pierriers
qui joüent ſur mer à l'abordage des vaiſſeaux, n'ont autre
proportion qu'auec leur boete.

12. Quand à l'artillerie de fer batu, l'uſage des
arquebuts n'eſt plus, les faucomeaux ont abrogé les
arquebuts à crocq, & les mouſquets les autres arquebuts,
eſcoupetes, carabines & poitrinals. Et concernant l'artillerie pour la chaſſe, elle ne reçoit autre regle ou propor-

tion que la fantafie, ou la volonté de ceux qui la font ou l'a
font faire. Originairement la mefche d'eſtoupe boüillie ,
ou de papier artificiel, & l'agaric fec, portoit le feu à l'a-
morce des arquebuts & baſtons de chaſſe; mais le feu fe
trouuant empefchant le fuſil fut inuenté , les Bandou-
liers ou coureurs des montaignes en ont touſiours retenu
la mode en leurs poitrinals, carabines & piſtolets, à fuite
les Alemans inuenterent le roüet au petit reſſort, & fuc-
ceſſiuement les François le roüet au grand reſſort. Finalement le Seigneur Charles d'Albert Duc de Luynes,
grand Fauconnier du Roy Louys XIII. duquel il poſſeda
l'amour & les bonnes graces à tel point, qu'il en deuint
Duc, Pair & Conneſtable de France, en donnant le deſ-
duit de la chaſſe au Roy, remit les fuſils en credit, comme plus preſtes à tirer au gibbier & venaiſon en l'air & à
la courſſe, ce qui ne fe praâiquoit pas auparauant; de façon que deſlors les roüets furent dans le rebut.

13. Pour reuenir à l'Ordonnance, ce n'eſt pas tout
de fçauoir, & connoiſtre l'equipage & les forces des Nauires François: Il eſt autant neceſſaire pour ceux qui font
meſtier de frequenter la mer, d'entendre, & remarquer
les forces des Eſtrangers qui fe peuuent faire Ennemis, &
les reconnoiſtre à l'aſpeâ des Vaiſſeaux, & par la conſideration du port d'iceux. C'eſt en ce que conſiſte l'aſſeurance & le courage aux rencontres. *Callent enim in hoc cun-
âa animalia fciantque non fua modo commoda, verum & hoſtium ad-
uerſſa norunt. Plinius Naturalis hiſtoriæ. lib. 8. cap. 25.* à quoy
l'vfage & la praâique des lunettes d'aproche ou de longue veüe, de l'inuention de Galilée Florentin font de fort
bon feruice; Cependant il eſt aucunement à propos d'incerer en ce lieu les Ordonnances & Reglemens des Eſpagnols & Flamands, faits pour l'armament des Nauires
lefquels ils obſeruent.

ＰＰＰＰＰＰＰＰＰＰＰＰＰＰＰＰＰＰＰＰＰＰＰＰＰＰＰＰＰＰＰＰＰＰＰＰＰ

ORDONNANCE DE SA
Majesté Catholique Philippe second :
Concernant l'equipage & l'armament que
doiuent auoir les Nauires, traduit du
Flamand.

PHILIPPE PAR LA GRACE
de Dieu Roy de Castille, de Leon,
d'Arragon, &c.

I.

FAisons inhibitions & deffences à tous Marchands, Facteurs, Maistres de Nauire, ou autres de nostre obeïssance, de receuoir, n'y de charger aucune marchandise pretieuse ou de grand valeur, dans aucuns Vaisseaux ou Nauires, s'ils ne
sont equippez & armez comme s'ensuit, & ce à
peine de cent cinquante liures d'amande, & d'autre punition arbitraire pour la premiere fois : Et
pour la seconde de la moitié de la valeur du nauire :
Et pour la troisiesme, de la confiscation du nauire & punition arbitraire applicables lesdites amandes & peines, le tiers à nous, le tiers aux denon-

ciateurs, & le tiers aux Officiers de Iustice, le droit
de l'Admirauté payé : Toutesfois les marchandises
de grand volume & de peu de valeur, pourront
estre chargées dans toute sorte de nauires bien ou
mal equippez.

II.

Les mesmes amandes & peines encourront les
MarchandsChargeurs de cent cinquante liures pour
la premiere fois, & pour la seconde, de la perte de
moitié de la marchandise, & pour la troisiesme, la
confiscation de toute la marchandise, & de punition, arbitraire : Si ce n'est en cas de necessité à
faute d'autres nauires en pays estranger seulement
dequoy ils porteront certificat : Et ceux qui ca-
cheront des marchandises de prix parmy les marchandises de peu de valeur pour les faire passer,
lesdites marchandises seront confisquées.

*Graues & pretiosas merces veteri nauigio mercatores, & vectores
non imponat. lege Rhodia in fine juris Graco-Romani. num. vndecimo.*

III.

Nul Maistre de nauire estranger ne pourra charger aucune marchandise de grand prix en nos ter-

res, que seulement celles qui leur appartiendront, & à gens de leur nation, & ce aux mesmes peynes que dessus.

IV.

Les Estrangers qui voudront charger aucunes marchandises dans nos terres, faire le pourront dans leurs nauires ou vaisseaux tels qu'ils seront; mais si c'est dans les nostres, ils seront armez suiuant nos Ordonnances, à peyne de confication comme dessus.

V.

Les nauires de Flandres pour la France, Alemagne, & autres Prouinces voisines seront pour le moins du port de quarante thonneaux: Celles pour l'Espagne & autres Prouinces, plus outre de quatre-vingts thonneaux accommodez pour porter canon, bien pourueus de cordage, cables, ancres, masts, voiles & autres apparaus: Et d'abondant commandez d'vn bon Maistre, & pourueus de Pilote bien experimenté, & de bons matelots, de canons, bales, & poudres comme s'ensuit.

Equipage des Nauires.

VI.

Le Nauire du port de quarante à cinquante thonneaux, fera monté pour le moins de huit hommes,
le plus jeune aagé de dix-huit ans. Le nauire du
port de cinquante à quatre-vingts thonneaux aura
douze hommes : de quatre-vingts iufques à cent
thonneaux aura feize hommes : de cent cinquante
à deux cens thonneaux vingt-quatre hommes : de
deux cens à deux cens cinquante vingt-huit hommes : de deux cens cinquante à trois cens thonneaux trente-fix hommes ; & tous ceux qui paffe-
ront trois cens thonneaux auront quarante-quatre
hommes : En ce toutesfois non comprins les garçons & pages qui n'auront pas dix-huit ans ; & c'eft
pour le nombre des perfonnes que chafque vaiffeau doit auoir pour le moins.

Armes des Nauires.

VII.

Au regard des armes des nauires du port de quarante à cinquante thonneaux, feront equippez
pour le moins de fix fimples ou doubles barces, fix

arquebuts à croc, & six picques.

Les nauires de cinquante à quatre-vingts thonneaux deux doubles barces & six simples, six arquebuts à croc, douze piques.

De quatre-vingts à cent thonneaux, auront quatre fauconneaux, six doubles barces, douze arquebuts à croc, dix-huit piques.

De cent à cent-cinquante thonneaux, auront six
fauconneaux, deux doubles & six simples barces,
six arquebuts à croc, six mousquets.

De cent-cinquante à deux cens thonneaux, seront montez de huit fauconneaux, quatre doubles
barces & huit simples, huit arquebuts à croc, huit
mousquets & trente piques.

De deux cens, à deux cens cinquante thonneaux
auront dix fauconneaux, six doubles barces & six
simples, dix-huit arquebuts à croc, & autant de
mousquets, trente-six piques.

De deux cens cinquante à trois cens thonneaux
feront montez de douze fauconneaux, douze doubles barces, vingt-quatre arquebuts à croc, quatre douzaines de piques.

Et les autres nauires excedans, auront à l'equi-
polent & proportion, tant de matelots que du canon & autres armes ; & pour les munitions auront
bales & poudre pour tirer vingt-cinq fois de chacune piesse. En sorte qu'il est bien permis de mettre plus, mais non pas moins.

VIII.

Les nauires d'Efpagne qui voyageront en Flandres, d'autant qu'ils font plus grands feront armés comme fenfuit.

Le nauire de cent à cent cinquante tonneaux aura trente deux perfonnes, dont les vingt cinq feront capables à porter les armes, y comprins trois canoniers, quatre paffeuolans, deux courfiers ou pieces du grand calibre, & dix barces : de bales & de poudres pour tirer vingt & quatre fois de chafcun, dix arquebuts, fix arbaleftes d'acier, fix douzaines de picques, fix douzaines d'efpées ou coutelas, & nombre de rondaches ou pauois : & les autres vaiffeaux de plus grand port ou plus petit feront armez à la mefme proportion.

IX.

Les nauires eftant ainfi equippés & chargés de marchandifes de prix & grand valeur, feront obligés de marcher en flotte, de faire conferues, c'eft à dire ligue offenciue & defenciue entre eux : & à cet effet feront tenus de faire cap & s'attendre l'vn l'autre, & ne partiront pas qu'ils ne foient pour le moins quatre de compagnie: efliront vn Vis-Admiral entre eux, & feront des Ordonnances pour s'af-

Sff

fifter & fe fecourir l'vn l'autre, & s'obligeront par
ferment à l'entretien d'icelles , aux peines portées
par le premier article des prefentes Ordonnances.
Toutesfois s'il aduient que le nauire foit en pays
eftranger chargé de marchandifes fubjettes à fe
gafter ou perdre, & il ne trouue pas de compagnie,
en ce cas pourra partir feul, mais eftant chargé d'autre marchandife , fera obligé d'attendre quelques
jours s'il y en a d'autres qui chargent jufques à ce
qu'il en y ait trois ou quatre de compagnie.

X.

Inhibitions & defences font faites à tous Maiftres de charger le nauire , & l'offufquer de telle
maniere qu'il foit empefché par l'ambarras, & ne
puiffe faire joüer librement le canon pour fe defendre contre l'ennemi , & ce à peine de payer au
marchand la perte qui luy en arriuera.

X I.

De la vifite des Nauires.

En chafque Ville ou Havre de noftre obeyffance, y aura d'ores en auant trois Officiers qui feront
nommez *Vifiteurs*, l'vn par authorité Royale, l'autre commis par l'Admiral, & le tiers par la ville & les

habitans des lieux, lefquels feront choifis perfonnages de qualité, bien entendus au faict de la marine, & qui auront charge de voir fi les nauires font equipez & armez fuiuant noftre prefente Ordonnance. Et permis aux Marchands chargeurs d'en commettre vn quatriefme pour auoir efgard à la charge & defcharge des marchandifes.

XII.

Voulons & nous plaift, que tous Maiftres de nauire faffent vifiter aufdits vifiteurs leurs vaiffeaux par deux fois. La premiere tout auffi toft ap.es qu'ils auront freté, & auant qu'ils n'ayent prins aucune charge. La feconde lors qu'ils feront chargez & prefts à partir, & ce aux peines portées par le premier article des prefentes.

XIII.

Lefdits vifiteurs feront tenus de voir & vifiter le nauire, lors que le Marchand ou le Maiftre du nauire les en requerront: & fur tout confidereront fi le nauire eft bien clos & bien eftanch, bien accommodé & conditionné pour faire le voyage entreprins, & que rien ne luy manque fuiuant cette noftre Ordonnance.

XIV.

A cet effet lefdits Vifiteurs feront tenus de dreffer vn regiftre des actes & memoires contenant le
nom & furnom des Maiftre & Matelots, enfemble
le nombre & quantité des munitions, de la grandeur
& du port du nauire : & de ce donnerôt extraict ou
coppie audit Maiftre, laquelle iceluy Maiftre fera
tenu porter & monftrer aux Vifiteurs de la Ville ou
Port qu'il arriuera, lefquels par iceluy reconnoiftront fi tout y eft.

XV.

Lefdits Vifiteurs feront faire ferment au Maiftre
& Matelots lors qu'ils feront prefts à faire le voyage d'entretenir nos Ordonnances de poinct en
poinct, & prendront leur nom & le lieu de leur demeure, & leur feront faire la monftre.

XVI.

Lefdits Vifiteurs auront pour falaire de la vifite
pour vn nauire de quarante à quatre vingts tonneaux dix fols chacun : de quatre vingts à deux cens
tonneaux douze fols chacun : & pafsé deux cens
tonneaux, chacun aura quinze fols. Et moyennant

ce, feront tenus de bailler leur certificat au Maiftre contenant la vifitation qu'ils auront fait, enfemble le memoire du nom du Maiftre & Matelots, & quantité de la munition, & au retour lefdits Vifiteurs auront encor le mefme falaire pour la feconde vifite, lefquels loyers ou falaire des Vifiteurs fera compté pour *Auarie groffe.*

XVII.

Si les nauires font en fi grand nombre que lefdits Vifiteurs ne puiffent promptement les expedier tous : en ce cas, & non autrement, lefdits Vifiteurs pourront fubroger & commettre en leur place chacun deux autres hommes bien entendus pour les affifter & faire la vifite pour eux, ô le mefme falaire.

XVIII.

Les Vifiteurs feront tenus d'expedier promptement & fans aucun retardement, à peine d'amander, & de payer tous defpens, dommages & interefts du Maiftre, Marchands, & autres parties intereffées.

XIX.

S'il y vient differend entre les Vifiteurs & Maiſtres de nauire, les Iuges ou Magiſtrats, auſquels la connoiſſance en appartient, feront tenus les appointer, & les mettre auſſi toſt d'accord ſans remiſe, ſommairement, & ſans aucune forme ou figure de procez, afin de ne retarder pas le voyage, le tout à meſmes peines.

X X.

Enjoignons à tous nos ſubjets qui vont ſur mer en marchandiſe, de porter auec eux leurs charteparties, breuets, & connoiſſemens, congez de l'Admiral, du Magiſtrat de la ville, du Conuoy, & tous autres acquits. Enſemble le nom de celuy qui a chargé le nauire, ſon habitation, & le lieu ou la demeure de celuy à qui leſdites marchandiſes vont eonſignées, ſans les pouuoir changer ou deſguiſer aux peines ſuſdites.

X X I.

Pour nos Capitaines de marine commandans nos nauires de guerre, Nous leur donnerons par eſtat l'ordre que nous entendons qu'ils tiennent lors qu'ils feront rencontre en mer des nauires Marchands, ſoit de nos ſubjeᵉts ou de nos alliés.

XXII.

Si les Maiſtres de nauire en marchandiſe rencontrent quelqu'vn en mer qui les veuille contraindre de monſtrer leurs charte-parties, & autres lettres concernant leur cargaiſon. Defendons tres eſtroitement auſdits Maiſtres de les ſouffrir entrer dans leur bord ſoubs quelque pretexte que ce ſoit : mais leur enjoignons de ſe defendre & les prendre s'ils peuuent, pour les mener à Iuſtice, & partager le butin ſuiuant nos Ordonnances.

La cauſe & le motif de cet article, & les grands inconueniens de ſouffrir cet abordage quand le plus foible nauire rencontre le plus fort ſont repreſentés par Iean de Lery, en l'hiſtoire de l'Amerique, chap. 2.

XXIII.

Nos ſubjets paſſant deuant quelque nauire de guerre en mer, ou deuant quelque chaſteau de nos alliez, pourront ſaluer auec les voiles ou pauillons auſquels ſeront repreſentez les liurées de la nation ou les armoiries de ſa ville : mais nous leur inhibons tres eſtroitement d'abatre le principal pauillon chargé de nos armes Royales ; & ſi on les veut contraindre ſe pourront excuſer, & finalement à toute extremité se doiuent defendre & se perdre pluſtoſt.

XXIV.

Les nauires gardes des Peſcheurs seront montez chaſcun d'vn fauconneau, deux ou trois barces, cinq ou six arquebuts à croc, huiêt ou dix picques, & des matelots qui entendent au canon, & seront auant que partir tenus faire serement entre les mains des Magiſtrats, qu'ils entretiendront nos Ordonnances pour ce qui les regarde, & seront visités auant partir, le tout aux suſdites peines.

XXV.

Faiſons inhibitions & defences de rompre ou d'emporter aucunes pierres des Egliſes, ny des digues ou chauſſées de l'inondation de Zelande ou autres materiaux, à peine de punition exemplaire ou corporelle.

De Nili aggeribus non rumpendis. lib. 9. Codicis.

XXVI.

Defendons à tous nauires de guerre de quelle nation qu'ils soient de venir en nos Coſtes, Rades,

Ports

Ports, Havres, ou Riuieres, & ce à peine de confiscation de corps ou de biens.

Lex est apud Rhodios, vt si qua Rostrata nauis in Portu deprehensa sit, publicetur. Cicero lib. 2. Rhet. ad Herennium.

XXVII.

Nul ne pourra venir sur nos Costes, Havres, Rades, ou Riuieres, ou à la veuë de nos terres, pour attendre, ou endommager nos nauires ou de nos alliez, soubs quelque pretexte que ce soit, aux mesmes peines de confiscation de corps & de biens.

XXVIII.

Et si quelqu'vn fait le contraire, celuy qui les aura aperceu pourra prendre congé & licence de nostre Admiral ou Vis-Admiral pour leur courre sus, & les ayant prins mettra les hommes entre les mains de l'Admiral ou ses Officiers pour estre punis: & le nauire & marchandises seront & appartiendront à celuy qui l'aura prins, en payant les droicts d'Admirauté & de Iustice.

Donné à Bruxelles en Octobre 1565.

Fin de l'Ordonnance du Roy d'Espagne.

Ttt

LVI.

Les Bourgeois du nauire font tenus fournir &
agréer les viſſeaux bien & deuëment d'artillerie,
boulets, picques, haches, toiſes, coings de toute
forte, pinces & autres menus vtanciles feruans à ladite artillerie, plomb en platine, cuirs verds, ſou-
tes, auirons, picques, arbaleſtes, & autres armes,
planches, bray, goudron, clou, fiche, compas,
horologes, plomb, & lignes à ſonder, & autres choſes requiſes en mer pour la ſeureté deſdits nauires.

Ordonnance 1584. *article* 59.

Les bourgeois ſont tenus de fournir tout ce qui eſt neceſſaire pour l'entretien & conſeruation du corps du nauire, les aparaus, armes, & vtanciles : & les victuailleurs
tous les harnois de gueulle, munitions, tout ce qui ſe
deſpéce, & les vſtanciles pour les apreſter & les exploiter.
     PINCES, ſont grandes barres de fer feruant à l'artil-
lerie, ſemblables à celles deſquelles les Maſſons ſe ſeruent aux demolitions.
     CVIRS VERDS, qui ne ſont conroyez ou pre-
parez, mais tout ainſi qu'ils ſortent de l'eſcorcherie à tout
leur poil, & feruent à parer aux incendes & feux d'artifice.
     SOVTE, eſt le cabinet bien clos pour ſerrer les vi-
ures, biſcuit & autres prouiſions.

LVII.

Les Victuailleurs fourniront les victuailles, poudres, lances à feu, fauces lances, & autres menus
vtanciles desdites victuailles, comme bidons, corbillons, lanternes, gameles, manes & autres chofes qui feruent pour vfer lesdites victuailles, aduancer les coffres des Barbiers, fuages, truages, bau-
mages, qui fe leuerôt fur la haute fomme au double
prix, le dixiefme eftant leué. Pareillement feront
lefdits Victuailleurs tenus fournir les deniers des
finglages & auaries raifonnables qui feront faites
pour la leuée defdits equipages, qu'ils reprendront
au double prix fur iceux de la prinfe ou prinfes qu'ils
pourront faire.

Ordonnance 1584. *article* 59.

---

1. *Cette ordonnance n'eft conceuë que pour les expeditions*
   en guerre & non en marchandife.
2. *L'expedition en guerre compofée de bourgeoifie, equi-*
   page & victuailleurs.
3. *Lances à feu.*
4. *Fauces lances.*
5. *Bidons.*
6. *Gameles.*

7. *Maxes.*
8. *Singlage.*
9. *Haute somme.*

1. L'Ordonnance audit article 59. est conceuë pour les expeditions qui le font en guerre : car aux voyages de long cours pour la pescherie, peleterie, Bresil, les Victuailleurs pour leur remboursement & profit, stipulent d'ordinaire vne quotité ou partie aliqote de l'entier prouenu du voyage suiuant la longueur d'iceluy, & suiuant qu'il y faut plus ou moins de victuailles.

2. Tout nauire alant en guerre ou au long cours, est consideré en trois parties, Bourgeoisie, Equipage, & Auictuaillement. Le bourgeois est le Seigneur proprietaire du nauire qui est tenu de le fournir bien estoffé, bien estanch & pourueu de bons apparaus, & de tout le necessaire à son entretenement, auec artillerie & autres armes ô leurs munitions.

L'equipage est aux gens de guerre & mariniers : le Capitaine fournit ses soldats bien en conche & bien armez : le Maistre, ses mariniers ou matelots, auec les pages, les garçons, & gourmetes pour le seruice : l'Auictuailleur fournit les victuailles, auec la poudre, boulets, clouage, chesnes, quarreaux, grenades, & tels autres meubles de guerre qu'on nomme armement, les Italiens & Leuantins *Sartie*, τῆς ἐξαρτίας, *armamentum quod nauis causa paratur, Cuias, Obseruat. lib. 2 3. cap. 3 5.*

3. LANCES A FEV, pour la composition des lances à feu, cercles, pots, grenades, & autres feux d'artifice auec l'employ : faut voir le dixiesme liure de la Pyrothecnie, composé par le Seigneur *Vanoccio Biringuero*, Siennois : & le Traité des feux artificiels, composé & mis en lumiere par Maistre *François de Malthe* Commissaire des

feux artificiels du Roy , imprimé à Paris chez Cardan Be-
fongne 1640. comme auſſi l'hiſtoire de Malthe, ou de l'ordre des Cheualiers Sainct Iean de Hieruſalem, notamment au liure 17. chap. 2.

4. FAVCES LANCES, tels font les canons
de bois faits au tour, bronzés & reſſemblant les canons
de fonte verte ou fer coulé, pour faire peur & manace,fans
coup ferir.

5. BIDONS, font chopines ou canettes de bois,
cerclez d'aulan faits à tenir & diſtribuer la boiſſon : s'ils
font de terre ou d'eſtain on les nomme *Friſons*.

6. GAMELES, font plats de bois à mettre la viande ou poiſſon cuit ſur la table.

7. MANES, font paniers à rebords, faits comme
vn vieux chapeau.

8. SINGLAGE, eſt le ſalaire des compagnons.

9. HAVTE SOMME, eſt le blot de l'expedition ou prinſe.

LVIII.

Les Maiſtres fretez pour faire route ou voyage
en certain lieu , feront tenus d'accomplir & parfaire ledit voyage ſur peine de punition corporelle, & de tous deſpens, dommages , & intereſts enuers les Bourgeois, Marchands & Victuailleurs,s'ils
ne font arreſtez ou depredez par les ennemis & Pirates.

Ordonnance 1584. *article* 75.

Qui recta nauigatione contempta littora deuia sectatur, species quas accepit auertendo capitali pena plectetur. l. qui Fiscales, de Nauicularijs lib. 11. *Cod.* & *lib.* 33. *eodem. tit. Cod. Theodosiano.* Iugement d'Oleron 18. & cy dessus article 34.

LIX.

Les Officiers, Mariniers, ou Soldats qui se deroberont ou retarderont le voyage, & ne se rendront au nauire le jour & heure assignée seront punis, & ce de peine de la vie, & confiscation de biens, dommages, & interests de ceux qui ont equipé ou armé.

Ordonnance 1584. *art.* 66. 67. & 68.

LX.

Les Compagnons, Tiercemens, & Mercenaires, loüez en nauires marchands, non equippez en guerre, qui quittent le voyage encommancé auant le retour au dernier reste, ou que le nauire soit amarré sur le Quay : Pour la premiere fois seront condamnez au foüet, & autre plus grande peine s'ils y retournent, sans en pouuoir estre dispensez par les Iuges ausquels est enjoint d'y tenir la main, &

quand à ce leurs Iugemens & Sentences font authorifées pour eftre reaument & de faict executées
nonobftant l'appel, comme fi eftoient arreftées en
Cour fouueraine, ô la charge toutefois d'appeller
fix notables perfonnages de confeil, qui feront venir par deuant eux les prifonniers, & les oyront par
leur bouche, & figneront le dictum auec le Iuge:
lefquels jugemens ne feront cencez ny reputez
concluds ny arreftez, s'ils ne paffent de deux voix
pour le moins.

Ordonnance 1584. article 67. cy deffus article 42.

❊❊❊❊❊❊❊❊❊❊❊❊❊❊❊❊❊❊❊❊❊❊❊❊

1. *Tout l'equipage, Officiers & Compagnons accordez,
font eftroitement obligez d'accomplir & parfaire le
voyage.*

2. *S'ils y manquent par malice viennent feuerement puniffables.*

3. *Et pour quelque caufe que ce foit ils doiuent les defpens, dommages & interefts.*

4. *En Alemagne les deferteurs font ftigmatifez à la face
d'vn fer ardant.*

1. Non feulement les Maiftres de nauire, mais auffi tout le refte de l'equipage & Compagnons en particulier apres s'eftre loüez font obligez de parfaire le voyage,
de mener le vaiffeau & marchandifes au lieu de l'enuoy,
& le ramener au lieu du depart, *l.comperimus.C.Nauicularijs.*

2.　S'ils y manquent par malice, ils viennent puniſſables corporellement par la raiſon de la loy *Deſertorem. D. Re militari. l.qui fiſcales.* C. *Nauicularÿs.*

3.　Et s'il y a du doubte ou de l'apparance qu'ils ayent manqué ſans malice, nonobſtant toutes les excuſes qu'ils pourront alleguer, ils doiuent touſiours les deſpens, dommages, & intereſts du Marchand, ſuiuant les reglemens de V Visbuy article 17. 31. & 61. du Conſulat ou Couſtumes de la mer Mediterranée, *De Mariner que Fugira.* chapitre 157. 158. & 268. Les Ordonnances de la Hanſetheutonique, art. 22. 23. 24. & 43. comme auſſi les Ordonnances de l'Empereur Charles Quint, & de ſon fils Philippe ſecond Roy des Eſpagnes, des années 1551. & 1563. puniſſent tres ſeuerement les Soldats & Matelots deſerteurs, tout ainſi que les Ordonnances de France.

4.　Les reglemens de la Hanſe-theutonique article 43. ordonnent que les deſerteurs auront la face ſtigmatiſée & fleſtrie d'vn fer ardant, imprimant la marque de la ville en laquelle ils ſont punis, *Fronti data ſigna fugarum,* Iugement d'Oleron 18. & cy deſſus article 35.

LXI.

Les Marchands n'abandonneront le nauire pour eux ſauuer pour doubte que ce ne fuſſent ennemis.

Ordonnance 1400. article 5. 1584. art. 66.

1.　*Les Portugais reuenans des Indes Orientales coulent à fonds les bateaux de ſeruice.*

2.　*Chacun eſt obligé de reſiſter, & ſe defendre.*

i. Les

1. Les Portugais ont vne Ordonnance ou Couſtume qu'ils obſeruent religieuſement. Sçauoir eſt, que les *Naos* ou *Carraques* qui viennent des Indes Orientales, ne peuuent mener de chaloupe ou autre barque de ſeruice outre l'Iſle *Saincte Helene*, où c'eſt qu'apres auoir prié Dieu en la Chapelle, & s'eſtre rafraichis, ils les coulent à fonds: ce qu'ils font afin que l'eſperance de ſe ſauuer, & pouuoir fuir en ces petits ou moyens vaiſſeaux, ne rende les Capitaines & l'Equipage plus nonchalans à la conſeruation du grand vaiſſeau. *François Pyrard de Laual liure ſecond, chap. 25. de ſa nauigation.*

2. Ceux qui nauiguent, & tous autres doiuent reſiſter aux occaſions, & ſe deffendre à leur pouuoir à ceux qui leur courent ſus. *l. dolo. D. ſi ventris nomine. l. item quæritur. §. exercitu veniente. D. locati.*

LXII.

Maiſtres, contre-Maiſtres, Quarteniers, & autres Officiers, reſpondent des corps des perſonnes qu'ils reçoiuent dans les Nauires; enſemble des deliquans en iceluy, deſquels ils ſe doiuent aſſeurer, pour eſtre fait telle juſtice & reparation au retour par Monſieur l'Admiral ou ſes Lieutenans qu'il appartiendra par raiſon: A ces fins ſeront tenus auant partir, ſoit en guerre ou en marchandiſe, bailler au Greffe de la Iuriſdiction du Port & Havre dont ils partiront, le nom, & ſurnom de chacun de leur Equipage ſans en celer aucun: Et à leur retour declarer s'ils les ont ramenez, où le lieu qu'ils les ont

Vuu

laiffez ; Enfemble doiuent declarer & defigner ceux qui durant le voyage auront commis quelque mesfait, pour en eftre fait punition ainfi qu'il ap-partiendra.

Ordonn. 1540. art. 2. & 1584. art. 46. 47. & 49. cy-deffus article 33.

❈❈❈❈❈❈❈❈❈❈❈❈❈❈❈❈❈❈❈❈❈❈❈❈❈❈❈❈❈❈❈❈

1.   *Quarteniers, ou Maiftres de quartier.*
2.   *Le Maiftre refponfable des faits commis en fon bord.*
3.   *Pour tout le ciuil.*
4.   *Au criminel, pour la reprefentation des delinquans.*
5   *Maiftre eft tenu de denoncer les crimes.*

1   QVARTENIERS   OV   MAISTRES   DE QVARTIER. Aux nauires de guerre ou de long cours, & autres en marchandife, ordinairement y a quatre Officiers nommez Compagnons de quartier, lefquels commandent chacun à fon tour pendant fix heures du iour naturel, à la quatriefme partie de l'Equipage qui fait le quart : c'eft à dire qui eft en faction à officier les voiles & faire nauiguer le nauire : & font ces quarteniers de pareille authorité que les Çoporaux au corps de garde.

2.   Par la difpofition du droit Romain, le Maiftre refte obligé du delict ou mesfait de fon Nautonnier. *l. vltima. D. Nauta, caupones, ftabularij.*

3.   Mais c'eft pour l'intereft ciuil feulement pour les defpens, dommages & interefts.

4   Car pour le crime, *Pœna fequitur fuum authorem. l. ita vulneratus. D. ad legem Aquiliam.* Si eft ce qu'à ce regard le

Patron n'eſt obligé que de ſaiſir & s'aſſeurer du mal-fa-
&eur, & le repreſenter à Iuſtice. *Mr. Boyer en la Deciſion de
Bourdeaux* 56.

Par les Reglemens de la *Hanze theutonique article* 30. eſt
ſtatué, Si aucun matelot tue vn autre, le Maiſtre eſt obligé de ſe ſaiſir & s'aſſeurer du meurtrier, & le deliurer à
Iuſtice: le ſemblable eſt ordonné au *Conſulat chap.* 163.
& 67. comme auſſi par l'Ordonnance de l'Empereur *Charles Quint* de l'an 1551. article 25. *y por vna ley de partida.* 2.
tit. 9. *parte* 7. *y ſu gloſſa Gregoriana.*

5. Voire par les meſmes Ordonnances de la *Hanze-
theutonique* art. 37. les maiſtres ſont obligez à peine de l'a-
mande, de declarer, ou denoncer à Iuſtice au retour du
voyage, les crimes & mesfaits commis dans ſon bord, pour
leſquels il y eſchoit ſeulement condamnation d'amande,
& qui ne meritent autrement de peine afflictiue.

LXIII.

Si aucun decede ſur mer ſera fait inuentaire de
ſes biens eſtant audit Nauire, par le Maiſtre, contre-Maiſtre, ou les quatre des principaux de l'Equipage, pour les reſtituer aux heritiers du decedé.

Ordonn. 1584. art. 76. *Iugement d'Oleron* 7.

LXIV.

L'Admiral eſt chef, & à le commandement ſur
toutes armées Nauales, & nul ne peut equipper

Vuu 2

Nauire de Guerre, ne aucun Nauire entrer en port
fans fon congé.

Et fait jurer les chefs de chacun nauire allans en
entreprinfe ou voyage, qu'ils ne mesfairont aux fujets, amis ou alliez de la Couronne, & les fait obliger & refpondre de leurs gens.

Ordonn. 1400. *article* 2. 3. & 20. *Ordonn.* 1517. &
1543. *art.* 1. 13. 14. 17. 18. & 32. *Ordonn.* 1584. *art.*
1. 26. 29. & 30.

1. *Suppreſſion des Offices d'Amiraux & vis-Admi-*
     raux.
2. *Erection de la dignité de Grand Maiſtre, Chef, & fur-*
     Intendant General de la nauigation & comerce de
     France.

    1. Les Offices d'Admiraux & vif-Admiraux de Fran-
ce, de Bretagne & de Guyenne, furent fupprimez par fa
Majefté le Roy Louys XIII. en Octobre de l'an 1626.
par la demiſſion & refignation qu'en fit entre les mains de
fa Majefté *Meſſire Henri Duc de Montmorancy*, fils d'autre *Meſ-*
ſire Henry Conneſtable de France.

    2. Et au lieu & place fut creé l'office & dignité *de*
Grand Maiſtre, Chef, & fur-Intendant General de la Nauigation
& comerce de France, de laquelle fut pourueu *Monſeigneur*
Meſſire Armand, Cardinal Duc de Richelieu & de Fronſac
lequel a tant dignement honnoré, & releué cette charge
à ſi haut point, qu'il n'en y eut point en ſon temps de ſem-

blable en Europe.

Les autres Royaumes ou Republiques n'ont point d'office d'Admiral formé, ou perpetuel ; ce ne font que fimples commiffions à temps , & limitées à des armées nauales tant qu'elles fubfiftent : En Efpagne ils ont le *CapitanGeneral de la armada o flota, l'Admirante* eft fon Lieutenant, *de cui lelection pertinece al Rey , mas en fu defecto le nombra el General , como por el nombra los demas Officiales de toda la armada.* Mais ces charges de General & d'Admiral ne font que par commiffion , ny pareillement les Admiraux d'Angleterre , & aux pays bas, lefquels finiffent en l'acheuement de l'expedition entreprinfe.

LX V.

Les cris & proclamats doiuent eftre faits de par le Roy & ledit Seigneur Admiral, & fon vaiffeau porte la lanterne ou fanal.

Ordonn. 1584. *art.* 26.

1. *Supreme authorité de Monfeigneur le Grand Maiſtre.*

2. *Falot ou Fanal du Nauire Admiral.*

1. L'Eminence & l'excellence de cette dignité, ne fe remarque pas feulement en ce qu'elle tient la Iuftice en partage : Que les cris & proclamats font faits , & les amandes font adjugées en partage auec le Roy : Qu'il nomme les Officiers, & le Roy les confirme. Il releue

plus haut ; car Monfeigneur le Grand Maiftre juge fou-
uerainement, fes jugemens font des Arrefts, & fes Arrefts ne fouffrent pas de Requefte ciuile ou de propofition
d'erreur. Il fait & cree feul des Officiers en la marine, de
plus haute importance que ceux que le Roy pouruoit à
fa nomination. Comme font fes Lieutenans generaux,
fes Confeillers, fon Secretaire general, le Commiffaire
general de la marine, fes Procureurs & Conterroleurs,
& autres comme bon luy femble. D'abondant il tient
les clefs de la France, rien ny entre, ny n'en fort par la
mer que par fon adueu ou congé : & fa Majefté n'enuoye
point d'Ordonnance de commandement, ou de Lettres
en forme d'Edict par fes Prouinces concernant le fait de
marine, qui ne foit accompagnées de fes lettres d'attache.

2. Le falot ou fanal du Nauire Admiral eft à trois chan-
deles & trois lanternes, à mefme ordre fur trois chande-
liers, le Vifadmiral deux, & les autres Nauires de guerre vne. *Linius. lib. 9. Decadis tertiæ.*

LXVI.

Il a droit de nommer aux Offices de Iuges, Lieutenans, Aduocats, Procureurs, Greffiers, & tous
autres Offices de jurifdiction, quand vacation y
efchoit par mort, refignation ou autrement : Peut
auffi conftituer Procureur pour luy efdites jurifdi-
ctions pour la conferuation de fes droits : Peut
mettre & inftituer fous luy Vif-admiraux, ayans en
fon abfence pareille authorité & puiffance que luy
en toutes chofes concernant leurdit Eftat & Office.

Receuoir à ferment, & inftituer aux offices de l'Admirauté ceux qui par le Roy feront pourueus.

Ordonnance 1400. *article* 13. *ordonn.* 1517. *article* 12.
1583. *article* 3. & 35. 1582. & 1584. *art.* 5. & 6.

LXVII.

Audit Seigneur Admiral appartiennent toutes les
amandes adjugées és Cours & Iurifdictions ordinaires, & de premiere inftance de l'Admirauté ; Et
quand à celles qui font adjugées & taxées és jurif-
dictions de la table de marbre, la moitié en appartient au Roy noftre Sire, l'autre moitié audit Seigneur Admiral.

Ordonnance. 1543. *article* 4.

LXVIII.

Tous Nauires François font tenus porter fes
Eftendars, Bannieres & Liurées, Et peut ledit Seigneur mettre en iceux trompetes, meneftriers, poudres, pauois & lances à fon plaifir.

Ordonnance 1517. *article* 19. 1543. *article* 15. & 16.
1584. *article* 28.

Ces termes de l'Ordonnance *font tenus porter les bannier·s eftendars, &c.* font paroles de commandement abfolu & de' neceffité, lefquelles obligent à l'eftroite obeyffance. C'eft pourquoy les Capitaines & les Maiftres de Nauire ne doiuent arborer d'autres liurées ou couleurs eftrangeres, & ne le peuuent faire fans p euarication & forfaiture; La loy *Eos. D. lege Cornelia de falfis* les declare fauffaires : *Et Monfieur Chaffanee, in prima parte Catalogi gloriæ mundi.* 44. & 48. *concluf.* les qualifie criminels de leze Majefté : comme de fait ils font injure à leur Prince, ils trompent la foy publique, deçoiuent & mettent en efmoy au rencontre leurs compatriotes, les alliez & les amis de l'Eftat, contreuenans à l'augufte ferment que Monfieur l'Admiral ou fes Lieutenans leur ont fait faire auant partir, & apres tout, *cum vituperio portant,* comme dit *Bartole. Tractatu de infignÿs & armis. num.* 5.

En cas de moindre importance il n'eft pas permis, mais eft deffendu aux marchands & aux artifans de changer, ou d'vfurper les enfeignes ou marques les vns des autres. *Benedictus in repetit. cap. Raynutius, verbo Raynutius de Clera. num.* 59. *Chaffancus in prima parte Catalogi, conclufione* 32. *Mornac.* fur la loy *quod fi neque. D. periculo & commodo rei venditæ.* A plus forte & plus importante raifon les Capitaines ou Maiftres de Nauire ne doiuent arborer les enfeignes d'autre nation, & porter autres liurées que celles qui font ordonnées par le Roy, ou par Monfieur l'Admiral : Et fi par la fotife, ou par l'auarice du Maiftre il vient quelque inconuenient à l'occafion de tel changement, le Maiftre pour la contreuantion en doit patir pour tous les defpens, dommages & interefts des intereffez bourgeois, paffagers & marchands : comme le refout *Beneuenutus Stracha Tractatu de Nautis in tertia parte. num.* 23. & *Tractatu de Nauibus, parte fecunda, num.* 3. & en outre de droit le Nauire doit eftre confifqué. *l.* 1. *Cod. Nauibus non excufandis,* auffi

il

il n'y a que les pirates & les voleurs qui pratiquent ce defguifement & mommerie traiftreufe.

LXIX.

En chacun nauire de guerre peut Monfieur l'Admiral mettre vn homme habillé à fa deuife, pour prendre garde & tenir les cha te-parties , & autres enfeignemens trouuez ez mains des prifonniers.

Ordonnance 1543. *article* 19. *Ordonnance* 1584. *art.* 32.

LXX.

De toutes les prinfes faites fur les ennemis le dixiefme appartient audit Seigneur Admiral , en fourniffant par luy vne liure de poudre pour tonneau, vn pauois & vne lance à feu pour trois tonneaux, fuiuant les anciennes Ordonnances , & le faire payer à prix comptant.

Ordonnance 1400. *art.* 15. *&* 17. 1543. *article* 25. *& 38. ordonn.* 1584. *article* 26.28.51. *&* 54.

1. *Les Romains payoient à leurs faux Dieux le dixiefme des defpouilles.*
2. *Iupiter Prædator.*

Xxx

3. *Les anciens Gaulois donnoient pareillement le dixief-*
   me à leur Dieu Mars.

4. *Le Roy d'Espagne prend le cinquiefme.*

5. *Liure de poudre.*

6. *Les marchandifes prinfes fur l'ennemy , doiuent au*
   Roy les droiɛts d'entrée & gabelles.

1. Les Romains faifoient offrande à leurs faux
Dieux, du dixiefme des prinfes & defpoüilles qu'ils ga-
gnoient fur leurs ennemis, *Liuius l. 5. Decadis Prima.*

2. A caufe dequoy *Iupiter* fut furnommé *Prædator,*
comme remarque Seruius fur Virgile, *3. AEneid.*

> *Irruimus Ferro & Diuos , ipfumque vocamus*
> *In Prædam partemque Iouem.*

3. C'eftoit auffi la couftume des anciens Gaulois de
donner le dixiefme des defpoüilles à leur Dieu Mars, dit
Cæfar au fixiefme liure de fes Commentaires : & c'eft ce
dixiefme qui appartient à Monfieur l'Admiral Patron de
la marine.

Le Roy d'Efpagne augmente la dofe & prend le cinquiefme des prinfes & defpoüilles, *Leye 2 1. Titulo 4. lib. 6.*
Recopilat. y cap. 6. De las Cortes del año 1598. publicadas en el
de 1604. Si ce n'eft qu'il en fait à prefent grace & relache
áux volureaux & brigands des coftes de la Bifcaye, &
Donquerque, pour molefter les hauires & les marchands
François & Flamans des Prouinces vnies.

5. LIVRE DE POVDRE POVR TONNEAV,
c'eft à dire, fi le nauire eft du port de cent tonneaux, ce
fera cent liures de poudre, & ainfi des autres fuiuant le
port, tout de mefme que le droiɛt d'ancrage fe paye.

6. Outre le dixiefme deub à Monfieur l'Admiral, les
prinfes fur l'enɛemy, fi c'eft marchandife doiuent payɛr
au Roy les droiɛts d'entrée, gabelles & autres peages.

Ordonnance du Roy Charles IX. donnée Amboise
1572. article 14.

LXXI.

Comme aussi le dixiesme luy appartient de toutes les prinses faites en execution des lettres de
marque & repressailles octroyées & à octroyer.

Ordonnance du 6. Aoust 1582. Guido Papa Decis 32.
& 33.

LXXII.

Peut aussi prendre à foy & doit estre preferé
pour auoir les nauires, victuailles, pauois & artillerie prinse sur les ennemis en payant raisonnable-
ment le prix. Son dixiesme rabatu : toutesfois
lesdits nauires & victuailles doiuent estre par prealable criez & proclamez au plus offrant : s'il y auoit
prisonniers de grand prix & d'importance les peut
prendre en baillant seureté aux preneurs de ce à
quoy ils seront mis à rançon, son dixiesme & droict
de sauf-conduit rabatu.

Ordonnance 1400. article 18. Ordonnance 1543. article
39. 1584. art. 51. 55. & 59.

LXXIII.

Doit recueillir le reſte des poudres, harnois, pauois , & ancres des nauires du Roy au retour des
voyages pour ſeruir en autres affaires, ainſi que par
ledit Admiral ſera ordonné : & à ce pourra contraindre les Chefs deſdits nauires, Maiſtres, Contre-maiſtres, & Quarteniers, par priſe de corps &
de biens , comme il eſt accouſtumé faire pour les
propres affaires du Roy.

Ordonnance 1543. *article* 47. *&* 1584. *article* 77.

LXXIV.

L'armée eſtant rompuë & departie, audit Seigneur Admiral appartient la nef en laquelle la perſonne du Roy aura eſté , garnie de toutes les armes
& munitions appartenans à ladite nef qui auront
eſté mis en icelle.

Ordonnance 1584. *article* 27.

LXXV.

De tout ce entierement qui ſe tire de mer à terre, le tiers appartient audit Seigneur Admiral.

Cy deſſus en l'article 16.

LXXVI.

Nul ne peut ſortir par mer hors le Royaume, ny
en voyage de long cours, tât en têps de paix qu'en
temps de guerre, ſans le congé & conſentement
de Monſieur l'Admiral, & ſans bailler caution ju-
ratoire de ne mesfaire aux ſubjets du Roy, amis &
alliez de la Couronne, ny meſme partir des Ports,
aller en autre Prouince ſans les acquits & bref, viſitation faite par l'Admiral ou ſes Lieutenans de leur
marchandiſe.

Ordonnance 1400. *article* 3. 1517. *article* 2. *& 22. &*
1584. article 31.

LXXVII.

Nul nauire ne peut entrer en temps de guêrre en
aucun Port & Havre de France, ſans permiſſion ou
congé de Monſieur l'Amiral, Vis-Admiral ou Officiers.

Ordonnance 1584. *art.* 23. *& 24.*

LXXVIII.

L'Admiral ſeul donne les congez, paſſages, ſeu-

retez & fauf-conduits de toutes perfonnes prinfes
en la mer, mefme pour la pefcherie des harencs,
& morte faifon, enfemble des marchandifes, & ce
qui eft accouftumé pour les nauires portans gouuernail à Thucion, & gouuernal remuable : & de
ce qui eft jetté de la mer en terre, enfemble des
foyers, balifes, boues, & adreffes, fans que aucun
les puiffe receuoir autre que celuy qui fera prepofé ou commis par ledit fieur Admiral.

Ordonnance 1517. *article* 20. 1543. *article* 48. 1581.
1584. *art.* 23. & *fuiuans.* 73. & 78. *Lettres de Declara-*
tion du Roy du 25. *Octobre* 1637. *verifié & enregiftré au*
Parlement de Bourdeaux le 29. *Ianuier* 1638.

1.   *Seureté & fauf-conduit.*
2.   *Paffeport.*
3.   *Congé.*
4.   *Brieus.*
5.   *Pefcherie des Harencs.*
6.   *Temps du paffage des Harencs.*
7.   *Haranguaifon.*
8.   *Morte faifon.*
9.   *Gouuernail à Thucion.*
10.   *Foyers.*

1. SEVRETE ET SAVF-CONDVIT,

fe donnent aux ennemis.

2. Les PASSEPORTS aux amis.

3. Et LES CONGEZ aux fubjets.

4. En Bretagne en les nomme *Bref ou Brieus*, & parler *aux Hebrieus*, pour dire demander le congé, & y en a de trois efpeces, ou à trois fins, *Bref de conduite*, pour eftre conduit en furain hors les dangers de la cofte : *Bref de fauueté*, pour pouuoir colliger fon naufrage apres l'auoir effuyé ou fouffert : *Bref de victuaille*, pour en pouuoir acheter en Bretagne. Argentré fur la Couftume de Bretagne des droicts du Prince, article 56. num. 45. & en fon hiftoire liure fecond chap. 14.

5. HARENC, le harenc ne fe pefche en autre mer d'Europe qu'en la Septentrionnale, la prinfe s'en fait aux premieres froideurs d'Automne, & commance le mois d'Aouft continuant en Septembre & Octobre, jufques à demy Nouembre, on en prend quelquefois des la Sainct Iean d'Efté, mais ils font maigres, dequoy les pefcheurs prefument que ceux là fe font efquartez des l'année precedante. Et d'autant que c'eft poiffon de paffage, la pefche en eft permife les jours de Fefte & de Dimanche.

6. Le paffage s'en fait en ladite faifon autour de la grand Bretagne, ces poiffons aterriffent fort, comme il eft dit au chapitre. *Licet. de Ferÿs* aux Decretales, & fuiuent les feux en troupe, mefmes en paffant ils femblent vn efclair, & c'eft ce qu'on dit *l'efclair des harencs*, *Olaus Magnus lib. 20. hiftor. Septent. & Guicciardin* en la Defcription des Pays Bas, au chapitre du Difcours fur la mer.

7. Le temps du paffage eft par les Pefcheurs & Mariniers nommé *Haranguaifon*, pour le grand employ & l'abondance de la prinfe, & l'autre temps qu'il ne s'en trouue pas, *morte faifon*.

8. Les Mariniers nomment auffi *morte faifon* quand ils ne trouuent pas de fret ou l'occafion de trauailler.

9. THVCION, c'eſt gros timon qu'il conuient employer deux ou trois perſonnes à le mouuoir.

GOVVERNAIL REMVABLE par vne feule perſonne *Clauus*.

10. FOYERS, *Pharos, Specula,* c'eſt vne cuuete remplie de charbons ardans, eſleuée au haut d'vne eminente tour pour faire lumiere, & donner l'adreſſe de nuict aux nauires, ἀπὸ ȣ̃ φαυȣ̃, *quod eſt lucidum.* Telle eſt la Tour de Cordouan, ſur l'emboucheure de la riuiere de Bourdeaux. Et le Phare d'Alexandrie en Egypte ſur la plus Occidentale defuite du Nil : c'eſt auſſi le feu, la paille, & le bois que ceux qui font le guet ſur la coſte doiuent auoir pour faire les ſignals.

BALISES, BOVES, faut voir le Iugement d'Oleron 26.

LXXIX.

Il eſt inhibé aux Gouuerneurs, Lieutenans du Roy des Prouinces, Capitaines, & autres Officiers de bailler aucuns ſauf-conduits, attaches ny verifications aux Lettres Royaux, pour tirer hors les Ports & Havres. Ny faire entrer ou nauiger aucunes perſonnes de quelque qualité ou condition que ſoit, ſur peine de confiſcation de nauires, artillerie, munitions, marchandiſes, & autres peines indictes à ceux qui nauigent contre les Ordonnances Royaux.

Ordonnance 1584. *article* 58.

1. La

1. La nauigation beaucoup plus asseurée à present qu'elle
ne fut jadis.

2. Anciennement la nauigation sur la mer Mediterranée,
fut de deffence, pendant tout l'hyuer.

3. Premiere practique des congez.

4. La mer Mediterranée est moins sauuage que l'O-
cean.

5. L'Esté & l'Hyuer font quasi semblables pour la nauigation sur l'Ocean.

6. La cruele coustume de Bretagne du droit de Bris, à
fait naistre l'octroy des congés.

7. Barbare coustume des anciens Gaulois de sacrifier les
Estrangers.

8. Costes & riuages des Gaules insstées par les Goths,
Saxons & Normands.

9. Cruauté du droict de Bris, abrogé par le moyen des
Brefs.

10. L'effect des congés contre les Pirates.

1. Anciennement que la nauigation n'estoit pas trai-
ctée, ou conduite si regleément, & auec tant d'art de cer-
titude ou d'asseurance comme à present; (depuis l'inuention du compas, ou l'vsage de l'aiguille aymantée, que
l'Astrolabe, le Rayon, ou baston gradué Astronomic, &
les autres instrumens Meteoroscopes, sont employez à
dresser les routes & voyages, par l'vsage & practique
desquels les mariniers suiuent le chemin du Ciel pour
paruenir à terre.)

2. Il estoit prohibé de se croire, ou se mettre à la mer
pendant tout l'hyuer, depuis le premier jour d'Octobre,

Y y y

jufques au premier iour d'Auril: De maniere que la mer eftoit clofe, & de deffence pendant fept mois de l'an. *l. quoties in fine.* C. *naufragÿs. Vegetius de re militari. lib.* 4. *cap.* 39.

2. Et c'eft d'ou procede la premiere & la plus ancienne practique des congez, & des permiffions de nauiguer, fuiuant l'opinion du fieur d'Argentré fur la couftume de Bretagne *article* 56. *notable premier. nombre* 43. Et de fait la formule des congez, & tout ce qu'ils doiuent contenir fe trouue defduit & reprefenté dans le droit Romain. *l.* 2. C. *NauicularÿS*, ou c'eft qu'ils font nommez *Securitates*, & en la loy vnique. C. *De littorum & itinerum cuftodia.* L'Officier qui les concedoit eftoit nommé *Comes comerciorum*, (ce qui conuient à la denomination *d'Intendant du commerce*) dont eft fait mention *in lege vnica.* Cod. *Annonis, & In l. fecunda qua res vendi non poffunt. l. vltima.* Cod. *comercÿs & mercatoribus.*

4. Toutesfois à confiderer que la mer Mediterranée n'eft pas de beaucoup tant fauuage ou farouche, ny tant expofée aux mauuais vents d'aual comme l'Ocean, lequel agité d'ordinaires tempeftes, ne reconnoift prefque iamais aucun calme ou bonaffe, non plus en Efté qu'en Hyuer, ainfi qu'ont remarqué *La Popeliniere* en fon traicté de l'Admiral, *& Vvilhem Ianffen* en fon Routier.

5. C'eft pourquoy tout temps d'Efté & d'Hyuer font à ce regard fort femblables pour la nauigation fur l'Ocean, voire la nauigation y eft plus frequente en hyuer.

De maniere qu'il eft vray femblable, & vient à prefumer que cette confideration, & la prohibition de nauiguer pendent l'hyuer, practiquée fur les riuages de la Mediterranée, n'a pas introduit l'vfage des congès en Occident.

6. Mais comme à remarque *Garcie de Ferrande* en fon Routier l'ancienne couftume de Bretagne, en a fuggeré

& fait naiftre l'inuention, ou la practique : laquelle couftume eftoit tant cruele & barbare, qu'elle adiugeoit toutes les chofes naufragées au fifque du Comte ou Duc
Armorique, lequel profitoit du defaftre, & de l'infortune
du marchand ou maiftre de Nauire, lefquels n'euffent ofé
reclamer ou fuiure leur bien : D'autant que non feulement la marchandife & le debris, mais auffi les corps &
perfonnes des naufragés efchapez, tomboit à la volonté
du Prince, & en fon *danger*, comme s'ils euffent for-
fait.

7. Ce qui procedoit de la crudité d'vne ancienne couftume des Gaulois, lefquels fouloient facrifier & mettre
à mort les Eftrangers, dont *Hercule* les feura, *Pomponius
Mela de fitu orbis. lib. 3. cap. 2. Diodorus Siculus. lib. 5. hiftor.
cap. 2.*

8. Ou bien de ce que les riuages de Bretagne, depuis
la decadence de l'Empire Romain ont efté grandement
infeftés, & ce par les Goths, Saxons, Normands, & autres peuples Septentrionaux fort cruels & barbares. *Sidonius Apollinaris. lib. 8. Epiftola 6. & Carmine 7. Verfu 370.* Lefquels barbares tombant à la cofte qui eft de difficile accés
en Bretagne : eftoient promptement dépefchez par
les habitans des lieux.

Tellement que cette cruauté contre les naufrages fe
practiqua, iufques à ce que les Comtes ou Ducs de Bretagne, ou Gaule Armorique furent appriuoifez par les
François : & ciuilifez à tel point que de permuter cette
barbarie, auec l'honneur & profit que les Eftrangers luy
firent, de requerir les congés, & brefs en payant.

De façon que à la priere & fupplication des voifins, notamment des Bourdelois & Rochelois (comme apert par
la carte d'homage de *Pierre de Dreus dit Maucler* fait au Roy
Sainct Louys, incerée en l'hiftoire du fieur d'Argentré,
au liure 5. chap. 17.) ledit Duc de Bretagne appointa, &

accorda qu'il mettroit *Sceaux* que l'on appelle*Bref* ou *Brieus*, pour permettre la nauigation & l'abord en ſes Haures & coſtes à ſes voiſins qui en prendroient. A ceſt effet ledit Duc eſtablit des Receueurs à Bourdeaux, à la Rochele, & ailleurs pour les diſtribuer. Hiſtoire du ſieur d'Argentré *au liure 5. chap.* 17.

C'eſt ce qui ſe practique en Bretagne : Et que *Son Eminence, Monſeigneur le Cardinal Duc de Richelieu*, deuenu grand Maiſtre de la nauigation & du comerce, à introduit, & fait obſeruer par tous les ports de France, obligeant tous Maiſtres de Nauire d'en prendre, ſous peine de leur vaiſſeau perdre, & d'eſtre reputez Pirates, ce qu'ils n'obſeruoient pas auant. Et c'eſt d'ou *Garcie de Ferrande* en ſon Routier, dit qu'à procedé l'vſage des brefs ou congés en la mer du Ponant.

L'effect deſquels congez eſt principalement pour ſurprendre & reconnoiſtre les Fourbans & Pirates, lors qu'ils vienent ſe rafraichir ez ports : de tant qu'ils ſont obligez de faire leur raport, & d'exhiber le congé de leur depart au ſiege de l'Admirauté. Que s'ils n'en ont pas la preſomption, voire la preuue eſt entiere contre-eux.

LXXX.

L'Admiral peut en temps de guerre accorder trefues peſchereſſes aux Ennemis & à leurs ſujets : Si tant eſt que les Ennemis la veüillent en ſemblable accorder aux François.

Ordonn. 1543. *article* 49. 1584. *art.* 79.

Pefcheurs fru mer, quelque guerre qui foit en France & *Angleterre*, jamais ne fe firent mal l'vn à l'autre ; ainçois font amis, & s'aident l'vn à l'autre au befoin. *Froiffart au tiers volume de fon hiftoire chap.* 41.

LXXXI.

Nul Gentil-homme ou Seigneur fe peut dire Admiral en fes terres, ny vfurper les droits d'Admirauté, ny rien entreprendre fur cette charge.

Tranfaction en forme d'Ordonnance, homologuée par Arreft du Parlement de Paris, du 30. *Aouft* 1377. *rapportée par Fontanon au titre de l'Admiral.*
Ordonn. du 12. *Feurier* 1576. *Arreft du Confeil Priué, du* 13. *Decembre* 1629.

La raifon eft, que quand fous le Roy Charles le Simple, ou en fon fiecle les Seigneurs de France vfurperent, & s'aproprierent chacun les dignirez & gonuernemens qu'ils tenoient à vie & à titre d'office, pour les auoir & poffeder, eux & les leurs en patrimoine & à titre hereditaire : Nul ne s'empara de la dignité d'Admiral, laquelle par ce moyen à demeuré abfoluë fuiuant fa premiere inftitution, fans qu'aucun y puiffe rien pretendre.

LXXXII.

Aux aſſemblées qui ſe font toutes les ſepmaines
par permiſſion du Roy pour le fait de la poliſſe, &
regler ce qui en dépend: l'Admiral ou ſon Lieutenant y pourront aſſiſter, pour donner & dire leur
a luis, en ce qui touche le fait du nauigage & de la
marine.

Ordonn. du 6. Aouſt 55 82.

LXXXIII.

Tous habitans ſur la coſte de la mer, juſques à
demy lieuë d'eſloignement, peuuent eſtre contraints par ledit Seigneur Admiral & ſes Officiers,
de faire le guet ſur la coſte pour la deffence d'icelle,
bien armez, bien embaſtonnez en temps de guerre : Et ſont faits leſdits guets pour donner le ſignal
de jour par fumées, & de nuiᐸ par ſignes de feu ;
excepté toutesfois ceux qui ont accouſtumé faire
le guet ez Villes, Chaſteaux, & plaſſes fortes ſituées
ſur la mer qui le fairont eſdits lieux : Peut ledit
Seigneur contraindre en tout temps leſdits habitans des Parroiſſes ſujetes au guet, faire la monſtre,
& ſe pouruoir d'armes ainſi qu'il appartient : Et
peut auoir Greffier, ou Clerc de Guet qui tiendra

papier & Regiſtre de ce : enſemble des defaillans au guet quand il eſt commandé.

Ordonn. 1517. article 28. & ſuiuans. 1543. article 7. & ſuiuans, du 6. Aouſt 1584. article 16. & ſuiuans.

1. *Le General d'Eſpagne n'a pas tant d'authorité de commander, ou dreſſer corps de garde à terre.*

2. *Vſage des ſignals de fumée par iour, & des feux la nuict.*

3. *Ces ſignals practiquez du temps d'Alexandre le Grand.*

4. *Les Romains les practiquerent.*

5. *Belliſaire vainqueur des Vandales d'Affrique s'en ſceut bien ſeruir.*

6. *Les Goths en leur pays, & les Sauuages en Amerique s'en aident.*

7. *Stilicho poſa le premier les Guets & corps de garde ſur les riuages & ports.*

8. *Louange & vitupere de Stilicho.*

9. *Neceſſité & profit deſdits guets.*

1. Le General d'Eſpagne n'a pas cette puiſſance amphibié ſur mer & ſur terre. *El General de la flota o armáda tiene il miſmo pader que el Rey : Mas no puede poner cuerpo de guardia en tierra. leye de partida. 24. tit. 2. y laberinto de comercio naual. lib. 3. cap. Flota. num. 4. & 13.*

2. Les fumées de jour, & les feux de nuict sont des signes muets, indices, & annoncés de l'estat du nombre & de l'aproche des Ennemis: la remarque en est tres-ancienne & fort asseurée.

3. Et la practique estoit ordinaire & commune parmy les Arabes, & les autres Asiatiques du temps des guerres *d'Alexandre le Grand. Q. Curtius. lib. 5.*

4. Du depuis les Romains s'en sçeurent bien seruir. *Livius lib. 2. & 8. Decadis tertiæ. Cæsar lib. 2. & 3. Comment. Vegetius de re militari. lib. 3. cap. 5.*

5. Ce fut par cette adresse que *Bellisaire* Lieutenant general de l'Empereur *Iustinian* defit les Vandales en Afrique: d'autant que par feux & luminaires il donna le signal, & les commandemens à ses deux armees terrestre & nauale, d'assaillir les ennemis en mesme temps par terre & par mer. *Aimonius Monachus. De gestis Francornm. lib. 2. cap. 6.*

Les anciens Goths, peuple de Suede & Scandinauie, ont aussi practiqué ces signes muets de feux & fumées, dit *Olaus Magnus* en son histoire du Nord; comme aussi les Sauuages des Indes Occidentales, au raport de *Iacob le Mere* en sa nauigation, *& Bartolomé Garcia de Nodal, en su Relation diaria del año de mil y seyscientos y diez y ocho.*

7. Et pour les guets ou corps de garde sur le riuage, le premier qui en fit faire fut *Stilicho*, à la loüange duquel le Poete *Claudian* a fait trois elegans Poemes.

8. Et que neantmoins apres son decez les Empereurs *Honorius & Theodosius*, ont condamné & surnommé l'Ennemy public, *Hostis publicus Stilicho, nouum atque insolitum repererat vt littora & portus crebris vallaret excubijs. l. 1. De littorum & itinernm custodia. lib. 7. Cod. Theodos.*

9. Les signals de fumées & feux sont de si bon seruice à la marine, qu'il n'est pas possible d'en trouuer de meilleurs, tant à l'adresse des fanals ou fouyers, aux falots &

lanternes

lanternes des nauires de guerre, qu'à faire les guets fur la
cofte & riuage pour faire entendre aux habitans de la
campagne, l'eftat & l'approche des ennemis, *Froiffart
au chap. 36. du tiers Volume*, ce qui eft à prefent grandement bien obferué par toutes les coftes d'Italie, & generalement fur tous les riuages de la mer Mediterranée.

LXXXIV.

Finalemét, les LieutenantGeneral, Iuges & autres
Officiers de l'Admirauté doiuent connoiftre du
faict des Charpentiers de nauires & de leur meftier,
& artillerie nauale & ferrures.

Ordonnance 1584. article 96. & fuiuans.

Le R. P. *Fournier* de la Compagnie de IESVS à defduit & reprefenté fort amplement en fon *Hydrographie*
tout ce qui fe peut dire de plus curieux & de mefnagerie
fur cet article. C'eft pourquoy il fuffit de propofer feulement en ce lieu, que les Officiers de l'Admirauté ont Iurifdiction & peuuent connoiftre des ouurages de tous artifans feruans à la nauigation, comme Charpentiers de
nauires, de pompes & hunes, Tourneurs de polies, &
racquages, des Fondeurs, Serruriers, Chordies, Lanter-
niers, Ajufteurs de cartes, de Bouffoles, Horologes de fable, Arbaleftilles, Aftrolabes, quadrans, & autres inftrumens de Mathematique pour nauiger, & de tous autres
ouuriers quels que foit trauaillans à mefme fin.

DROICTS ET PREEMINENCES

de l'Admiral de France, Extraict ou retiré par Maiſtre Anthoine Fontanon, & par luy inceré en ſa compilation des Ordonnances Royaux au Tome troiſieſme à à la fin du Titre de l'Admiral.

I.

Vicõque eſt Admiral de France, par le droiɔ̃ de ſon Office, à la cõnoiſſance & diffinition de tous faiɔ̃s, delicɔ̃s, & contracɔ̃s commis pour la guerre, marchanderie ou peſcherie, ou autres choſes quelconques aduenuës par la mer ſur les hables, & par les greues d'icelle mer, ſous le grand flo de Mars, & par la Iuſtice doit eſtre diſpoſé comme Lieutenant General ſeul, & pour le tout pour le Roy ez lieux deſuſdits, & non d'autres.

II.

Item ledit Admiral a plain droiɔ̃ & poſſeſſion de prendre & receuoir les dixieſmes de toutes les prinſes & conqueſtes faites ſur la mer & greues

contre les ennemis du Roy, par la guerre par tout
le Royaume de France, fans ce que nul homme ait
droict en iceux dixiefmes que luy feul.

III.

Item tout nauire allant par mer & obeyffant au
Roy de France, à qui qu'il foit, ne quelconque
banniere qu'il porte, doit porter les bannieres,
eftendarts, & enfeignes dudit Admiral : & en iceux
ledit Admiral peut mettre bannieres, eftendars, &
enfeignes, trompettes & meneftriers à fon plaifir.

IV.

Item, ledit Admiral peut mettre gens, victuailles, artillerie, poudre ou plomb pour la guerre, en
telle quantité qu'il luy plaira, fi requis en eft, à prix
& à compte.

V.

Item, audit Admiral appartient à donner congez, paffages & feuretez, & faufs-conduits par la
mer, & par les greues d'icelle, & auffi auoir les
droicts & les faufs-conduits de tous prifonniers
prins en la mer, quelque part qu'ils foient deliurez en l'obeyffance du Roy, & non autre. Et s'au-

Zzz 2

tres lé prennent pour quelconque Capitaine ou pouuoir qu'ils ayent sur la mer ny ailleurs , ils luy font tort , & le doiuent reparer comme chose sienne , & à quoy nul n'a droict que luy par tout le Royaume de France.

VI.

Item , audit Admiral appartient commettre & auoir jurisdiction plainiere à la Table de marbre au Palais Royal à Paris , Lieutenant, Procureur , Aduocat , & autres Officiers de Iustice pour le Roy en son nom,& pour le faict de son Office, & les amandes qui en pourront sortir doiuent estre parties par moitié au Roy & audit Admiral.

VII.

Item ledit Admiral peut auoir & commettre en chacun Port de mer paur tout le Royaume de France , Lieutenant & Officiers pour faire justice à vn chacun selon les droicts de son Office. Et appartienét audit Admiral toutes amandes qui seront taxées en sesdites Cours par tous les lieux du Royaume : reserue seulement à la Table de marbre , auquel lieu ledit Admiral ne prend que la moitié,ainsi qu'il est dit dessus , & le Roy prend l'autre moitié.

VIII.

Item, ledit Admiral doit auoir & doit prendre de chacun nauire portant gouuernail remuable, pour son premier flotage, huict sols, & de chacun nauire portant gouuernail à gros timon, vn denier d'argent, & de chacun nauire en guerre ou en marchandise, douze deniers d'argent : par ainsi toutefois que ledit Admiral est tenu pour celuy prix bailler sa lettre certificatoire au Seigneur dudit nauire.

Le denier d'argent est eualué à cinq deniers monnoye noire, on les nommoit blancs, & les doubles, grands-blancs valant dix petits deniers.

IX.

Item, ledit Admiral, s'il luy plaist, tiendra sa jurisdiction & mettra ses prisonniers en garde ez prisons du Roy & de ses subjects, prochaines & voisines de la coste de la mer, en payant leurs despens : pourueu toutefois qu'iceluy Admiral, ou ceux qui seront de par luy, seront tenus demander congé aux Capitaines des places, auant qu'ils y mettent iceux prisonniers : & apres ledit congé demandé, lesdits Capitaines ne peuuent, ne doiuent refuser.

X.

Item, tous lefdits Officiers dudit Admiral en executant leurs Offices font en la protection & fauuegarde fpeciale du Roy.

XI.

Item, quand il leur conuient faire garde, guet, & tenir fouyers fur les coftes de la mer, audit Admiral & fes Officiers en appartient la contrainte, tant en Criminel comme en Ciuil, & doiuent ceux qui font le guet eftre garnis de feu, bois & paille, pour faire figne fur les coftes de nuict par feu, & de jour par fumée fi befoin eft. Et icelle couftume eft, & doit eftre par tout le Royaume de France, durant le temps de guerre: & en chacune cofte ledit Admiral doit vifiter, pouruoir, ordonner ou le faire faire de par luy, afin qu'inconuenient n'en aduienne: & partant y doit auoir obeyffance, à qui que foit que les Terres & Seigneuries foient.

XII.

Item, tout ce qui eft prins en & dedans la mer & agraffé, le tiers eft à qui le trouue ou fauue, & les deux autres parts audit Admiral.

XIII.

Item, de tout ce qui eſt jetté de la mer à terre, tant Eſpaues, Varech, que Barbaries, & hors du flot, la tierce partie ſeulement appartient à l'Admiral pour la connoiſſance, droict & dignité de ſon Office, & le ſurplus eſt au Roy, ou aux Seigneurs à qui le Roy a donné tels droicts en leurs terres, & pareillement de tous nauires, peris & peſches en la mer.

XIV.

Item, tout ce qui ſeroit allé à fonds de la mer, & par engins & par force ſe pourra peſcher & tirer hors, les deux parts en appartiennent audit Admiral, & la tierce partie à celuy ou ceux qui l'auront peu peſcher ou ſauuer.

XV.

Item, & quand aucune nef eſtrangere voudroit entrer en Port ou Havre de noſtre Royaume, faire ne le doit ſans l'authorité ou congé dudit Admiral ou ſes Commis.

XVI.

Item, & pour faire guerre aux ennemis, s'aucune

guerre ou assemblée se faisoit par mer, audit Admiral appartient la charge, ordonnance & gouuernement, tant pour habillemens que pour artillerie, gens & vitailles, & en doit estre chef capitaine, & comme tel porter la lanterne, les criées faites tant de par le Roy que de par luy. Et de toute la conqueste faite en ladite mer, la dixiesme partie doit estre & appartenir audit Admiral, auec les restes d'artillerie, & de vitailles, la compagnie despartie & l'armée rompuë. Et aussi la nef ou la personne du Roy aura esté, s'il y a esté en personne garnie d'habillemens quelconques que l'on aura mis en icelle.

XVII.

Item, audit Admiral appartient de donner tous sauf-conduits de grace par la mer, & non autre.

XVIII.

Item, ledit Admiral doit auoir de son droict la charge & conduite par la mer de toutes flottes & nauires de marchandises & non autre, & en doit auoir pour son côduit de chacune veuë le vingtiesme de la marchandise, s'autres conuenans n'y a sous moindre somme, selon la qualité des conduisans & de conduire en bonne moderation par les Maistres ftres & Marchands de la Flote faite auec ledit Admiral ou ſes Commis.

XIX.

Item ledit Admiral doit adminiſtrer juſtice à tous marchands ſur la mer, ſelon *les droits, jugemens, couſtumes & vſage d'Oleron*, & auec tous autres de tous cas aduenus en ladite mer & deſcendans d'icelle, & auſſi ſur les greues deſdites mers, & non nul autre. Et peut tenir ſa juſtice par toutes les villes du Royaume, pour connoiſtre des cas aduenus de ladite mer, & à cauſe d'icelle; pour ce qu'autre que luy ne le peut, ny doit faire.

XX.

Item que tous appellans des Officiers particuliers dudit Admiral, ſont tenus de releuer leurs appellations deuant le Lieutenant general à la table de marbre au Palais du Roy à Paris, dedans quarante iours, de prendre les prouiſions & reliefuemens en cas d'apel dudit Lieutenant general, & ſous le ſeel de ladite Admirauté, & non d'autre.

Aaaa

NAVIGATION

DES FLEVVES ET RIVIERES.

LA Nauigation fur les fleuues & riuieres, eft autant neceffaire à la chofe publique, autant profitable aux particuliers que celle qui s'exploite fur mer : En outre elle à de l'aduantage en ce qu'elle eft plus plaifante, plus affeurée, & moins perilleufe, comme il eft reprefenté fort élegamment par *Caffiodore. lib. variarum* 12. *cap.* 24.

L'vne & l'autre nauigation ont femblables effets, & peuuent grandement enrichir les Prouinces: Et bien difficilement le grand comerce s'adonne aux villes mediterranées, lefquelles n'ont ny havre ny riuiere. C'eft pourquoy les Bourgeois de la ville de Bruges en Flandres, ont fait, & font tous les iours vne exceffiue defpence, à dreffer & maintenir vn canal ou riuiere artificiele qu'ils nomment *la Reye*, laquelle fait nauiguer des vaiffeaux du port de quatre cens muids, depuis la mer & le lieu de l'efclufe, jufques à Bruges, à la diftance de trois lieuës de l'vn à l'autre ; au moyen de laquelle riuiere ils ont longuemeut conferué l'honneur & la prime du co-

merce des pays bas : Comme auſſi les habitans de
Bruxelles font vne pareille deſpence, pour entretenir vn autre foſſe ou canal artificiel long de cinq
lieuës, lequel porte de gros & grands vaiſſeaux iuſques au fleuue de *Rupele* ; A quoy peut eſtre adiou-
ſté la deſpence, & le grand ſoing que rapportent
les honorables Bourgeois de la noble Cité de Bayonne, à l'entretien du Boucau Sainct Simon &
Sainct Iude, & de leur deux riuieres, l'Adour & le
Niue qui deſchargent en iceluy.

La Prouince de Guyenne excelle pour l'vne &
l'autre nauigation, auſſi fut elle iadis la plus riche,
& la mieux accommodée de toutes les Gaules, dit
Saluian. De gubernatione Dei. lib. 7. non tant pour
la bonté de ſon ſol, qu'à cauſe des belles & grandes riuieres, & de l'abondance des eaux qui ſont en
icelle ; à raiſon dequoy elle fut par les anciens nommée Aquitaine, au recit *d'Oroſius*, *Ptolomée*, *Iſidore*,
originum. lib. 14. *cap.* 4. Ses principales riuieres nauigables ſont *le Loyre* qui la ceint, la borne. *& ex*
plurima parte terminus eius eſt, eamque in orbe cingit. Secondement vient *la Charante*, laquelle arrouſe l'An-
goulmois & la Xainctonge, *la Dourdogne*, *la Vesere*,
& l'Iſle en Perigord & Limouſin, *la Garonne*, *le Drot*,
le Lot, *l'Abeiron*, *le Tar*, *l'Adour*, *& le Niue* de Bayonne, leſquelles riuieres paſſent par les meilleurs ter-
roirs, & par vn grand nombre de nobles Villes &
Citez : Sur leſquelles riuieres ſi la nauigation eſtoit

en honefte liberté, fuiuant l'intention du Roy & de
fes fainctes Ordonnances. Il eft euidant qu'elle
pourroit remettre en bref l'Aquitaine en fon luftre,
& en fon premier eftat de la mieux accommodée
Prouince des Gaules; Mais le grand aduerfaire de
la nauigation & du bien qu'elle produit, eft la fou-
le & l'oppreffion des impofitions, l'excez des telons & peages qui furchargent les bateaux & marchandifes aux ports & paffages, *auara manus portus*
claudit & cum digitos attrahit, nauium fimul vela conclu-
dit : Merito enim illa mercatores cuncti refugiunt quæ fibi
difpendia effe cognofcunt, *Caffiodotus lib.* 7. *variarum*
cap. 9.

Ce que reconnoiffant le Roy *trois fois Augufte*, furnommé *le Pere du Peuple Louys douziefme*, voyant auec
compaffion que les Seigneurs, & les communautez exigeoit induëment, & contre raifon des grands
couftumes & trauers fur les riuieres de Guyenne,
principalement fur la Garonne, & autres qui entrent en la Gironde au deffous de Bourdeaux. Par
Edict de l'an 1499. octroyâ aux marchands frequentans lefdites riuieres, la faculté de faire *Bourfe com-*
mune, & le pouuoir d'impofer fur leurs marchandifes aucunes fommes & deniers pour l'entretien de
la nauigation, & notammeut pour s'oppofer aux
leuages & fubfides induëment exigez par les Seigneurs. Il leur permit de faire vn College, de creer
des Intendans & des Syndics, en la maniere & for-

me que les marchands qui trafiquent fur la riuiere
du Loyre, l'auoit jadis obtenu par Edict du Roy
Iean de l'an 1355. côfirmé en fuite par autres Edicts
ou Lettres de Declaration citez par *Rebuffe. Tracta-*
tu de Mercatoribus. Chopin. lib. 1. *De Domanio. titulo* 9.
num. 7. *Mornac ad l. ceffante. C. comercijs & Mercatori-*
bus : Et fut l'adreffe defdites lettres en forme d'E-
dict, faite au premier des Confeillers ez Cours de
Parlement de Tholofe & de Bourdeaux, & la Iurifdiction attribuée aux grands chambres defdits
Parlemens ; De forte que les feconds Prefidens d'i-
ceux Parlemens font en cete qualité de Commiffaires, & comme premiers Confeillers de trois
en trois ans alternatiuement leurs affifes & cheuau-
chées le long de ladite riuiere de Garonne, & des
autres qui afluent en icelle au deffus de Bourdeaux :
& en paffant font amander auant paffer outre, tous
les empefchemens, & les entreprinfes qui offufquent la nauigation, fans que les proprietaires des
arbres coupez, ou baftimens abatus puiffent demander aucun defdommagement. *Lettres de Decla-*
ration pour la riuiere de Vezere, du 23. *Feurier* 1609. *en-*
regiftrées au Parlement de Bourdeaux. Et s'il y fourd
quelque queftion la jugent fommairement, ou les
font juger en la grand chambre defdits Parlemens,
fuiuant ladite adreffe, & autres lettres de declaration du Roy *Charles* 9. du 24. Auril 1569.

De façon qu'en confequence de ce, il y a deux

intendans & syndics des riuieres à Bourdeaux: vn syndic en la ville d'Agen, vn autre à Montauban sur le Tar, lesquels soignent & suruecillent continuellement chacun en son destroit, aux entreprinses & nouuautés, & à l'asseurance, ou liberté de la nauigation sur les riuieres.

Pour la Dordogne, il y a vn syndic en la ville de Bergerac, lequel lors que cette ville, & les habitans du pays le long de la riuiere, furent imbus & marinés des nouuelles opinions de la Religion pretenduë reformée, se débanda: & pour faire son fait à part obtint lettres d'interdiction au Parlement de Bourdeaux; portant euoquation & renuoy au grand Conseil, pour tous les faits & causes concernant ladite riuiere, lesdites lettres en datte du 23. Iáuier 1532. Pretextées sur semblables lettres obtenües par les marchands frequentans la riuiere du Rhosne, & autres descendans en icelle, en datte du 28. Septembre 1531. lesquelles lettres pour le Rhosne sont fondées sur le conflict de jurisdiction des Parlemens de Paris, de Dijon, Grenoble, & d'Aix en Prouence, les ressorts desquels s'estendent sur lesdites riuieres du Rhosne, & sur l'inconueniant qui pourroit naistre de la diuersité de leurs Arrests en semblables hypotheses, *quasi vero vna iusticia non complectatur vniuersos*, comme dit Cassiodore. *lib. 7. variarum cap.* 3. les Argumens *ab inconuenienti* sont fautifs, & ne sont pas en l'aprobation de la Iustice;

eftát certain qu'on ne peut éuiter les inconuéniens,
& que le nombre en eft plus grand que les remedes,
voire les remedes en gueriffant les vns, en produifent d'autres plus griefs. Toutesfois ces inconueniens ne fe peuuent pas bien appliquer à la riuiere
de Dordogne, laquelle en tant qu'elle eft nauigable, court au reffort du feul Parlement de Bourdeaux : Mais audit temps, ces tranfports de jurifdiction en faueur du grand Confeil furent fort practiquez, pour toutes les caufes efquelles ceux de la
Religion pretendüe reformée, dans les refforts des
Parlemens de Tholofe & Bourdeaux eftoient intereffez.

De ceft efloignement de Iuges, ont procedé de
grands abus & defordres fur cette riuiere, tant en la
nauigation qu'au comerce lefquels continuent,
voire qui empirent tous les iours ; Car le Commiffaire deputé pour l'execution des Arrefts du grand
Confeil. (C'eft ainfi que l'Intendant de Bergerac
fe fait qualifier) & le Syndic, font habitans de la
mefme ville de Bergerac ; lefquels pour arrefter la
nauigation, & le comerce en la ville de leur demeure, conniuent, & fouffrent fort volontiers que
tous les Gentils-hommes indifferamment, tant Seigneurs jufticiers que fimples vaffaux teffeans au deffus, exigent & leuent indüement de gros peages fur
les bateaux qui montent au plain de l'eau, afin de
deterrer, & faire defifter les habitans du haut pays

de nauiguer; Et au regard du comerce, le fyndic & quelques màrchands de fon intelligence monopolent auec des marchands eftrangers; mais c'eſt pour le plus en marchandiſe de contrebande, comme grains, chaſtagnes & noix en temps de difete, lors que le tranſport en eſt prohibé: En bois ou mefrain à faire meuble, la fortie duquel eſt de deffence en tout temps: En vins, tranſuaſes, farlates, muetes, ou muets, qui font du venin ou poiſon preſent & agreable; car par le moyen du meſlange de quelque partie du vin muté, les plus chetifs & plus mauuais vins font rendus genereux, & fouefs au pair des meilleurs vins de Graue, à ce qu'on dit; Mais c'eſt au grand detriment, & ruine totale de la fanté de ceux qui s'en abreuent. Telle eſt la nauigation, & tel le comerce quand à preſent ſur la riuiere de Dordogne.

Au regard de la riuiere de l'Iſle, elle eſt à preſent bannale, jadis elle fut nauigable juſques à Perigueux; Mais pendant les vieilles quereles de France & d'Angleterre que le comerce ceſſa de Perigueux qui fut bon François, vers Bourdeaux Partiſan de l'Anglois: Certains Particuliers entreprindrent de faire conſtruire des moulins à arche ſur ladite riuiere, & pour deriuer les eaux en iceux, firent dreſſer des grands chauſſées & retenües de pierre ſur pilotis, leſquels trauerſſent & coupent toute la largeur de la riuiere: Et par ce moyen la nauigation

tion fut excluse au grand prejudice du pays auquel l'vberté & l'abondance des fruicts & des biens que son terroir produit est sans debite & à grand charge.

Les habitans du pays racontent, que cy deuant, & enuiron l'an 1560. quelques Bourgeois des villes de Perigueux & Libourne associez, obtindrent la faculté de nauiger sur icelle de l'vne à l'autre ville, moyennant certain parti, & que nul autre qu'eux, ou sans leur permission ne pourroit s'en ayder : & qu'à cet effet furent dressez certains pertuis ou passages à trauers les chauffées, quon nommoit *Pas du Roy*, ce que toutesfois ne dura pas beaucoup.

Et quand à la riuiere de Vezere, laquelle passe en Limousin & Perigord, & descent en la Dordogne, soubs la ville de Limeul. Ci deuant, & en l'an 1606. Maistre Bertrand de Loubriac Iuge de la Bastide habitant de Donsenac & ses associez, firent parti pour rendre nauigable, faire valoir, & pour entretenir la nauigation sur ladite riuiere de Vezere puis la ville d'Alassac en Limosin, jusques à son emboucheure, & en passerent contract le 17. Aoust audit an, auec sa Majesté HENRY LE GRAND : mais d'autant que tous ces pactes & partis sont contraires à la liberté naturelle, que les entrepreneurs ou partisans sont hommes, leur vie, & leur fortune sont subjets aux changemens, & defaillances, &

Bbbb

que la faculté leur eſt à couſt, & d'auſſi grand deſpence que l'entrepriſe ou l'ouurage, ny l'vn ny
l'autre n'ont reuſſi ou bien ſuccedé. Cependant la
nauigation ſur ces riuieres, meſmement ſur l'Iſle,
eſt reconnuë tant neceſſaire au pays, que les Eſtats
de Perigord ont cy deuant, & du regne de Henry le
Grand, fait faire inſtance à leur Sindic contre
les proprietaires deſdits moulins, & ſur icelle interuint Arreſt au Conſeil, par lequel fut ordonné que
leſdits moulins feront demolis: en par leſdits Eſtats
du pays rembourſant & deſdommageant les proprietaires d'iceux. De façon que la difficulté de leuer vne ſi notable ſomme qu'il faudroit pour faire
ce rachapt & reſtor à touſiours du depuis fait ſur-
ceoir l'execution de cet Arreſt. En pluſieurs autres
Riuieres, les habitans ſur icelles practiquent vn
expedient qui conſerue le droict de la nauigation
& des moulins: ſçauoir eſt, de conſtruire des Sas
ou pertuis, ſur & au trauers chaſque eſcluſe de
moulin, c'eſt vn paſſage nommé *Haulſerée* par l'Ordonnance de l'an 1570. baſti de deux bonnes murailles paralleles, contenant la largeur de vingt & quatre pieds ou plus, en œuure & en diſtance de l'vne
à l'autre muraille, edifiées au fil de l'eau, faiſant vn
canal entre-deux, capable de contenir le plus grand
bateau, chaſque bout de cette haulſerée ou paſſage ſe ferme d'vne eſcluſe ou bonde de bon bois
en forme de panneau ou trape: tellement que le

bateau qui monte eſtant pouſſé dans la haulſerée
entre ces deux murailles par l'ouuerture qui eſt aual
on ferme l'eſcluſe ou la trape qui eſt en bas, & celle
d'amont ou de deuant eſtant ouuerte, fait en ſorte
qu'en vn moment l'eau remplit le paſſage, hauſſe
& ſouleue le bateau à fleur d'eau, & ſi haut que la
ſurface de la gourgue d'amont, lequel par ce moyen
monte & peut eſtre toüé plus outre: ce qui s'exploite aux deſpens des proprietaires des moulins,
leſquels ſont tenus d'entretenir les haulſerées ou
pertuis, & fournir des hommes & des cables, cabeſtans, & autres harnois tous preſt à rendre ce ſeruice: c'eſt ainſi qu'il ſe pratique aux moulins de
Clerac, Caſſanel, & Saincte Livrade ſur le Lot, &
qui ſe pourroit auſſi commodement practiquer ſur
les riuieres de l'Iſle & de Vezere.

REGLEMENS DE LA
nauigation des Riuieres : extraicts tant
des Ordonnances Royaux qu'Arreſts des
Cours Souueraines.

I.

LE lict, ou canal des Riuieres nauigables, leurs
riuages & chantiers doiuent principalement

feruir à la nauigation : de forte que nul Seigneur, ou proprietaire des lieux , nul Mufnier, nul Pef-cheur ou autre, ne le peut occuper, encombrer , où y mettre quelque empefchement que ce foit qui puiffe offufquer ou donner du deftourbier à la li-berté de la nauigation ou paffage des bateaux.

Ordonnance des Riuieres de l'an 1415. article premier. 2. & 4. lege prima D. Fluminibus. l. vnica D. vt in flumine publico nauigare liceat.

II.

Les Seigneurs des lieux ou autres perfonnes qu'elles que foient, ne peuuent impofer ne met-tre fus aucun peage, trauers, ou leuage , fur les bat-teaux ou marchandifes, n'y en pretendre s'ils n'ont de ce titre valable & poffeffion legitime.

Edict portant Reglement en faueur des Marchands frequentans la riuiere de Loyre du neufiefme Octobre 1570. conforme aux Ordonnances 1560. article 107. & 1579. article 282.

Il eft neceffaire que les titres d'octroy des peages , foient anciens ou precedans en datte au mois de Decembre 1459. Tous les titres d'octroy ou conceffion fubfequans à ladite date furent reuoquez & caffez par Edicts des Rois François premier 1531. & François fecond du mois de De-

ĕembre 1559. *&* par autres lettres de *Declaration du* Roy
Charles IX. *du* 9. Octobre 1570.

III.

Les Seigneurs lesquels ont droiĉt de Peage, sont
tenus d'entretenir en bonne & deuë reparation les
bords & chantiers des Riuieres, les passages, ponts,
& chemins du hasle des bateaux, autrement à faute de ce Monsieur le Procureur General du Roy
peut & doit faire saisir le reuenu desdits droiĉts,
iceux faire employer aux reparations necessaires;
& où ils ne suffiront, le compliment de ce qui de-
faudra sera fait aux despens desdits Seigneurs, ou
de ceux qui ont receu ce droiĉt.

Ordonnance 1579. *article* 282. *voire les Seigneurs qui*
leuent peage, doiuent tenir les passages seurs contre les par-
ticuliers, & respondre des pirateries & detroussemens com-
mis en leur destroit sur la riuiere & chemins. Ragueau in
verbo PEAGE *cite diuers Arrests de condamnation interue-*
nus contre plusieurs Seigneurs à ce sujet.

IV.

Doiuent en outre les Seigneurs faire couper &
leuer les roches, souches, arbres, mazures, & autres encombremens de la riuiere en l'estenduë de

leur jurifdiction, entretenir de bonnes planches
ou ponts fur les ruiffeaux & foffez trauerfans le chemin du hafie des bateaux, le long de la riuiere, afin
que les bateliers & ceux qui tirent à col contre-
mont, puiffent paffer commodement.

Arreſt de Reglement de la Cour de Parlement de Bour-
deaux du 16. Iuin 1600.
TIRENT A COL, l'Italien dit, collare, cioè in al-
zare o tirar fufo, contrario ſi dice callare cioè defcendere.

V.

En cas que ce foit Terre ou Iuftice du Roy, les
Iuge & Officiers font tenus faire oſter lefdits empefchemens, & faire entretenir & reparer les chemins, ponts & planches.

Arreſt du Parlement de Bourdeaux du 7. May 1621.
interuenu entre Matthieu Capdan Bourgeois & Marchand
de Bourdeaux, appellant du Senefchal d'Agenois au Siege
d'Agen, Iean Reau Hoſtelier de Labrits, George Calbert
Marinier inthimez, & le Syndic des riuieres interuenant.

VI.

Tiendront les Seigneurs qui ont droit de peage, vn Tableau en lieu eminent au bord de la ri-

uiere, ſur lequel les droicts ſeront eſcrits par le menu, ſigné du Iuge des lieux ou de deux Notaires: &
les Peagers & Fermiers ne pourront exiger aucune
choſe outre le contenu audit Tableau, lequel ils feront voir aux Marchands, & ce à peine de priuation
des pretendus droicts de peage, & de punition corporelle contre leſdits Fermiers.

*Ordonnance de l'an 1560. article 138. Lettres d'Edict du
mois d'Octobre 1570. Arreſt de la Cour de Parlement de
Bourdeaux du 27. May 1581. Les Arreſts de reglement du
Parlement de Bourdeaux, du 6. Iuin 1600. & 23. Aouſt
1611. ordonnent que le Tableau ſera ſigné par le Greffier
de la Cour, & juſques à ce il eſt inhibé aux Seigneurs & à
leurs Fermiers de leuer aucuns droicts.*

VII.

Sous pretexte du payement des droicts de peage,
ou de pretendre qu'il y a plus de marchandiſe ſujette à iceux que les Marchands n'en ont manifeſté,
les batteaux ne peuuent eſtre arreſtez ou retenus
par les Seigneurs ou Fermiers des peages, mais en
doiuent croire les Marchans à leur ſerment ſur la
quantité & la qualité des danrées & de la cargaiſon: ſi mieux leſdits Peagers n'ayment ſuiure le
bateau à leurs deſpens, ſauf de repeter, & s'il eſt
trouué au lieu de ſon reſte auoit eſté recelé ou com-

mis fraude par lefdits Marchands, lefdits Peagers feront payez de tout ·, enfemble de leurs defpens. Pourront neantmoins lefdits Peagers, en cas qu'ils ne fuffent payez retenir des marchandifes jufques à concurrance des droicts qui leur peuuent eftre deubs, & qui feront connus feulement fur les marchandifes manifeftées.

Arreft du Parlement de Bourdeaux du 16. Iuin 1600.

VIII.

Le bateau pendant le voyage ne doit eftre arrefté par aucune faifie faite, foit par authorité de Iuftice ou autrement : mais s'il eft fait aucun exploit, doit eftre conduit au lieu de fon refte, la faifie d'iceluy tenât, où c'eft qu'il fera fait droict aux parties.

Ordonnance 1415. articles 7. 8. & 13. à quoy eft conforme la difpofition du Droict Ciuil, l. prima De Nauiculariis, lib. 11. Cod.

❋❋❋❋❋❋❋❋❋❋❋❋❋❋❋❋❋❋❋❋❋❋❋❋❋❋❋❋❋❋❋

Reglemens pour les moulins fur Riuieres nauigables.

IX.

Les proprietaires des moulins à nef, les doiuent tenir en arreft, & les contenir dans les places qui leur

leur ont efté affignez, fans pouuoir vaguer, ou
les plaffer autre part: Ny ne peuuent mettre ancres, pieus, cheines, amarres, dans le lict ou
courante de la riuiere: Et fi pour eftre mal plaf-
fez, il arriue aucun inconuenient ou naufrage,
le Seigneur proprietaire du moulin le doit amander à fes defpens: Et d'abondant lefdits proprietaires, leurs fermiers & mufniers, doiuent tenir
ordinairement en iceux des perfonnages robuftes
au nombre de deux pour le moins, âgés de vingt
& cinq à cinquante ans, capables de faire mouuoir lefdits moulins au large, ou les ranger à
terre, & les tirer de l'empefchement, lors, & à
mefme qu'ils en feront interpellez, & requis par
les marchands & mariniers, montans ou defcen-
dans par lefdites riuieres.

Ordonnance du 9. Octobre 1570. Arrefts du Parle-
ment de Bourdeaux, du 27. May 1581. du 16. Iuin
1600. & du 23. Aouft 1611.: autre Arreft de la Cham-
bre de Caftres, du 20. Nouembre 1613. rapporté par Mon-
fieur d'Oliue du Mefnil en fes queftions notables, au liure
premier chapitre 13. Charondas, & autres Commen-
tateurs des Ordonnances Royaux au titre des eaux &
forefts.

X.

Quand aux moulins à arche qui font baftis és

Cccc

riuieres coupées , ou trauerſſées par des eſcluſes ou chauſſées , ô la reſerue d'vn pertuis , ou paſſage pour les bateaux : Les proprietaires d'iceux moulins , leurs fermiers ou muſniers, ſont tenus faire monter ou deſcendre tous les bateaux qui ſe preſentent, chargez ou vuides à leurs propres fraix ou deſpens, & ce cent braſſes par deſſus , & cent braſſes en bas le pas ou pertuis ; à c'eſt effect doiuent leſdits moulins eſtre garnis de bons cables, cheynes, cabeſtans, auis, & autres machines.

Arreſts du Parlement de Bourdeaux , du 27. May 1581. & du 16. Iuin 1600.

<h2 style="text-align:center">XI.</h2>

Le chemin le long de la riuiere pour la ſuite de l'eau , & le haſle des bateaux, doit auoir par l'ordonnance vingt & quatre pieds de lé ou de large : Et par les Arreſts du Parlement de Bourdeaux , pour le reglement des riuieres de Garonne , Dordogne, & autres deſcendans en icelle , le chemin doit eſtre de dix pas de large, de deux pieds & demy chacun pas pour le moins : Comme auſſi les hauſſerées, ou paſſage des bateaux au trauers les chauſſées, arches des ponts & pertuis, doiuent eſtre de mefme largeur de dix pas.

Ordonnance 1415. articles 2. & 3. Ordonnance 1520.
article 4. & les fufdits Arrefts de reglement donnez au Par-
lement de Bourdeaux.

Reglemens pour les Partrons & Mariniers.

XII.

Il eft inhibé & deffendu aux Patrons & compagnons d'eau, de fe mettre en chemin, de partir, ou
bouter hors leurs Nefs s'il fait temps d'orage,
broüillar, ou vent contraire : N'y a jour de Dimanche, fefte d'Apoftre, ou autre fefte folemne
qui foit à garder : comme auffi leur eft prohibé de
nauiguer de nuict ; mais feulement du Soleil le-
uë jufques au couchant, apres quoy ils doiuent
s'arrefter jufques au l'endemain, & ce à peyne de
payer les pertes, dommages & interefts : Et fi le
marchand chargeur les contraint de nauiguer de
nuict, ou en temps d'orage ; en ce cas il prend fur
luy les rifques, & tous les mauuais euenemens qui
s'en enfuiuent.

Ordonnance 1415. article 18.
Paulus de Caftro ad legem fi laborante. D. lege Rhodia.

Et quoy que par les diuers Arreſts citez par M. Ragueau
in verbo PEAGE, les Seigneurs leſquels leuent peage ſoient
tenus d'aſſeurer les nauigans & les paſſans contre les
particuliers, & les vices des lieux : toutesfois ils ne reſ-
pondent pas des accidens arriuez de nuict apres le Soleil
couché.

XIII.

Quand vn Batel deſcend aual la riuiere chargé
ou vuide : s'il luy conuient paſſer ſous quelque
pont, ou dans quelque pertuis, les mariniers &
compagnons d'eau auant que d'hazarder le paſſage, iront viſiter ledit pont & pertuis, pour reconnoiſtre s'il y a quelque empeſchement, ou autre batel embouché qui leur puiſſe cauſer encom-
bre ou deſtourbier ; & s'il y a batel montant, celuy qui deſcend doit attendre que l'autre ait paſſé
outre, à peyne de reſpondre des inconueniens, &
d'encourir les pertes & dommages.

Ordonnance 1415. article 19.

XIV.

Quand en plaine riuiere aucun batel aualera,
le Patron & l'Equipage doiuent prendre garde,
& conſiderer ſi aucun autre batel monte contre-

mont, & s'il en y a doiuent l'auertir & crier de
bonne heure, & à temps, *vai gefir lay* , qui eft à
dire *va t'en mettre à terre* ; lors le bateau qui monte fe doit ranger à quartier, & faire plaffe libre à
celuy qui defcend : autrement s'il aduient quelque inconuenient , il payera les pertes & dommages.

Ordonnance 1415. *article* 20.

XV.

Si le bourgeois ou proprietaire du batel ne le
conduit point, & ne nauigue pas en iceluy : & il
arriue perte ou naufrage fans fa faute, & en fon abfence : il peut renoncer, ou delaiffer fon bateau
naufragé au marchand , en le denonçant audit
marchand dans trois iours precifement , apres la
notice qu'il aura de la perte ou naufrage. Mais
s'il à entreprins la conduire à faire par luy mefme ,
& que fous luy le dommage arriue, il ne fera pas
receuable à guerpir & faire le delaiffement.

Ordonnance 1415. *article* 17. *Ordonnance de l'Ad-*
mirauté 1543. *article* 44. *& 1584. article* 71.

XVI.

Le bateau apres l'afretement fait & conclud, doit au marchand tant auant partir, qu'apres estre paruenu au lieu du reste trois jours de planche pour la charge, & trois jours pour la descharge: & s'il est retardé d'auantage, le plus long sejour desdits trois jours luy doit estre payé par le marchand.

Ordonnance 1415. *article* 11.

XVII.

Les Bateliers doiuent rendre la marchandise par compte ou mesure, si leur a esté baillée par compte ou mesure; Mais si le marchand met *Garde* de par luy au batel pour garder sa marchandise, le batelier ne sera pas tenu d'en rendre compte.

Ordonnance 1415. *article* 12. *l. si vt certo loco.* §. *si de me petiisses. D. commodati. Contracts maritimes chapitre* 5 *article* 11. *GARDE.* Par la raison de la loy *si seruus seruum.* §. 9. *D. ad legem Aquiliam.*

XVIII.

Le Batel est obligé à la marchandise, & la marchandise au batel: C'est à dire si le marchand ne paye pas le frer, s'il manque au terme & cause du retardement, le Patron ou les mariniers sont priuilegiez de faire saisir les marchandises ou danrées qu'ils ont conduit, & les faire vendre jusques à concurrence de leur deub: Comme aussi si le Patron ou compagnons n'ont pas fait leur deuoir, & qu'à leur faute les marchandises soient empirées, ou depreciées; le marchand peut faire proceder par saisie du bateau, & des aparaus pour son indemnité, le tout par égal priuilege.

Ordonnance 1415. articles 8. & 9.

XIX.

Le loyer des compagnons d'eau est tellement priuilegié, qu'à faute du payement d'iceluy, ils peuuent faire proceder par voye de fait d'arrest, sur les marchandises qu'ils auront amenées: & en fairont vendre par justice, de celles desquelles on pourra plus promptement auoir argent, iusques à leur plaine satisfaction: Et quoy que le Voiturier ou Patron qui les à loüés ne soient presens, si ne

laiſſera on pas de proceder par la maniere que dit
eſt: pourueu que les compagnons baillent caution bourgeoiſe, de rendre ou reſtituer tout, ou
partie de ce que baillé leur ſera, s'il ne leur eſt pas
deub; & le marchand à qui ſeront les danrées, aura recours pour eſtre reſtitué de ce qui aura eſté
prins ou vendu du ſien, contre le Patron ou Voiturier, enſemble ſur le batel auquel ſa marchandiſe aura eſté amenée.

Ordonnance 1415. *article* 10. *Couſtume de Niuernois
chap.* 32. *article* 13. *Couſtume d'Orleans, Titre* 20. *article*
445. *& de Bretagne article* 183.

Fin de la Nauigation des Riuieres.

INDICE DES

MATIERES.

A

Dddd

N.

O.

P.

Q.

Eeee 3

T.

V.

FIN.

A MONSEIGNEVR

MONSEIGNEVR

L'ILLVSTRISSIME ET REVERENDISSIME

ARCHEVESQVE DE BOVRDEAVX, PRIMAT d'Aquitaine, Meſſire Henry Deſcoubleaus de Soutdis, Conſeiller du Roy en ſes Conſeils, Commandeur de ſes Ordres, & ſon Lieutenant General en ſes Armées de l'Ocean & de Guyenne.

ONSEIGNEVR,

Ayant colligé curieuſement les couſtumes de l'vne & l'autre mer, & les ayant r'aſſemblées en la forme au plus prés qu'elles furent jadis, & ſont à preſent obſeruées : Ce petit traité Trucheman de leurs termes obſcurs, qui droiturierement les deuoit ſuiure, ſe ſeroit auancé, à deſſein de deſcouurir & faire taſte du paſſage qu'elles peuuent trouuer en l'eſtime des perſonnes de merite, & prins ſa route ſoubs les auſpices & la protection de voſtre Nom Illuſtre : A ce premier depart toutes les coppies furent diſtribuées par mes mains, toutesfois quelqu'vne d'icelles a eſté ſurprinſe par vn Plagiare qui la traitée en eſpaué : Et pour en faire

A 2

4

profit & la rendre mefconnoiffable à fon Autheur, la pré-
fentée au public à fon Nom, toute delabrée & veftue à
fa mode: Toutesfois par vn fortuné rencontre il la expofée
en Bordure de la reprefentation du Nauire Royal fur lequel
VOSTRE EXCELLENCE eftant montée & Commandant
les Armées Nauales de France, a fait tant de genereux
exploits en l'vne & en l'autre Mer, contre les ennemis
DE SA SACRE'E ET TRES-CHRESTIENNE
MAIESTE: C'eft ce qui rend ce petit traité doublement
aymable pour ne s'eftre point efcarté de l'intention de fon
Autheur, & pour auoir fuiuy la mefme fortune que la bague
de Policrate Roy de Samos & le Cadauer de Leandre,
apres leur naufrage, ce font juftes jugemens de la mer: C'eft
inftinct naturel, à fe couurir & fe ranger au lez de ce qui porte la memoire de voftre gloire, luy donne courage de paroiftre & fe communiquer ouuertement au public foubs la mefme protection, acreu & augmenté de grand nombre d'autres
termes; & ce par fon veritable Autheur qui luy a infpiré cette inclination lequel fupplie voftre Grandeur d'en excufer
les defauts, & le confiderer comme procedant de

MONSEIGNEVR,

Voftre tres-humble & tres-
obeïffant feruiteur,
CLEIRAC.

EXPLICATION DES TERMES
de Marine employez dans les Edicts, Ordonnances & Reglemens de l'Admirauté.

HANSE-THEVTONIQVE, c'est l'Alliance & la communication de Bourgoifie & de Priuileges, la ligue offenfiue & defeciue, entre les Bourgeois des villes maritimes de l'Empire, qui font au nombre de feprante deux. Tellement que celuy qui eft Bourgeois en vne defdites villes, eft auffi Bourgeois & jouïft des priuileges en toutes les autres: ces villes Imperiales font nommées communement les *villes Hanfiatiques*, defquelles *Lubec* eft la principale & Mere ville.

Les *Hanfiatiques* & tous autres peuples Orientaux à l'Angleterre, font auffi nommez par l'Ordonnance *Oftelins*.

Irois font les Irlandois Occidentaux à l'Angleterre.

Varech, chofes gaiues, chofes du Flo, fpariées, *Barbaries*, par ces termes l'Ordonnance entend toutes chofes efpaues en mer: ADESPOTÆ, NVILIVS DOMINIO MANCIPATÆ, lefquelles n'ont pas efté encor employées au feruice de l'homme que la mer pouffe & jette à terre, dit la Couftume de Normandie.

Le Flot, eft commancement ou pointe de marée.

Iuffant c'lle defcendát ou baffe mer, *Ebe*, c'eft plain mer.

Le grand de l'eau eſt le flo de Mars & de Septembre aux AEquinoxes. *Morte marée*, ſont les marées qui pouſſent le moins, ſçauoir eſt ſur le premier & ſecond quartier de la Lune.

Bourgeois, c'eſt le Seigneur ou proprietaire du Vaiſſeau, ceſte denomination vient des Theutons ou Tudeſques, d'autant qu'en Alemagne il n'y a que les Bourgeois des viiles Hanſiatiques qui ait droict de mettre à la mer, tout ainſi qu'en Eſpagne où ceſt que *ningun natural del Reyno. puede vender, empeñar, ni dar parte de la naue à ningun eſtrangero d'el, aunque tenga carta de naturaleza, ſo graues penas pueſtas per vna ley Recopilada lib. 6. Tit. 10.*

Les Leuantins diſent, *Segnor de la Nau*, l'Eſpagnol *Dueño de la Naue.*

Partieps ou Parſonniers ſont ceux qui ont part à la proprieté du vaiſſeau, l'Eſpagnol dit *Parcionero*, *que tiene parte en la Naue.*

Auictuailleurs ſont les Marchands qui fourniſſent & aduancent les victuailles, les armes, poudres, bales, ou autres munitions neceſſaires pour le voyage ou l'expedition entreprinſe, l'Eſpagnol dit *Armadors*, & les victuailles, *los mantonimientos y regales.*

Equipage, ſont les Officiers, Matelots, & garçons.

Singlage, eſt leur loyer, & vient de ſingles ou ſangles qui eſt cordage. *Froiſſart* chap. 10. du volume premier.

Les bauſſe, c'eſt le preſent ou le pot de vin que le Marchand chargeur, ou celuy qui frete, donne au Maiſtre, qui eſt ordinairement tout autant que le fret d'un tonneau.

Quarteniers ou *Compagnons de quartier*, ſont quatre Officiers qui commandent au trauail de l'equipage à faire officier les voiles pendant ſix heures, où la quatrieſme partie du jour qu'ils ſont en faction, qu'on dit *faire le quart*, & ſont de pareille authorité que les *dixeniers* au Corps de Garde.

Faire les manœuures, c'eſt le trauail de l'équipage.

Mortes œuures, eſt le radoub à la partie du Nauire qui ſurmonte & paroiſt ſur l'eau, à quoy les apranttfs Charpentiers peuuent trauailler.

Oeuures de marée, c'eſt le radoub ou calfat qu'on donne à la partie du vaiſſeau qui cale dans l'eau lors qu'il nauige, & ſe faɩt quand il eſt couché ſur les vaſes, ou qu'il fait carene; à quoy les ſeuls Charpentiers experimentez peuuent trauailler, & porter la botte ſans eſperons.

Faire carene, quand le vaiſſeau eſt tourné ou couché par coſté ſur l'eau, tellement que la quille paroiſt pour receuoir le radoub.

Radoub & Calfat, c'eſt remplir forcéement les jointures & fentes d'eſtouppes.

Maiſtre d'Ache, eſt au Leuant le Charpentier qui conduit la beſongne. *Naupegus l. ultima D. Iure Immunitatis.*

Calfats, ſont les Compagnons Charpentiers.

Calfatins, ſont les appraɩtfs ou valets.

Brayer, ſpalmer, c'eſt enduire le vaiſſeau de bray ou poix meſlée d'huile, de godron ou de ſuɩf, qui eſt *ſuiuer & ſuage*, *florer, donner le flore, ou dorer*, le blanc placqué ſur le noir fait couleur d'or ou jaune, *color puniceus*.

Vin de breage, ſe donne aux compagnons Charpentiers pour les encourager au trauail.

Bray, eſt la poix mixtionnée auec huile de poiſſon pour eſtre plus graſſe & tenant.

Spaltum, eſt bitumé qui vient du Leuant, les Droguiſtes font eſtat du *Spaltum Iudaicum*, qui eſt ASPHALTVM de la mer morte de Sodome & de Gomorre, à ce qu'on dit, la fumée d'iceluy chaſſe & tuë les rats.

Spartum, eſt cordage fait de Geneſt d'Eſpagne, *Plin. lib. 19. cap. 2.* l'Eſpagnol nomme *Spartillos* les eſcarpins tiſſus de fiſcele.

Goudron, eſt la liqueur du ſapin mis vert en fourneau pas

bout, qui diſtille d'autre bout le goudron dans les receptacles ou timbres de pierre, lequel noircit à la fumée, il
ſert principalement pour enduire le cordage.

Agreils & *Sartie*, ſignifie toute ſorte d'apparaus, ARMA-
MENTVM QVOD NAVIS CAVSA PARATVR, l'Eſpagnol dit
Xarcia, (les modernes l'eſcriuent & le prononcent *jarcia*)
armas y aparejos, τῆς ἐξαρτίας l'Italien dit *Sarte e Sarti*.

Gouuernail à Thucion, c'eſt à gros timon.

Fretement & afretement, loüage du Nauire, le Maiſtre
Frete, le Marchand chargeur *afrete*, le loyer eſt le *fret* : Les
Leuantins diſent *nolit*, & aux Nauires de guerre au Ponant c'eſt *Naulage*, l'Eſpagnol dit, *Fletamiento*, *precio de flete*
l'Italien *Nolo*.

Ameiner, eſt abaiſſer deſcendre les voiles, *amaynar las*
velas en Eſpagnol, *abbaſſare*, *auallare*, *calare le vele* en Italien.

Abatre, *le pauillon*, l'vn & l'autre ſont ſaluts par ſoumiſſion.

Amariner vn vaiſſeau, eſt le mettre en eſtat de nauiguer.

Marchandiſes marinées, c'eſt imbuës ou ſoüillées d'eau de
mer.

Marchandiſe de contrebande, c'eſt à dire prohibée de ſortir,
qui eſt *tranſgreſſion*, ou d'entrer qui eſt *contreuention*, & vient
de l'Italien *Bando*, qui eſt vn Edict de defence, *coſas veda-*
das, *merſaderia prohibida*, *ilicita*, *deſcaminada*, *fuera de regiſtro*,
dit l'Eſpagnol.

Charte partie, c'eſt la lettre de la facture, ou le contract
de carguaiſon fait par eſcriture de main publique.

Breuet ou connoiſſement, c'eſt eſcriture priuée à meſme effet : mais pour marchandiſe particuliere, qu'on dit *Mar-*
chandiſe paſſagere, laquelle n'occupe tout le vaiſſeau, & qui
eſt prinſe par occaſion.

Paſſagers, ceux qui payent fret pour le port de leurs perſonnes & hardes, en Leuant ſont nömez Pelerins ἐμβάτης.

Poliſſe

Poliſſe d'aſſeurance, nommée au Leuant *ſeguretats maritimas*, par les Eſpagnols au Ponent *Seguro de peligro, ó rieſgo de mar ó tierra, contrato de prometidos*, eſt vn contraƈt grandement neceſſaire & ſalutaire à la Nauigation PERICVLI PRÆ-TIVM par le moyen duquel, & le benefice d'vn prix moderé, qu'on nomme *Primeur*, les aſſeureurs prennent ſur eux, & reſpondent des riſques & mauuais euenemens de la nauigation entrepriſe deſquels ils doiuent indamniſer les Marchands chargeurs en cas de perte ou d'empirance.

Bomerie, c'eſt le contraƈt d'emprunt à la haute, ou groſſe aduanture FOENVS NAVTICVM qui s'aſſigne ſur le *Bomé* ou la quille du Nauire, laquelle perduë par feu, naufrage ou autrement, l'obligation demeure eſtainte. Le commun dit *argent à profit*.

Aƈte du delais par lequel l'aſſeuré ou le debiteur denonce & delaiſſe la perte & le naufrage à l'aſſeureur, & luy dit qu'il entend eſtre payé des ſommes aſſeuiées dans deux mois apres la datte du delais.

Bargagne & bargagner eſt marchander, monter le prix & les conditions : Les Gaſcons en l'Hiſtoire de F oiſſard chap. 103. du tiers volume, jettant leur deſſein à ſurprendre & piller la ville de Monferrand en Auuergne, dirent riant entr'eux : *Maintenant nous la bargagnons, vne autrefois nous l'achapterons*, l'Italien prend ce terme pour vne vente à credit ou à terme, *bargagnando, cioe aſpetando e prometendo, e tenere io bargagno e tenere in promeſſe*.

Baraterie c'eſt tromperie *Ingauno, baratto, far punta falſa*.

Baraterie de Patron, c'eſt fauſſe route faite à deſſein, l'Eſpagnol dit, *Deſcaminada*, quand le Maiſtre deſloyal va en terres ennemies ou lointaines, & s'approprie le Nauire & marchandiſes, comme auſſi c'eſt les maluerſations, roberies, larcins, alterations, celgouſemens, cauſes par le Patron ou l'equipage. *Corſaire*, en Heſpagnol *Coſſario*,

B

en Italien *Corsale,è quelio che Ruba in mare,Corssegiarè è andarein Corso cioe Rubare*, c'est Pirate & piratiser.

Congé, c'est la permission de nauiger, on les nomme *Brieus* en Bretagne, & la reception *parler aux Hebrieux*, & se donnent aux subjets *passeport* aux amis, *seureté ou saufconduit* aux ennemis.

Auarie est toute sorte de despence, domage, tare ou empirance ordinaire ou extraordinaire, *los gastos y Daños* dit l'Espagnol : & l'Italien *Danno & Iattura*.

Auarie grosse concerne & vient au dommage du Nauire, & de la marchandise, comme le ject quand il faut coupper cordes, cables, voiles, masts, *pour la salutation du Nauire & marchandise*, l'vn & l'autre contribuë au desdommagement, & la repartition s'en fait par desconfiture, au sol la liure par l'Operation de la Regle de trois.

Auarie simple concerne l'vn ou l'autre seulement, comme si la marchandise empire ou pourrit, si le vin ou les liqueurs coulent, s'il l'a faut esuenter, charger ou descharger c'est au compte particulier des Marchands, si le degast est causé par le defaut du Nauire, en ce cas sera aussi auarie simple pour le Nauire, tout ainsi que le radoub & le calfat.

Pillage, est la despoüille, les coffres, hardes & habits de l'ennemy, prins, ensemble l'argent qu'il a sur sa personne iusques à 30. liures.

Butin est le gros & le reste de la prinse.

Boucler, mettre ou *tenir sous boucle* est sous clef ou en prison. De cette locution, Ioceaulme Marchand drapier menace son berger en la comedie de Pathelin, *si ie ne te fais emboucler, tout maintenant deuant le Iuge.*

Haute-somme, est le blot & le prouenu de toute l'expedition.

Harangaison, est le temps du passage & de la pescherie, & preparation du haran, qu'on nomme *Droguerie* : sçauoir est despuis la mi Aoust iusques en Nouembre.

Morte-ʃaiʃon, eʃt le temps d'oyʃiueté, qu'il ne ʃe preʃen-
te quoy faire, quand la prattique ceʃʃe.

Eʃcales, ʃont les ports que le Nauire aborde pendant le
voyage, auant paruenir au *lieu du reʃte*, *l. adraparationem* C.
aquædictu.

Cale, eʃt vn abry ou rade profonde STATIO, Donner
la cale. Eʃt plonger en l'eau, *Suplicij Nautici genus; cum quis ʃu-
ni alligatus aut in cauea ferrea incluʃus in Mare projicitur, & ʃubtus
Nauim raptatus denuo ʃubmergitur* χαταπυντισμὸς : C'eʃt vn tri-
ʃte ʃpectacle ʃur la Riuiere de Bourdeaux, fort odieux &
mal plaiʃant aux pauures garçes & maquereles de reputation lors qu'elles y ʃont expoʃées à leur grand regret &
de leurs bons amis & corriuaus.

Lieu du reʃte le but du voyage & de la deʃcharge *puerto de
la deʃcarga de la naue.*

Baliʃes, Boues, ʃont adreʃʃes poʃées aux paʃʃages, pour in-
diquer la droite route & les danges qu'il conuient euiter
& ʃont neceʃʃaires aux *Ports de barre*, auʃquels les Nauires
ne peuuent entrer que de haute marée.

La Barre, c'eʃt l'entrée du port, *Portus Fauces, anguʃtiæ.*

Lamaneur, locman ou *lomen*, χειρέμβολος *manibus laborans,*
ʃont Pilotes des haures & riuieres, & Mariniers qui ʃe
loüent à mener, toüer, ou conduire les Nauires *en rade,*
qui eʃt dans le havre, ou *en Furain*, qui eʃt hors & en pleine
mer, INSALO, *dicuntur etiam helcyarij. qni naues deducunt
ʃubducuntque ab* έλκω *quod eʃt Traho*, le trauail de ces Pilotes
eʃt nommé *menus pilotages*, & des Mariniers *Touage & lame-
nage.*

Tanqueurs, ʃont les gabarriers qui portent à bord les mar-
chandʃes, & du bord à terre.

Pinces, ʃont grandes barres de fer pointues & renforcées
d'vn bout, ʃemblables à celles que les maʃʃons ou gaʃta-
dours employent à deʃmolir *becs de grue.*

Bidons, ʃont chopines de bois cerclées, à tenir laboiʃ-

fon , fi font de terre cuite ou d'eftain , font nommées *Fri-*
fons.

NV *Raifon* ou *Ration*, eft la mefure ou portion de bifcuit, pit-
tance ou boiffon qui fe diftribuë à chacun dans le bord
aux repas , & fi par fois la portion augmente, c'eft *double*
raifon.

Gameles , font difques ou plats de bois à mettre la pit-
tance.

Manes , font paniers à rebord, femblables aux chapeaux
du temps paffe.

Tapebort , eft vne bourguignote ou bonnet , qui fert le
iour & la nuit.

Cuirs verds , qui ne font preparez , mais tout ainfi qu'ils
font tirez de la befte ou de l'efcorcherie, *cueros à pelo , y cue-*
ros adobados dit l'Efpagnol, *cuirs adoubez.*

Poiffon vert, qui eft feulement falé & tout moite.

Poiffon fec, qui eft falé & feché ; les meilleures mourües
font les mafles , il s'en trouue & s'en prend fort peu , les
compagnons les cachent en leurs coffres parmy leur linge
& chemifes , & les nomment *languis* , ces mourües fe vendent en detail au poids & à la balance.

L'ordinaire , eft part au fret , *los marineros van à la parte de los*
fletes por la foldada, ou la faculté que chaque officier ou Matelot à de mettre à fon compte ou pour foy dans le Nauire fans payer fret , jufques au poids de tant de quintaux ou
tel nombre de barrils , fuiuant le port du vaiffeau , les Leuantins difent *afportados de Mariners, portées de Mariniers.* Con-
tarenus de Repub. venetorum lib 5.

L'ordre des Officiers eft l'Admiral & Vis-Admiral , &
à fuite les Capitaines ; parmy les Efpagnols , le General
eft le premier , l'Admiral eft le fecond.

El capitan General es el caudillo de todas las naues de la flota y
gente della.

Almirante es el caudillo de las naues y gente della, fo *el General,*

& dans les Nauires en marchandife, *le Maiftre ou Patron*, le Pilote GVBERNIO , le contre-maiftre ou *Nocher*, PRORE-TA , le Marchand ou Facteur , l'Efcriuain , ναυφύλακος CV-STOS NAVIS , le Chirurgien , le Defpenfier ou L'œcono-me des viures , les quatre compagnons de quartier , le cui-finier , le canonier , le Bofman prepofe *à Boſſer les ancres*, qui eſt les plaſſer & mettre à lieu fur les trauerfins , le Maiſtre de chaloupe , LINTRARIVS , & à fuite le reſte des Mate-lots , Garçons , Pages & Gourmettes , *Mefonaute* QVI IN MEDIA NAVI OPERAM PRÆSTANT , & font dans le nauire , ce que *Mediaſtini* en la maifon , QVI VILISSIMA QVÆQVE MINISTERIA OBEVNT , on les nomme *foüil-lons.*

Si c'eſt vn Nauire de guerre , le Capitaine eſt le pre-mier , le Pilote eſt le fecond , apres vient le maiſtre , eſtant ainſi qu'en tous vaiſſeaux le Pilote eſt toufiours le fecond Officier pour l'honneur des fciences qu'il profeſſe & pra-tique. Aux Nauires de guerre & de long cours conuient auoir deux Pilotes *vno principal* , *y otro acompañado* , enfem-ble des autres Officiers neceſſaires , *cedula Real del año de* 1587.

Le compas aguja de marear en Efpagnol , *tagucchia del Boſſo-lo* en Italien , c'eſt la Boſſole ou la boëte de l'aiguille ai-mantée , laquelle eſt couuerte d'vn carton nommé la *roſe*, taillé en rond , & diuifé en 360. degrez ou parties efgales en fa periferie : Sur lequel eſt figuré vn Compar-timent de trente deux rayons ou démy diametres , refpon-dans à l'horifon , & defignant le quartier de trente deux vents : celuy du Nord qui meut & dreſſe la roſe , eſt poin-té d'vne *fleur de lys* : l'Eſt ou l'Orient *d'vne Croix* , l'Oeſt ou l'Occident *d'vne Aigle de l'Empire à deux teſtes.*

Les rayons de la roſe font nommez *rins & rums* , lef-quels touchent à la circonference à diftance efgale d'vn-ze degrez vn quart , l'vn de l'autre.

Le centre d'icelle balançant sur la pinnulle de la bossole, est dans vne petite boîte nommée *la chapelle*, en Espagnol *chapitel*.

Il y a des compas nommez *de variation*, qui ont vn petit obelisque ou stile droict sur la chapele, pour reconnoistre & chercher en tous lieux la variation de l'aiguille, ce qui se remarque, ou qui est obserué au leuer & au coucher du Soleil.

L'Astrolabe pour la nauigation est de bronze ou de potin, son *alidade*, *les pinnules* sur icelle *le clou, le chenalet* ou *l'escroue*, sont de semblable metal, & sert à chercher sur le limbe l'esleuation du Soleil, notamment au poinct de Midy que se font les vtiles obseruations à cet effet.

L'Arbalestille, en Italien *balestra*, en Espagnol *balestilla*, est le baton gradué ou rayon astronomic seruant à mesme fin pour cercher les hauteurs & les esleuations du Soleil & du pole, ou des estoiles, qui est pour obseruer les *latitudes du monde*.

Il y a de plusieurs façons d'arbalestille & deux sortes de jeu ou d'vsage d'icelles, sçauoir est par la lumiere, & par les ombres qu'on dit *à l'Angloise*.

C'est instrument est de bon & de fidele seruice: La juste composition se fait, tant par ordre d'Arithmetique que de Geometrie.

La regle ou le baston sur lequel les degrez sont marquetez, est nommé la *Fleche*.

Les Trauersans qui courent le long de la regle sont *les croix* ou *marteaux*: au bas bout desquels s'adjuste *la visiere* de cuiure ou de leton, & des costes du plus petit trauersant, aduancent deux Courbeaux de Marphil ou d'Iuoire, & ce pour operer à l'Angloise, & par l'ombre.

Au reste l'vsage & les operations des instrumens Meteoroscopes, s'expliquēt en la nauigation par les termes propres des Mathematiques.

L'Art de nauiger qui n'eſt autre que la Coſmographie en pratique, ſeroit parfaitement reconnu, ſi deux choſes eſtoient bien notoires. Premierement, l'ordre & les regles pour prendre juſtement *& certiuement les meſures* ſur le traict de l'Oeſt à l'Eſt, qui ſont les longitudes du monde.

Secondement, la cauſe formele de la declinaiſon de l'aiguille aimantée, à coſté du Meridien, ſa direction, l'Arreſt à la Tramontane, ſa declinaiſon variable ſous diuers Horiſons, & ſous meſme Meridien, *ſa reuolution* & mouuement Circulaire, & le reſte des effects de la calamite ou pierre d'Aimant, qui ſont matieres fort ſubtiles, reconnuës par les effets & non encor *à priori*.

Les Ordonnances de l'Admirauté employent auſſi quelques termes d'autres facultez peu cognus ou frequents, comme *Vicomtes & Viguiers*, qui ſont Iuges ordinaires de grand authorité, *Vicarij Comitum*.

Verdiers, Gruyers, Garde, Maiſtre de Garde, Foreſtier, Maiſtre Sergent, ſignifient vn ſeul Office ainſi diuerſement nommé, ſuiuant la diuerſité du temps & des lieux: & ſont les Lieutenans des Grands Maiſtres des Eaux & Foreſts qui exercent ſur les lieux.

Maiſtres des ports, ſont les Receueurs qui leuent les doüanés, contributions, les couſtumes, trauers & payages, ou peages, *publicani*, l'Eſpagnol dit, *Aduaneros o publicanòs*.

Grenetiers eſt le nom des *Gabeleurs*.

※※※※※※※※※※※※※ ※※※※※※※※※※※※

Termes ordinaires aux Mariniers pour expliquer le calme & beautemps.

Bonaſſe, c'eſt quand le ſouffle des vents eſt moderé, que le Ciel eſt ſerain, l'Air & la mer ſont tranquilles, que l'eau est plate & courtoise MALACIA ET PELLACIA, *Placidum Mare*, l'Italien dit *Bonaccia*, *tempo tranquillo, piaceuole*: & *bello*, l'Espagnol *Bonança y serenidade*, *tempo quieto*.

L'*Armigan*, aux jugemens d'Oleron, signifie le temps oportun à nauiger, *Mare apertum*.

Temps bel & bon quand il est nouuellement venu, il le faut laisser *rassoir*, disent les mesmes Iugemens, *noli huic tranquillitati confidere, momento mare vortitur : eodem die vbi luserunt nauigia sorbentur Seneca.*

Loiser, c'est esclairer.

Failloise, c'est l'endroit ou le Soleil couche, & disparoist à l'horizon.

L'opposite est le *Brun* ou *l'embrunir de la nuict*.

Le point du iour, & *la Diane*, c'est le matin. *Diluculum, crepusculum.*

Lalba, dit l'Italien, *ao sayr do Sol*, dit le Portugais „ *ao Pon do sol*, où le Soleil disparoit *n'el far d'el giorno*, dit l'Italien, Et le Castillan, *al amanecer*, qui est le matin, *a sol puesto*, qui est le soir.

Falaise, est le haut du riuage, le bord de la terre, outre lequel la mer ne monte pas, *le terrain*.

Le dessus du vent, est à dire l'auantage : Les Nauires de guerre disputent ordinairement à prendre le dessus du vent, & c'est brauer au rencontre tout ainsi que prendre le haut du paué par ruë, *Superbire*. Et d'abondant c'est ruse de guerre, comme prendre le Soleil aux combats, tant à cause de la fumée de l'artillerie que le vent pousse sur l'ennemy, que de l'auantage de pouuoir suiure & fondre, ou luy donner la chasse, l'Espagnol dit, *soprauento y barlouento*, & le dessous du vent, *sotauento*.

Vent en poupe, vent droict.

Vent de bouline, à costé, CELERIOR EST NAVIGATIO CVM VENTO LATERALI, QVAM CVM RECTO *Baconus Cancellarius Angliæ, de motu ventorum in velis.*

L'esloi-

L'esloignement ou la proximité des terres se remarque à la couleur de la mer, qui est plus verte aux lieux profonds; comme aussi aux *houles*, *lourmes* ou *vagues*, qui sont *les vndes* plus grandes & plus farouches en plaine mer, & sur les dangers sont fort irregulieres & rompuës.

Certaines mers sont couuertes d'herbe, au cap verd en Affrique & proche les Isles *Cuba* & *Spagnola*, elles sont chargées de *Sargasso*, qui est à dire en Espagnol, *herbe des puids*, d'autant que ce simple est semblable en figure à l'*Adiantos*, espece de capillaire qui croist ordinairement autour des puids.

Au lez des *Isles Molucques*, croissent des herbes au fonds de la mer desquelles la fueille sormonte jusques à la surface, tout ainsi que la *Nymphæa*, où *Nenuphar* des estangs & petites riuieres.

Prés le cap de Bonne Esperance, croissent en pleine mer *las Trombas* ou *Trompetes*.

En la coste de Barbarie le Corail rouge & blanc, & dans la mer Erithrée ou Rouge quantité de plantes qui ne se trouuent pas ailleurs, & dont l'obseruation designe au Marinier en quelle mer il flote.

Les Mariniers rapportent que l'approche des terres, exhale & fait ressentir à ceux qui ont longuement battu la mer, des odeurs Aromatiques, soüefes au cerueau, fauorables au poulmon, & qui recréent grandement les malades, *spargon da l'odorifero terreno, tanta suauita, chin mar sentire lo fa ogni vento, che da terra spire.*

L'apparence des oyseaux non seulement terrestres, mais aussi les marins font le mesme enseignement de la proximité des terres, dont il y en a qui viuent & demeurent tousiours en certaines plages, comme *les Hape-foies*, *Marmetes*, *fauquets*, *maupoules*, au banc des mouruës.

Les *Cacca vocello*, sur la coste de Guinée, lesquels se

C

nourriſſent de l'eſmutiſſement des autres oyſeaux : ils
courent ſus comme oyſeaux de proye, & les ayant fait
par crainte eſmutir ils prennent & aualent l'excrement,
puis ſe retirent.

Les *Feyſóins*, au Cap de Bonne Eſperance, ce ſont des
oyſeaux de la taille des Alcions ou des groſſes aloüettes,
leſquels ont le plumage tauelé de blanc & de noir comme
fin velours, nommez à ce ſujet par les Portugais *Mangue*
de velade, François Pytard de Laual chap. 2.

Les poiſſons deſignent auſſi l'approche & l'eſloignement des terres, dont les vns ne s'en eſcartent pas, les
autres ſont touſiours en plaine mer, commes les poiſſons
volans nommez *Colondrini*, grands comme harencs, viuans
ſoubs la ligne AEquinoctiale , & au parmy les Iſles de
l'Aſcention, & de ſaincte Helene, & ſur la mer du Zur ou
pacifique, *lunghi vn palmo & piu & ſono eccellenti a mangiare*,
dit *Cadamuſto*.

En temps calme & ſerain pluſieurs grands poiſſons ſe
joüent & noüent autour du vaiſſeau , comme *Marſouins*,
Dauphins, *Hayes*, *Tiburons* , & autres que les Mariniers har-
ponnent à l'occaſion, ou prennent à la ligne, & en font
chaudiere, c'eſt à dire cuiſine. Vient à remarquer que de
ces grands poiſſons de mer *li grandi non ſono buoni da mangia-*
re como li piccoli, au contraire des poiſſons de riuiere que les
vieux valent mieux que les jeunes.

Si ce ſont *Balaines*, *Orkes*, *Phyſeteres*, *ou Sonfleurs* , *Priſter*,
Lamies , ou autre telles bellües cetacées & monſtres marins, qui folaſtrent autour du vaiſſeau : Les Matelots ſont
aduertis de leur jetter preſtement des poinçons, bottes
ou barriques vuides pour les abuſer, leur ſeruir de pelote
& les deſtourner qu'ils ne renuerſent le Nauire: A defaut de ce ils ſonnent greſle de la trompette, & ſi cela ne
ſuffit ils lachent de canon pour les eſloigner, cependant
gaignent pays.

Efmé, ou *Eftime*, c'eft le raifonnement ou jugement du Pilote, du lieu auquel il croit eftre, ce terme eft commun en mefme fens à la nauigation & à l'appartement.

L'ordinaire & commun argument pour reconnoiftre les terres eft de *tenter à la fonde*, qu'on dit *donner fonds* ou *faire fente*. C'eft plonger vn plomb, au bas bout duquel les Mariniers placquent vne couche de beurre ou de graiffe pour prendre du fable au fonds, & par la couleur ou figure d'iceluy ils reconnoiffent les terres & les lieux, fuiuant que les Routiers l'enfeignent, & de ce que la ligne ou le courdeau qui tient le plomb *cale* ou enfonce, ils recognoiffent la profondeur; l'Italien nomme cét appareil *lo Scandaglio*, le Caftillan *Sondarefa*.

Les Marées fe meouent au mouuement de la Lune, & retardent à venir chaque jour en Europe de trois quarts d'heure.

Et quand en Europe il eft plain mer, en mefme temps & à mefme heure il eft baffe mer aux deftroits de Magellan, de fainct Vincent ou paffage de Iacob le Maire, lefquels font en l'hemifphère oppofite & antipode de l'Europe, fuiuant l'obferuation de *Bartolomé, & Gonfalo de Nodoal*, Capitaines de Marine Caftillans, en leur Iournal de *mil y feyfcientos y diez y ocho*, fol. 20. y 32.

Au renouueau & au plain de la Lune, les eaux de la mer mariffent & inondent au plus haut, & lors c'eft chef d'eau, MALINA, ID EST MAIOR ÆSTVS: A fuite & trois jours apres le renouueau, ou le plain à chafque retour de marée les eaux decroiffent & n'aduancent fi auant, & ce depuis le troifiefme jour de la Lune nouuelle, jufques au premier quartier, & depuis le troifiefme jour du plain jufques au dernier quartier; & pendant cette langueur ou decroiffement font *Eaux mortes* LEDON, MINOR ÆSTVS. De forte qu'à ce premier quartier, & jufques au dixiefme jour de la Lune c'eft *Baffe eaux*.

L'vnziesme jour qui est apres le premier quartier les marées commançent à surmonter la marée suiuante plus que la precedante, & lors sont *Eaux viues.*

Ce qui procede jusques au plain & trois jours apres, que derechef c'est *chef d'eau.* Continuant de la mesme reuolution d'eaux mortes jusques au dernier quartier, & de là viennent *eaux viues*, jusques au renouueau : *Sanctus Augustinus De Miraculis Sacr. Script. libro primo capite septimo. Bedæ Anglosaxonis lib. de natura rerum, cap.* 3 9. *Seldenus lib.* 2, *Maris clausi cap.* 9. Toutes-fois les eaux montent d'auantage proche des Æquinoxes qu'en toute autre saison.

Les fortunes ou *trouuailles*, nommées aux jugemens d'Oleron, *Herpes marines*, du vieux terme Gaulois *Harpir*, qui est à dire prendre, & son contraire *VVerpir*, qui est quitter ou delaisser : sont l'Ambre, le *succinum*, ou *Glessum*, le corail, le coquillage, la pierrerie, les marchandises naufragées, & tout ce que la Coustume de Normandie nomme *Varech*, & l'Espagnol *Mostrensa.*

ORAGES.

L'*Amareur du tems*, *gros tems*, *grosse mer*, *grosse tempeste*, *Fortunal*, *temporal* : Sont synonimes pour exprimer l'excez du mauuais temps, causé par l'injure de l'Air & des vents. L'Italien dit *cattiuo e crudel tempo*, *forte tempo*, *noiosissima*, *mare grosso*, *mare gonfiato* ; l'Espagnol, *Tempestade de uentos grande*, *a Nia tormenta*, *temporal rezio*, le contraire est le temps serain, le vent à volonté & fauorable.

Les vents qui viennent de la mer sont malfaisans, ils excitent & portent les orages & sont nommez *vents d'aual*, car quoy que la terre & la mer fassent vn globe, & qu'à l'optique la mer paroisse plus haute que la terre, d'autant que la veuë nous represente les choses esloignées, comme si elles estoient esleuées à la hauteur de nostre œil: toutesfois attendu que les ruisseaux & les riuieres courent & s'engoufrent en la mer: les Mariniers estiment la mer estre plus basse que la terre, & à ce sujet nomment les eaux qui viennent de leur source *eaux d'amont & de hault,* & quand elles ont passé c'est *aual l'eau.*

Halise, bouffée, groppo di vento HALITVS.

Les vents de terre, sont d'ordinaire doux & fauorables.

Boxasque, est tourmente de durée & violente. *Borrasca q̃ le duro muchos Dias,* dit l'Espagnol.

Trauades, sont tonnerres & broüissemens en l'air, l'Espagnol dit *Trouões, trouoada.*

Lampes, sont les esclairs, l'Espagnol dit *relampagos o rayos,* on les nomme aussi *Dragons de feu,* quant auant ou pendant l'orage il semble que le Ciel fend ou s'entr'ouue en feu, *il Ciel auampo, si spezzo,* dit l'Italien: C'est ce qu'on nomme *Hiatus,* resemblant au *Casma* ou creuasses de la terre, causées par grand siccité : *baleni ispauexteuoli,*

Par che baleni quella nube, & arda
Come de fiamme grauida, e de lampi

Les vents d'orage sur les costes Occidentales de France, d'Espagne, & autres de mesme trace sont *l'Oest, le Siroest,* nommé au Leuant *libecio, le Noroest,* qu'on nomme *Galerne,* les Italiens *Maestro,* ou *Maestrale,* en Prouence *Maistrail.*

Et à l'opposite sur les mers & costes de Canada, Virginie, Floride, les vents Orientaux nommez *Brizes,* sont grandement terribles & vehemens, d'autant plus qu'ils sont renforcés par le mouuement continuel du premier mobile, & par l'estendue & l'Esplanade de la grand mer qu'ils trauersent.

Aux costes d'Europe sur la mer Mediterrenée, le *Su,* nommé *ostrel le Nort est,* ou *Bize* nommé *Greb,* sont vents

d'orage ; En effet tous vents qui viennent de la mer font
terribles & tempestueux : & leur furie n'exploite pas seu-
ment à mouuoir les houles noires & rauager sur la mer,
mais aussi bien auant sur terre, ils esleuent & amoncelent
aux riuages areneux. *les Dunes*, *Pics* ou *Puys*, qui sont grand
montagnes de sable mouuant, ou *morte terre*. TVMVLI, le
Castillan les nomme *montones de arena y barreras blancas*, que
les vents de terre ne peuuent destruire ou remetre en mer
que fort rarement.

Mais de tous les vents le plus terrible & redoutable est
ventus Circius, que nos Mariniers nomment *Tourbillon, grain
de vent*, & *dragon de vent*, les Portugais, *olho de boy* qui est à
dire œil de bœuf : les Leuantins, *Typhon, Chifon* ou *Seiron*, *Lu-
sianus lib.* 1. *Historia vera*, auant que ces vents ne fondent,
n'esleuent, & ne facent pirouëter l'eau de la mer en forme d'vne Colomne haut de cent brasses, tournoyant spi-
ralement de quinze à vingt pieds de diametre, on les remarque en l'Air parmy vne espaisseur, portant vne petite
nuée laquelle en apparence semble à la grosseur du poing,
ou main fermée, & venant du costé du Su, se fait voir &
s'esleue sur l'horison, ils sont fort frequens au Cap de
Bonne Esperance, sur les costes de Barbarie, & aux plages Orientales d'Amerique, le Chancelier Bacon en remarque de trois especes.

Procella quæ fiunt cum nebula aut caligine quas BELLVAS *vocant,*
quæque se sustinent instar columnæ, vehementes admodum sunt, &
dira nauigantibus : Typhones maiores qui per latitudinem aliquam
notabilem corripiuntur & *correpta sorbent in sursum raro fiunt : At vor-*
tices siue Turbines exigui & *quasi ludicri frequenter : Baconus Can-*
cellarius Angliæ, de ventis extraordinarijs.

Pline le vieux *lib.*2. *cap.* 48. dit que les Mariniers de son
temps versoient du vinaigre à l'aproche du tourbillon
pour l'appaiser, à present les mariniers ont coustume de
se digladier entr'eux à la vieille escrime sur le Tillac, esti-

mant par ce moyen faire paſſer à coſté le fortunal ; Le plus
prompt remede apres les prieres à Dieu , eſt à l'aproche
de tirer le canon à bale contre ce Phœnomene pour l'abatre & le diſſiper. *Hiſtoire de Barbarie liure 1 .chap. 6.*

D A N G E R S.

LEs dangers ſont autant à craindre que les orages,& y
en a de deux eſpeces, ſçauoir *de ciuils* , & de naturels,
les premiers ſont nommées *dangers de la ſeigneurie* , *Riſques de
terre* , & ſont les defences , les rigueurs , les douanes & les
exactions que les Seigneurs des lieux pratiqvent ou exigent ſur les marchands, les Mariniers & les naufragés,
qu'ils ont en leur pouuoir: dit *Garcie de Ferrande* en ſon
Routier *au chap.des couſtumes & Priuileges de Bretaigne.*

A ce ſens *Froiſſart* , au chap. 165. du ſecond volume dit
parlant de l'eſchange que fit le Duc de Borgogne de la
terre de Bethune auec la ville de l'Eſcluſe en Flandres,
appartenant à Meſſire Guillaume de Namur?Que le Duc
de Bourgogne auoit intention y faire vn tres-bel & fort
chaſtel , ſi comme il y a à Calais & ailleurs pour Mai-
ſtroyer les allans & venans par mer, tellement que nul n'i-
roit par mer en ces marches qui ne fut à ſon *danger.*

Le Romain de la Roſe explique aſſez naifuement ce
terme.

> *Tous les plus grands & les mineurs,*
> *Portent à richeſſes honneurs:*
> *Tous ſe mettent en ſon DANGER,*
> *Et là veut chaſcun calanger.*

Les Pyrates & gens de guerre ſont auſſi de grands dangers: *le feu* , le manquement des victuailles ou munitions
s'embarquer ſans biſcuit , & tous les accidens qui arriuent par

l'impreuoyance ou negligence des Mariniers ou de ceux qui les equipent.

Les *dangers naturels*, sont les *escueils* ou *rochers*, grands & moindres nommez *rochais*, en Italien *scoglios*, en Espagnol *rochas de mar*, *escollos* : les Portugais *abriolhos*, qui est à dire ouure les yeux & pren garde.

Secondement, *les bancs* & *les basses*, si le Nauire hurte ou se porte sur iceux, ou s'il eschoüe seulement, qui est toucher & demeurer posé, l'affaire est fait, & le vaisseau n'en releue iamais demeurant affaissé & acrauanté soubs la pesanteur de sa charge.

Les grands rochers qui s'esleuent à pic, c'est à dire droitement, aspres & releuez, sont nommez *barges*, telles sont *les barges d'Olone*, & telles *scylla e Cariddi nella riua di Sicilia in lito di Messina*.

Les houles, qui frapent & portent de rudesse contre les rochers, s'eslancent & bondissent bien loin, sont nommées *batures*, *il ribombo de l'acqua*.

Les Mediocres ou moindres escueils qui se herissent sur le fonds sont nommez *brisans*, en Espagnol *baxos*, & sont designez sur la Carte marine par des petites croix. Il y en a qui couurent & descouurent à chaque marée, ceux qui ne descouurent point ou peu sont pires, pour ne pouuoir estre aperceus.

Sirtes & *bancs* sont atterrissemens ou assablemens de grands & longues motes de sable, les Leuantins, & les Mores les nomment *secques*, *banchi de arena*, *banchi & scanni larghi in mare*.

Les orées ou les bords des bancs sont nommées *escorres*.

Au lez des grands *bancs*, il y a d'ordinaire des *banquereaux*, separez des grands par quelque passage ou fil d'eau qu'on nomme *pas*, *trespas*, ou *pertuis*, & ces petits banquereaux sont nommez *Faraillons*, en Espagnol *Farallones*.

Terres

Terres plates ou *baſſes*, ſont des lieux & plages auſquel-les il y a fort peu de cale ou d'eau profonde *brenia*, *breue litus*.

Pareillement les riuages bas & ſans remarque ſont nommez *terres baſſes*.

Terres hautes, ſont montagnes ou riuages de bonne re-marque.

Remole, eſt vn contournement d'eau qui engloutit le vaiſſeau *Vortex*, *vertigo*.

Les glaces, ſont pareillement de grands dangers, les broüées, & les neiges eſpaiſſes, quoy que Pline *lib. 2. cap.* 103. ait voulu dire *niues in alto mari non cadere*, toutesfois il n'a parlé que de la mer Mediterranée, & non de la mer du Nort.

La chaleur & l'humidité engendrent dans les ais, mem-bres & bois du Nauire, principalement s'ils ont eſté cou-pez ſur la racine à nouuelle Lune *des Caries*. TEREDINES, ce ſont des vers vn peu plus gros que *vers à ſoye*, fort ten-dres, luiſans d'humidité, mais qui ont la teſte noire & fort dure, leſquels rongent inceſſamment, & trouënt les plan-ches & membres des Nauires interieurement & inſenſi-blement, qui mettent les Charpentiers en eſmoy, & les Compagnons au trauail de tirer à la pompe.

Cap, eſt vn Promontoire ou montagne ſur la coſte qui court & aduance en mer.

Bec, *pointe*, *langue*, *encouleure de terre*, ſont terres qui jet-tent & aduancent en la mer, ainſi diuerſement nommées par la forme qu'elles repreſentent, *Iſthmes*, *Peninſules*, *Cher-ſoneſes*.

Baye, *ſein*, ou *ance*, ſont ouuertures que la mer pouſſe & s'aduance en la terre : l'Italien dit *golfo di mare*, au Cap Bre-ton pres Bayonne on le nomme *Gouf*.

Quand vn Nauire cerche l'occaſion d'entrer ſur vn pas dangereux, il luy conuient *louuoyer*, qui eſt paſſer & repaſ-

D

fer au trauers d'vn bord & d'autre, enuiron le paſſage,
ſans s'auancer, & ce pour temporiſer, & bien à poinct
prendre le pas & franchir le danger, l'Italien dit, *Voltegiare*
ton le vele ſuſo, & le Caſtillan *barloar, y bordear*.

Le Canal entre deux terres, quand on peut paſſer à
toutes marées, eſt nommé *manche*, *deſtroit*, l'Italien dit,
ſtretto di mare : l'Eſpagnol *Canal* : Et s'il y conuient entrer
du montan ou de plaine mer, c'eſt *barre*.

Mole, eſt vne Rade ou retraite des Nauires fait & dreſſé par artifice de main, comme celuy de Marſeille, & le
Soccoa que ſa Majeſté a fait edifier dans la Baye de Ciboure & Sainct Iean de Luz. AGGER, *porto manualmente fatto*.

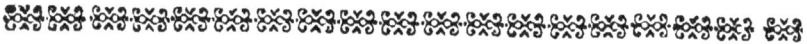

MALADIES.

LEs maladies eſtranges, & tout à fait extraordinaires
qui affligent les perſonnes ſur mer ſont de grands
Dangers, deſquels ceux qui vont nauiger ſont ou doiuent
eſtre en ſoucy de ſe tenir nettement, & gouuerner la bouche.

Le mal de Mer ſurprend ſeulement la premiere fois
qu'vne perſonne de delicate complexion, & non accouſtumé monte ſur mer. C'eſt vn douloureux ſouleuement
ou bondiſſement d'eſtomac qui fait rendre gorge, & vuider entierement tant par hault que par bas : ceux qui ſont
accouſtumez à la marine ſe mocquent des malades, & n'en
font que rire. *Patron, la nao ballancia, tened la, que quiero vomitar*
y cagar, dit le Caſtillan en la *Floreſta Eſpañola*, *De Sentencias ſa-*
bia y gracioſamente dichas de algunos Eſpañoles.

Autre douleur d'eſtomac prend ſous la Zone torride,
deſcrite par François Pyrard de Laual, laquelle ſaiſit pendant la nuict, mais d'vne façon tant eſtrange que le mala-

de ne peut quaſi reſpirer, & ne ſait que debâtre & tour-
menter : Cette douleur eſt cauſée par an iperiſtale que
la fraiſcheur ſe gabionne & ſe reſerre interieurement à
l'orifice de l'eſtomac contre les ardentes chaleurs exte-
rieures. Le preſeruatif eſt d'euiter à prendre le frais de
nuiɛt, & la cure boire du vin pur, ou de l'eau de vie.

Le mal de terre, ou *mal des genciues*, Stomacacen Medici vocant & ſceletyrben, ea mala, dit Pline, c'eſt auoir l'eſtomac
depraué, vne grande fetur & puantiſe d'haleine qui bleſ-
ſe les genciues & fait tomber les dents, & prouient de
manger trop ſouuent des viandes ſalées, eſpicées, & de
haut gouſt, & pour boire le vin pur ou les eaux corrom-
puës : Les Alemans luy ont donné le nom de ſchoerbuth,
pluſieurs chargent cette maladie ſans monter ſur mer : on
les connoiſt à l'haleine cadaueruſe & vineuſe *qui fœdam ex-
halant Mephitim*, leſquels d'ordinaire meurent ſubitement.
Pour le preſeruatif & guariſon conuient vſer de chairs
fraiſches, & de fruicts, & ſur tout temperer le vin d'eau pure & douce.

Pour ne tomber en cette maladie les Capitaines de marine recherchent curieuſement & acheptent bien chere-
ment des poules fœcondes, *galinas penedoras*, dit l'Eſpagnol,
qu'ils nourriſſent dans le bord, pour prendre les œufs
chaque jour.

Le ſuc de *Coccos* d'Inde, les oranges, les limons, & leur
ſyrop ſont ſouuerains, mais ſur tout l'herbe *aux cuëillers*,
COCLEARIA, le Sieur de Champlain la nomme *Aneda*,
Mathiol ſur Dioſcoride *Biſterte* : Pline la nomme *Britanni-
ca*, mais il la deſcrit d'autre forme & d'autre couleur qu'elle n'eſt : *Par le ſuc*, ou ius de laquelle herbe les malades
ſont euidemment & tout ſoudainement ſoulagez & gua-
ris.

A ceux qui nauigent aux coſtes Occidentales d'Afrique
& de Guinée, les groſſes pluyes fœtides & virulentes qui

tombent journellement en ces quartiers, caufent des bu-
bes & puftules fur la peau qu'elles moüillent,& fur les be-
huts & hardes engendrent certains vers qui mal traitent
& font grands defplaifirs : le meilleur preieruatif eft d'efloigner ces terres, & la cure eft lauer fouuent en eau fraif-
che & douce.

La malacia fan Iob, eft le nom le plus ancien que les Caftillans ont donné à la groffe verole, lors qu'ils en firent la
conquefte auec les *Ifles Cuba & Spagnuola*, en l'Inde Occidentale, depuis ils l'ont nommée *Mal francefe*, à caufe de la
communication qu'ils en firent à Naples. Ce n'eft pas vne
maladie particuliere aux Mariniers, mais ils l'ont portée
d'outre mer, elle fut inconnuë auparauant, quoy que Nicole Gilles où le fupplement vueille dire en fa Chronique
que *Iules Cæfar* en fut affligé.

Peut eftre qu'il a voulu dire ou parler de *Tibere Cæfar*,
lequel honteux des bubons & dartres que la paillardife
luy auoit caufé, & rendu la face horriblement hideufe &
deffigurée, fe retira en la campagne ou terre de labour de
Naples, pour y viure loin de Rome, hors de l'afpect du
peuple, *Cornelius Tacitus lib. 4. Annal. cap.* 13.

Ce ne fut pas pourtant la groffe verole d'Efpagne, mais
vne rogne quafi femblable,tout autant dangereufe & def-
honnefte, nommée *Mentagra & Lichenas*, laquelle fe com-
muniquoit amoureufement au fimple baifer, & ne s'atta-
choit qu'aux Nobles, & aux perfonnes de confideration,
& de complexion delicate, mefprifant la Populaffe &
les gens de labeur, *Plinius libro vigefimo fexto*, *Natural· hiftor·*
cap. 1.

NAVFRAGES.

LEs naufrages *Nauis fractio* font ordinairement caufez ou par l'imperitie des Nautonniers, fuiuant la remarque d'Ariftote, *fecundo Phyficorum*, ou par la pefanteur de la charge, & foiblefle du vaiffeau ; la charge tend & poufle naturellement en bas & à plomb vers le centre de la terre.

De forte que le Nauire eftant agité & balotté pefamment d'vne houle fur l'autre, il arriue que le vaiffeau ou partie d'iceluy fe trouue quelque temps fans fupport, & cependant le poids agit toufiours & les deux mouuemens, dont l'vn & celuy du poids eft direct, celuy de l'agitation eft oblique, l'vn & l'autre font chacun grand effort : & pour vn troifiefme les fardeaux mal arrumez & mal rangez croulent par cofte & font vn troifiefme mouuement dans le corps du Nauire, qui fait que les cheuilles du baftiment fauffent & rompent, les membres & pofteaux relachent & fe difloquent, les ais ou les planches s'ouurent & creuaffent, le radoub cede & fort des jointures, tant que le Nauire prend eau, & finalement coule à fonds.

Pour preuenir le malheur en ces occurrances, & pour fe conferuer, *le iect* eft neceffaire ; *Echafon à la mar de lo que vienne en la naue para faluarla*, jufques à ce que la ftructure du vaiffeau foit reconnuë affez forte pour refifter & fouftenir les fecouffes : & pour faire ject ou couper l'arbre, les couftumes de l'vne & l'autre mer prefcriuent vn ordre que le Maiftre & les Mariniers font tenus d'obferuer, à peine du reproche, & d'en refpondre.

Comme auffi dans le peril conuient *capofer* ou mettre le Nauire à *la cape*, c'eft à dire amarrer le gouuernail bien

ferme & immobile pour ſuiure l'abandon du vent, abaiſſer les maſts de hune ou matereaux, trouſſer toutes les
voiles ſauf le Paſi, qu'on laiſſe bourſoufler, d'autant que
le vent s'enfermant en iceluy pouſſe en haut & releue le
vaiſſeau, le ſoulageant beaucoup au hurt & à la tombée;
C'eſt auſſi l'office ou le ſeruice de la *Siuadiere*, laquelle prenant le vent ſert plus à ſouſtenir le Nauire & le droſſer
vers haut qu'à le pouſſer auant.

Il y a des Mariniers habiles leſquels preuoyant les tour-
mantes plongent en l'eau, ceignent ou rident par bas
tout le corps du Nauire auec des guerlins, nommez en
Leuant *Gommenes*, c'eſt à dire groſſes cordes, ce qui l'aſſiſte & le rend plus puiſſant à reſiſter aux ſecouſſes.

Quand les houles & vagues pouſſées rudement par le
vent, frapent & froiſſent les mortes œuures du vaiſſeau,
ce ſont *coups de mer, colpi di mare*.

Bien ſouuant auant que la tourmente ne ſoit accoiſée,
il paroiſt de nuict ſur le haut du vaiſſeau, au maſt, à la cage, ou hune, & parmy les cordages des flammes de feu
innocent & voláge, grandement lumineux, & ce juſques au nombre de trois, que les Mariniers nomment,
ſainct Nicolas, ſaincte Claire, ſaincte Helene, les Portugais l'appellent *corpo ſanto di Peter Conſalues*, les Caſtillans *ſan Elmo*,
les Italiens *la diſiata luce S. Hermo*.

Ma diede ſpeme lor d'aria ſerena
La diſiata luce di ſanto Hermo
Veduto fiammeggiar la bella face   *Arioſto canto decimo*
S'ingenocchiaro tutti nauiganti   *nono.*
E domandaro il mar tranquillo, e pace.
Con humidi occhi, e con voci tremanti.

Les anciens les nommoient quãd il y en auoit deux *Ca-*
ſtor & Pollux, & les eſtimoient de bon preſage, διόσκοροι.

Et quand il n'en apparoiſt qu'vn, *Helene*, à preſent on

la nomme *Furolle*, qu'ils eſtimoient de mauuaiſ preſage, *Plinius lib. 2. cap.* 37.

Les Mariniers ſaluent ces feux quand il n'y en a que deux, auec leurs ſifflets, & s'en eſioüiſſent grandement comme indice aſſeuré que la tourmente ceſſé, ce qui toutesfois deſplaiſt aux Turcs, qui à ce ſujeſt rudoient & mal-traiſtent les Eſclaues Chreſtiens de la Chiorme.

Videtur ſane unicus globus flammæ crudam ſignificare materiam tempeſtatis ; Duplex quaſi coſtam & maturam : Triplex vel multiplex copiam ægre diſſipabilem. FRANCISCVS BACONVS *Cancellarius Angliæ De Hiſtoria ventorum. cap. Prognoſtica.*

DES NAVIRES ET NOMS

propres de leurs parties principales, & l'vſage d'icelles.

Les grands vaiſſeaux ſont :

*A LION de France, de Malthe, d Eſpagne,
& Rambergue d'Angleterre*, ſont grands
Nauires de guerre.

Naos de Portugal, Naues de Venize, en
France & en Italie on les nomme,
Carraques, ſont les plus grands Naui-
res de charge, *Nauf oneraires, Naui groſſe,
Naui da carriccio e carriche.*

*E quiui vna carraca ritrouaro ·
Che per Ponente mercantie raguna.*

Gatos ou *Galeaces, Galée groſſe*, vaiſſeaux de la mer Mediterranée qui ont cent rames & cent bancs, *Vilhelmus Tyrenſis libro 10. rerum in partibus Marinis geſtarum , capite vigeſimo
ſecundo.*

Naues longæ, Liburnæ, Galée anciennement inſtruites de
ſix ordres ou rangs d'auirons, *quibus gradatim per tabulata
diſtincta ſurgentibus , vndas alij longiſsimo alii breuiore vexabant
impulſu, Hiſt. Hieroſolimit. pag. 1167.*

De maniere que *Biremes* auoit deux ponts ou tillacs, &
tout autant de rangs d'auirons : *Triremes* trois ponts, *Qua-
triremes* quatre, & ainſi des autres, & à chaque pont vn

ordre

ordre d'aui rons. *Lazarus Bayfius lib. De re Nauali.*

A prefent on nomme *Fregates* les mediocres vaiſſeaux de cours, bien armez qui vont à voiles & à rames.

Hourques, *Fuſtes* ou *Flutes*, ſont du port au plus de trois cens tonneaux, *Dulcones*, *Dromones*, *Naues orerariæ*, *Frumentariæ*, en Italien *cocca & cocca mercatante*, en Eſpagnol *vrca.*

Heus du Havre de Grace, Flandres & Angleterre, du port au plus de trois cens tonneaux ſont equipez d'autre façon que les Nauires communs, le grand maſt eſt au devant auec eſtay, & vne petite trinquette courant de haut en bas, auec ſa grand voile latine: ſur le grand maſt y a vn bourſet, au deſſous iceluy vne vergue ſans voile, pour border le bourſet, outre ce porte bonnettes en eſtuy: ſes aubans viennét joindre au dernier, à la châbre du Maiſtre i's ont Beaupré & Siuadiere à chaque bord ou coſté, & des grâds bois en forme d'aiſles ou nageoires de poiſſon, nommés *Plutes*, affichés par des cheuilles de fer.

Caraueles, ont quatre maſts & quatre voiles latines ou d'artimon, outre les bourſſets & les bonnetes en eſtuy, ſont vaiſſeaux de Portugal fort legers & viſtes à la voile, les plus grands ſont pour le plus du port de ſix à ſept vingts tonneaux, *eſſendo il carauele di Portogallo i migliori nauilĳ che vadino ſopra il mare di vele. Meſſ. Aluiſe de Cada Moſte.*

Lin, vaiſſeau qui va par mer de tous vents & ſans peril. Froiſſart chap. 14. du 2. volume.

Filibots, comme qui diroit fil de bord, ronds & qui n'one aucune quarreure, ſemblables (quoy que plus petits) aux flutes, *Mvscvli.*

Nauires portent hune *Nauios de Gauia*, dit l'Eſpagnol.

Navis Prætoria, *l'Admirale*, *Nao Capitana*, dit l'Eſpagnol.

E

❧❧❧❧❧❧❧❧❧❧❧❧❧❧❧❧❧❧❧❧❧❧❧❧❧❧❧❧❧❧❧

MOYENS VAISSEAVX.

BArques, font Nauires fans hune. *Barca*, NAVES NEGO-
CIATORES *quæ cuncta commercia ad littus portant.* Ifidorus,
originum lib. 19. cap. 1.

Brulots ou *Nauires Sorciers* plains de feux d'artifice, *Barcas
de fuego* pour à l'aduantage & faueur du vent poufler &
brufler en l'armade de l'ennemy.

Pataches, *Polacres*, font vaiffeaux armez pour le feruice
des grands Nauires, & pour faire les defcouuertes & ve-
litations. CELONES EXPLORATORIÆ, PHASELLI.

Par Ordonnance d'Efpagne, les Naos ou Carraques
ne peuuët mener de Patache ou d'autres vaiffeaux de feruice, d'autant que la commodité d'iceux ren† les Capitaines & Officiers plus nonchalans à conferuer le grand
vaiffeau, fous l'efperance qu'ils ont de garantir leurs perfonnes dans les moyens.

*Galiotes : vno remorum ordine inftructa breuitate mobiles facilius
flectuntur, & leuius difcurrunt. Hiftor.Hierofolim. pag. 1107.* font
de feize à dixhuict bancs nommées au Leuant *Saiques*.

Fregates, *Pinaffes*, *Brigantins*, *Pinquets*, font vaiffeaux de
cours, mediocres & legers, *Arondeles de mer. Saettia que va
veloce come faetta.*

Trauerfiers, au Leuant *Tartanes*, font vaiffeaux de cours
& de pefche qui vont à voiles & à rames, CELOCES PA-
RONES, MIOPARONES, *actuariæ naues.*

Les *Pinaffes de Bayonne* furent iadis nommées *Conques*, au
rapport de l'Hiftoire de Florance lib. 8.chap.77.*certi di Ba-
iona in Guafcogna con loro Nauilì loquale fi chiamaua Conche Baio-
nenfi, paffaro per lo ftreto di Sibilia,e venero in quefto noftro mare cor-
feggiando, & feccro danno affai.*

BRIGANTES, font les Anglois Occidentaux, ſçauoir les Comtes d'Yorch, de Richemon, de Ladclaſtre, Durham, VVetmorland & Comberland, deſquels Tacite en la vie de Iulius Agricola dit, *ſunt Bellicoſiſsimi, numeroſiſsimi, & latrocinÿs maritimis infames.*

Maiſons nauales, PARADÆ. *Auſinius Epiſt.* 2. *ad Theonem. Sidon. Apollinaris Epiſt.* 12. *lib.* 8. dans leſquelles maiſons nauales, peintes, verniſſées, dorées, vitrées & tapiſſées, le Roy, les Princes, les Archeueſques & les Gouuerneurs ſont portez à Bourdeaux à leur premiere entrée, & ſont beaucoup plus belles, plus agreables, que les *Gondoles* de Veniſe, ou les *Tones* de la Chine : on dit encor *la chambre de parade.*

Tortues, poſtes, ſont vaiſſeaux qui ont le pont eſleué comme vn toiƈt de maiſon pour tenir les ſoldats ou les paſſagers, & leurs hardes à couuert.

Heus & Gabarres, ſont vaiſſeaux de ſeruice, de charge & deſcharge, *Naues apertæ.*

Paquebouc, ſont vaiſſeaux de paſſage qui trajeƈtent ordinairement de Calais à Douures en Angleterre pour les paſſans & meſſagers.

Vaiſſeaux pontez, Naues teƈtæ & conſtratæ.

Lembi, ſunt naues ad Traüciendum, quorum vſus & in mari & in fluminibus. Chaloupes, Falouques.

Naues pleno alueo, Couraus & Chaloupes.

Linter, Nauicula eſt ad flumina traiicienda ex arbore excauata ad nauigÿ formam : Bacs, Tos, Macqualets.

Pontons, Genus nauium Gallicarum, dit Cæſar *lib.* 3. *Belli ciuilis*, qui ont le bout quarré à receuoir les cheuaux & fardeaux pour trauerſer les fleuues & riuieres, *Froiſſart* au chap. 72. du troiſieſme volume. A preſent on nomme *Ponton* vn gros vaiſſeau à plat fonds, garny de maſt, de cabeſtans, d'auis & autres machines ſeruant à faire faire carene aux grands Nauires, à les releuer, à nettoyer les

E 2

ports, à *draguèr* & tirer les vafes, pierres, ancres, bateaux, naufrages & autres empefchemens qui offufquent & comblent les ports.

Efquif : *lenunculus fcapha* ἐφολχὶς : *Palifchermo*, *efchiffo* en Italien, & en Efpagnol *Efquife*: *Scaphæ* font auffi *Chaloupes, quæ maioribus liburnis exploratores fociantur, quas Britanni pyctas vocant*, dit Vegece *lib.4.cap.37. de Re militari.* Peut eftre que ces Pyctas ont confervé ou tranfmis partie de leur nom *aux Pataches* de prefent.

Au furplus c'eft chofe bien difficile de comparer juftement les vaiffeaux des anciens à ceux de prefent: Chafque nation a eu, & tient encor fa forme & fa fabrique aucunement differente des autres, *Liburnæ à Liburnia Dalmatia dictæ*, *Naxiurges à Naxo infula*, *Cnidurges à Cnido*, *Cercures à Corcyra*, *Phafelli à Phafelide*, *Parones à Paro*, *Myoparones ab vtraque forma earum nauium quæ fieri folebant in Myunte & Paro*, dit *Vegece lib.4. de Re militari cap. 33.*

Les François & les Efpagnols pour expliquer le port & capacité d'vn Navire difent : il eft du port de tant de tonneaux. Les Flamans & les Anglois difent de *l'Eft*, vn *l'Eft* fe prend pour deux tonneaux, & le tonneau pefe deux mil liures, à feize onces la liure, chaque tonneau tient ou comprent neuf feptiers mefure de Paris ou fept charges: chaque charge le poids de trois quintaux, à cent liures le quintal de quinze à feize onces la liure.

PARTIES DV CORPS DV NAVIRE.

L A *Quille & la Carlingue*, font deux grandes & les plus baffes pieces du Navire : c'eft le fondement de tout le baftiment, & ce que le dos eft aux animaux, *Bomè* en Flamand.

Sur la carlingue, qui eſt la piece interne, ſont rangées
les coſtes nommées *Membres* ou *Varengues*, auec les *Begres*
qui ſont les rebords ou ceintures par le dedans pour tenir
les *Empatures* affichées à grands cloux : A ſuitte & conti-
nuation deſquels membres du fonds ſont adjouſtez *les
poſteaux* juſques au hault, à vn deux ou trois rangs de poſteaux, ſuiuant l'edifice : c'eſt ce qui reſemble les coſtes
d'vn animal & forme la carcaſſe ou coffre du Nauire.

On nomme particulierement *Carcaſſe du Nauire* le derriere, & cette partie ſous la pouppe au milieu de laquelle
le gouuernail eſt affiché à vne piece nommée *le pau*, autrement *l'Eſtambor*.

Les planchers ou diuers eſtages ſont appellez *Ponts* ou
Tillacs, TABVLATA, l'Eſpagnol dit *cubierta y puentes*, l'Italien *la couerta de la naue* : l'eſpace qui eſt ſous l'inferieur eſt
appellé *fons de cale*, c'eſt vne fort mauuaiſe demeure à cauſe du defaut de lumiere & d'air, & de la *ſentine*, qui eſt l'eau
puante & ordures.

Le Balaſt ou *l'Eſt* dit en Latin *Saburra*, en Italien *Zavorra*,
en Eſpagnol *Laſtro*, eſt le ſable, arene, cailloux ou
quintelage, pour tenir par la peſanteur & contrepoids le
vaiſſeau ſous bout, σαββϛάτορ *& ſæpe lapillos*, *vt Cymba in-
ſtabiles fluctu iactante ſaburram*, *tollunt. Virgil. Georg. 4.*

Le pont de haut eſt nommé *premier Tillac*; aux Nauires
de guerre il eſt ſur le milieu percé en treiſlis, & ouuert à
quarreaux, pour euaporer la fumée de l'artillerie qui joüe
au deſſous, & tel pont eſt nommé *Pont de caillebotte*.

La longue piece qui fait l'eſchine de ce pont eſt nommée *quille de pont*.

Les ouuertures du Tillac pour deſcendre au deſſous
ſont nommées *Illoires*, *eſcoutes*, *eſcoutilles*, *eſcoutillons* des plus
grands aux plus petits, & les couuercles ou fermetures d'i-
celles *Panneaux*.

Baus, ſont les cheurons qui ſouſtiennent le tillac & la

rondeur du vaiſſeau par haut, & les *courbatons* par le bas.

Les Nauires equippés en guerre ont au deſſus vn *pont de Reth ou de corde*, ſur lequel aux occaſions le Capitaine ſe fait voir auec la haſſegaye, ou le cimeterre & coutelas nud en main, qu'on nomme *ſabre*, & ſon bouclier de l'autre coſté, faiſant des brauaches deſmarches.

Les ſoldats ſont au deſſous le pont de reth auec le mouſquet & les demi-piques, ſuiuées d'vn pied & demy du bout ferré.

Les canonieres qui ſont ouuertes en quarré ſont nommées *Sabors*, anciennement *Comportes*, & autant qu'il y en a de rangs l'vn ſur l'autre, c'eſt autant de bateries ou de ponts.

Les ceintures & les rebords qui ſont le long du Nauire au deſſus & deſſous les Sabors (ſur leſquels les Matelots marchent, montent & deſcendent) ſont nommés *Percintes* : celles qui ſont au dedans *Begres*.

Le bec au bout de la proüe, eſt *l'Eſperon*, en Latin *Roſtrum*, *Roſtrata Nauis*, c'eſt vne Galere. *Calcaribus rates hoſtium transfigebantur percuſſæ. Hiſtor. Hieroſolimit. pag. 1107.*

Le bois qui croiſe au deſſous de l'Eſperon & viſe à la vague eſt nommé *Boutolof*, lequel ſert pour tenir les couëts de Miſaine.

Les cordages qui amarrent l'Eſperon & le beau-pré ſont nommez *Rides*, *Rider* eſt à dire lier bien ſerré. Les ouuertures rondes qui ſont à coſté de l'Eſperon, par leſquels les cables des anchres *halent & filent*, ſont nommez *Eſcaubans*.

Haler, eſt tirer à ſoy, *Filer* eſt laſcher, *hinſe* eſt tirer en haut, *largue* eſt tirer à coſté : ce ſont paroles de commandement.

Le bord ou bordure qui aduance au bout du Vaiſſeau, deſpuis la Quille iuſques à l'Eſperon, eſt nommé *l'Eſtrave*.

Les Nauires ont deux Theatres, l'vn à la proüe, l'au
tre à la pouppe, qui font nommez *Chafteau deuant*, Cha
fteau dernier : comme auffi *Gaillard deuant*, *Gaillard der*
nier. Καταστρώματα. *Apluftria*.

Ce font auffi des bois efleuez, & d'autres de trauers
cloüez, *Caftilles de liffes & Pontilles*, comme des Gardefous
pour appuyer & retenir ceux qui marchent deffus, ce que
l'Efpagnol nomme *Varandas*.

A la Pouppe fur le Gouuernail eft la Chambre du Capitaine ou du Maiftre, peinte, verniffée, dorée, & vitrée,
autour vne galerie dorée ou peinte, à cofté des petites
tours, *puppes turritæ*. *Virgil. ÆEneid*. 8. des petits *culs de lampe*,
Columbaria. Anciennement la galerie fouloit eftre ouuerte : mais à prefent à caufe des pots à feu Gregeois depuis
les guerres de la Rochelle, on les fait couuertes, ou bien
font employées pour eflargir d'autant la chambre du Capitaine.

En plufieurs Vaiffeaux fur la chambre du Capitaine, y
en a vne autre pour le Pilote.

Au deuant la chambre du Capitainé, au milieu de la
largeur du premier tillac, & à couuert, eft le *Bitacle*, fait
comme vne armaife à tenir la chandelle du quart allumée,
la cloche du quart, les compas, & les horologes de fable,
c'eft deuant iceluy que fe tient celuy qui manie le gouuernail.

Le Heaume ou Timon, eft vn manche attaché au gouuernail, CLAVVS, lequel timon, celuy qui gouuerne manie par
le moyen *du Gouffet*, qui eft vne grande barre, laquelle ref-
pond aupres du bitacle, à vn petit virolet de fer ou de bois
rond.

Pour fortir du lieu ou chambre du bitacle, il y a deux
portes vne de chafque bord, entre lefquelles eft le grand
Maft, au milieu de la largeur eft le *Capeftan*, ou *Cabeftan*
au Leuant on le nomme *Girelle* : ERGATA, c'eft vne gran-

de machine laquelle tourne auec barres , enfile les chables qui leuent les anchres , & les autres fardeaux ; & la
petite piece de bois cloüée au tillac , & mobile par vn
bout pour l'arrefter , eft nommée *Linguet*.

On dit *pouffer au Cabeftan*, pour expliquer cette manœuure. Les Vaiffeaux qui n'ont pas de Cabeftan, ont au lez
du chafteau-deuant vne autre machine pour leuer l'anchre qui tourne à barres de haut en bas, nommée *Guindeau*,
& *Virebot* , S v c v L A, la piece de bois fus bout, fur laquelle
fe hale le cable , eft nommée *Danias*. La chambre du Canonier, le Magazin , & la *foute* , en laquelle fe garde le bifcuit , & les autres prouifions font foubs la chambre du
Capitaine , & le timon du gouuernail.

Le foyer & cheminée , eft nommé *Fougon* , les licts qui
font la plufpart emboitez autour du Nauire , font nommez *Camagnes*, *Calutes*, & *Capites*.

Souc de driffes, font en nombre, l'vn pour le grand Maft,
l'autre pour le Maft de Mifaine, l'autre pour l'Artimon: ils
font faits en forme de tefte de Turc, de marmot, ou autre
crotefque : Ils comprennent trois Rouaus d'airain , l'vn
pour guinder le Maft de hune, & le mettre haut ou bas,
les autres deux pour mettre la grande vergue haut ou bas
preft pour tourner au Cabeftan fi meftier eft.

Les pompes , *bombe* en Efpagnol , *trombe* en Italien,

Altri attende à la trombe , *e a tor di naue*

L'acque importune , *e il mar n'el mar rifonde*,

font ordinairement vne bas-bord, l'autre eft deftibord du
grand Maft , & feruent à tirer l'eau de la fentine du fonds
de Cale : leur appareil eft compofé de plufieurs parties,
le Canal eft nommé *Pompe*, la piece qui entre & puife l'eau
eft la *boëte*, au bas de laquelle & tout à l'enuiron eft vne
piece de cuir de bœuf, nommée *Clapet*. Et le manche qui
joüe, hauffe & baiffe la boëte, *Brinbale* ou *Bringuebale* , &
tout cela enfemble eft *l'Offee*, chafque effort eft *vne ba-*
ftonnée,

fionnée , & remuement de l'Offec.

Il y a la longue barre de fer pour tirer la boëte , & pour fonder s'il y a force eau ou quelque empefchement dans la pompe.

Plufieurs Nauires ont trois pompes, mefmes vne dernier près de l'Artimon : Le receptacle de la fentine au bas de la pompe & du Vaiffeau, eft nommé *Archepompe.*

L'Anchre, fon Anneau eft nommé *Argan* ou *Arganet*, en Efpagnol *arganel*, *l'Effieu*, eft vne grande piece de bois qui le croife foubs l'argan : & les petits aduancemens de fer pour l'enchaffer & tenir ferme l'Effieu , font nommez *Couillons.*

Boffer l'anchre, c'eft la mettre à fa place fur les trauerfins.

On dit , *Ancrer fur trois , quatre , ou tant de braffes* , pour expliquer la profondeur de l'eau , *Vaiffeaux qui dorment à l'ancre.*

Les ancres ont des *pattes* , & les pates *deux oreilles.*

Anchre de Flot , eft celle qui tient le Nauire au Montan : *Anchre de luffan* , eft celle qui tient le Nauire au defcendant.

Grapin ou *Harpeau*, font des mediocres ou petits anchres qui ont quatre pattes.

Anchre de Touei , font des moyens anchres feruans pour r'appeller le Nauire à la Mer, quand la tourmente ou le vent le jette à la cofte : les Leuantins nomment cette manœuure *Nager fur le fer.*

Le Nauire eftant en Rade ou en port, giffant fur fes Anchres, l'Equipage eft obligé de mettre vne groffe piece de bois , amarrée à l'Anchre qui flotte fur l'eau : laquelle fert pour indiciter l'endroit & lieu de l'anchre, & telle piece eft nommée *Bonneau*, *Hoyrin & Aloigne.*

L'anchre à chaffe , ou *Rufé* , quand elle ceffe de tenir.

Vn Nauire bien equipé doit auoir quatre bons an-

F

chres, ou trois pour le moins garnis de chables.

ⸯ Les paremens d'Eſtofe, ou toile painte le plus ſouuent
en rouge tendus tout à l'entour du Nauire, & l'enuiron
des hunes d'iceluy ſont *les Pauois* ou *Baſtingues*, on dit vn
Nauire bien Pauoiſé, comme auſſi *Baſtinguer le Nauire: In ſupe-*
rioribus tabulatis Clipei per gyrum diſponuntur conſerti. Hiſtor Hie-
roſolimit.pag. 1167.

Le Falot ou Fanal, eſt la lanterne dorée, ſur ſon chande-
lier au plus haut de la pouppe, l'Admiral à le falot de
trois lanternes, le Vis-Admiral de deux, & les autres
Nauires de guerre d'vne, *lumina in Nauibus ſingula roſtratæ,*
bina onerariæ haberent, in Prætoria Naue inſigne noćturnum trium
luminum fore Liuius lib. 9. *Decadis tertiæ.*

Quand on eſt ſur le Nauire la face tournée vers la
proüe, le coſté ou la partie dextre eſt *Deſtibor*, le ſeneſtre
Basbor, les Leuantins diſent *Poge* pour la main droiⷶ,
Orſé pour la main gauche *Poggia*, *Orſa*, dit l'Italien *poggia è*
quella corda che lega il capo dell' antèna da man deſtra, *Orza e quella*
che lega da man ſiniſtra, l'Eſpagnol dit, *lado derecho*, *la parte*
iſquierda: comme'auſſi le coſté vers la mer eſt dit *olof*, & le
coſté vers la terre eſt *arriue*.

La ſeilleure ou *l'acquade*, c'eſt l'erre ou la voye du Nauire
qui paroiſt en calme quand il a paſſé, *ſeiller* ou *ſilloner*, eſt
tracer cette voye SVLCARE *ſolcando di Nettuno il vaſto regne*
dit Arioſte.

LES MASTS.

LEs nauires communs ont d'ordinaire quatre Maſts:
mais les Galions, *Naos*, *Naues*, & les grands Vaiſſeaux
ont double artimon qui fait cinq maſts, tous les maſts ſont
en ligne droite au milieu de la largeur du Nauire.

L'*Arbre* ou *le grand maſt*, eſt proportionné, & de pareille longueur iuſques à la premiere hune que la quille du Vaiſſeau, le bout de bas eſt enchaſſé dans la Carlingue.

Et d'autant que rarement les Charpantiers peuuent rencontrer des Maſts aſſez gros & puiſſans pour les grands Vaiſſeaux : ils plaquent & rident bien ſerré de grandes pieces d'autres maſts de long en long pour le renforcer, & pour de pluſieurs maſts en faire vn, ces pieces ſont nommées GEMELLES, *Gaburons*, *Couſtans*, PARASTATÆ, & le maſt ainſi fait eſt dit *Gemelle*, *Coſtonné*, *ſur lié*.

On dit *Maſt affuſté*, quand il eſt anté, ſçauoir quand il y a des pieces raportées par le bout haut, leſquelles pieces ſont nommées *Gauteiras*, & ſont au deſſous la hune ſeruant pour paſſer leſtague de la grande vergue, & la guinder : dans iceux Gauteiras y a deux roüets de metal, à ces fins l'vn bas-bort, l'autre deſtibort.

Au bout haut de l'arbre eſt la hune, & ſur icelle s'eſleue le grand maſt *du Bourſſet ou de hune*, attaché audit arbre auec vne piece de bois trauerſant, nommée *Cap de more*.

Et derechef au bout haut du maſt de hune les grands vaiſſeaux ont vne autre hune moindre, ſur laquelle s'eſleue *le maſt du grand Perroquet*, auſſi attaché de la meſme façon par vn cap de more au maſt du Bourſſet & ſur le haut bout du perroquet eſt *le baſton du pauillon*.

Le ſecond Maſt eſt *le maſt deuant ou de Miſaine*, vn peu plus petit que le grand, lequel ſort du chaſteau deuant: Son bas bout eſt enchaſſé dans la fourche de la carlingue ſur l'Eſtraue : aux grands vaiſſeaux il porte pareillement deux hunes, & ſi eſt compoſé de tout autant de parties que le grand, mais par diferance ont l'Epithete de Miſaine. *Maſt de miſaine*, *bourſſet de miſaine*, *perroquet de miſaine*, & *le baſton du pauillon*, le tout attaché par des caps de More comme au grand Maſt.

Le troiſieſme maſt eſt *le Beaupré*, couché au deuant ſur l'Eſperon, le bout bas eſt enchaſſé ſur le premier pont au deſſous du chaſteau deuant, auec vne grande boucle de fer & deux cheuilles auſſi de fer qui gouſpillent ou ſortent entre deux ponts : le bout qui aduance porte hune . & ſur icelle vn maſt de Perroquet auec vn baſton de pauillon.

Sur la pouppe & le gaillar dernier, ſort *le maſts d'Artimon*, lequel auſſi peut porter hune : & ſur icelle vn perroquet & vn baſton de pauillon: le bout bas s'enchaſſe à la chambre du canonnier. Aux grands baſtimens il y a d'ordinaire deux maſts d'Artimon, & y en a qui ont bourſſet & perroquet.

<hr />

LES VERGVES.

LEs *antennes ou vergues*, qui portent les voiles, ſont amarrées à leurs maſts , & prennent leur diference & denomination d'iceux, *la grand vergue, la vergue du grand bourſſet , du grand perroquet, la vergue de miſaine, bourſſet & perroquet de miſaine ou de deuant* , & ainſi des autres.

Vergues de beille, qui eſt à dire de ſurcroiſt , ſont des maſtereaux ou grandes pieces de bois qui eſtant de coſté & d'autre du Nauire, ſeruent ou ſont employez à faire des vergues ou maſtereaux à la neceſſité , & à cauſe de ce ſont nommées *maſtereaux* ou *vergues de beille*.

L'Artimon a deux ſortes de vergues, l'vne Latine fort longue & de trauers comme les vergues de Galere, & celle là porte la voile d'artimon : outre ce il y a la vergue du perroquet, & au deſſous la hune vne autre vergue laquelle ne porte pas de voile, mais ſert ſeulement pour border la voile du perroquet, afin de la tenir estenduë par bas; les voiles superieures sont bordées par le bas aux vergues des voiles inferieures, à cause dequoy lesdites voiles sont beaucoup plus larges par bas que par haut.

Les vergues sont jointes aux masts, & courent le long d'iceux de haut en bas par le moyen des *Racques* ou *Raccagé*, qui sont en partie faits & enfilez comme gros grains de Chapelet d'Hermite.

LES VOILES.

LA grand voile est nommée *Pasi* ou *grand Pasi*. ACATIA. au bas de laquelle s'adjouste aux occasions vn autre grand piece de voile auec *aiguiletes* ou *cordillons*, laquelle on nomme *Bonnette*: au dessus est la voile *du grand hunnier* ou *grand boursset*, & plus haut est *le grand perroquet*, toutes ces moindres voiles sont nommées DOLONES.

Du temps de Iules Cesar les Bretons faisoient les voiles de mesme estofe que les bourses, *Pelles pro velis alutaque tenuiter confecta. lib. 3. Comment. Casaris*, & Sidonius Apollinaris, *Cui pelle salum sulcare Britannum ludus. carmine 7. versu 370.*

La grand voile de misaine est aussi nommée *Trinquet* porte bonnette, au dessus est le boursset de misaine & perroquet de misaine.

La voile du beaupré est nommée *Siuadiere*, SIPARVM sur laquelle est le perroquet de beaupré ou de Siuadiere.

Voile d'Artimon, ample & large du bas bout, estroite & pointuë par haut, porte aussi bonnete. *Perroquet d'Artimon*, grand & petit artimon, le grand est le plus proche de l'arbre.

F 3

Bonnetes en eftuy, font certaines voiles qui fe pofent à coſté de la grand voile, & au bout de la grand vergue quand on eft chaffé par l'ennemy, ou qu'on veut donner la chaffe, & fe mettent l'vne bas bord, l'autre d'Eftibort.

Medrignac, c'eft la toile à faire voiles.

Voiles frelées ou *trouſſées*, eſt à dire pliées fous la vergue : *defrelées*, feparées de la vergue.

Caler & ameiner, eſt abaiſſer, *Hinfe*, eſt hauſſer : *Cargue*, defploye, ce font paroles de commandement.

L'Italien dit, *collare, cioë, inalzare o tirar fufo, & vela e a collo, o in colla, quando quella e tirata in tima all' albero : contrario fi dice calare cioè defcendere demittere da alto al baffo*, l'Ordonnance des Riuieres 1570. article 5. vfe du mefme terme *Pouſſer au col contremone les bateaux par les Riuieres*, le vulgaire dit *tirer la corde*, comme auſſi on dit *caler voile*.

Les proportions des violes entre elles, les maſts & le corps du Nauire font iuſtement repreſentez par le Chancelier d'Angleterre BACON, *cap. de Motu ventorum in velis nauium.*

$$* * * * * * * * * * * * * * * * * * *$$

CORDAGES.

C'Eſt le Cordage que le Nauire a befoin en plus grande quantité : il y en a pour amarrer & faire tenir le corps du Nauire, autres pour rider les membres, autres pour l'vfage & gouuernement des voiles, autres pour le cômun & à tout office ou feruice, les cordages par terme general font nommez *Sartie*, en Efpagnol *Xarcia* ou *jarcia*.

Pour le corps du Nauire font les chables des anchres, *tortiffa* ; en Italien, ANCHORALIA, trois pour le moins : *Grand chable*, *fecond chable*, *chable d'ordinaire*.

Guerlin ou *Chableau*, eſt vn chable mince pour Touer le Nauire, ou pour porter vne anchre de Touey à quartier, afin de degager le Nauire qui ſera pouſſé par le vent ſur la coſte, & le rappeller à la mer en nageant ſur le fer.

Aux Nauires du long cours, le Nauire doit eſtre fourry de pluſieurs chables neufs, pluſieurs anchres & double garniture de voiles qu'on nomme *Voiles de ſobre*.

Quand deux Nauires ſont giſſans en rade accoſtez ou ſur vn ſeul anchre, les pieces ou bouts de chables qui ſe mettent entre deux pour rompre le heurt, & garder qu'il ne ſe froiſſent ou n'offencent l'vn l'autre, ſont nommez *Defences*.

Tous grands cordages ſont au Leuant nommez *Gummenes* ou *Gommenes*.

Hauſsiere, eſt vne corde pour Touer le Vaiſſeau, ou pour jetter aux Chaloupes qui abordent, ou pour amarrer l'Eſquif.

Corde de quarantaine ou *quarantenaire*, eſt vne corde pour petaſſer les autres, & faire toute ſorte de ſeruice dans le bord.

Garſſete, & *fil quarré*, ſert à fourrures & treſſés pour les chables: c'eſt les tortiller & couurir aux fins de les conſeruer, laquelle fourrure les bons meſnagers couurent encore de toile, eſtimant que par ce moyen le chable eſt renforcé contre le *Douſſin* ou *Eaux d'amont*, & moins ſujet à pourriture: ſert auſſi le fil quarré à faire *Coüillars* & *Garſſetes*, neceſſaire à trouſſer les voiles.

Filet de Merlin, ſert à freler les voiles dans les Marticles, enſemble pour freler les autres voiles ſuiuant le beſoin.

Rabans ou *Comandes*, ſont petites cordes que les garçons portent à la ceinture, faits à deux cordons, ſeruent pour toute ſorte de manœuures, & de ſeruice au beſoin.

Tous ces filets font faits de vieux chables ou cordage
éfilés, & feruent pour attacher les voiles & cordage à
la neceffité : les garçons ou pages doiuent toufiours
auoir des rabans, & du fil quarré à la ceinture à peine du
foüet.

La corde qui tient la grand voile à la grand Eftague du
grand maft, eft appellée *Couillard*, & les autre enfuiuant
Garffete.

Les longues cordes de *la fonde* ou *du plomb*, font nommées
lignes ou *cordeau*, CATAPORATES, l'Italien dit *lo fcan-
daglio*.

CORDAGE POVR AMARRER, ET
fouftenir les Mafts.

L E grand *Eftay* eft vn grand chable qui prend du bout
au deffous la hune du grand maft & vient finir de
l'autre bout à l'Eftraue deuant le maft de mifaine à vn
grand cap de mouton ou polie affichée à vne cheuille de
fer qui prend l'Eftraue.

Tous les autres mafts de Bourffet de perroquet, enfemble du maft de mifaine ont Eftay ; & c'eft ainfi que font
nommées ces longues cordes qui paffent & defcendent
d'vn maft à l'autre, lefquelles fupportent d'autres cordes.

L'Eftay du grand maft de hune tire & defcend depuis
la hune du grand perroquet iufques à la hune du maft de
mifaine, attachée auec vne poulie courante au deffous la
hune dudit maft de mifaine, & de là defcend bas.

L'Eftay du grand perroquet defcend au maft de hune
de mifaine.

L'Eftay

L'Eſtay du baſton de grand pauillon reſpond au bout du perroquet de miſaine.

L'Eſtay de miſaine, reſpond & d'ordinaire finit en Marticles ſur enuiron les deux tiers du beaupré.

L'Eſtay du hunier ou bourſſet de miſaine reſpond au bout du beaupré.

L'Eſtay du perroquet de beaupré ſe rend ſur l'Eſtay de Miſaine en Marticles.

Le grand Artimon a vn Eſtay qui vient deſcendre au pied du maſt ſur le tillac, & vn autre Eſtay du perroquet qui ſe fourche, & ſe va terminer en marticles aux Aubans du grand maſt.

L'Eſtay du petit artimon finit au pied du grand artimon.

Aubans, RVDENTES ſont les grands cordages qui amarrent les maſts de bord & d'autre du nauire, à trauers leſquels ſont les *Enflecheures* ou les Eſchelons, par leſquels les garçons montent à la hune.

Les aubans ſont amarrez au bord du vaiſſeau auec double rang de *Caps de mouton*, qui ſont pieces de bois en ouale ferrées à l'enuiron : les Caps de mouton qui ſont affichez au corps du Nauire, ſont fermez auec des barres de fer les autres ſe tiennent aux aubans, & ſe peuuent prendre & reprendre, & ſont ridez aux autres auec des bouts de corde.

Les Maſts de hune & de Perroquet ont pareillement des aubans, leſquels ſont amarrez aux hunes ; ſçauoir au grand hunier quatre par bande, au hunier de miſaine trois, au perroquet deux, le tout neantmoins à la proportion de la grandeur du vaiſſeau.

Outre ce il y a *deux Galaubans de hune* qui deſcendent depuis le haut bout du grand maſt de hune, iuſques au bas ſur le tillac, l'vn amarré bas bord, l'autre deſtibord : au grand perroquet pareillement deux Galaubans qui com-

G

mancent au bout du haut, & defcendent bas fur le tillac, dernier le grad maft prez la chambre du Capitaine, le fem-blable eft au Maft de Mifaine.

Le grand artimon n'a ordinairement que trois ou qua-tre aubans de chafque bord, & le petit attimon deux, le tout neantmoins fuiuant la grandeur du baftiment.

CORDAGES DES VOILES.

LEs Voiles ont befoin de plus grande diuerfité de cordage pour eftre fouftenuës & gouuernées par compas, & par raifon : mais toutes les voiles font officiées de cordes de mefme nom & femblable office.

Les cordes des voiles font nommées en general *Manœu-ures*, OPIFERI FVNES : l'vfage & pratique d'icel-le eft dit *faire les manœuures.*

Les driffes, feruent pour tirer *l'Eftague*, aux fins de hinfer ou d'ameiner les voiles.

L'Eftague fe tient aux driffes, & paffe dans le grand maft, ou autrement fur des Roüaux qui font à cofté du maft, l'vn bas bord, l'autre deftibord, attachés fous la hune : la-quelle Eftague empoigne, & tient la gande vergue ; La driffe tient l'Eftague, & par le bout de bas s'amarre, & s'ar-refte au Marmot nommé *fouc de driffe.*

Fanons & *Marticles*, qui font bouts de corde finiffant en plufieurs cordillons, comme vne main eftenduë, & les doigts efparpillez feruent à haler les coings des voiles.

BALANCINES.

BAlancines, font les cordes qui tiennent & prennent au bout des Vergues auec des petites polies, & vont refpondre au defoubs des hunes ou au bout du Maft : reprefentans auec la vergue des triangles à droites lignes de fort bonne grace : les balancines font toutes doubles, & fe rendent bas bord & deftibord dernier le maft, de là viennent finir bas fur le tillac.

La grande vergue de l'artimon n'a pas de balancines: mais au bout de bas eft amarrée aux aubans par deux bras, & au bout de haut amarrée par des marticles qui font des cordages, lefquels procedent en vne corde du haut bout du grand hunier, & à l'endroit ou à l'atouchement de la vergue de l'artimon fe fourchent en plufieurs articles ou branches.

Au Vaiffeau qui a petit Artimon, les marticles du bout de la vergue procedent du haut du perroquet du grand artimon.

Les balancines de Siuadiere font amarrées au bout du beaupré, & feruent auffi pour border le perroquet, & y a deux polies courantes, dont les cordes viennent finir au grand chafteau deuant, & outre ce aux deux tiers de la vergue de Siuadiere y a deux polies doubles, l'vne basbord, l'autre deftibord, & de grand cordage pour tenir ferme la vergue, & le tout fe rend au chafteau deuant.

G 2

BRAS.

Les Bras des voiles, sont cordes qui tiennent aussi les vergues par chasque bout amarrées à icelles auec vne polie, & tirent en arriere, & par le dernier pour gouuerner lesdites voiles.

Les bras de voiles de haut de misaine respondent aux Estays qui se rencontrent derriere, & par des petites polies descendent bas ; sçauoir les bras de misaine respondent au grand Estay, & de là descendent bas sur le tillac.

Les bras du bourset de misaine, à l'estay du grand mas de hune.

Les bras du perroquet de misaine, à l'estay du grand perroquet.

Les bras du grand boursset respondent à des petites polies à l'artimon, l'vn est attaché au bout de l'artimon ; & l'autre vient à quelque demy brasse plus bas auec deux polies courantes, & viennent à deux autres polies qui tiennent dans les grands aubans, de là sur le tillac.

Les bras du grand perroquet respondent au bout du perroquet de l'artimon aussi par des petites polies.

Les bras de Siuadiere respondent à l'Estay du mast de Misaine par des polies, & viennent finir dans le chasteau deuant, & sont les bras amarrez auec des polies doubles, non au bout de la vergue comme les autres, mais aux deux tiers d'icelle, l'vne bas-bord, l'autre destibord.

BOVLINES.

Boulines, font les cordes amarrées à la voile de chafque blez ou bord vers le milieu d'icelle, pour luy faire prendre *Vent de bouline*, ou de cofté, & comme les bras tendent au dernier du Nauire, celles cy tirent vers le deuant, & refpondent auec des petites polies aux Eftays:& quoy que la voile foit defrelée, toutesfois les boulines demeurent toufiours en pofition auec le refte de la garniture.

Les boulines du grand perroquet refpondent à l'eftay du grand perroquet par des petites polies, tirant au maft de hune de mifaine, & de là en bas.

Les boulines du perroquet defcendent le long de l'e-ftay au bout du perroquet de beaupré, & de là tout le long du perroquet viennent finir dans le chafteau.

Les boulines de mifaine refpondent auffi au beaupré deuant.

Les boulines du grand bourffet viennent toucher par des petites polies à l'eftay du grand maft de hune, & de là vont à d'autres polies amarrées aux aubans du maft de mifaine, & refpondent bas.

Les Boulines de la grand voile vont refpondre contre le pied du maft de mifaine amarré à vne polie.

Les boulines du perroquet d'Artimon finiffent dans les grands aubans.

CARGVES.

LEs Cárgues font cordes, lefquelles feruent à trouffer, freler, & defreler les voiles, & fe tiennent par le dedans de la voile à la vergue prés du milieu à certaines polies, & de là tirent droitement à l'angle & bout de la voile, où c'est qu'elle eft bordée auec la voile de deffus: celles des grands voiles defcendent fur le taillac, celles des perroquets viennent & s'attachent dans les hunes.

Les Cargues du grand bourffet refpondent bas dans les aubans fur le tillac, l'vne bas-bord, l'autre defti-bord.

Cargues de pointe, font par dedans la voile, & refpon-dent aux angles ou pointes d'icelle.

Cargues fons, font au bas de la voile pour la de brouïl-ler.

Cargue le bourffet ou le perroquet, eft parole de commande-ment, & fignifie ferre ou trouffe les voiles, & à contre-fens de plie ou mets au vent.

ESCOVTES ET COVETS.

LEs *Efcoutes*, & *Coüets*, tiennent au bas angles des voi-les de chafque bord.

Les efcoutes font cordes doubles, & feruent pour ti-rer le bout de la voile arriere vers la pouppe : les Coüets font cordes fimples, mais plus groffes que les Efcoutes, & ferrent la voile deuant *aux amures*.

Amure, c'eft l'attache deuant contre le chafteau.

La Siuadiere à deux coüets, & ſes eſcoutes viennent ſe
rendre enuiron deux ou trois pieds des eſcoutes de miſaine : & toutes les autres manœuures du beaupré ſauf ces
deux reſpondent au gaillard deuant.

Les grands Coüets de la miſaine deſcendent à l'Eſperon du Nauire ou au boutolof, & ſont amarrez à deux polies, l'vne bas-bord, l'autre deſtibord.

Les Eſcoutes de miſaine viennent droit au grand maſt,
l'vne bas-bord, l'autre d'eſtibord.

Les eſcoutes du bourſſet nommez *Eſcoutes de hune*, ſeruent à border le bourſſet, & reſpondent au pied du maſt.

Le Bourſſet & le Perroquet n'ont pas de coüets.

L'eſcoute du grand artimon finit au dernier du Nauire
auec vn *Boutehors*, au bout duquel on amarre vne polie
pour border l'eſcoute du petit artimon.

CORDAGES COMMVS.

CEux qui garniſſent les grands vaiſſeaux, ſe deleĉent
de faire aux occaſions à chaſque bout de corde, pluſieurs articles ou *Marticles*, particulierement à coſté des
grand voiles, qui les embraſſent & ſerrent quand il les
conuient freler ou trouſſer, nommez *Fanons*, comme auſſi en mettent au bout de la vergue d'artimon ſur les eſtays
& les aubans, & les petites polies par leſquelles paſſent les
boulines où les bras, ſont amarrées auec deux ou trois
bouts de corde en forme de marticles.

D'abondant il y a d'autres cordages qui ſeruent à leuer
& tirer les grands fardeaux & charges ; ſçauoir *la Caliorne*,
le Palan , le Palanquin & la Candelete.

Caliorne, eſt vn grand chable amarré des deux bouts au
deſſous les grandes hunes de l'arbre & de miſaine , ſur le-

q uel y a vne grande polie, par icelle paſſe vn autre chable auec autre polie, dont ſe fait le guindage & reguindage des gros & grands fardeaux.

Le *Palan* ſert auſſi pour leuer les marchandiſes, notamment les poinçons ou barriques de vin, & les bales des
marchandiſes, & ſont amarrez au tiers de la grande vergue, au bout du Palan y a deux *pates de fer*, les Caſtillans le
nomment *atza*.

Le palan eſt compoſé de trois cordes ; ſçauoir le Palan,
l'Eſtague, & la driſſe, vn pendant à trois polies, l'vne deſquelles eſt double.

Le Nauire doit touſiours eſtre équippé de deux palans
ſur la vergue, l'vn bas-bord, l'autre deſtibord.

Le *Palanquin* eſt au maſt de miſaine, & ne s'en oſte iamais, comme eſtant du ſeruice & de l'ornement ordinaire.

Palanquer, eſt mettre dedans le bord les grands fardeaux
ou les retirer ou deſcendre.

Candelete, eſt auſſi vne eſpece de palan pour boſſer
l'anchre, qui eſt la mettre à ſa place ou poſition : il eſt compoſé de deux polies bandées de fer, & d'vn grand crochet
de fer.

ARTILLERIE NAVALE.

A Rſenal eſt proprement le lieu auquel les Nauires ſont
baſtis, & è ditta *Arzeva quaſi area Navalis*, cioè *luogo doue
ſi fanno le Naui* NAVALE, *Quale nell Arzena di Venetiani, bolle
la tenace pece avimpalmar i legni lor non ſani*, dit le Poëte *Dan-
ti* en ſon Enfer en Eſpagnol *Ataraçanal*.

Au bout des vergues ſont les *harpons*, tranchans faits
en façon de S pour couper à l'abordage, les cordages de
l'ennemy

l'ennemy HARPAGONES, *Manus Ferrea* sont les verga-
des ou crochets de fer pour agrafer.

Lances, *Pots*, *Grenades*, *Cercles de fer*, sont des artifices
pour jetter le feu aux Vaisseaux ennemis.

Feu Gregeois, *oleum incendiarium quod ignem Gracum vulgus
nominat tabulata succendit ignis ille perniciso fœtore flammisque li-
nientibus Silices & ferrum consummit : & cum aquis vinci nequeat
arena respersus comprimitur, aceto perfusus sedatur: Histor. Hierosol-
lim. pag.* 1167. à present on l'estouse tant auec le sable
qu'en le couurant des cuirs verts, ou peaux de bœuf.

La composition du feu Gregeois fut de l'inuention
d'vn ingenieur nommé *Callinicus*, par le moyen duquel
feu, l'Empereur *Constantin Pogonatus siue Barbatus*, garantit
sa personne & sa ville de Constantinople, & en outre
brusla & desfit entierement l'armade des Agarenes &
Sarrasins, qui le tenoit assiegé en icelle, *Historia Musulma-
na lib.* 1 • *Columna* 39.

Les Empereurs *Isaacus & Alexius* en voulurent faire
tout autant à l'armée nauale des François & Venitiens,
qui les tenoient pareillement assiegez: mais ce fut sans
effeǎ, dit *Messire Geofroy de Villehardouin*, en son Histoire
de la conqueste de Constantinople par les François nombre 114.

Pierrier ou pieces de terre, sont pieces d'artillerie fort ouuertes en quarré sur la culasse, & dedans cette ouuerture on met la boëte de fer pleine de poudre : & au corps du
pierrier sont mises les *Sacquetes* ou *Cartouches*, qui sont des
caillous, des bales de mousquer, de Fauconneau, & autre ferraille, empaquetez bien serré en vne poche, ce
qui ioüe & tire à l'abordage.

Berches, sont petites pieces de fonte verte.

Coursiers, sont grands canons de fonte verte.

Canons de fer coulé, Les canons de fer coulé en Perigord,
sont meilleurs, & beaucoup plus asseurez que les canons

H

d'Angleterre, mais il y a faute de bons ouuriers.

Le Canon *est monté en chantier*, qui est sur quelque bois que ce soit & par occasion, ou *posé sur son afust*, qui est sa position naturelle, auec des surbandes qui le serrent par *les tourillons* : il est amarré à son Sabord par vne grosse corde nommée *Drosse* ou *Bidrole* : laquelle perce l'afust sous la culasse, & tient des deux bouts aux boucles ou argans, qui sont de stibord & basbord du sabord, laquelle drosse baille liberté au canon de reculer quand il tire iusques à demy tillac, qu'elle l'arreste & boucle court.

Comme aussi à chasque costé de l'afust y a vn *Crochet de retraite* ou vne *boucle* qui est vn anneau de fer, pour auec les tirans ou palanquins le remettre en batterie.

L'afust est à la culasse dantelé à trois ou quatre degrez nōmez *Coches*, sur lesquels le Canonier pose le *coing de mire*, seruant pour mettre le canon *au poinct de tirer*.

Les cheuilles de fer qui souftiennent l'afust, l'vne au dernier, & l'autre au dessous des tourillons sont nommez *Boulons*.

Le Canon a dans le Nauire deux Palanquins, vn de chasque bord composez de corde, & deux polies qui se tiennent à costé de l'afust, aux crochets de retraite ou boucles, & aux argans ou boucles du nauire, & seruent pour le remuer, le braquer, & mettre en sa mire, ou en batterie quand il a reculé ou qu'il est chargé.

Le degourgeoir, est vn petit fer long de huict ou tant de pouces, pour *demorcer le Canon* ou *sonder la lumiere*, qui est nettoyer le secret.

Sur le secret ou *sur la lumiere* du Canon conuient pour le conseruer principalement de l'eau & du feu, plaquer iustement vne platine de plomb.

Pour charger le canon seruent les *lanternes* ou *ceuillers*, qui sont manches de bois, & portent la poudre au fons du canon.

Fouloir ou *refouloir* de canon, manchez de bois ou de corde, feruent à pouffer & repouffer la poudre.

Tirebourre, fert à vuider ou nettoyer le canon.

Efcoubillons, *Grifons*, *arroufement*, manchez de bois ou de corde, feruent à rafraichir le canon auec eau & vinaigre quand il a tiré.

Les charges faites comme celles des bandoulieres des moufquetaires, afin de mettre la poudre par mefure, & preftement, font nommées *Gargouffes* ou *Cartouches*, & y en a de bois, de fer blanc, de carton, & gros papier.

Cornets font grands cornes de bœuf à tenir le poluerin de l'amorffe.

Bales rondes, *bales à fiche* qui ont vne grand barre de fer au trauers pointuë de chafque bout, *bales à rame* qui font enchainées.

Boutefeu eft le bafton du Canonnier, au bout duquel il porte la mefche allumée.

Lancegayes, *archegayes*, *Haffegayes*, en Efpagnol *Azcona*, & en Italien *Zagaglia*, & *Zagayes*, font armés d'haft, & baftons ferrez par les bouts, au Ponant on les nomme *demipiques*.

Sabre eft vn coutelas ou cimeterre.

Le nombre des Nauires tant en guerre qu'en marchandife, s'explique par le nombre des grands voiles *vne armade de cent voiles*, font Nauires de guerre CLASSIS, vne flote de tant de voiles, font nauires en marchandife, *Flota fe dife qnando las naues fon de mercantia, y fiendo de guerra fe dize armada*, On dit *vn Nauire equippé artillé ou monté de quarante ou tant de pieces de canon*.

Faire conferues; C'eft quand les Nauires en voyage font pacte & refolution de s'affifter & fe defendre, le Capitaine ou conducteur auquel les autres obeyffent, eft dit *faire cap à la flote*.

Affaillir, *prendre d'affaut*, *furprendre & forcer vn Vaiffeau*.

S'eslargir en mer : Donner , mettre , ou prendre la chasse.

Atendre & se mettre en defence.

Inuestir , c'est attaquer.

Inuestir contre terre , est venir à terre pour n'estre battu ou pris.

Prendre terre.

Lascher le canon de partance ou de retraite , c'est le signal quand il faut partir.

LIVREES OV COVLEVRS
des Pauillons des Nauires, pour la connoiſſance & diſtinction de chaſque Nation qui met à la mer.

E fut jadis vn ancien ordre, principalement aux expeditions des guerres ſainctes, & d'outre-mer, que chaſque Nation portoit les eſtandais, banieres, & pauillons de liurée, deſignez ou variez de certaines couleurs pour les diſtinguer & faire reconnoiſtre, leſquelles couleurs & liurées pour la plus part ils ont encore retenu; & furent attribuées par les Generaux des armées, auec raiſon & ſans myſtique : Cette matiere eſt autre & outre les armoiries.

D'où procede que les Ordonnances de la marine ont conſerué le droict aux Seigneurs Admiraux, de pouuoir donner bannieres, liurées, couleurs, & deuiſes aux Nauires, ſans qu'il ſoit permis aux Capitaines, Maiſtres, ou Bourgeois d'en prendre à plaiſir ou volonté : Cela eſtant du droict public, & de toute la Nation *Ordonn. de l'Admirauté* 1517. art. 17. *Ordonn.* 1543. article 15. & 16. *Ordonn.* 1584. art. 28.

Le Maiſtre qui arbore ou charge les liurées d'autre Nation que de la ſienne, commet crime de faux ; & s'il en vient accident, il merite d'eſtre condamné au deſdomma-

H 3

gement & reparation enuers les Bourgeois, Victuailleurs & Marchands.

Vient à prefumer que l'attribut des liurées particulie-res à chafque Nation, fut pour diftinguer les troupes croifées, & d'abondant par imitation de la Cour des Em-reurs d'Orient, en laquelle les Princes, & les perfonna-ges pourueus ou releuez aux eminantes dignitez eftoient reconnus & diftinguez des autres, & des gens qu'on nom-me de petite eftoffe par l'efclat des diuerfes liurées & cou-leurs de leurs robes & habits, *infignia dignitatum.*

A l'occafion de ce, les Magiftrats furent furnommez *Infignes, fpectabiles, Egregÿ, Clarifsimi.*

Et de tant que l'efclat des couleurs, frappant la veuë de affiftans produifoit le refpect, la veneration & la crain-te, il fut inhibé à l'Aduocat aueugle de plaider, *Videlicet quod infignia Magiftratus videre non poffit,* dit Vlpian en la Loy premiere §.5.D. *Poftulando.*

Outre les couleurs, les Nations, les Princes, & Sei-gneurs: ont des *Deuifes* & *Blafons* qui font bien fouuent re-prefentées fur les pauillons auec leurs armes.

Devise eft quelque figure Hieroglyphique, comme les clef du Sainct Pere. Le Roy Charles VI. print le Cerf aiflé. Louys XII. le Porc afpic. François I. la Salaman-dre. Philippe Duc de Bourgougne le Fufil d'or au Cail-lou d'argent eftincellant d'or. Charles quint Empereur & Roy d'Efpagne, deux Colomnes, *Paradin en fes deuifes he-roïques,* enfait le denombrement, *Exprofeffo.*

La Fleur de lis fait les armes de France, & d'a-bondant, c'eft la deuife venerable de noftre bonne Mere La Sainte Eglise, car la fleur de Lis eft le chifre du Sainct & Sacré nom de Christ fon Efpoux, *Signum Dei viui:* les lettres Grecques χ & ρ tracées minufcules, & liées enfemble l'vne en l'autre defignent le nom de Christ & compofent agreablement la fleur de lis.

Conftantin le Grand defpoüillant le Paganifme, & deuenu Chreftien, print pour fes Armes les mefmes lettres Majufcules x & p, jointes & liées en vn, dit *Eufebe* en fon Hiftoire : & nous voyons encor aujourd'huy quantité de Medalles & de Bezans forgez à cette venerable empraincte foubs le nom de ce deuot Empereur, de fes fils & de fes fucceffeurs : voire mefme par la fuite du temps l'Aigle de l'Empire fe trouue efployée fur ces deux lettres, quoy que ce foit, auec tant de conftrainte en la figure & pofture de l'Aigle, que fa pofition naturelle en refte offencée, enfemble par la couleur de fable peu conuenable à fi haute & fi Noble reprefentation, où c'eft que la fleur de lis d'or, fur le champ celefte d'Azur defigne amoufement, & en toutes façons, tant en fes traicts, en metal que couleur, *l'Augufte & le facré nom de* CHRIST.

A cette deuife & reprefentation conuiennent & fe raportent tous les Blafons de France, *Sit nomen Domini benedictum*, qui fonne le nom de CHRIST. *Chriftus vincit, Chriftus Regnat, Chriftus Imperat*, que nos deuanciers ont toufefcrit auec le x & p, lettres Grecques, & le refte en lettre Romaine. Pareillement l'onction facrée venüe du Ciel, & le titre de Roy Tres-Chreftien, & de Fils aifné de l'Eglife auquel de droict & fort legitimement appartient de porter en fes armes la Deuife de la faincte Eglife, de laquelle il eft fils aifné, & le bien aimé.

Les Italiens nomment la fleur de lys de Florence *Giglio*, & la fleur de lys de France, *aurea Fiordiligi*, *cioe fior di luigi*, fleur de Clouis ou de Louys : *Gaguin* en dit la pure verité au chap. 3. de l'Hiftoire du Roy Clouis, & ne merite pas d'eftre defaduoüé, ou paffer pour Roman Apocryphe *que non tienne autoridad*, comme declament quelques Italiens & Caftillans, *Simon Maiol. Epifcopus Vulturarienfis Dierum Canicular. Tomo 5. Colloquio 5. De Dignitatum & feffionum Differentijs.*

La croix de Gueulles ou Vermeille, estoit la grande & gene-rale deuise, concedée par les sainĉs Peres à tous Roys, Princes, Seigneurs, & Pelerins qui conspiroient au vœu du voyage de la terre Sainĉe, *Vuillelmus Tyrensis Archiepisc. lib.* 1. *Rerum in partibus marinis gestar. cap.* 1 6.

N'el vessiblo grande

La trionfante croce al Ciel si spande

Dit *Torquato Tasso Canto primo De la Gierusalemme liberata.* Laquelle croix ils ne faisoient pas seulement arborer sur les Nauires, mais aussi la portoient sur leur personne, sur la poitrine, ou droiĉ de l'espaule : ce qu'ont retenu jusques aujourdhuy les venerables Cheualiers de Malthe & quantité de Religieux.

Le Roy de France *Iean*, chargea la croix vermeille sur ses habits à la suasion de *Pierre de Lusignan*, Roy de Cypre, present le Pape *Vrbain* en la ville d'Auignon *Froissart, Tom.* 1 *chap.*2 1 7.

BLASON, est quelque petite sentence ou quelque mo-ret de souhait & deuotion, quelque authorité de la sainĉe Escriture, des sainĉs Peres, ou des bons Autheurs, en peu de paroles bien ordonnées, & bien souuent à double entente.

La France à trois blasons, le premier prins du Pseaume 112. *sit nomen Domini benedictum*, le second *Christus vincit*, *Christus regnat*, *Christus imperat*, l'vn & l'autre empraints ordinairement entre les cordons de la Monnoye de Fran-ce, le troisiefme est du Pseaume 1 9. *Domine saluum fac Regem*, graué dans le cœur des François.

Le Blason d'Angleterre, *Honni soit il qui mal y pense*: Ce-luy d'Espagne, *Plus vltra*: de Gaston de Foix *qui m'aimera ie l'aimeray.*

Le *Blason* des Pelerins de la terre Sainĉe fut *Deus le volt.* Histoire de Hierusalem intitulée *Gesta Dei per Francos lib.* 1. *cap.* 4. Lequel enfin sonna fort mal, & fut entendu de

mauuais

mauuais fens, d'autant que les gueteurs de chemins , & les Pelerins indeuots en abuferent, & furent à ce fujet nommez voleurs, & leurs detrouſſemens & brigandages, *Vols & voleries* , l'Italien dit *Imbolio cioe furto fatto con Inganno, o con forfa.*

Les Anglois, hommes feudataires de l'Eglife Romaine, ont retenu & portent ordinairement la croix vermeille au drap d'argent ou blanc , comme auſſi la Seigneurie de Florence, & celle de Genes auec l'infcription IANVA. *Il fegno d'ella S. Croce fu prefo da y noftri antichi come da perfone religiofe per ſtendardo & per bandera con quefta inferiptione IANVA. Agoſtino Giuſtiniano Genoefe verfcouo di Nebio lib. 2. Annal. Carta 37.*

La Guyenne qui fut jadis aux Anglois, porte la Croix d'argent au drap de gueulles ou vermeil:ce qui eſt auſſi la liurée de *Dannemarch*, enfemble de Sauoye, depuis que *Amé* quatriefme furnommé *le Grand*, eut chaſſé *Orthoman* Turc de l'Iſle de Rhodes ; en memoire de ce il chargea cette deuife, & quitta *les Alerions* qui eſtoient les anciennes armes de fa maifon, *Chaffaneus Prima parte Catalogi.*

Suede, la croix d'or au drap dazur, & l'enfeigne *en flammé*, fendüe ou le drap defcoufu enuiron du tiers.

Bretagne, la Croix d'argent au drap d'azur : vient à remarquer que la croix blanche eſt pour toute la France & pour tous les François. Et c'eſt ainfi qu'il conuient reſtituer le paſſage, de Matthieu Paris *ad Annum* 1188. *Prouifum eſt vt omnes de Regno Franciæ Cruces albas , de terris Regis Anglorum Rubeas , de terra Comitis Flandrenfis virides haberent Cruces.*

Hierufalem, la croix d'or potancée au champ d'argent que les Roys de *Sicile & de Naples*, & les Ducs de Lorraine portent en leurs armes, contre la regle des armoiries qui n'admet pas metal fur metal, ny couleur fur couleur: dit *Sicille Herault* du tres-puiſſant Roy Alphonce d'Ara-

I

gon en ſon Hiſtoire Armoiriale.

Les *Portugais*, portent faee de gueulles d'argent & d'a-
zur, chargé de la croix de ſable ou noir, & derechef bri-
ſé ſur icelle vne autre croix pleniere d'argent : leſquelles
croix ſont la deuiſe des Cheualiers de l'ordre *de CHRIST*
qui ont grandement trauaillé , & trauaillent inceſſamment aux Nauigations de Portugal vers l'Inde Orien-
tale.

Les anciens *Cheualiers Templiers* , portoient la croix de
gueulles au drap d'argent : & pour enſeigne & drapeau
de guerre portoit mi-party d'argent & de ſable, & nommoient tel eſtendard *Beauceant* ou *Bienceant* , *Cardinalis Iacobus de Vitriaco Hiſtor. Hieroſolimit. cap.* 65.

Les *venerables Cheualiers de ſainct Iean de Hieruſalem* , de
Rhodes , *ou de Malte* , portent la croix octogone ou à huict
pointes d'argent au drap de gueulles. Le Pape Innocent
X I. en l'an 1130. leur bailla pour enſeigne de guerre *la
croix d'argent au champ de Gueulles. Mites & albi amicis* , *terribiles
& mortiferi hoſtibus*, & comme dit l'Eſpagnol *leales conſus ami-
gos* , *terribles y ſeueros conſus enemigos.*

Les *Cheualiers Noſtre-Dame Theutons* portent la croix de
ſable au drap d'argent, le chef de la croix ſemé de France, & ſur le tout les armes de l'Empire.

Borgogne porte le *Sauteur* ou croix ſainct André , baſton-
née & tronçonée de gueulles au drap d'argent que les
Caſtillans chargerent au regne de Charles V. *Meſſire Blaiſe
de Monluc au liure* 1. *de ſes commentaires* : autrement les Caſtillans portent bande de gueulles d'or & d'azur, & jadis ſouloient porter la croix blanche au drap de gueulles pour
la grande confœderation qu'ils auoient au Royaume de
France, dit *Monſtrelet au volume ſecond chap.* 177. *parlant de Meſſire Iean de Mer Cheualier d'Eſpagne.* En ce vieux temps paſſé
Entre el los auia entonces amiſtad eſtrecha. Doctor *Gõçalo de Illeſcas en
ſu biſtoria Pontifical.*

Escoſſe le *Sauteur* d'argent qui eſt la croix des Cheualiers
S. André, au drap de gueulles ou d'azur : portent auſſi face
de gueulles d'or & de Synope qui eſt verd , le *Sauteur*, au
quanton ou ſur le tout.

Les *Empereurs d'Orient*, quoy que peu contens & fort ja-
lous des croiſades , & du paſſage des Latins au Leuant
chargerent toutesfois la croix d'or au champ de gueulles,
accompagné de quate ß ou fuſils d'or adorſſés, qui veulent dire βασιλϵύς, βασιλέων, βασιλέυων, βασίλϵσι, Roy des
Roys, regnant ſur les Roys. *Iean le Feron* au *Catalogue des
grands Maiſtres de France* , *chapitre de Meſſire Charles d'Arthois.*

Les *Normans* portent l'Eſchiquier d'argent, & de ſable,
qui eſt blanc & noir.

Les *Poiteuins*, *Piccards*, & *Flamens face* de gueulles d'argent, & d'azur ſans nombre.

Les *Prouinces vnies des Pais bas* ont reduit leur deuiſe à
trois grands faces pour les diſtinguer , & reconnoiſtre
mieux ſur mer : l'Orangé qu'ils ont chargé, & prins au
lieu de gueulles en honneur, & pour l'amour de *ſon Alteſſe
Excellente*, LE PRINCE D'ORENGE, le ſecond argent, & le
troiſieſme azur : & du pur Orangé ſe ſeruent en leurs pauillons de combat.

Cette deuiſe de couleurs à faces & bandes eſt fatale
contre la maiſon de Borgogne, ainſi qu'à remarqué M.
Louys Paſquier, & qu'on trouue en Monſtrelet *chap.* 65.
du premier volume.

Alemagne, porte eſquartelé de gueulles, & d'or qui ſont
les plus riches couleurs, & les villes Hanſiatiques ou Imperiales arborent en leurs fleutes ou nauires en marchandiſe, autant de diuerſité de couleurs, comme il en entre
en la compoſition des armoiries, & ne portent d'ordinaire que des giroüettes planieres ou des *Flammes*.

Tamerlan, le fleau de l'Aſie ſouloit arborer ſes pauillons ue trois diuerſes couleurs , de blanc , de rouge & de noir, couleurs de paix, de ſang , & de mort, *Sabellicus Enneadis 9. lib. 9.*

Saladin , Turc ou Sarrazin qui print ſur les Chreſtiens, & ruina la ville de Hieruſalem portoit ſes pauillons d'or, & ſes ſatellites ou Mamelus veſtus de meſme liurée, *Vuillelmus Tyrenſis Archiepiſcopus lib. 2 1. cap. 2 3.*

Les Turcs , portent leur *Sanzacat* ou drapeau de gueulles ou d'azur qui eſt nommé *Turquin:* Leur deuiſe eſt le Croiſſant ou l'Image de la Lune que l'Alcoran *Azoara 6 3.* fait entendre auoir eſté le ſuiet d'vn grand Miracle, d'autant que la Lune parut vn iour caſſée & my-partie, Mahomet la repara , & ſouda les pieces à ce qu'il dit.

L'Empereur Turc , de Conſtantinople porte ſes pauillons parti de gueulles & d'azur : chargé de quatre Croiſſans en bande ſus bout : quelques vns preſument qu'il à voulu conſeruer l'ancienne deuiſe des Empereurs d'Orient qui ſont quatre B ou fuſils , dont la figure 6 reſſemble vn Croiſſant : & que la Lune fut l'enſeigne des anciens Patrices : toutefois il'eſt apparant qu'en cela il ſuit la foy , & la deuotion de l'Alcoran , tout ainſi que les Pelerins de la Mecque , leſquels portent le bordon ſerré d'vn Croiſſant par le haut bout.

Le Calife ou Soldan d'Egypte & Babilone , portoit en ſes pauillons eſquartelé de gueulles & d'azur chargé de quatre Croiſſans , de l'vn en l'autre deux montans , deux deſcendans.

Les Vaiſſeaux de l'ancienne Turquie qui ſont les Phœniciens , portent de gueulles au croiſſant montant.

Barbarie , mi-party de gueulles , & d'azur ou de pur azur au croiſſant deſcendant.

Les Renegats ou Pirates d'Alger, Tripoli, Tunis, la Goulete, Salé , & de tout le riuage More, ou de la coſte Atlantique , portent ordinairement le pauillon Exagone de gueulles, chargé d'vn Marmot Turc, coifé de fon Turban, empenné d'vn croiffant montant, le dernier quartier du pauillon orlé ou bordé d'argent : ce qu'ils font contre la Loy de l'Alcoran, qui prohibe de faire aucune forte d'Image ou femblance d'homme, ayant opinion que ceux qui en font, feront tenus au jugement vniuerfel de fournir vne ame à ces Images ou figures, & qu'à ce deffaut ils feront damnez par impuiffance.

Ce Marmot eft le portrait ou la figure de *Hali Sulficar*, Gendre du faux Prophete *Mahomet*, lequel a fait vne fecte apart differente de l'Alcoran, de laquelle les Afriquains font abufés : Il fe creut tant fatal & redoutable aux Chreftiens, qu'au feul afpect de fon Image ils deuoient tomber abatus, & deuoient eftre les victoires pour les fiens indubitables : c'eft pourquoy il ordonna que fon pourtrait feroit reprefenté fur les drapeaux, & pauillons de guerre, *Leonclauius Hiftoriæ Mufulmanæ lib.* 1, *pag.* 35.

Les Portugais & Meffif des Indes, portent la Sphære de gueulles au drap d'argent en leurs pauillons, comme auffi la monnoye y eft marquée de cette figure, dit Hugues de l'Infchot.

Les Ionques, ou Vaiffeaux de la Chine, portent en leurs Eftandars ou Giroüetes deux Croiffans fus bout, & deux molletes ou petites eftoiles parmy.

La Banniere & Deuife, des Anciens *Guelfes* ou *Papiftes*, eftoit vne fleur de lis de gueulles ou vermeille au drap d'argent, *il campo bianco eo il giglio Vermiglio*, *des Ghibellis ou Imperiaux*, les couleurs & armes de l'Empire, le champ d'or & l'Aigle de fable efployée. *Giouan Villani lib. fefto cap.* 34.

L'ARGENT OV LE BLANC, denote paix ou amitié, *Chiede la pace è il foglio bianco porge*, dit l'Ariofte. Les François portent ordinairement le drapeau & l'efcharpe blanche : Pendant le progrés de la guerre faincte, les Anges qui furent veus fenfiblement conduire , & combattre pour les Chreftiens, eftoit en figure de Caualiers armez à blanc , *habentes equos albos & vexilla alba. Vvillelmus Tyrenfis lib. 4.*

Quand l'Admiral veut affembler fe Confeil des Capitaines, & principaux de l'Armade, il fait arborer la banniere blanche en pouppe,& c'eft *banniere de confeil.*

L'Azvr couleur du Ciel, eft pour defigner la superiorité, & la domination fur mer: le pauillon de combat Efpagnol fur mer aux Indes eft bleu, *Miroir Oeft VVeft Indical nombre* 15. en Europe, ils arborent de gueulles.

Les Anciens fouloient enduire , & peindre les Pataches , Fregates, & Galiotes de bleu , pour eftre moins apperceus fur mer , *Vegetius lib. 4. cap. 37. de re Militari.*

Sinope fut jadis entendu pour *Rouge brun, Plin. lib.* 35. *cap.* 6. à prefent il paffe pour *Verd*, couleur de liberté ou d'efperance affeurée d'icelle, à ce fens les *Chancelleries* de France employent la cire verte , & les lacs verds aux lettres de Grace , de legitimation de baftards , de remiffion, de pardon , & d'abolition de crimes: *Les villes Franches* en leurs feaus, comme auffi les Vniuerfitez aux lettres des *Maiftres es Arts*, fortans de l'efcole employent la mefme couleur. C'eft le fujet de la bordure verte au chapeau des Euefques , lefquels font de droict emancipez , & liberez de la puiffance paternelle.

Parmy les Orientaux *les Emires ou Kerifes*, qui font les mal heureufes reftes de la race de *Mahomet , Prophete charlatan* , portent le Tulban verd,& en Fråce ceux qui par difgrace de Fortune ont recours au benefice du droict,pour eftre liberez de la rigueur de leurs creanciers en faifant *ceffion de biens*, font obligez de porter le *Bonnet verd.*

Gvevlles , ou rouge eft couleur Imperiale ou de fouuerain , c'eftoit la liurée & la couleur particuliere de l'Empereur,de Sebaftocrator , & de Cefar, *Confortes Impe-*

xij : ils eſtoient veſtus , chauſſez , & meublez de rouge,
leurs Edicts, leurs deſpeſches ordinaires, & leur ſaing,
eſtoient eſcrits d'ancre rouge , & leur ſceaux de cire rouge, & c'eſt d'où procede que les titres du droict ſont nommez *Rubriques* : au Ponant c'eſt auſſi la couleur des Roys,
des Ducs, des Senateurs, & Iuges Souuerains.

Philippe d'Arteuele, fils de Iacques d'Arteuele, qui de
naiſſance fut braſſeur de biere , eſtant deuenu Capitaine
des mutins & rebelles Gantois, fut ſi temeraire que de
charger cette couleur en ſes habits & meubles, pour con-
trequarrer le *Compte de Flandres ſon Seigneur*, & le *Roy de France ſon Souuerain* : dit *Froiſſart* au chapitere cent & vn du ſecond volume ; Les Roys d'Angleterre, & les Princes im-
priment leur Sceau en placart de cire rouge deſcouuerte;
les Cardinaux & les Vniuerſitez en cire rouge couuerte
d'vne Bulle ou boete : les Seneſchaux & Iuges à la table de
marbre, en cire de pareille couleur couuerte de papier,
ſur lequel eſt faite l'Emprainte.

Aux pauillons *Gueulles* eſt couleur de combat : c'eſtoit
la couleur de *l'Oriflamme*, premiere banniere de France en-
uoyée du Ciel par grand Myſtere , diſent les Hiſtoriogra-
phes *Froiſſart & Gaguin*, qui ne ſe deſployoit iamais en vain
ny contre Chreſtiens , mais ſeulement contre Sarrazins,
& Meſcreans deſcrit par *Guillelmus Britto libro vndecimo Philip-
picæ*.

Vexillum ſimplex Sendaco ſimplicè textum.
Splendoris rubei
Quod cum flamma hebeat vulgariter aurea nomen.
Omnibus in bellis habet omnia ſigna præire.

Sa figure eſtoit en Flamme , en maniere d'vn grand
guidon ou pennon, dit *Sicile Herault*, du Roy Alphonce
d'Aragon en ſon hiſtoire Armoriale , *ſed demum abutenti-
bus regibus hoc ſigno aduerſus Chriſticolas euanuit*, diſent *Gaguin &
Chaſſanée De Gloria mundi Parte prima concluſ.* 59.

On tient que l'Oriflamme disparut à la bataille de Ro-
sebec, que le Roy Charles VI. gaigna sur les Flamans l'an
1382. quoy qu'il en soit, l'Histoire n'en fait plus aucune
mention.

Pauillons, *Drapeaux*, *Estardars*, *Enseignes*, *Bannieres*, passent & sont entendus pour le mesme, & sont portez ou
dressez sur vn lez de long en long, en vne lance ou baston
de haut en bas, iusques à la hampe.

Pennons, *Guidons*, sont tant à simple qu'à double queüe,
en flammes en mesme posture que les bannieres, mais de
moindre taille, les Freries en ont conserué l'vsage, &
portent les Confreres bannieres & pennons le iour de leur
Feste.

La banniere estoit jadis l'enseigne des Barons & Cheualiers Bannerets, Pennon des simples Cheualiers: comme
on remarque dans Froissart, & autres anciens.

Gonfanons & *Banderoles*, à double & simple queüe, sont
attachez par les trauersans aux cornes & bout de vergues,
au haut du perroquet, & sous la hune tout ainsi que le *La-
barum*, & les *Dragons* des Romains: & bauolent sans cesse
de haut en bas au gré du vent auec fort bonne grace.

> *Nel aria tremolare a i venti freschi*
> *Si veggon la bandiere e i gonfaloni.*

Au surplus il y a diuerses Bannieres.

Banniere de Combat.

Banniere de Partance.

Banniere de Conseil.

Bannierre de Paix.

Banniere d'aide & d'assistance.

Banniere de la Nation.

Bannierre Royale.

La banniere Royale estant arborée, ne doit jamais estre
abatuë

abatuë pour saluer, & si on veut contraindre de ce faire il faut s'excuser, & finalement à toute extremité se defendre & perir plustost: c'est la coustume de la mer, introduite par l'Ordonnance du Roy des Espagnes *Philippe second* donnée à Bruxelles l'an mil six cens soixante cinq.

Le pauillon *sainct Marc*, & le pauillon *sainct George*, sont les principales pieces d'honneur de *Venise* & de *Genes*, lesquelles passent pour armes Royales & souueraines qui ne se doiuent pareillement abatre pour saluër.

Les Capitaines de Marine lesquels se trouuant en mer les plus forts exigent des plus foibles, vne tant rustre soumission sont veritablement impudens au plus haut poinct & grossierement sots, d'estimer que les armes Royales ou souueraines doiuent flechir au rencontre & à l'aproche de tels coquins, & si vile canaille comme eux.

Le nom & les armes des Roys sont pieces sacrées, ausquelles l'honneur & le respect est tousiours deu par tout le monde: car tous les Roys sont freres, establis de la mesme main de DIEV, qu'ils representent en terre pour commander aux hommes leurs subjects. Et seroit bien inciuil si quelque Prince approuuoit ou passoit en soufrance sans rude chastiment vne tant impudente profanation, ou si grand sacrilege commis par ses gens, contre l'honneur & la Couronne de son frere *Mathieu au liure 6. De l'histoire de la Paix*, *Narration 6*.

Il est vray qu'aux combats & en guerre ouuerte le parti qui emporte de bonne grace le pauillon Royal du parti contraire gagne la victoire, & le soldat ou compagnon qui l'enleue acquiert grand honneur & merite bonne recompense: cependant la coustume est, que ces pieces venerables estant conquises, sont en toute diligence & grand respect portées au Roy victorieux, & à suite posées auec solemnité dans vn Temple ou lieu sacré pour y demeurer eternellement, en lieu eminent & place honora-

K

ble, afin de rendre graces à DIEV diftributeur des victoires. Secondement, pour ne les laiffer pas à l'abandon de
la contumelie & du mefpris.

Mathieu Paris en fon hiftoire *ad Annum* 1099. fait narra-
tiue de la fignalée victoire obtenuë par *Robert Duc de Nor-*
mandie, en la terre Saincte, fur l'Admiral ou Vice-Roy
d'Egypte, & à ce fujet rapporte vn bel exemple du refpect deu & rendu aux armes ou pauillons des Roys quoy
qu'ennemis, Infideles, ou Payens, *Dux autem Robertus emit*
Standardum Admirauifij ab ijs qui illud receperant, *viginti Marcis*
argenti, c'eft la recompenfe de ceux qui l'auoient leué en
la bataille, *Et Dux iuxta Sepulchrum Domini*, *in Monumentum*
tam memorandi triumphi pofuit, c'eft la dedicaffe & l'honneur
rendu à Dieu & aux armes.

En quoy ces fanfarons impudens doiuent apprendre
qu'il ne leur eft pas licite d'infulter & faire outrage aux
Bannieres Royales, qu'ils ne les doiuent confiderer que
de bas en haut, & d'vn afpect droitement efleué vers le
Ciel.

Le Trophée pofé le vingt-vniefme Septembre mil
fix cens trente neuf, en l'Eglife Metropolitaine Sainct
André de Bourdeaux, en honneur & pour eternelle memoire des Victoires, & de la valeur de Monfeigneur l'Ar-
cheuefque, Lieutenant General, commandant les Armées Nauales de France : Eft compofé de cinq pauillons
trouuez dans *la Capitana* du General d'Efpagne, prinfe &
menée captiue par Mondit Seigneur ; fçauoir eft, *dos*
Eftandartes Reales, *l'vno de l'arbole*, *lò fegundo de Popa*, *y tres van-*
deras.

La grandeur des pieces, la quantité du vent qui leur eft
neceffaire, auec le fafte & la fuperbe des deuifes figurées
en icelles, fait juger le Lion par l'ongle, la gloire de l'exploict, l'importance de la prinfe, & l'abaiffement de la
vanité des Efpagnols, jaloux & grandement fuperbes en

leurs deuifes & pauillons, comme dit Froiffart *au chapitre* 304. du premier volume.

L'Eftandart du grand maft eft chargé de toutes les armes Royales d'Efpagne Couronnées, enrichies du colier de la Toifon d'or, au parmy la deuife des deux Colomnes, ô le Blafon en Rouleau PLVS VLTRA.

Celuy de Pouppe eft chargé de Caftille & Leon fur le Sauteur, couronnés, enrichi du mefme colier de fufils d'or enchaifnés: à cofté eft l'Image de *Nueftra Señora del Pilar*, qui eft de grande deuotion en la Ville de Saragouffe Metropolitaine d'Aragon, en vn Temple fort ancien & fameus de grand Nombre de Miracles que Dieu y a fait de temps en temps, à l'occafion defquels les pauures Chreftiens continuerent l'exercice de la Religion dans ledit Temple auec beaucoup de liberté, pendant la domination des Morifques Agarenes, dit l'Hiftoire generale d'Efpagne, *de Gariuay, & de Turquet*, au liure neufiefme pag. 338.

De l'autre cofté des armes eft la figure du Bien-heureux Monfeigneur S.IACQVES l'Apoftre, monté aduantageufement fur vn genet blanc infultant fur quatre Morifques, de la façon qu'il fut veu fenfiblement à la iournée de *Clauijo* l'an 834. Si ce n'eft que le Peintre ne l'a pas armé de blanc, ny reprefenté la banniere blanche à la croix vermeille, *Vifus in eo Prælio Apoftolus albo vectus equo vexillum geftans niueum quod rubea crux diftinguebat*, dit Mariana, *lib.* 7. *cap.* 15. *Turquet au liure* 6. *page* 232.

Le troifiefme eft la banniere de la Nation au drap d'argent, ô le Sauteur de gueulles tronçonné; fur le tout ou fur le centre l'Image de la VIERGE MERE DE DIEV, nichée dans l'ouale d'vn Chapelet.

Le quart eft la banniere de combat au drap de gueulles, chargé des fimples armes de Caftille fans ornement.

K 2

La cinquiefme eft vn gaillardet d'argent, ô fon Sauteur de gueulles tronçonné.

La gloire, & le bon-heur d'auoir enleué le Vaiffeau
garny de ces pieces d'honneur, & ce dans le propre fein
d'Efpagne, à la barbe d'vne armée Efpagnole, entre les
Canonnades de deux forterefles redoutables *de Laredo y
fan Antonio*, qui furent pareillement prinfes & pillées à viue force en mefme temps, font vne preuue tres certaine
de la Iuftice des armes de fa Majefté tres-Chreftienne,
du choix & du rencontre bien-heureux qu'il fait des perfonnes capables à la direction, & confommation de fes
plus importantes entreprinfes, & de la valeur incompara-
ble de Monfeigneur le Lieutenant General.

Le feul Nauire Admiral peut de droict porter la banniere Royale & le pauillon au grand maft, & le Vis-Admiral au maft de Mifaine.

Les pauillons du maft de Mifaine & d'attimon font
nommés *Gaillardets & Galans*.

Les Nauires & Vaiffeaux de Venife, de Gennes, & les
autres Chreftiens, ne peuuent trafiquer ou paffer en Turquie auec affeurance que fous la banniere & l'Eftandard
de France.

Aux Nauires vaincus & prins en guerre ou menez en
Triomphe, on attache les pauillons aux aubans, & à la galerie dernier, traifnans & panchás vers l'eau comme vn tableau d'hoftelerie : & tels vaiffeaux font toüez par la
pouppe *oneraria naues Carthaginem puppibus tracta funt. Liuius.
lib.* 10. *Decadis tertia* : Comme auffi les Nauires de guerre
appandent en mefme pofture à leur cordage les pauillons
qu'ils ont prins fur l'ennemy, *Pralatis fignis qua Prætorianis
demerat, fupinis non Erectis: AElius Spartianus in Seuero.*

Quand quelque Nauire particulier rencontre ou paffe
pres vn nauire Royal ou Nauire de guerre, il prend le
deffous du vent, abat l'enfeigne & ameine le bourffet : &

pour le faluër fe prefente, non point cofté à cofté, mais en biaifant.

Ce fut l'ordre eftably au Ponant en l'an 1200. par le Duc de Guyenne, Roy d'Angleterre, *Iean* furnommé *fans Terre ; Seldenus De Dominio Maris cap.* 26.

Prendre le deffous du vent, eft la plus grand foumiffion qui fe puiffe faire fur Mer *Ordonnance de l'Ordre de fainct Iean de Ierufalem ou de Malthe au Titre des Galeres article* 47. *& fuiuans.*

Et pour *les Salues* que les galeres & les nauires font par ciuilité obligez de faire paffant ou arriuant deuant les fortereffes & villes d'importance, c'eft à coups d'artillerie fans bale. Les Holandois & autres nauires du Nort, les font au nombre impair de trois, cinq, ou fept, &c. Les Reglemens de Malthe au Titre *des Galeres,* article 57. ordonnent, *Item à l'abord des Ports & des Villes où il y a des Chafteaux & fortereffes, & où l'on a accouftumé de faire des falues : La capitane en fera de quatre coups, & non dauantage, à fçauoir deux de demy canon ou facre, & deux de fauconneau : remettant neantmoins au venerable General d'ordonner defdites falues en approchant des villes qui feront de plus grand préeminence. Que fi c'eft vne ville en laquelle y à Viceroy, ou vn plus grand Prince, toutes les galeres feront de mefme le Salue de quatre coups : mais fi elles font faluées par les vaiffeaux, la feule Capitane leur refpondra d'vn coup de fauconneau, fans qu'il en foit tiré dauantage.*

Lors que deux nauires de güerre de femblable Banniere fe rencontrent en vn Port, le premier arriué retient les prerogatiues, & la qualité d'Admiral, le fecond qui vient apres, quoy que plus grand, plus fort, & mieux enjoliué, ne fera que Vis-Admiral : c'eft l'ordonnance d'Efpagne, *Cedula Real del año* 1581. *impreffa con las de Indias quarto tomo el General de vna de dos flotas que primo llegare al puerto ha de aguardar al otro e ir por General y el otro po. Almirante.* Car entre les Efpagnols le General eft le Chef, & l'Almirante eft

K 3

le Lieutenant.

Il en eſt le meſme des nauires Terreneufuies, le premier arriué de delà prend la denomination, & la qualité d'Admiral, & la retient pendant tout le temps de la peſcherie, il porte le pauillon au grand maſt, & comme Admiral il donne les ordres aux autres, aſſigne les plages à peſcher à ceux qui arriuent plus tard, & s'ils ont de la conteſtation il les compoſe & les met d'accord: la raiſon eſt que l'vſage de la mer eſt du droiƈ naturel, & a retenu la communauté de l'ancien aage d'or, & partant le premier occupant doit eſtre le maiſtre, *l. vltima D. vſucapionibus, l. quiſquis D. Diuerſis & temporalibus præſcript. & ibi gloſſa.*

Mais ſi deux nauires de guerre ou deux armades de deux Princes ou Principautez ſouueraines ſe rencontrent en meſme Port, chaſqu'vn demere admiral des ſiens & retient les honneurs & prerogatiues, toutesfois par ciuilité & par modeſtie ils ſe doiuent conſiderer & tenir le pair entre eux, ſans eſtaler & mettre au vent plus de pauillons, d'eſtendars & de gonfanons l'vn que l'autre, aux fins d'euiter jalouſie. Ce fut l'expedient ou concordat fait entre les Venitiens & Genois, en l'an 1238. par l'entremiſe & l'Ordonnance du Pape Gregoire IX. *Platina in vita Gregorÿ* 9. Voire meſme pour oſter tout à fait les hocquets ou ſujets de meſpris, il fut permis par le meſme concordat aux vaiſſeaux de ces deux Nations, d'arborer indifferemment en Galans & Gaillardets, mi-parti ou par entier, les liurées de Veniſe ou de Genes, autant de l'vn que de l'autre, en ſigne d'vnion, d'amour & de bonne intelligence des deux Eſtats & Republiques *Agoſtino Guiſtiniano lib. terzo De li caſtigatiſti Annali D'ella Excelſa e Illuſtriſſima Republica di Genoa:* tout ainſi que les Eſpagnols ſouloient au temps jadis charger les couleurs & deuiſes de France, pour la grand confœderation des deux Couronnes, dit Monſtrelet au lieu préalegué. Et comme les *Irois,* leſquels depuis le Re-

gne du Roy *Iacques de la grand Bretagne*, portent meflé &
confufement en vne figure la croix d'Angleterre & le
Saulteur d'Efcoffe.

Au delà la ligne Equinoctiale les liurées ne font pas
confiderées, tous vaiffeaux y font Fourbans pour les Efpagnols, & toutes les prinfes bonnes, tant pour eux que
contre, ce font les loix de la mer.

Friuola hæc fortaßis & nimis breuia vide-
buntur, fed tamen honefta curiofitas ea non
refpuit, Flauius Vopifcus in Aureliano.

F I N.

Pagination incorrecte — date incorrecte